全国初级注册安全工程师职业资格考试辅导教材

安全生产法律法规

（2025 版）

全国初级注册安全工程师职业资格考试辅导教材编委会　编

应 急 管 理 出 版 社

·北　京·

图书在版编目（CIP）数据

安全生产法律法规：2025 版／全国初级注册安全工程师职业资格考试辅导教材编委会编. -- 北京：应急管理出版社，2025. --（全国初级注册安全工程师职业资格考试辅导教材）. -- ISBN 978-7-5237-1232-0

Ⅰ. D922.54

中国国家版本馆 CIP 数据核字第 2025LB1133 号

安全生产法律法规 2025 版

（全国初级注册安全工程师职业资格考试辅导教材）

编　　者	全国初级注册安全工程师职业资格考试辅导教材编委会
责任编辑	尹忠昌　唐小磊　曲光宇　史欣平
责任校对	赵　盼
封面设计	于春颖

出版发行　应急管理出版社（北京市朝阳区芍药居 35 号　100029）

电　　话　010 - 84657898（总编室）　010 - 84657880（读者服务部）

网　　址　www.cciph.com.cn

印　　刷　北京盛通印刷股份有限公司

经　　销　全国新华书店

开　　本　787mm×1092mm^1/$_{16}$　印张　22^1/$_4$　字数　526 千字

版　　次　2025 年 5 月第 1 版　2025 年 5 月第 1 次印刷

社内编号　20250351　　　　　　定价　88.00 元

编写人员名单

吴雄伟　薛芳跃　王春波　何崇平　毛春燕

前　言

为全面贯彻落实习近平总书记关于安全生产重要论述和重要指示批示精神，深入实施"人才强安"战略，提高初级安全生产专业技术人员的知识水平和业务能力，建设一支素质过硬且实践经验丰富的初级注册安全工程师队伍，促进经济社会安全发展。全国初级注册安全工程师职业资格考试辅导教材编委会组织专家力量编写了全国初级注册安全工程师职业资格考试辅导教材。

该系列教材依据《应急管理部　人力资源社会保障部关于印发〈注册安全工程师职业资格制度规定〉和〈注册安全工程师职业资格考试实施办法〉的通知》（应急〔2019〕8号）、《初级注册安全工程师职业资格考试大纲》（应急厅〔2019〕43号）编写，内容科学，通俗易懂，针对性和实用性强，主要供参加初级注册安全工程师职业资格考试的人员学习之用，也可用于指导安全生产管理和技术人员的工作实践。

该系列教材旨在为准备参加初级注册安全工程师职业资格考试的人员提供全面的辅导。教材内容紧扣考试大纲，涵盖了安全生产法律法规、安全生产实务两个方面的知识点。

在安全生产法律法规方面，介绍了安全生产法律法规体系、相关法律法规和重要的安全生产规章制度。考生通过学习这部分内容，可以了解安全生产法律法规的基本框架和主要内容，为后续的学习和考试打下坚实的基础。

在安全生产实务方面，介绍了安全生产实务的基本知识和技能，包括煤矿安全、金属非金属矿山安全、化工安全、金属冶炼安全、建筑施工安全、道路运输安全和其他安全（不包括消防安全）等内容。考生通过学习这部分内容，可以了解不同行业安全生产的实际情况，掌握相关安全生产技术和安全生产管理方法，提高安全生产的实践能力和应对突发事件的能力。

总之，该系列教材旨在帮助考生全面了解初级注册安全工程师职业资格考试的知识点，提高考试通过率和实际安全生产能力，不仅是考试辅导教材，更是全面介绍安全生产知识和技能的实用参考书。

此次编写过程同时得到了应急管理部信息研究院、浙江省应急管理宣传教育中心、浙江安防职业技术学院和长三角区域有关专家的大力支持与帮助，在此一并表示感谢。

限于时间和水平，疏漏之处在所难免，敬请广大读者提出批评和建议，以便及时修改和完善。

编 者

2025 年 5 月

目　　次

第一章　安全生产相关国家政策

第一节　习近平法治思想概述

2020年11月，中国共产党的历史上首次召开的中央全面依法治国工作会议，将习近平法治思想明确为全面依法治国的指导思想。习近平法治思想，是顺应实现中华民族伟大复兴时代要求应运而生的重大理论创新成果，是马克思主义法治理论中国化最新成果，是习近平新时代中国特色社会主义思想的重要组成部分，是全面依法治国的根本遵循和行动指南。习近平法治思想是在波澜壮阔的时代背景下创立的，是对中国共产党领导法治建设丰富实践和宝贵经验的科学总结，是一个内涵丰富、论述深刻、逻辑严密、系统完备的科学理论体系，具有鲜明的理论风格、思维特征和实践特色。习近平为这一科学理论体系的创立和发展作出了独创性、原创性贡献。

一、形成发展

习近平法治思想在新时代中国特色社会主义的时代背景下萌发、成长、形成，在中国特色社会主义法治实践中应用、检验、升华，实现了改革开放以来法治建设快速发展基础上的飞跃，宣示了法治建设目标任务的与时俱进。

改革开放以来，中国共产党认识到，没有社会主义民主和法制，就没有中国的现代化。为了保障人民民主，必须加强社会主义法制，使民主制度化、法律化，使这种制度和法律具有稳定性、连续性和权威性。党把发展民主与健全法制确定为国家坚定不移的基本方针，中国法治建设从"过渡时期法制"进入到"社会主义法制"。

随着改革开放的深入进行，建设社会主义现代化必然意味着建设社会主义法治。1997年，党的十五大提出依法治国，建设社会主义法治国家的基本方略。1999年，"中华人民共和国实行依法治国，建设社会主义法治国家"写入宪法。2001年，中国加入世界贸易组织，开启了全球化条件下的深层次法治改革。法治的权威和作用受到全党和全社会的高度重视和维护，各级政府依法行政水平和公民法治意识显著提升，法学研究和教育日益繁荣，实现了中国法治建设从"社会主义法制"进入到"中国特色社会主义法治"。

2014年，中国共产党召开了十八届四中全会，通过了《中共中央关于全面推进依法治国若干重大问题的决定》，确立了"建设中国特色社会主义法治体系，建设社会主义法治国家"的目标,对全面依法治国的基本原则、工作布局和重点任务进行了战略部署。全面依法治国成为"四个全面"战略布局的一个不可或缺的重要组成部分。党的十八大以来,我国社会主义法治建设在加强重点领域立法、法治政府建设、推进公正高效权威司法、加强全民普法、法治专门队伍建设、维护社会公平正义等方面都取得了重大进展。由此,中国法治建设从"中国特色社会主义法治"进入到"新时代中国特色社会主义法治"。

历史是最好的教科书,也是最好的清醒剂。中国共产党执政 70 多年来,中国法治在目标任务上实现了从"建设社会主义法律体系"向"建设社会主义法治体系"的升级,在工作方针与布局上实现了从"有法可依、有法必依、执法必严、违法必究"到"科学立法、严格执法、公正司法、全民守法"的转型。中国共产党越来越深刻认识到,治国理政离不开法治。国际国内环境越是复杂,现代化建设任务越是繁重,越要运用法治思维和法治手段解放和增强社会活力、促进社会公平正义、维护社会和谐稳定、确保党和国家长治久安。

2020 年 11 月 16 日至 17 日,中央全面依法治国工作会议在北京召开。这次会议的一个重要成果,就是首次提出习近平法治思想。会议强调,习近平法治思想从历史和现实相贯通、国际和国内相关联、理论和实际相结合上深刻回答了新时代为什么实行全面依法治国、怎样实行全面依法治国等一系列重大问题。这次会议主题重大、意义重大,最重要的是明确了习近平法治思想在全面依法治国工作中的指导地位。这是我国社会主义法治建设进程中具有重大现实意义和深远历史意义的大事。

二、根本立场

以人民为中心是新时代坚持和发展中国特色社会主义的根本立场。习近平法治思想的根本立足点是坚持以人民为中心,坚持法治为人民服务。进入新时代之后,中国社会主要矛盾已经转化为人民日益增长的美好生活需要和不平衡不充分的发展之间的矛盾。人民群众对民主、法治、公平、正义、安全、环境等方面的要求日益增长。因此,法治建设要积极回应人民群众的新要求新期待,研究和解决法治领域人民群众反映强烈的突出问题,不断增强人民群众获得感、幸福感、安全感,用法治保障人民安居乐业。我国社会主义制度保证了人民当家作主的主体地位,也保证了人民在全面推进依法治国中的主体地位。这是我们的制度优势,也是中国特色社会主义法治区别于资本主义法治的根本所在。

坚持以人民为中心,回答了在当代中国"法治为了谁、依靠谁、保障谁"的根本问题。在全面依法治国的实践当中,人民是依法治国的主体和力量源泉。法律的权威源自人民的内心拥护和真诚信仰。法治建设必须践行全心全意为人民服务的根本宗旨,以不断推进人民的美好生活作为法治改革与创新的逻辑起点。就依法治国的主要任务而言,就是要把体现人民利益、反映人民愿望、维护人民权益、增进人民福祉落实到科学立法、严格执法、公正司法和全民守法的各领域全过程,保证人民依法享有广泛权利和自由、承担应尽的义务。

三、核心要义

习近平法治思想内涵丰富、论述深刻、逻辑严密、系统完备。习近平法治思想的核心要义和理论精髓，集中体现为习近平总书记在中央全面依法治国工作会议上提出并系统阐述的"十一个坚持"：坚持党对全面依法治国的领导；坚持以人民为中心；坚持中国特色社会主义法治道路；坚持依宪治国、依宪执政；坚持在法治轨道上推进国家治理体系和治理能力现代化；坚持建设中国特色社会主义法治体系；坚持依法治国、依法执政、依法行政共同推进，法治国家、法治政府、法治社会一体建设；坚持全面推进科学立法、严格执法、公正司法、全民守法；坚持统筹推进国内法治和涉外法治；坚持建设德才兼备的高素质法治工作队伍；坚持抓住领导干部这个"关键少数"。这"十一个坚持"既是重大工作部署，又是重大战略思想。

（一）坚持党对全面依法治国的领导

党的领导是我国社会主义法治之魂，是我们的法治同西方资本主义国家的法治最大的区别，社会主义法治必须坚持党的领导，党的领导必须依靠社会主义法治。党的领导是推进全面依法治国的根本保证。国际国内环境越是复杂，改革开放和社会主义现代化建设任务越是繁重，越要运用法治思维和法治手段巩固执政地位、改善执政方式、提高执政能力，保证党和国家长治久安。全面依法治国是要加强和改善党的领导，健全党领导全面依法治国的制度和工作机制，推进党的领导制度化、法治化，通过法治保障党的路线方针政策有效实施。

（二）坚持以人民为中心

全面依法治国最广泛、最深厚的基础是人民，必须坚持为了人民、依靠人民。要把体现人民利益、反映人民愿望、维护人民权益、增进人民福祉落实到全面依法治国各领域全过程。推进全面依法治国，根本目的是依法保障人民权益。要积极回应人民群众新要求新期待，系统研究谋划和解决法治领域人民群众反映强烈的突出问题，不断增强人民群众获得感、幸福感、安全感，用法治保障人民安居乐业。

（三）坚持中国特色社会主义法治道路

中国特色社会主义法治道路本质上是中国特色社会主义道路在法治领域的具体体现。既要立足当前，运用法治思维和法治方式解决经济社会发展面临的深层次问题，又要着眼长远，筑法治之基、行法治之力、积法治之势，促进各方面制度更加成熟更加定型，为党和国家事业发展提供长期性的制度保障。要传承中华优秀传统法律文化，从中国革命、建设、改革的实践中探索适合自己的法治道路，同时借鉴国外法治有益成果，为全面建设社会主义现代化国家、实现中华民族伟大复兴夯实法治基础。

（四）坚持依宪治国、依宪执政

党领导人民制定宪法法律，领导人民实施宪法法律，党自身要在宪法法律范围内活动。全国各族人民、一切国家机关和武装力量、各政党和各社会团体、各企业事业组织，都必须以宪法为根本的活动准则，都负有维护宪法尊严、保证宪法实施的职责。坚持依宪治国、依宪执政，就包括坚持宪法确定的中国共产党领导地位不动摇，坚持宪法确定的人民民主专政的国体和人民代表大会制度的政体不动摇。

（五）坚持在法治轨道上推进国家治理体系和治理能力现代化

法治是国家治理体系和治理能力的重要依托。只有全面依法治国才能有效保障国家治理体系的系统性、规范性、协调性，才能最大限度凝聚社会共识。在统筹推进伟大斗争、伟大工程、伟大事业、伟大梦想的实践中，在全面建设社会主义现代化国家新征程上，要更加重视法治、厉行法治，更好发挥法治固根本、稳预期、利长远的重要作用，坚持依法应对重大挑战、抵御重大风险、克服重大阻力、解决重大矛盾。

（六）坚持建设中国特色社会主义法治体系

中国特色社会主义法治体系是推进全面依法治国的总抓手。要加快形成完备的法律规范体系、高效的法治实施体系、严密的法治监督体系、有力的法治保障体系，形成完善的党内法规体系。要坚持依法治国和以德治国相结合，实现法治和德治相辅相成、相得益彰。要积极推进国家安全、科技创新、公共卫生、生物安全、生态文明、防范风险、涉外法治等重要领域立法，健全国家治理急需的法律制度、满足人民日益增长的美好生活需要必备的法律制度，以良法善治保障新业态新模式健康发展。

（七）坚持依法治国、依法执政、依法行政共同推进，法治国家、法治政府、法治社会一体建设

全面依法治国是一个系统工程，要整体谋划，更加注重系统性、整体性、协同性。法治政府建设是重点任务和主体工程，要率先突破，用法治给行政权力定规矩、划界限，规范行政决策程序，加快转变政府职能。要推进严格规范公正文明执法，提高司法公信力。普法工作要在针对性和实效性上下功夫，特别是要加强青少年法治教育，不断提升全体公民法治意识和法治素养。要完善预防性法律制度，坚持和发展新时代"枫桥经验"，促进社会和谐稳定。

（八）坚持全面推进科学立法、严格执法、公正司法、全民守法

要继续推进法治领域改革，解决好立法、执法、司法、守法等领域的突出矛盾和问题。公平正义是司法的灵魂和生命。要深化司法责任制综合配套改革，加强司法制约监督，健全社会公平正义法治保障制度，努力让人民群众在每一个司法案件中感受到公平正义。要加快构建规范高效的制约监督体系。要推动扫黑除恶常态化，坚决打击黑恶势力及其"保护伞"，让城乡更安宁、群众更安乐。

（九）坚持统筹推进国内法治和涉外法治

要加快涉外法治工作战略布局，协调推进国内治理和国际治理，更好维护国家主权、安全、发展利益。要强化法治思维，运用法治方式，有效应对挑战、防范风险，综合利用立法、执法、司法等手段开展斗争，坚决维护国家主权、尊严和核心利益。要推动全球治理变革，推动构建人类命运共同体。

（十）坚持建设德才兼备的高素质法治工作队伍

要加强理想信念教育，深入开展社会主义核心价值观和社会主义法治理念教育，推进法治专门队伍革命化、正规化、专业化、职业化，确保做到忠于党、忠于国家、忠于人民、忠于法律。要教育引导法律服务工作者坚持正确政治方向，依法依规诚信执业，认真履行社会责任。

（十一）坚持抓住领导干部这个"关键少数"

各级领导干部要坚决贯彻落实党中央关于全面依法治国的重大决策部署，带头尊崇法治、敬畏法律，了解法律、掌握法律，不断提高运用法治思维和法治方式深化改革、推动发展、化解矛盾、维护稳定、应对风险的能力，做尊法学法守法用法的模范。要力戒形式主义、官僚主义，确保全面依法治国各项任务真正落到实处。

四、时代特征

党的十八大以来，习近平总书记高度重视全面依法治国，亲自谋划、亲自部署、亲自推动。在这一过程中，习近平总书记创造性提出了关于全面依法治国的一系列新理念新思想新战略，形成了内涵丰富、科学系统的思想体系，为建设法治中国指明了前进方向，在中国特色社会主义法治建设进程中具有重大政治意义、理论意义、实践意义。我国社会主义法治建设发生历史性变革、取得历史性成就，全面依法治国实践取得重大进展，根本在于有习近平新时代中国特色社会主义思想特别是习近平法治思想的科学指引。习近平总书记在中央全面依法治国工作会议上发表重要讲话，从统筹中华民族伟大复兴战略全局和世界百年未有之大变局、实现党和国家长治久安的战略高度，全面回顾了我国社会主义法治建设历程特别是党的十八大以来取得的历史性成就，明确提出了当前和今后一个时期推进全面依法治国的总体要求，用"十一个坚持"系统阐述了新时代推进全面依法治国的重要思想和战略部署，深入回答我国社会主义法治建设一系列重大理论和实践问题。习近平总书记的重要讲话，高屋建瓴、视野宏阔、内涵丰富、思想深刻，具有很强的政治性、思想性、理论性，体现了深远的战略思维、鲜明的政治导向、强烈的历史担当、真挚的为民情怀，是指导新时代全面依法治国的纲领性文献。

（一）贯穿改革创新的时代精神

习近平法治思想是社会主义各项事业改革创新的时代产物。自从改革开放以来，改革和法治、创新与法治的关系一直是中国法治建设的重点难点问题。改革开放40多年的经验告诉人们，做好改革发展稳定的各项工作离不开法治，改革开放越深入越要强调法治。

习近平法治思想深刻阐述了法治与改革的辩证关系，提出解决改革与法治冲突的正确观点与方法。"在法治下推进改革，在改革中完善法治"的主题贯穿习近平法治思想的全篇。改革和法治相辅相成、相伴而生。在处理改革与法治关系上，凡属重大改革都要于法有据，既不能突破法律红线搞改革，也不能死守法律条文而无动于衷。因此，改革决策与立法决策应实现相统一、相衔接，立法要主动适应改革和经济社会发展需要。

习近平法治思想为正确处理法治与创新的关系提供了根本遵循。在坚守法治底线的前提下，激励大众创业、万众创新，实现对新业态、新技术、新产业、新商业模式的科学规制与包容，最大限度保护创新者的合法权益。

（二）彰显公平正义的时代价值

全心全意为人民服务的根本宗旨决定了法治建设必须以追求公平正义作为核心价值追求。习近平总书记强调指出："必须牢牢把握社会公平正义这一法治价值追求，努力让人民群众在每一项法律制度、每一个执法决定、每一宗司法案件中都感受到公平正义。"这一重要论断深刻阐释了"公平正义"是习近平法治思想的基本价值追求，其核心要义在于实现法律面前人人平等、维护公正高效权威的司法，让人民群众在每一个案件中都感受到公平正义。

公正司法，必须深化司法体制综合配套改革措施，提升司法公信力。公平正义是司法的灵魂和生命，需要通过一系列体制机制建设加以保障。推进公正司法，要求加强司法制约监督，规范司法权力运行，进一步完善人员分类管理，健全司法职业保障，真正做到"让审理者裁判，由裁判者负责"，提高司法办案质量和效率，充分发挥司法改革整体效能、不断提高司法公信力。

（三）紧扣国家治理现代化的时代主题

习近平法治思想深刻回答了法治与国家治理现代化的关系问题，明确指出了推进国家治理现代化的法治路径。习近平总书记指出"法律是治国之重器""法治是国家治理体系和治理能力的重要依托"。法治体系是国家治理体系建设的骨干工程，在国家治理过程中发挥着固根本、稳预期、利长远的保障作用。只有全面依法治国才能有效保障国家治理体系的系统性、规范性、协调性，才能有效提升国家治理能力和治理效率，才能最大限度凝聚社会共识。

中国特色社会主义法治凝聚着中国共产党治国理政的理论成果和实践经验，凝聚着中华文明的智慧和人类制度文明的精髓，具有强大的支持国家治理的制度力量。综观世界近现代史，凡是顺利实现现代化的国家，没有一个不是较好解决了法治和人治问题的。相反，一些国家虽然也一度实现快速发展，但并没有顺利迈进现代化的门槛，这很大程度上与法治有关。

坚持在法治轨道上推进国家治理体系和治理能力现代化，不仅是一项长期而重大的历史任务，也是国家治理领域一场广泛而深刻的革命。中国特色社会主义法治道路，无疑就是推进国家治理现代化的中国法治方案，是实现国家治理理念与方式深刻变革的必由之路。

（四）诠释了"百年未有之大变局"背景下法治建设的时代使命

当今世界正经历百年未有之大变局，全球治理体系深刻变革，国际环境的不稳定性和不确定性明显上升，经济全球化遭遇逆流，霸权主义、保护主义、单边主义、民粹主义对世界和平与发展构成巨大的威胁，依法治国面临全新的国际环境和挑战。习近平法治思想以宏大的国际视野和世界眼光，强调法治是国家核心竞争力的重要内容。法治肩负着应对百年未有之大变局、提出更多凝聚中国智慧和中国价值的制度方案、维护国际法治秩序、保障国家总体安全、引领和推动全球治理变革的时代使命。

这就要求国家加快涉外法治工作战略布局，统筹推进国内法治和涉外法治，协调推进国内治理和国际治理。加快形成系统完备的涉外法律法规体系，有效应对外部挑战和风险，更好维护国家主权、安全、发展利益，提升涉外执法司法效能。在推动构建人类命运共同体的过程中，要引导中国企业、公民在走出去过程中更加自觉地遵守当地法律法规和风俗习惯，运用法治和规则维护自身合法权益。在推动全球治理变革进程中，要善于运用法治方式，加强国际执法安全领域合作，在反恐、打击网络犯罪和新型有组织犯罪领域开展全球联合行动，以国际合作推动全球发展，维护世界公平正义与和平安全。

习近平法治思想立足新时代的历史方位、基本国情和国际环境，立时代之潮头、发时代之先声，科学回答了新时代中国法治建设走什么路、向哪里走、实现什么目标以及怎么实现目标等根本性问题，在新时代中国共产党波澜壮阔的治国理政实践中描绘了全面依法治国的华丽篇章，必将引领中国特色社会主义国家由法治大国迈向法治强国，在中华民族伟大复兴的征程中焕发出时代的熠熠光芒。

第二节　习近平总书记有关安全生产重要讲话和指示批示

一、习近平对 2013 年 6 月 3 日吉林省德惠市特别重大火灾事故作出重要指示

2013 年 6 月 3 日 6 时 30 分左右，吉林省德惠市米沙子镇宝源丰禽业公司发生特别重大火灾事故，造成严重人员伤亡。党中央、国务院对此高度重视，正在国外访问的中共中央总书记、国家主席、中央军委主席习近平立即作出重要指示，要求全力以赴组织救援，千方百计救治受伤人员，最大限度减少人员伤亡，认真做好遇难者的善后工作。要查明事故原因，依法追究责任；深刻总结教训，采取有效措施，坚决防止重特大事故发生。

二、习近平 2013 年 6 月 6 日就做好安全生产工作作出重要指示

中共中央总书记、国家主席、中央军委主席习近平对近一个时期全国多个地区接连发生多起重特大安全生产事故，造成重大人员伤亡和财产损失高度重视，2013 年 6 月 6 日就做好安全生产工作作出重要指示。

习近平指出，接连发生的重特大安全生产事故，造成重大人员伤亡和财产损失，必须引起高度重视。人命关天，发展决不能以牺牲人的生命为代价。这必须作为一条不可逾越的红线。

习近平要求，国务院有关部门将这些事故及发生原因的情况通报各地区各部门，使大家进一步警醒起来，吸取血的教训，痛定思痛，举一反三，开展一次彻底的安全生产大检查，坚决堵塞漏洞、排除隐患。

习近平强调，要始终把人民生命安全放在首位，以对党和人民高度负责的精神，完善制度、强化责任、加强管理、严格监管，把安全生产责任制落到实处，切实防范重特大安全生产事故的发生。

三、习近平对 2013 年 11 月 22 日山东青岛输油管线泄漏引发重大爆燃事故作出重要批示

2013 年 11 月 22 日上午，山东青岛黄岛经济开发区中石化黄潍输油管线泄漏引发重大爆燃事故，造成人民群众生命财产重大损失。习近平得知消息后，立即作出批示，要求山东省和有关部门、企业组织力量排除险情，千方百计搜救失踪、受伤人员，并查明事故原因，总结事故教训，落实安全生产责任，强化安全生产措施，坚决杜绝此类事故，并要求国务院立即派出领导前往指导抢险搜救工作。

11 月 24 日习近平到山东考察贯彻落实党的十八届三中全会精神、做好经济社会发展工作，下午专程来到青岛市，考察黄岛经济开发区黄潍输油管线事故抢险工作。他强调，这次事故再一次给我们敲响了警钟，安全生产必须警钟长鸣、常抓不懈，丝毫放松不得，否则就会给国家和人民带来不可挽回的损失。必须建立健全安全生产责任体系，强化企业

主体责任，深化安全生产大检查，认真吸取教训，注重举一反三，全面加强安全生产工作。

习近平指出，各级党委和政府、各级领导干部要牢固树立安全发展理念，始终把人民群众生命安全放在第一位。各地区各部门、各类企业都要坚持安全生产高标准、严要求，招商引资、上项目要严把安全生产关，加大安全生产指标考核权重，实行安全生产和重大安全生产事故风险"一票否决"。责任重于泰山。要抓紧建立健全安全生产责任体系，党政一把手必须亲力亲为、亲自动手抓。要把安全责任落实到岗位、落实到人头，坚持管行业必须管安全、管业务必须管安全，加强督促检查、严格考核奖惩，全面推进安全生产工作。

习近平强调，所有企业都必须认真履行安全生产主体责任，做到安全投入到位、安全培训到位、基础管理到位、应急救援到位，确保安全生产。中央企业要带好头做表率。各级政府要落实属地管理责任，依法依规，严管严抓。

习近平指出，安全生产，要坚持防患于未然。要继续开展安全生产大检查，做到"全覆盖、零容忍、严执法、重实效"。要采用不发通知、不打招呼、不听汇报、不用陪同和接待，直奔基层、直插现场，暗查暗访，特别是要深查地下油气管网这样的隐蔽致灾隐患。要加大隐患整改治理力度，建立安全生产检查工作责任制，实行谁检查、谁签字、谁负责，做到不打折扣、不留死角、不走过场，务必见到成效。

习近平指出，要做到"一厂出事故、万厂受教育，一地有隐患、全国受警示"。各地区和各行业领域要深刻吸取安全事故带来的教训，强化安全责任，改进安全监管，落实防范措施。

习近平最后指出，冬季已经来临，岁末年初历来是事故高发期。希望大家以对党和人民高度负责的态度，牢牢绷紧安全生产这根弦，把工作抓实抓细抓好，坚决遏制重特大事故，促进全国安全生产形势持续稳定好转。

四、习近平对2014年8月2日江苏苏州昆山中荣金属制品有限公司爆炸事故作出重要指示

2014年8月2日7时34分，江苏苏州昆山市开发区中荣金属制品有限公司汽车轮毂抛光车间发生特别重大铝粉尘爆炸事故，当天造成75人死亡，185人受伤。

事故发生后，党中央、国务院高度重视。中共中央总书记、国家主席、中央军委主席习近平立即作出重要指示，要求江苏省和有关方面全力做好伤员救治，做好遇难者亲属的安抚工作；查明事故原因，追究责任人责任，汲取血的教训，强化安全生产责任制。正值盛夏，要切实消除各种易燃易爆隐患，切实保障人民群众生命财产安全。

五、习近平2015年8月15日就切实做好安全生产工作作出重要指示

近一个时期以来，全国多个地区发生重特大安全生产事故，特别是天津港"8·12"瑞海公司危险品仓库特别重大火灾爆炸事故，造成重大人员伤亡和财产损失。中共中央总书记、国家主席、中央军委主席习近平对切实做好安全生产工作高度重视，8月15日作出重要指示。

习近平指出，确保安全生产、维护社会安定、保障人民群众安居乐业是各级党委和政府必须承担好的重要责任。天津港"8·12"瑞海公司危险品仓库特别重大火灾爆炸事故以及近期一些地方接二连三发生的重大安全生产事故，再次暴露出安全生产领域存在突出问题、面临形势严峻。血的教训极其深刻，必须牢牢记取。各级党委和政府要牢固树立安全发展理念，坚持人民利益至上，始终把安全生产放在首要位置，切实维护人民群众生命财产安全。要坚决落实安全生产责任制，切实做到党政同责、一岗双责、失职追责。要健全预警应急机制，加大安全监管执法力度，深入排查和有效化解各类安全生产风险，提高安全生产保障水平，努力推动安全生产形势实现根本好转。各生产单位要强化安全生产第一意识，落实安全生产主体责任，加强安全生产基础能力建设，坚决遏制重特大安全生产事故发生。

六、习近平对 2015 年 12 月 20 日深圳市光明新区渣土受纳场发生山体滑坡事故作出重要指示

2015 年 12 月 20 日 11 时 40 分许，广东省深圳市光明新区红坳渣土受纳场发生山体滑坡。事故共造成 73 人死亡，4 人下落不明，17 人受伤。事故还造成 33 栋建筑物被损毁、掩埋。

灾害发生后，中共中央总书记、国家主席、中央军委主席习近平立即作出重要指示，要求广东省、深圳市迅速组织力量开展抢险救援，第一时间抢救被困人员，尽最大努力减少人员伤亡，做好伤员救治、伤亡人员家属安抚等善后工作。注意科学施救，防止发生次生灾害。中央有关部门指导地方加强各类灾害和安全生产隐患排查，制定预案，加强预警及应急处置等工作，确保人民群众生命财产安全。

七、习近平2016 年 1 月在中共中央政治局常委会会议上发表重要讲话

中共中央总书记、国家主席、中央军委主席习近平在中共中央政治局常委会会议上发表重要讲话，对全面加强安全生产工作提出明确要求，强调血的教训警示我们，公共安全绝非小事，必须坚持安全发展，扎实落实安全生产责任制，堵塞各类安全漏洞，坚决遏制重特大事故频发势头，确保人民生命财产安全。

习近平强调，重特大突发事件，不论是自然灾害还是责任事故，其中都不同程度存在主体责任不落实、隐患排查治理不彻底、法规标准不健全、安全监管执法不严格、监管体制机制不完善、安全基础薄弱、应急救援能力不强等问题。

习近平对加强安全生产工作提出 5 点要求。一是必须坚定不移保障安全发展，狠抓安全生产责任制落实。要强化"党政同责、一岗双责、失职追责"，坚持以人为本、以民为本。二是必须深化改革创新，加强和改进安全监管工作，强化开发区、工业园区、港区等功能区安全监管，举一反三，在标准制定、体制机制上认真考虑如何改革和完善。三是必须强化依法治理，用法治思维和法治手段解决安全生产问题，加快安全生产相关法律法规制定修订，加强安全生产监管执法，强化基层监管力量，着力提高安全生产法治化水平。四是必须坚决遏制重特大事故频发势头，对易发重特大事故的行业领域采取风险分级管控、隐患排查治理双重预防性工作机制，推动安全生产关口前移，加强应急救援工作，最

大限度减少人员伤亡和财产损失。五是必须加强基础建设，提升安全保障能力，针对城市建设、危旧房屋、玻璃幕墙、渣土堆场、尾矿库、燃气管线、地下管廊等重点隐患和煤矿、非煤矿山、危化品、烟花爆竹、交通运输等重点行业以及游乐、"跨年夜"等大型群众性活动，坚决做好安全防范，特别是要严防踩踏事故发生。

八、习近平2016年7月在中共中央政治局常委会会议上发表重要讲话

中共中央总书记、国家主席、中央军委主席习近平在中共中央政治局常委会会议上发表重要讲话，对加强安全生产和汛期安全防范工作作出重要指示，强调安全生产是民生大事，一丝一毫不能放松，要以对人民极端负责的精神抓好安全生产工作，站在人民群众的角度想问题，把重大风险隐患当成事故来对待，守土有责，敢于担当，完善体制，严格监管，让人民群众安心放心。

习近平指出，各级党委和政府特别是领导干部要牢固树立安全生产的观念，正确处理安全和发展的关系，坚持发展决不能以牺牲安全为代价这条红线。经济社会发展的每一个项目、每一个环节都要以安全为前提，不能有丝毫疏漏。要严格实行党政领导干部安全生产工作责任制，切实做到失职追责。要把遏制重特大事故作为安全生产整体工作的"牛鼻子"来抓，在煤矿、危化品、道路运输等方面抓紧规划实施一批生命防护工程，积极研发应用一批先进安防技术，切实提高安全发展水平。

习近平强调，要加快完善安全生产管理体制，强化安全监管部门综合监管责任，严格落实行业主管部门监管责任、地方党委和政府属地管理责任，加强基层安全监管执法队伍建设，制定权力清单和责任清单，督促落实到位。要发挥各级安委会指导协调、监督检查、巡查考核的作用，形成上下合力，齐抓共管。要改革安全生产应急救援体制，提高组织协调能力和现场救援实效。要完善各类开发区、工业园区、港区、风景区等功能区安全监管体制，严格落实安全管理措施。要完善安全生产许可制度，严把安全准入关。要健全安全生产法律法规和标准体系，统筹做好涉及安全生产的法律法规和标准的制定修订工作。

习近平强调，要加强城市运行管理，增强安全风险意识，加强源头治理。要加强城乡安全风险辨识，全面开展城市风险点、危险源的普查，防止认不清、想不到、管不到等问题的发生。

习近平指出，目前正值主汛期，一些地区出现了严重洪涝灾害，这是对我们的重大考验。各级党委和政府要坚持守土有责、履职尽责，做好防汛抗洪抢险各项工作，切实保护人民群众生命财产安全。

九、习近平2016年10月31日在全国安全生产监管监察系统先进集体和先进工作者表彰大会上的重要指示

中共中央总书记、国家主席、中央军委主席习近平指出，安全生产事关人民福祉，事关经济社会发展大局。党的十八大以来，安全监管监察部门广大干部职工贯彻安全发展理念，甘于奉献、扎实工作，为预防生产安全事故作出了重要贡献。习近平强调，各级安全监管监察部门要牢固树立发展决不能以牺牲安全为代价的红线意识，以防范和遏制重特大

事故为重点，坚持标本兼治、综合治理、系统建设，统筹推进安全生产领域改革发展。各级党委和政府要认真贯彻落实党中央关于加快安全生产领域改革发展的工作部署，坚持党政同责、一岗双责、齐抓共管、失职追责，严格落实安全生产责任制，完善安全监管体制，强化依法治理，不断提高全社会安全生产水平，更好维护广大人民群众生命财产安全。

十、习近平对 2016 年 11 月 24 日江西丰城发电厂冷却塔施工平台坍塌特别重大事故作出重要指示

2016 年 11 月 24 日，江西宜春市丰城发电厂三期在建项目发生冷却塔施工平台坍塌特别重大事故。事故发生后，正在国外访问的中共中央总书记、国家主席、中央军委主席习近平立即作出重要指示，要求江西省和有关部门组织力量做好救援救治、善后处置等工作，尽快查明原因，深刻汲取教训，严肃追究责任。近期一些地方接连发生安全生产事故，国务院要组织各地区各部门举一反三，全面彻底排查各类隐患，狠抓安全生产责任落实，切实堵塞安全漏洞，确保人民群众生命和财产安全。

十一、习近平对 2019 年 3 月 21 日江苏盐城市响水县陈家港镇天嘉宜化工有限公司化学储罐爆炸事故作出重要指示

2019 年 3 月 21 日 14 时 48 分许，江苏盐城市响水县陈家港镇天嘉宜化工有限公司化学储罐发生爆炸事故，并波及周边 16 家企业。事故发生后，党中央、国务院高度重视。正赴国外访问途中的中共中央总书记、国家主席、中央军委主席习近平立即作出重要指示，要求江苏省和有关部门全力抢险救援，搜救被困人员，及时救治伤员，做好善后工作，切实维护社会稳定。要加强监测预警，防控发生环境污染，严防发生次生灾害。要尽快查明事故原因，及时发布权威信息，加强舆情引导。习近平强调，近期一些地方接连发生重大安全事故，各地和有关部门要深刻吸取教训，加强安全隐患排查，严格落实安全生产责任制，坚决防范重特大事故发生，确保人民群众生命和财产安全。

十二、习近平2020 年 4 月对安全生产作出重要指示

中共中央总书记、国家主席、中央军委主席习近平就安全生产作出重要指示强调，当前，全国正在复工复产，要加强安全生产监管，分区分类加强安全监管执法，强化企业主体责任落实，牢牢守住安全生产底线，切实维护人民群众生命财产安全。习近平指出，从 2019 年的情况看，全国安全生产事故总量、较大事故和重特大事故实现"三个继续下降"，安全生产形势进一步好转，但风险隐患仍然很多，这方面还有大量工作要做。习近平强调，生命重于泰山，各级党委和政府务必把安全生产摆到重要位置，树牢安全发展理念，绝不能只重发展不顾安全，更不能将其视作无关痛痒的事，搞形式主义、官僚主义。要针对安全生产事故主要特点和突出问题，层层压实责任，狠抓整改落实，强化风险防控，从根本上消除事故隐患，有效遏制重特大事故发生。

十三、习近平对 2021 年 6 月 13 日湖北十堰市张湾区艳湖社区集贸市场燃气爆炸事故作出重要指示

2021 年 6 月 13 日 6 时 40 分许，湖北十堰市张湾区艳湖社区集贸市场发生燃气爆炸。事故发生后，党中央、国务院高度重视。中共中央总书记、国家主席、中央军委主席习近平立即作出重要指示，湖北十堰市燃气爆炸事故造成重大人员伤亡，教训深刻！要全力抢救伤员，做好伤亡人员亲属安抚等善后工作，尽快查明原因，严肃追究责任。习近平强调，近期全国多地发生生产安全事故、校园安全事件，各地区和有关部门要举一反三、压实责任，增强政治敏锐性，全面排查各类安全隐患，防范重大突发事件发生，切实保障人民群众生命和财产安全，维护社会大局稳定，为建党百年营造良好氛围。

十四、习近平2022 年 3 月对安全生产作出重要指示

"3·21"东航 MU5735 航空器飞行事故发生后，党中央高度重视，中共中央总书记、国家主席、中央军委主席习近平立即作出重要指示，要求全力组织搜救，妥善处置善后，并委派国务院领导同志赴广西梧州指导工作，3 月 24 日又专门对安全生产作出重要指示，31 日主持召开中央政治局常委会会议听取应急处置情况汇报，专题研究部署下一步工作，并发表重要讲话。

习近平在 24 日重要指示中指出，最近一段时间，交通、建筑、煤矿等方面安全事故多发，特别是"3·21"东航 MU5735 航空器飞行事故造成重大人员伤亡，再次给我们敲响了警钟。

习近平强调，安全生产要坚持党政同责、一岗双责、齐抓共管、失职追责，管行业必须管安全，管业务必须管安全，管生产经营必须管安全。从实际工作看，仍有一些地方和行业安全责任没有压紧压实，工作措施没有抓实抓到位。各级党委和政府要坚持以人民为中心的发展思想，坚持人民至上、生命至上，统筹发展和安全，始终保持如履薄冰的高度警觉，做好安全生产各项工作，决不能麻痹大意、掉以轻心。对在安全生产上不负责任、玩忽职守出问题的，要严查严处、严肃追责。各级党政主要负责同志要亲力亲为、靠前协调，其他负责同志要认真履行各自岗位的安全职责，层层落实到基层一线，坚决反对形式主义、官僚主义。要在全国深入开展安全大检查，严厉打击违法违规行为，采取有力措施清除各类风险隐患，坚决遏制重特大事故，确保人民生命财产安全。

十五、习近平对 2022 年 4 月 29 日湖南长沙居民自建房倒塌事故作出重要指示

2022 年 4 月 29 日 12 时 24 分，湖南长沙市望城区金山桥街道金坪社区一居民自建房发生倒塌事故。事故发生后，中共中央总书记、国家主席、中央军委主席习近平立即作出重要指示，要不惜代价搜救被困人员，全力救治受伤人员，妥善做好安抚安置等善后工作；同时注意科学施救，防止发生次生灾害。要彻查事故原因，依法严肃追究责任，从严处理相关责任人，及时发布权威信息。近年来多次发生自建房倒塌事故，造成重大人员伤亡，务必引起高度重视。要对全国自建房安全开展专项整治，彻查隐患，及时解决。坚决

防范各类重大事故发生，切实保障人民群众生命财产安全和社会大局稳定。

十六、习近平对 2022 年 11 月 21 日河南安阳市凯信达商贸有限公司火灾事故作出重要指示

2022 年 11 月 21 日 16 时许，河南安阳市凯信达商贸有限公司厂房发生火灾。事故发生后，中共中央总书记、国家主席、中央军委主席习近平立即作出重要指示，河南等地接连发生火灾等安全生产事故，造成重大人员伤亡，教训十分深刻！要全力救治受伤人员，妥善做好家属安抚、善后等工作，查明事故原因，依法严肃追究责任。临近年终岁尾，统筹发展和安全各项工作任务较重，各地区和有关部门要始终坚持人民至上、生命至上，压实安全生产责任，全面排查整治各类风险隐患，坚决防范和遏制重特大事故发生。

十七、习近平对 2023 年 2 月 22 日内蒙古阿拉善左旗一露天煤矿坍塌事故作出重要指示

2023 年 2 月 22 日 13 时许，内蒙古阿拉善盟阿拉善左旗新井煤业有限公司露天煤矿发生大面积坍塌。事故发生后，中共中央总书记、国家主席、中央军委主席习近平高度重视并作出重要指示，内蒙古阿拉善左旗新井煤业有限公司露天煤矿坍塌事故造成多人失联和人员伤亡，要千方百计搜救失联人员，全力救治受伤人员，妥善做好安抚善后等工作。要科学组织施救，加强监测预警，防止发生次生灾害。要尽快查明事故原因，严肃追究责任，并举一反三，杜绝管理漏洞。当前全国两会召开在即，各地区和有关部门要以时时放心不下的责任感，全面排查各类安全隐患，强化防范措施，狠抓工作落实，更好统筹发展和安全，切实维护人民群众生命财产安全和社会大局稳定。

十八、习近平对 2023 年 6 月 21 日宁夏银川市兴庆区富洋烧烤店燃气爆炸事故作出重要指示

2023 年 6 月 21 日 20 时 40 分许，宁夏银川市兴庆区富洋烧烤店发生燃气爆炸事故。事故发生后，中共中央总书记、国家主席、中央军委主席习近平高度重视并作出重要指示，宁夏银川市兴庆区富洋烧烤店发生燃气爆炸事故，造成多人伤亡，令人痛心，教训深刻。要全力做好伤员救治和伤亡人员家属安抚工作，尽快查明事故原因，依法严肃追究责任。当前正值端午假期，各地区和有关部门要牢固树立安全发展理念，坚持人民至上、生命至上，以"时时放心不下"的责任感，抓实抓细工作落实，盯紧苗头隐患，全面排查风险。近期有关部门要开展一次安全生产风险专项整治，加强重点行业、重点领域安全监管，有效防范重特大生产安全事故发生，切实保障人民群众生命财产安全。

十九、习近平对 2023 年 11 月 16 日山西吕梁市永聚煤矿一办公楼火灾事故作出重要指示

2023 年 11 月 16 日 7 时许，山西吕梁市永聚煤矿一办公楼发生火灾。事故发生后，党中央、国务院高度重视。正在国外访问的中共中央总书记、国家主席、中央军委主席习近平立即作出重要指示，山西吕梁市永聚煤矿一办公楼发生火灾，造成重大人员伤亡，

教训十分深刻！要全力救治受伤人员，做好伤亡人员及家属善后安抚工作，尽快查明原因，严肃追究责任。习近平强调，各地区和有关部门要深刻吸取此次火灾事故教训，牢固树立安全发展理念，强化底线思维，针对冬季火灾事故易发多发等情况，举一反三，深入排查重点行业领域风险隐患，完善应急预案和防范措施，压实各方责任，坚决遏制重特大事故发生，切实维护人民群众生命财产安全和社会大局稳定。

二十、习近平对 2024 年 1 月 24 日江西新余市渝水区一临街店铺火灾事故作出重要指示

2024 年 1 月 24 日 15 时 22 分，江西省新余市渝水区佳乐苑小区临街商住综合楼发生特别重大火灾事故。事故发生后，中共中央总书记、国家主席、中央军委主席习近平高度重视并作出重要指示，江西新余市渝水区一临街店铺发生火灾，造成重大人员伤亡。要全力救治受伤人员，妥善做好遇难人员家属安抚善后等工作。这是近期发生的又一起重大安全生产事故，要尽快查明原因，依法严肃追责，进行深刻反思。习近平强调，各地区和有关部门要深刻吸取教训，克服麻痹思想和侥幸心理，进一步压实安全生产责任，认真排查隐患，狠抓工作落实，坚决遏制各类安全事故多发连发势头，确保人民群众生命财产安全和社会大局稳定。

第三节　有关安全生产的重要文件

一、《中共中央　国务院关于推进安全生产领域改革发展的意见》

2016 年 12 月 9 日，《中共中央　国务院关于推进安全生产领域改革发展的意见》（简称《意见》）印发实施，这是 1949 年新中国成立以来，第一个以党中央、国务院名义出台的安全生产工作的纲领性文件，标志着我国安全生产领域改革发展迎来了一个新的春天。《意见》以习近平总书记系列重要讲话特别是关于安全生产重要论述为指导，顺应全面建成小康社会发展大势，总结实践经验，吸收创新成果，坚持目标和问题导向，科学谋划安全生产领域改革发展蓝图，是今后一个时期全国安全生产工作的行动纲领。

（一）《意见》的总体要求

1. 指导思想

全面贯彻党的十八大和十八届三中、四中、五中、六中全会精神，以邓小平理论、"三个代表"重要思想、科学发展观为指导，深入贯彻习近平总书记系列重要讲话精神和治国理政新理念新思想新战略，进一步增强"四个意识"，紧紧围绕统筹推进"五位一体"总体布局和协调推进"四个全面"战略布局，牢固树立新发展理念，坚持安全发展，坚守发展决不能以牺牲安全为代价这条不可逾越的红线，以防范遏制重特大生产安全事故为重点，坚持安全第一、预防为主、综合治理的方针，加强领导、改革创新、协调联动、齐抓共管，着力强化企业安全生产主体责任，着力堵塞监督管理漏洞，着力解决不遵守法律法规的问题，依靠严密的责任体系、严格的法治措施、有效的体制机制、有力的基础保障和完善的系统治理，切实增强安全防范治理能力，大力提升我国安全生产整体水平，确保人民群众安康幸福、共享改革发展和社会文明进步成果。

2. 基本原则

《意见》提出了五项基本原则。一是坚持安全发展。贯彻以人民为中心的发展思想，始终把人的生命安全放在首位，正确处理安全与发展的关系，大力实施安全发展战略，为经济社会发展提供强有力的安全保障。二是坚持改革创新。不断推进安全生产理论创新、制度创新、体制机制创新、科技创新和文化创新，增强企业内生动力，激发全社会创新活力，破解安全生产难题，推动安全生产与经济社会协调发展。三是坚持依法监管。大力弘扬社会主义法治精神，运用法治思维和法治方式，深化安全生产监管执法体制改革，完善安全生产法律法规和标准体系，严格规范公正文明执法，增强监管执法效能，提高安全生产法治化水平。四是坚持源头防范。严格安全生产市场准入，经济社会发展要以安全为前提，把安全生产贯穿城乡规划布局、设计、建设、管理和企业生产经营活动全过程。构建风险分级管控和隐患排查治理双重预防工作机制，严防风险演变、隐患升级导致生产安全事故发生。五是坚持系统治理。严密层级治理和行业治理、政府治理、社会治理相结合的安全生产治理体系，组织动员各方面力量实施社会共治。综合运用法律、行政、经济、市场等手段，落实人防、技防、物防措施，提升全社会安全生产治理能力。

3. 目标任务

到 2020 年，安全生产监管体制机制基本成熟，法律制度基本完善，全国生产安全事故总量明显减少，职业病危害防治取得积极进展，重特大生产安全事故频发势头得到有效遏制，安全生产整体水平与全面建成小康社会目标相适应。到 2030 年，实现安全生产治理体系和治理能力现代化，全民安全文明素质全面提升，安全生产保障能力显著增强，为实现中华民族伟大复兴的中国梦奠定稳固可靠的安全生产基础。

（二）五项制度性改革

《意见》以问题为导向，立足当前、着眼长远，提出了五方面制度性改革举措和工作要求，为新形势下全面推进安全生产工作提供了方向性、制度化的顶层设计。

1. 加快落实安全生产责任制

坚持党政同责、一岗双责、齐抓共管、失职追责，健全安全生产责任体系。强化地方党委和政府的领导责任，明确党政主要负责人是本地区安全生产第一责任人，班子其他成员对分管范围内的安全生产工作负领导责任。地方各级安全生产委员会主任由政府主要负责人担任，成员由同级党委和政府及相关部门负责人组成。地方各级党委要认真贯彻执行党的安全生产方针，在统揽本地区经济社会发展全局中同步推进安全生产工作，定期研究决定安全生产重大问题。加强安全生产监管机构领导班子、干部队伍建设。严格安全生产履职绩效考核和失职责任追究。强化安全生产宣传教育和舆论引导。发挥人大对安全生产工作的监督促进作用、政协对安全生产工作的民主监督作用。推动组织、宣传、政法、机构编制等单位支持保障安全生产工作。动员社会各界积极参与、支持、监督安全生产工作。地方各级政府要把安全生产纳入经济社会发展总体规划，制定实施安全生产专项规划，健全安全投入保障制度。及时研究部署安全生产工作，严格落实属地监管责任。充分发挥安全生产委员会作用，实施安全生产责任目标管理。建立安全生产巡查制度，督促各部门和下级政府履职尽责。加强安全生产监管执法能力建设，推进安全科技创新，提升信息化管理水平。严格安全准入标准，指导管控安全风险，督促整治重大隐患，强化源头治理。加强应急管理，完善安全生产应急救援体系。依法依规开展事故调查处理，督促落实问题整改。

强化部门监管责任。按照管行业必须管安全、管业务必须管安全、管生产经营必须管安全和谁主管谁负责的原则，厘清安全生产综合监管与行业监管的关系，明确各有关部门安全生产和职业健康工作职责，并落实到部门工作职责规定中。安全生产监督管理部门负责安全生产法规标准和政策规划制定修订、执法监督、事故调查处理、应急救援管理、统计分析、宣传教育培训等综合性工作，承担职责范围内行业领域安全生产和职业健康监管执法职责。负有安全生产监督管理职责的有关部门依法依规履行相关行业领域安全生产和职业健康监管职责，强化监管执法，严厉查处违法违规行为。其他行业领域主管部门负有安全生产管理责任，要将安全生产工作作为行业领域管理的重要内容，从行业规划、产业政策、法规标准、行政许可等方面加强行业安全生产工作，指导督促企事业单位加强安全管理。党委和政府其他有关部门要在职责范围内为安全生产工作提供支持保障，共同推进安全发展。

强化企业主体责任。明确企业对本单位安全生产和职业健康工作负全面责任，建立健全自我约束、持续改进的内生机制，做到安全责任、管理、投入、培训和应急救援"五到位"，并对生产经营全过程实行安全责任追溯。对被追究刑事责任的生产经营者依法实施相应的职业禁入，对事故发生负有重大责任的社会服务机构和人员依法严肃追究法律责任，并依法实施相应的行业禁入。企业要定期开展风险评估和危害辨识。针对高危工艺、设备、物品、场所和岗位，建立分级管控制度，制定落实安全操作规程。树立隐患就是事故的观念，建立健全隐患排查治理制度、重大隐患治理情况向负有安全生产监督管理职责的部门和企业职代会"双报告"制度，实行自查自改自报闭环管理。严格执行安全生产和职业健康"三同时"制度。

2. 着力完善安全生产监管监察体制

坚持管安全生产必须管职业健康，建立安全生产和职业健康一体化监管执法体制。依托国家煤矿安全监察体制，强化非煤矿山安全生产监管监察。着重加强危险化学品安全监管体制改革和力量建设，明确和落实危险化学品建设项目立项、规划、设计、施工及生产、储存、使用、销售、运输、废弃处置等环节的法定安全监管责任，建立有力的协调联动机制。完善海洋石油安全生产监督管理体制机制，理顺民航、铁路、电力等行业跨区域监管体制。将地方安全生产监督管理部门作为行政执法机构，完善开发区、工业园区、港区、风景区等各类功能区的安全生产监管体制，强化安全生产行政执法职能，切实消除监管盲区。按照政事分开的原则，推进安全生产应急救援管理体制改革，提高组织协调能力和现场救援时效。

3. 大力推进安全生产依法治理

借鉴"醉驾入刑"的法治思路，研究修改刑法有关条款，将生产经营过程中极易导致重大生产安全事故的违法行为列入刑法调整范围，提高涉事企业和人员的违法成本。加强安全生产地方性法规建设，解决区域性安全生产突出问题。完善安全生产和职业危害预防治理国家标准的发布机制，强化标准的规范约束效力。建立行政执法和刑事司法衔接制度，完善司法机关参与事故调查机制，健全事故调查分析技术支撑体系。建立事故暴露问题整改督办制度，事故结案后一年内要组织开展评估，并向社会公开。完善安全生产监管执法人员依法履行法定职责制度，激励并保证监管执法人员忠于职守、履职尽责。严格高危行业领域安全准入条件。完善安全生产监管执法制度，明确每个生产经营单位安全生产监督和管理主体，制定实施执法计划，完善执法程序规定，依法严格查处各类违法违规行为。对违法行为当事人拒不执行安全生产行政执法决定的，负有安全生产监督管理职责的部门应依法申请司法机关强制执行。建立执法行为审议制度和重大行政执法决策机制，评估执法效果，防止滥用职权。健全领导干部非法干预安全生产监管执法的记录、通报和责任追究制度。完善安全生产执法纠错和执法信息公开制度，加强社会监督和舆论监督，保证执法严明、有错必纠。

4. 建立安全生产预防控制体系

加强安全风险管控，高危项目审批必须把安全生产作为前置条件，城乡规划布局、设计、建设、管理等各项工作必须以安全为前提，实行重大安全风险"一票否决"。强化企业预防措施。大力推进企业安全生产标准化建设，实现安全管理、操作行为、设备设施和作业环境的标准化。开展经常性的应急演练和人员避险自救培训，着力提升现场应急处置能力。强化城市运行安全保障，提高基础设施安全配置标准，构建现代化城市安全保障体系，推进安全发展示范城市建设。强化安全防范工程建设，重点推进对煤矿瓦斯等重大灾害及矿山采空区、尾矿库的治理，加快实施人口密集区危险化学品和化工企业生产、仓储场所安全搬迁工程。完善职业病防治体系，实施职业健康促进计划，加强企业职业健康监管执法。

5. 加强安全生产基础保障能力建设

强化安全生产预防及应急相关资金使用管理，完善安全生产专用设备企业所得税优惠目录，落实企业安全生产费用提取管理使用制度。强化安全生产科技支撑，加快安全关键技术装备研发，推动工业机器人、智能装备在危险工序和环节广泛应用。健全投融资服务体系，引导企业集聚发展灾害防治、预测预警、检测监控、个体防护、应急处置、安全文化等技术、装备和服务产业。继续加强安全生产信息化建设，提升现代信息技术与安全生产融合度，构建安全生产与职业健康信息化全国"一张网"。将安全生产专业技术服务纳入现代服务业发展规划，培育多元化服务主体。建立政府购买安全生产服务制度。支持发展安全生产专业化行业组织，强化自治自律。切实改进注册安全工程师制度。鼓励中小微企业订单式、协作式购买运用安全生产管理和技术服务。建立安全生产和职业健康技术服务机构公示制度和由第三方实施的信用评定制度，严肃查处租借资质、违法挂靠、弄虚作假、垄断收费等各类违法违规行为。建立安全生产不良记录"黑名单"制度，健全安全生产责任保险制度，切实发挥保险机构参与风险评估管控和事故预防功能。将安全生产监督管理纳入各级党政领导干部培训内容。把安全知识普及纳入国民教育，建立完善中小学安全教育和高危行业职业安全教育体系。把安全生产纳入农民工技能培训内容。严格落实企业安全教育培训制度，切实做到先培训、后上岗。推进安全文化建设，加强警示教育，强化全民安全意识和法治意识。

二、《关于全面加强危险化学品安全生产工作的意见》

2020年2月26日，中共中央办公厅、国务院办公厅印发《关于全面加强危险化学品安全生产工作的意见》，旨在深刻吸取一些地区发生的重特大事故教训，举一反三，全面加强危险化学品安全生产工作，有力防范化解系统性安全风险，坚决遏制重特大事故发生，有效维护人民群众生命财产安全。

（一）总体要求

以习近平新时代中国特色社会主义思想为指导，全面贯彻党的十九大和十九届二中、三中、四中全会精神，紧紧围绕统筹推进"五位一体"总体布局和协调推进"四个全面"战略布局，坚持总体国家安全观，按照高质量发展要求，以防控系统性安全风险为重点，完善和落实安全生产责任和管理制度，建立安全隐患排查和安全预防控制体系，加强源头治理、综合治理、精准治理，着力解决基础性、源头性、瓶颈性问题，加快实现危险化学品安全生产治理体系和治理能力现代化，全面提升安全发展水平，推动安全生产形势持续稳定好转，为经济社会发展营造安全稳定环境。

（二）强化安全风险管控

（1）深入开展安全风险排查。按照《化工园区安全风险排查治理导则（试行）》和《危险化学品企业安全风险隐患排查治理导则》等相关制度规范，全面开展安全风险排查和隐患治理。严格落实地方党委和政府领导责任，结合实际细化排查标准，对危险化学品企业、化工园区或化工集中区（简称化工园区），组织实施精准化安全风险排查评估，分类建立完善安全风险数据库和信息管理系统，区分"红、橙、黄、蓝"四级安全风险，突出一、二级重大危险源和有毒有害、易燃易爆化工企业，按照"一企一策""一园一策"原则，实施最严格的治理整顿。制定实施方案，深入组织开展危险化学品安全三年提升行动。

（2）推进产业结构调整。完善和推动落实化工产业转型升级的政策措施。严格落实国家产业结构调整指导目录，及时修订公布淘汰落后安全技术工艺、设备目录，各地区结合实际制定修订并严格落实危险化学品"禁限控"目录，结合深化供给侧结构性改革，依法淘汰不符合安全生产国家标准、行业标准条件的产能，有效防控风险。坚持全国"一盘棋"，严禁已淘汰落后产能异地落户、办厂进园，对违规批建、接收者依法依规追究责任。

（3）严格标准规范。制定化工园区建设标准、认定条件和管理办法。整合化工、石化和化学制药等安全生产标准，解决标准不一致问题，建立健全危险化学品安全生产标准体系。完善化工和涉及危险化学品的工程设计、施工和验收标准。提高化工和涉及危险化学品的生产装置设计、制造和维护标准。加快制定化工过程安全管理导则和精细化反应安全风险评估标准等技术规范。鼓励先进化工企业对标国际标准和国外先进标准，制定严于国家标准或行业标准的企业标准。

（三）强化全链条安全管理

（1）严格安全准入。各地区要坚持有所为、有所不为，确定化工产业发展定位，建立发展改革、工业和信息化、自然资源、生态环境、住房和城乡建设、应急管理等部门参与的化工产业发展规划编制协调沟通机制。新建化工园区由省级政府组织开展安全风险评估、论证并完善和落实管控措施。涉及"两重点一重大"（重点监管的危险化工工艺、重点监管的危险化学品和危险化学品重大危险源）的危险化学品建设项目由设区的市级以上政府相关部门联合建立安全风险防控机制。建设内有化工园区的高新技术产业开发区、经济技术开发区或独立设置化工园区，有关部门应依据上下游产业链完备性、人才基础和管理能力等因素，完善落实安全防控措施。完善并严格落实化学品鉴定评估与登记有关规定，科学准确鉴定评估化学品的物理危险性、毒性，严禁未落实风险防控措施就投入生产。

（2）加强重点环节安全管控。对现有化工园区全面开展评估和达标认定。对新开发化工工艺进行安全性审查。2020 年年底前实现涉及"两重点一重大"的化工装置或储运设施自动化控制系统装备率、重大危险源在线监测监控率均达到 100%。加强全国油气管道发展规划与国土空间、交通运输等其他专项规划衔接。督促企业大力推进油气输送管道完整性管理，加快完善油气输送管道地理信息系统，强化油气输送管道高后果区管控。严格落实油气管道法定检验制度，提升油气管道法定检验覆盖率。加强涉及危险化学品的停车场安全管理，纳入信息化监管平台。强化托运、承运、装卸、车辆运行等危险货物运输全链条安全监管。提高危险化学品储罐等贮存设备设计标准。研究建立常压危险货物储罐强制监测制度。严格特大型公路桥梁、特长公路隧道、饮用水源地危险货物运输车辆通行管控。加强港口、机场、铁路站场等危险货物配套存储场所安全管理。加强相关企业及医院、学校、科研机构等单位危险化学品使用安全管理。

（3）强化废弃危险化学品等危险废物监管。全面开展废弃危险化学品等危险废物（简称危险废物）排查，对属性不明的固体废物进行鉴别鉴定，重点整治化工园区、化工企业、危险化学品单位等可能存在的违规堆存、随意倾倒、私自填埋危险废物等问题，确保危险废物贮存、运输、处置安全。加快制定危险废物贮存安全技术标准。建立完善危险废物由产生到处置各环节联单制度。建立部门联动、区域协作、重大案件会商督办制度，形成覆盖危险废物产生、收集、贮存、转移、运输、利用、处置等全过程的监管体系，加大打击故意隐瞒、偷放偷排或违法违规处置危险废物违法犯罪行为力度。加快危险废物综合处置技术装备研发，合理规划布点处置企业，加快处置设施建设，消除处置能力瓶颈。督促企业对重点环保设施和项目组织安全风险评估论证和隐患排查治理。

（四）强化企业主体责任落实

（1）强化法治措施。积极研究修改刑法相关条款，严格责任追究。推进制定危险化学品安全和危险货物运输相关法律，修改安全生产法、安全生产许可证条例等，强化法治力度。严格执行执法公示制度、执法全过程记录制度和重大执法决定法制审核制度，细化安全生产行政处罚自由裁量标准，强化精准严格执法。落实职工及家属和社会公众对企业安全生产隐患举报奖励制度，依法严格查处举报案件。

（2）加大失信约束力度。危险化学品生产贮存企业主要负责人（法定代表人）必须认真履责，并作出安全承诺；因未履行安全生产职责受刑事处罚或撤职处分的，依法对其实施职业禁入；企业管理和技术团队必须具备相应的履职能力，做到责任到人、工作到位，对安全隐患排查治理不力、风险防控措施不落实的，依法依规追究相关责任人责任。

对存在以隐蔽、欺骗或阻碍等方式逃避、对抗安全生产监管和环境保护监管，违章指挥、违章作业产生重大安全隐患，违规更改工艺流程，破坏监测监控设施，夹带、谎报、瞒报、匿报危险物品等严重危害人民群众生命财产安全的主观故意行为的单位及主要责任人，依法依规将其纳入信用记录，加强失信惩戒，从严监管。

（3）强化激励措施。全面推进危险化学品企业安全生产标准化建设，对一、二级标准化企业扩产扩能、进区入园等，在同等条件下分别给予优先考虑并减少检查频次。对国家鼓励发展的危险化学品项目，在投资总额内进口的自用先进危险品检测检验设备按照现行政策规定免征进口关税。落实安全生产专用设备投资抵免企业所得税优惠。提高危险化学品生产贮存企业安全生产费用提取标准。推动危险化学品企业建立安全生产内审机制和承诺制度，完善风险分级管控和隐患排查治理预防机制，并纳入安全生产标准化等级评审条件。

（五）强化基础支撑保障

（1）提高科技与信息化水平。强化危险化学品安全研究支撑，加强危险化学品安全相关国家级科技创新平台建设，开展基础性、前瞻性研究。研究建立危险化学品全生命周期信息监管系统，综合利用电子标签、大数据、人工智能等高新技术，对生产、贮存、运输、使用、经营、废弃处置等各环节进行全过程信息化管理和监控，实现危险化学品来源可循、去向可溯、状态可控，做到企业、监管部门、执法部门及应急救援部门之间互联互通。将安全生产行政处罚信息统一纳入监管执法信息化系统，实现信息共享，取代层层备案。加强化工危险工艺本质安全、大型储罐安全保障、化工园区安全环保一体化风险防控等技术及装备研发。推进化工园区安全生产信息化智能化平台建设，实现对园区内企业、重点场所、重大危险源、基础设施实时风险监控预警。加快建成应急管理部门与辖区内化工园区和危险化学品企业联网的远程监控系统。

（2）加强专业人才培养。实施安全技能提升行动计划，将化工、危险化学品企业从业人员作为高危行业领域职业技能提升行动的重点群体。危险化学品生产企业主要负责人、分管安全生产负责人必须具有化工类专业大专及以上学历和一定实践经验，专职安全管理人员至少要具备中级及以上化工专业技术职称或化工安全类注册安全工程师资格，新招一线岗位从业人员必须具有化工职业教育背景或普通高中及以上学历并接受危险化学品安全培训，经考核合格后方能上岗。企业通过内部培养或外部聘用形式建立化工专业技术团队。化工重点地区扶持建设一批化工相关职业院校（含技工院校），依托重点化工企业、化工园区或第三方专业机构建立实习实训基地。把化工过程安全管理知识纳入相关高校化工与制药类专业核心课程体系。

（3）规范技术服务协作机制。加快培育一批专业能力强、社会信誉好的技术服务龙头企业，引入市场机制，为涉及危险化学品企业提供管理和技术服务。建立专家技术服务规范，分级分类开展精准指导帮扶。安全生产责任保险覆盖所有危险化学品企业。对安全评价、检测检验等中介机构和环境评价文件编制单位出具虚假报告和证明的，依法依规吊销其相关资质或资格；构成犯罪的，依法追究刑事责任。

（4）加强危险化学品救援队伍建设。统筹国家综合性消防救援力量、危险化学品专业救援力量，合理规划布局建设立足化工园区、辐射周边、覆盖主要贮存区域的危险化学品应急救援基地。强化长江干线危险化学品应急处置能力建设。加强应急救援装备配备，健全应急救援预案，开展实训演练，提高区域协同救援能力。推进实施危险化学品事故应急指南，指导企业提高应急处置能力。

（六）强化安全监管能力

（1）完善监管体制机制。将涉恐涉爆涉毒危险化学品重大风险纳入国家安全管控范围，健全监管制度，加强重点监督。进一步调整完善危险化学品安全生产监督管理体制。按照"管行业必须管安全、管业务必须管安全、管生产经营必须管安全"和"谁主管谁负责"原则，严格落实相关部门危险化学品各环节安全监管责任，实施全主体、全品种、全链条安全监管。应急管理部门负责危险化学品安全生产监管工作和危险化学品安全监管综合工作；按照《危险化学品安全管理条例》规定，应急管理、交通运输、公安、铁路、民航、生态环境等部门分别承担危险化学品生产、贮存、使用、经营、运输、处置等环节相关安全监管责任；在相关安全监管职责未明确部门的情况下，应急管理部门承担危险化学品安全综合监督管理兜底责任。生态环境部门依法对危险废物的收集、贮存、处置等进行监督管理。应急管理部门和生态环境部门以及其他有关部门建立监管协作和联合执法工作机制，密切协调配合，实现信息及时、充分、有效共享，形成工作合力，共同做好危险化学品安全监管各项工作。完善国务院安全生产委员会工作机制，及时研究解决危险化学品安全突出问题，加强对相关单位履职情况的监督检查和考核通报。

（2）健全执法体系。建立健全省、市、县三级安全生产执法体系。省级应急管理部门原则上不设执法队伍，由内设机构承担安全生产监管执法责任，市、县级应急管理部门一般实行"局队合一"体制。危险化学品重点县（市、区、旗）、危险化学品贮存量大的港区，以及各类开发区特别是内设化工园区的开发区，应强化危险化学品安全生产监管职责，落实落细监管执法责任，配齐配强专业执法力量。具体由地方党委和政府研究确定，按程序审批。

（3）提升监管效能。严把危险化学品监管执法人员进入关，进一步明确资格标准，严格考试考核，突出专业素质，择优录用；可通过公务员聘任制方式选聘专业人才，到2022年年底具有安全生产相关专业学历和实践经验的执法人员数量不低于在职人员的75%。完善监管执法人员培训制度，入职培训不少于3个月，每年参加为期不少于2周的复训。实行危险化学品重点县（市、区、旗）监管执法人员到国有大型化工企业进行岗位实训。深化"放管服"改革，加强和规范事中事后监管，在对涉及危险化学品企业进行全覆盖监管基础上，实施分级分类动态严格监管，运用"两随机一公开"进行重点抽查、突击检查。严厉打击非法建设生产经营行为。省、市、县级应急管理部门对同一企业确定一个执法主体，避免多层多头重复执法。加强执法监督，既严格执法，又避免简单化、"一刀切"。大力推行"互联网＋监管""执法＋专家"模式，及时发现风险隐患，及早预警防范。各地区根据工作需要，面向社会招聘执法辅助人员并健全相关管理制度。

各地区各有关部门要加强组织领导，认真落实党政同责、一岗双责、齐抓共管、失职追责安全生产责任制，整合一切条件、尽最大努力，加快推进危险化学品安全生产各项工作措施落地见效，重要情况及时向党中央、国务院报告。

三、《"十四五"国家安全生产规划》

2022年4月6日,国务院安全生产委员会印发《"十四五"国家安全生产规划》(简称《规划》),对"十四五"时期安全生产工作作出全面部署,提出生产安全事故死亡人数下降15%、重特大生产安全事故起数下降20%、单位国内生产总值生产安全事故死亡率下降33%、工矿商贸就业人员十万人生产安全事故死亡率下降20%、营运车辆万车死亡率下降10%、煤矿百万吨死亡率下降10%等"十四五"时期要实现的6项具体指标。《规划》总结了"十三五"期间取得的进展和成效,分析了"十四五"时期面临的重大机遇与严峻挑战;按照"目标指引任务、任务引导工程"的原则,提出了织密风险防控责任网络、优化安全生产法治秩序、筑牢安全风险防控屏障、防范遏制重特大事故、强化应急救援处置效能、统筹安全生产支撑保障、构建社会共治安全格局7个方面主要任务。凝练了重大安全风险治理、监管执法能力建设、安全风险监测预警、救援处置能力建设、科技创新能力建设、安全生产教育实训6类重大工程。从明确任务分工、加大政策支持、推进试点示范、强化监督评估4个方面提出了实施保障机制与举措。

(一)现状与形势

1. 取得的进展

以习近平同志为核心的党中央始终高度重视安全生产工作。"十三五"期间,习近平总书记站在新的历史方位,就安全生产工作作出了一系列重要指示批示,提出了一系列新思想新观点新思路,反复告诫要牢固树立安全发展理念,正确处理安全和发展的关系,坚持发展决不能以牺牲安全为代价这条红线。根据深化党和国家机构改革部署,组建应急管理部,将国家煤矿安全监察局更名为国家矿山安全监察局,矿山、危险化学品等重点行业领域安全监管监察体制进一步完善,监管监察能力得到加强。中共中央、国务院出台了《关于推进安全生产领域改革发展的意见》,中共中央办公厅、国务院办公厅印发了《地方党政领导干部安全生产责任制规定》,党政同责、一岗双责、齐抓共管、失职追责的安全生产责任体系全面建立。全国安全生产水平稳步提高,事故总量、较大事故、重特大事故持续下降。

2. 面临的形势

"十四五"时期是我国在全面建成小康社会、实现第一个百年奋斗目标之后,乘势而上开启全面建设社会主义现代化国家新征程、向第二个百年奋斗目标进军的第一个五年。同时,我国各类事故隐患和安全风险交织叠加、易发多发,安全生产正处于爬坡过坎、攻坚克难的关键时期。一是全国安全生产整体水平还不够高,安全发展基础依然薄弱。二是安全生产风险结构发生变化,新矛盾新问题相继涌现。三是安全生产治理能力还有短板,距离现实需要尚有差距。

(二)指导思想、基本原则与规划目标

1. 指导思想

以习近平新时代中国特色社会主义思想为指导,全面贯彻落实党的十九大和十九届历次全会精神,增强"四个意识"、坚定"四个自信"、做到"两个维护",紧紧围绕统筹推进"五位一体"总体布局和协调推进"四个全面"战略布局,坚持人民至上、生命至上，坚守安全发展理念，从根本上消除事故隐患，从根本上解决问题，实施安全生产精准治理，着力破解瓶颈性、根源性、本质性问题，全力防范化解系统性重大安全风险，坚决遏制重特大事故，有效降低事故总量，推进安全生产治理体系和治理能力现代化，以高水平安全保障高质量发展，不断增强人民群众的获得感、幸福感、安全感。

2. 基本原则

系统谋划，标本兼治。坚持总体国家安全观，树立系统观念，统筹发展和安全，将安全发展贯穿于经济社会发展各领域和全过程，努力塑造与安全发展相适应的生产生活方式，筑牢本质安全防线，构建新安全格局，更好地实现发展质量、结构、规模、速度、效益、安全相统一。

源头防控，精准施治。坚持目标导向、问题导向和结果导向，科学把握安全风险演化规律，坚持底线思维，在补短板、堵漏洞、强弱项上精准发力，加快实施一批重大政策和重大工程，从源头上防范化解风险，做到风险管控精准、预警发布精准、抢险救援精准、监管执法精准。

深化改革，强化法治。坚持运用法治思维和法治方式提高安全生产法治化、规范化水平，深化安全生产体制机制改革，加快形成系统完整、责权清晰、监管高效的安全生产治理制度体系；深入推进科学立法、严格执法、公正司法、全民守法，依靠法治筑牢安全生产屏障。

广泛参与，社会共治。坚持群众观点和群众路线，充分发挥社会力量的作用，动员全社会积极参与安全生产工作，积极推进安全风险网络化管理，进一步压实企业安全生产主体责任，构建企业负责、职工参与、政府监管、行业自律、社会监督的安全生产治理格局。

3. 规划目标

到2025年，防范化解重大安全风险体制机制不断健全，重大安全风险防控能力大幅提升，安全生产形势趋稳向好，生产安全事故总量持续下降，危险化学品、矿山、消防、交通运输、建筑施工等重点领域重特大事故得到有效遏制，经济社会发展安全保障更加有力，人民群众安全感明显增强。到2035年，安全生产治理体系和治理能力现代化基本实现，安全生产保障能力显著增强，全民安全文明素质全面提升，人民群众安全感更加充实、更有保障、更可持续。

（三）织密风险防控责任网络

（1）深化监管体制改革。充分发挥国务院安全生产委员会统筹协调作用，压实成员单位工作责任，健全运行机制，形成工作合力。建立消防执法跨部门协作机制。完善国家监察、地方监管、企业负责的矿山安全监管监察体制。推动负有安全生产监管职责的重点部门加强监管力量建设。落实应急管理综合行政执法改革，健全综合行政执法协调联动机制。

（2）压实党政领导责任。深入学习贯彻习近平总书记关于安全生产的重要论述。将安全生产纳入领导干部教育培训、日常谈话和提醒内容。推动落实地方党政领导干部安全生产责任制，制定安全生产职责清单和工作任务清单。严格落实地方党政领导安全生产履责述职和"第一责任人"职责落实报告制度。

（3）夯实部门监管责任。依法依规编制完善负有安全生产监管职责的部门权力和责任清单。合理区分综合监管和行业监管部门之间的责任过界。完善危险化学品安全监管机制。理顺农业农村、新型燃料、综合管廊等领域安全生产监管职责。建立新产业、新业态监管职责动态调整和联合执法机制。

（4）强化企业主体责任。严格落实生产经营单位主要负责人安全生产第一责任人的法定责任。推动生产经营单位建立从法定代表人、实际控制人等到一线岗位员工的全员安全生产责任制，健全生产经营全过程安全生产责任追溯制度。引导企业完善安全生产管理体系，健全安全风险分级管控和隐患排查治理双重预防工作机制，构建自我约束、持续改进的安全生产内生机制。强化守信激励和失信惩戒，依法建立健全安全生产严重违法失信名单管理制度并依法实施联合惩戒，加大对安全生产严重违法失信主体的责任追究。

（5）严肃目标责任考核。将安全生产纳入各地高质量发展评价体系。建立地方各级安全生产委员会成员单位主要负责人安全生产述职评议制度，强化地方各级安委会对各部门、各地区安全生产工作落实情况的监督。建立安全生产绩效与履职评定、职务晋升、奖励惩处挂钩制度，落实向纪检监察机关移交安全生产领域违法违纪、职务违法犯罪问题线索工作机制。严格落实安全生产"一票否决"和约谈、问责等制度。

（四）优化安全生产法治秩序

（1）健全法规规章体系。构建以《安全生产法》为核心的安全生产法律法规体系，加快统筹推进《危险化学品安全法》《煤矿安全条例》等立法进程，统筹推动《生产安全事故报告和调查处理条例》等相关法律法规修订。推动安全生产地方立法，解决区域安全生产突出问题。

（2）加强标准体系建设。加强全国安全生产有关专业标准化技术委员会建设，健全以强制性标准为主体、推荐性标准为补充的安全生产标准体系，构建"排查有标可量，执法有标可依、救援有标可循"的安全生产标准化工作格局。加快电化学储能、氢能、煤化工、分布式光伏发电等新兴领域安全生产标准制修订。积极培育发展安全生产团体标准、企业标准，推动建立政府主导和社会各方参与制定安全生产标准的新模式。

（3）创新监管执法机制。科学划分企业安全生产风险等级，开展分类分级监管执法。统筹编制省、市、县级年度安全生产执法计划，将安全生产强制性标准实施情况列入执法检查内容，确定检查项目和频次。实行执法事项清单制度，编制统一执法目录。全面推行行政执法公示、执法全过程记录、重大执法决定法制审核制度。利用信息化平台和智能化装备等先进技术手段，创新监管监察执法方式，有效开展非现场监管监察。健全安全生产行政执法与刑事司法衔接工作常态化协作机制。

（4）提升行政执法能力。健全应急管理综合行政执法人员的资格准入、教育培训、考核奖惩、容错纠错、准军事化管理等制度，推动建立专业化、职业化安全生产行政执法队伍。配齐配强行政执法专业人员力量。完善执法人员实操实训条件，定期开展专业培训。制定实施安全生产监管监察能力建设规划。

（五）筑牢安全风险防控屏障

（1）优化城市安全格局。完善规划安全风险评估会商机制。完善城市建设与运行安全的全生命周期管理，强化韧性城市建设。深化城市安全风险评估，健全城市安全风险管控体系。强化与市政设施配套的安全设施建设，推动将公共安全设施、消防训练、安全科普教育基地等纳入控制性详细规划和国土空间规划"一张图"。

（2）严格安全生产准入。持续推进企业安全生产标准化建设，推动安全生产基础薄弱、保障能力低下且整改后仍不达标的企业退出市场。建立落后产能化解机制，加快淘汰矿山、危险化学品、烟花爆竹等生产企业落后产能。深化产业园区安全风险评估与规划布局，推进产业园区安全入园的清单管理。严格高危行业领域建设项目安全审查。实施高危行业领域企业主要负责人、安全生产管理人员和特种作业人员等从业人员安全素质提升行动。

（3）强化安全风险管控。推动安全生产深度融入"平安中国""智慧城市""城市更新"建设，强化安全风险动态监测、预警、识别、评估和处置。建立大客流监测预警和应急管控处置机制。加强国际性重大活动安全风险评估。严密防控电化学储能站等新技术新产业新业态安全风险。加快推进各行业领域安全生产风险监测预警系统建设，推进城市电力、燃气、供水、排水管网和桥梁等城市生命线及重大危险源安全风险监测预警网络建设，构建重大安全风险防控的全生命周期管理模式。

（4）精准排查治理隐患。深入推进全国安全生产专项整治三年行动，建立专项整治成果评估推广应用机制。制定完善有关行业领域重大事故隐患判定标准。完善事故隐患举报奖励制度，畅通事故隐患举报渠道。借助云计算、大数据技术，健全事故隐患数据库，加强对重大事故隐患的动态分析和全过程记录管理。

（六）防范遏制重特大事故

（1）危险化学品。严密防范已淘汰的落后产能异地落户、办厂进园。健全城区危险化学品生产企业关停并转、退城入园等支持政策措施。实施"工业互联网＋危化安全生产"工程，建设一批本质安全型化工园区和大型油气储存基地，推动危险化学品安全数字化智能化转型。强化托运、承运、装卸、车辆运行等危险化学品运输全链条安全生产监管，统筹推进危险化学品运输车辆专用停车场建设。加强使用危险化学品从事生产的企业及医院、学校、科研机构等单位的危险化学品使用安全管理。加快建设统一的危险化学品产供储销全链条监管与服务平台，实现来源可循、去向可溯、状态可控。力争实现化工事故总量、较大及以上事故总量比"十三五"期间下降15%以上。

（2）煤矿。实施冲击地压、煤与瓦斯突出和水害等煤矿重大灾害超前精准治理，推进实施煤矿重大灾害治理示范工程。严格落实煤矿"一优三减"措施。全面推进智能化煤矿建设。持续推进冲击地压、煤与瓦斯突出、水文地质类型极复杂等灾害严重且在现有技术条件下难以有效防治的煤矿淘汰退出。

（3）非煤矿山。提高非煤矿山主要矿种最低开采规模和最低服务年限标准，实行尾矿库总量控制。强化非煤矿山建设项目基建过程安全监管。建立完善非煤矿山安全风险监测预警机制和监测监控系统，研发应用非煤矿山智能感知装备及综合监控装备。定期对入井人数超过30人、井深超过800米、水文地质条件复杂的金属非金属地下矿山，以及现状边坡超过200米的高陡边坡金属非金属露天矿山、现状堆置高度超过200米的金属非金属矿山排土场、头顶库和设计坝高超过200米的尾矿库进行专家会诊检查，推进停产和关闭矿山电子封条建设。

（4）消防。实施打通消防"生命通道"工程，实行"一城一策，一区一策"消防车通道治理。集中开展超高层建筑、大型商业综合体、地下轨道交通、石油化工等四类重点场所消防安全治理。健全电动汽车、电动自行车储能等新材料新设备新业态火灾风险预估预判机制，优化落实本质安全措施。加强乡村火灾隐患整治，强化对乡镇工业园、特色小镇等乡村新兴产业消防安全管理，推进乡镇农村公共消防基础设施建设。全面推行事故隐患自知自查自改和公示承诺、风险申报制度。

（5）道路运输。建立健全道路运输企业、道路运输车辆和驾驶员信息共享机制。深化货车非法改装、车辆挂靠专项整治，健全货车非法改装联合监管工作机制，将车辆超限超载治理纳入地方政府安全生产考核，严厉打击"大吨小标""百吨王"、倒卖合格证等违法违规行为。建立自动驾驶汽车运行数据监管平台，强化运行过程监管。加快高速公路护栏提质改造。

（6）其他交通运输（除道路运输外）。完善国家民航安全绩效指标体系，强化可控飞行撞地、跑道安全、空中相撞等重点风险治理，深化机场净空保护、鸟击防范等安全专项整治，加强无人机管控。全面划定铁路线路安全保护区，实施铁路沿线安全环境治理及道口"平改立"、危险货物铁路运输安全专项整治，强化公铁水并行交汇地段安全综合治理。严格执行客船恶劣天气条件下禁限航规定。强化城市轨道交通全过程安全评估，健全城市轨道交通运营安全风险分级管控和隐患排查治理制度，强化运营安全风险管控。

（7）工贸。以钢铁、粉尘涉爆、涉氨制冷、铝加工（深井铸造）、有限空间作业为重点，强化事故隐患排查治理，深化工贸行业安全专项整治。推广应用粉尘涉爆领域湿法除尘工艺、铝加工（深井铸造）自动化监测报警和联锁装置等先进技术装备。加快实施建材行业搬运码垛、投料装车、抛光施釉、喷漆打磨、高温窑炉、切割分拣、压力成型等安全风险较高的岗位"机器换人"。

（8）烟花爆竹。推进全国烟花爆竹转型升级集中区建设，引导烟花爆竹生产企业向主产地区转移或有序退出。强化烟花爆竹机械质量监督检验和涉药机械常态化安全论证，加强对烟花爆竹新型安全材料的研发与推广应用。加强直接涉药生产工序的机械化改造，确保烟花爆竹生产重要涉药工序人机分离、人药分离。

（9）城市建设。改革建筑施工安全生产许可证制度，完善隧道工程事故预防机制，严格落实工程质量安全手册制度。完善建筑施工安全监管信息系统，健全建筑施工安全信用体系。规范建设工程用工管理及分包单位准入规定，培育高素质施工作业人员，稳定施工劳务用工队伍。把老旧燃气管道更新改造纳入城市更新行动，推动燃气安全综合治理。加强农村住房建设和危房改造施工安全管理，强化农村住房安全监管。

（10）农林牧渔业。完善农业机械注册登记、安全检验和驾驶培训制度，深化"平安农机"创建活动，强化对重点机具、重要农时以及农机合作社和农机大户等重点主体的安全监管。建立以船长报告为主、船舶"监护人"和基层渔业组织报告为辅的进出港报告机制。强化隐患突出渔船和渔港水域安全监管，严厉打击渔船超员超载、超风级超航区冒险航行作业、涉渔"三无船舶"非法作业等行为。

（11）功能区。统筹工业园区、物流仓储园区等功能区安全布局，优化园区功能分区布局，严格控制高风险功能分区规模。实施园区安全生产一体化、封闭化管理。完善园区消防设施、消防车道等公用工程配套和安全保障设施。推进智慧园区建设，建立园区集约化、智能化安全监管信息共享平台，实现园区内企业、重点场所、重大危险源、基础设施实时风险监控预警。

（12）危险废物。强化废弃危险化学品等危险废物全过程监管，建立废弃危险化学品等危险废物部门协作、联合执法、重大案件区域会商督办机制，形成覆盖危险废物产生、收集、贮存、转移、运输、利用、处置等全过程的监管体系。制定完善危险废物重点监管单位清单。加强危险废物监管能力与应急处置技术支撑能力建设。

（七）强化应急救援处置效能

（1）夯实企业应急基础。完善应急预案管理与演练制度。强化重点岗位、重点部位现场应急处置方案实操性监督检查，强化制度化、全员化、多形式的应急救援演练。建立企业应急预案修订与备案制度。加强超大桥梁垮塌、超长隧道火灾、大型客船遇险、大型船舶原油溢油等巨灾情景构建，建设一批应急演练情景库。

（2）提升应急救援能力。合理规划安全生产应急救援基地和队伍布局。推进国家综合性环境应急、航空应急救援和事件调查、无人智能救援装备测试、航空器消防救援等实训设施建设。完善重点城市群跨区域联合救援机制，提高京津冀、长三角、粤港澳大湾区、长江经济带等跨地区应急救援资源共享与联合处置能力。健全安全生产应急救援社会化运行模式，培育专业化应急救援组织。

（3）提高救援保障水平。完善国家、省、市、县等各级应急管理部门互联互通的安全生产应急救援指挥平台体系，提升应急救援机构与事故现场的远程通信指挥保障能力。推进深远海油气勘探开发应急技术、国家大型原油储罐火灾抢险救援科技装备支撑体系建设。完善应急救援车辆优先通行机制和应急救援生态环境保护制度。制定应急救援社会化有偿服务、应急装备征用补偿、应急救援人员人身安全保险等政策。

（八）统筹安全生产支撑保障

（1）加快专业人才培养。实施高危行业领域从业人员安全技能提升专项行动，严格企业主要负责人、安全生产管理人员安全生产知识和管理能力考核，以及特种作业人员安全技能培训考核。实现重点行业规模以上企业新增从业人员安全技能培训率达到100%。加强注册安全工程师、注册消防工程师等职业资格管理，探索工程教育专业认证与国家职业资格证书衔接机制。

（2）强化科技创新引领。加快推进安全生产国家级重点实验室、技术创新中心，协同创新中心、战略理论政策智库创建，推动安全生产科技创新资源开放共享，形成基础研究、技术创新和应用研究贯通发展的安全生产科技创新生态。建立安全生产装备与服务需求信息平台、技术创新转化交易平台，优化安全生产科技支撑服务市场化运行机制。

（3）推进安全信息化建设。制定完善安全生产信息化标准规范，提高信息化系统的整体适配度，拓展和深化安全生产数字化应用场景。建立全国统一的应急管理监管执法信息系统，加快推进"互联网＋执法"信息系统应用，培育"工业互联网＋安全生产"协同创新模式，以物联网、大数据为基础，加强重点行业领域安全生产监管，构建基于工业互联网的安全感知、评估、监测、预警与处置体系。

(九) 构建社会共治安全格局

(1) 提高全民安全素质。实施全民安全生产宣传教育行动计划，建设国家安全生产教育平台，引导公众践行安全的生产生活方式。将安全素质教育纳入国民教育体系。鼓励安全文化作品创作，丰富安全生产宣传产品，创新安全文化服务方式和手段，开展安全生产公益宣传活动，持续实施"安全生产月""安全生产万里行"系列精品活动项目。推动安全知识进企业、进农村、进社区、进学校、进家庭，积极开展群众性应急培训，普及安全常识和应急知识。

(2) 推动社会协同治理。实行企业安全生产信用风险分类管理制度，将企业安全生产违法信息记入信用记录。制定政府购买安全生产服务清单。鼓励协会、联合会、商会、慈善组织等社会组织参与安全生产工作。建立公众参与安全管理决策的有效渠道和合理机制，培养发展安全生产社会监督员，鼓励公众监督政府安全生产工作、企业违法违规行为。

(3) 深化安全交流合作。健全京津冀、长三角、粤港澳大湾区、成渝城市群等区域安全生产协调联动机制，加强重大安全风险联防联控。加强与东盟、上海合作组织、国际劳工组织、联合国开发计划署等合作，分享安全发展理念与实践经验。加强与安全生产国际标准的衔接，推动"一带一路"国家和地区安全生产标准互认。

(十) 实施安全提升重大工程

(1) 重大安全风险治理工程。实施化工园区和大型油气储存基地本质安全提升工程、危险化学品企业安全改造工程，推动安全管理数字化转型试点。开展煤矿瓦斯综合治理和水害、火灾、冲击地压等重大灾害治理。全面完成尾矿"头顶库"治理。开展消防安全治理工程，推进行业消防安全标准化管理标杆建设、单位社区消防安全能力建设，实施企业专职消防队、乡镇政府专职消防队标准化建设。

(2) 监管执法能力建设工程。根据各地区域特点和执法需求，合理确定各级负有安全生产监管监察职责的机构执法车辆配备类型和数量，补充更新执法车辆。建设完善基层安全生产监管监察机构业务保障用房和特殊业务用房，加强执法装备维护校验条件建设，完善计算存储网络、信息安全防护保障和智能运维等系统。

(3) 安全风险监测预警工程。建成国家安全生产监管监察执法大数据系统，构建 1 个国家级和 32 个省级安全生产监管监察"互联网＋执法"平台。建成危险化学品、矿山、烟花爆竹等高危行业企业以及油气管道等重点领域风险监测预警系统，构建全面覆盖的风险监测与感知数据"一张网"。完善全国危险化学品登记系统，构建涵盖生产、使用、运输、贮存、经营、废弃处置环节的危险化学品全生命周期信息监管平台。建设国家安全发展示范城市创建支撑管理信息化平台。

(4) 救援处置能力建设工程。建设空、天、地、海一体化应急通信网络，优化升级国家安全生产应急救援综合指挥平台和应急通信保障系统，完善重点行业领域和区域安全生产应急救援指挥决策调度平台。完善国家应急医学研究中心教、研设施，改造基础工作环境，配备先进科研设备。建设综合应急实训演练基地，完善安全生产工作实操实训条件。

(5) 科技创新能力建设工程。建设国家安全生产综合集成创新中心，建成危险化学品、矿山、城市安全、金属冶炼、油气等重大事故防控技术支撑基地，重点建设重大事故情景还原与相似模拟、事故预防技术中试以上工程装置，完善复杂环境下耦合事故验证实验条件。推动有条件地区和企业建设安全生产科技创新资源开放共享和成果推广平台。

（6）安全生产教育实训工程。完善国家安全生产监管监察执法综合实训华北基地条件，增补石油天然气管道输送、烟花爆竹、地下空间等专业领域及矿山、冶金、商贸、机械等行业安全生产监管实训功能。建设安全生产监管监察人员执法资格考试平台，升级改造现有考试机构考场。

（十一）健全规划实施保障机制

（1）明确任务分工。地方各级人民政府要根据规划确定的发展目标和主要任务，将安全生产工作纳入重要议事日程，制定并公布安全生产重点任务和年度目标。各地区、各有关部门要积极制定规划实施方案，细化落实规划的任务分工和进度安排，明确本地区、本部门相关责任。

（2）加大政策支持。按照中央与地方财政事权和支出责任划分，健全完善财政支持安全生产政策，强化中央和地方财政经费保障，优化安全生产支出结构。鼓励创业投资企业、股权投资企业和社会捐赠资金增加安全生产公益性投入。

（3）推进试点示范。以改善安全状况、推动安全发展为目标，以体制创新、制度供给、模式探索为重点，推进国家安全发展示范城市建设。积极推进安全社区、平安校园、安全生产标准化企业等建设。强化城市安全风险综合监测预警工作体系建设试点，打造城市安全"智慧大脑"。

（4）强化监督评估。健全各级安全生产委员会成员单位规划实施信息通报、研判会商、交流合作、协调联动等制度机制，统筹协调、监督指导各成员单位落实安全职责，加大督查考评力度，形成规划实施合力。国务院安全生产委员会将定期对各省级人民政府和新疆生产建设兵团规划目标指标、主要任务、重大工程等进展情况进行监测调度。在2023年、2025年底，应急管理部要分别对本规划执行情况进行中期评估和总结评估。

四、《国务院安委会办公室关于进一步加强国家安全生产应急救援队伍建设的指导意见》

国家安全生产应急救援队伍是由应急管理部牵头规划，在重点行业领域依托国有企业和有关单位建立的专业应急救援队伍，是国家常备应急骨干力量，是矿山、隧道施工、危险化学品、油气开采和管道输送、城市轨道交通运营、建筑施工等重点行业领域事故灾害救援不可或缺的中坚力量。为适应新时代我国应急管理体系和能力现代化建设需要，更好地发挥国家安全生产应急救援队伍在国家应急救援力量体系中的作用，切实维护人民群众生命财产安全，2022年12月19日，国务院安委会办公室印发《关于进一步加强国家安全生产应急救援队伍建设的指导意见》（安委办〔2022〕12号），就进一步加强国家安全生产应急救援队伍建设提出如下意见。

（一）总体要求

1. 指导思想

坚持以习近平新时代中国特色社会主义思想为指引，认真贯彻落实党的二十大精神和习近平总书记重要训词精神，紧紧围绕建立大安全大应急框架和建设"专常兼备、反应灵敏、作风过硬、本领高强"国家应急救援队伍的总要求，着力抓好政治建队、改革建队、科技建队、人才建队和依规建队，适应改革发展需要，全面提升国家安全生产应急救援队伍整体救援能力水平，在防范化解重大安全风险和保护人民群众生命安全中发挥更大作用，为坚决维护国家安全和社会稳定提供有力保障。

2. 建设原则

坚持党的领导。加强党对国家安全生产应急救援队伍建设的集中统一领导，全面贯彻落实党中央、国务院决策部署，充分发挥各级党组织作用，确保国家安全生产应急救援队伍的正确发展方向。

坚持"两个至上"。树牢人民至上、生命至上理念，始终把保护人民群众生命安全放在首位，围绕快救人、多救人、减少财产损失的目标要求，大力提升队伍快速响应和高效处置能力。

实行共建共管。坚持政府主导、企业负责，明确国家、地方、企业各方责任和义务，协同推进国家安全生产应急救援队伍建设，鼓励社会力量参与支持队伍建设。

发挥专业优势。强化生产安全事故专业救援能力建设，打造适应国家应急救援能力现代化需要的专业救援尖刀和拳头力量，在立足本职的基础上适度拓展应急救援服务领域。

坚持战斗力标准。坚持少而精的原则优化国家安全生产应急救援队伍布局，着力提升队伍战斗力，抓紧补短板、强弱项，强化实战化训练演练，依靠科技装备提高应急救援科学化、专业化、智能化、精细化水平。

3. 目标任务

到2026年，国家安全生产应急救援队伍现代化建设取得重大进展，在现有队伍规模基础上适度新建一批队伍，队伍总数达到130支左右、人数2.8万人左右，队伍结构更加完善、布局更加合理、反应更加灵敏、行动更加快捷，跨区域救援实现8小时内到达事故现场，先进适用装备的应用水平显著提升，生产安全事故应对处置能力显著增强，先进救援技战术水平、规范化管理水平、信息化智能化装备水平和综合保障能力大幅提升。

到2035年，建立与国家应急救援能力现代化相适应的国家安全生产应急救援队伍体系，队伍布局更加科学合理、救援更加精准高效，跨区域救援实现5小时内到达事故现场，行业领域内专业救援能力满足经济社会发展要求，形成依法应急、科学应急、智慧应急新格局。

（二）主要任务

1. 强化队伍职责使命

树牢安全发展理念，始终把人民群众生命安全放在首位，时刻听从党和国家召唤，积极履行国家常备应急骨干力量的职责使命。发挥主导作用，聚焦主责主业，坚决扛起矿山、隧道施工、危险化学品、油气开采和管道输送、城市轨道交通运营、建筑施工等行业领域重特大事故救援重要任务。发挥协同作用，适度拓展专业救援能力，在地震搜救、地质灾害救援、抗洪抢险、火灾扑救等抢险救援中贡献力量。发挥预防作用，积极为依托企业开展预防性安全检查和安全应急技术服务，助力企业防范化解安全风险。发挥服务作用，拓展社会化市场化救援技术服务，积极为驻地周边企业、城市、乡村提供有限空间作业、雨季防洪排涝、防雷电等应急救援服务。发挥科普宣传作用，参加安全常识、应急救援知识技能科普培训服务，提高社会公众安全防范、紧急避险、医疗急救和应急处置能力水平。

2. 加强队伍政治建设

坚持党对国家安全生产应急救援队伍的领导，落实对党忠诚是第一位的政治要求。总结推广国家安全生产应急救援队伍所在单位上级党组织负责同志兼任队伍党组织领导或行政领导的有效做法，强化队伍政治建设，坚持把支部建在救援中队，完善党建工作制度机制，开展经常性思想政治教育，营造风清气正政治环境。总结推广建立救援一线临时党组织工作经验，发挥党员干部在急难险重抢险救援任务中的模范带头作用。

强化队伍理论武装，坚持不懈用习近平新时代中国特色社会主义思想武装头脑，切实把习近平总书记重要训词精神作为队伍建设的"魂"和"纲"。加强理想信念、光荣传统和职责使命教育，选树先进典型，弘扬正能量，增强国家安全生产应急救援队伍职业荣誉感和社会认知度。

严明队伍纪律要求，用铁的纪律打造铁的队伍。突出队伍使命教育，增强指战员遵章守纪意识。强化队伍正规化建设，建立正规的备勤、训练、工作、生活秩序，规范队容、风纪，规范着装和标志标识，提高队伍正规化建设水平。

加强队伍作风建设，弘扬赴汤蹈火的战斗精神和优良作风，树立敢打必胜信念。注重在艰苦环境和急难险重任务中锻炼队伍，培育践行科学救援、安全救援、高效救援的自觉性。

3. 加强队伍共建共管机制建设

国家安全生产应急救援队伍由应急管理部与队伍属地人民政府、依托单位三方采取联合的方式进行建设和管理。

应急管理部负责国家安全生产应急救援力量建设的指导协调工作，综合考虑事故风险分布特点、经济社会发展趋势和应急救援力量建设现状等因素，统筹优化队伍规模、结构、布局，制定队伍建设标准，建立队伍管理、训练和应急救援等制度规范，指导队伍应急准备、防范风险、训练演练和事故救援等工作；建设集救援专家技术指挥、技术人才培养、科技装备研发、救援人员实训实练和科普宣传等功能于一身的国家安全生产应急救援科研实训演练中心、救援工程师队伍等，为生产安全事故应急工作提供决策人才、技术和装备支撑。

国家安全生产应急救援中心承担国家安全生产应急救援队伍的检查、调研、评估和验收等具体工作。各省级应急管理部门和国家矿山安全监察局各省级局要发挥职能部门指导协调作用，大力推进国家安全生产应急救援队伍的建设和管理，协调地方政府和依托单位针对区域内事故灾害的特点、难点，强化救援装备、物资的资金投入；将国家安全生产应急救援队伍的日常管理纳入安全监管的重要内容进行检查，协助开展国家安全生产应急救援队伍的检查、调研、评估和验收工作，及时通报本地区安全生产应急救援工作动态。

鼓励、支持依托单位做好国家安全生产应急救援队伍建设保障工作，切实担负起生产安全事故应急工作责任；完善队伍组织机构，配齐、配足各类救援人员；保障队伍人员薪酬待遇，维持队伍稳定；强化基础设施建设，保障办公、执勤、装备物资储备、训练演练的场地需求。依托单位要设立专项资金，保障救援装备的持续投入和正常运行维护，保障充足的应急救援物资储备；在国家安全生产应急救援队伍开展事故灾害救援时，根据需求提供必要的技术支撑和后勤保障。

各级安委会成员单位要大力支持国家安全生产应急救援队伍建设，对在分管行业、领域开展安全技术服务和应急救援工作的队伍提供指导和保障。

4. 加强队伍调动指挥机制建设

应急管理部负责国家安全生产应急救援队伍的统一调动指挥，指导国家安全生产应急救援中心组织实施国家安全生产应急救援队伍的跨省区调动管理，各省级应急管理部门和国家矿山安全监察局各省级局、依托单位组织实施国家安全生产应急救援队伍本省区调动管理，调动情况应当及时报告应急管理部。坚持"谁调动、谁负责"的原则，将国家安全生产应急救援队伍纳入相应的事故灾害救援指挥体系，协调公安、交通运输等部门确保救援力量快速投运，实行一体化指挥和战勤保障。国家安全生产应急救援中心根据应急管理部关于跨省区应急救援力量协调调动管理有关规定，进一步完善国家安全生产应急救援队伍调动程序，规范队伍事故救援信息报送，加强队伍出动、应急救援、归建全过程管理。国家安全生产应急救援队伍接受省级调动和依托单位调动时，应当向国家安全生产应急救援中心报告。国家矿山应急救援队伍接受省级调动和依托单位调动时，应当同时向国家矿山安全监察局报告。

国家安全生产应急救援队伍参加事故灾害救援时，应当服从各级人民政府现场指挥部的统一指挥，健全完善队伍现场救援指挥机制。要吸收国家安全生产应急救援队伍负责人作为应急救援现场指挥部成员，参与救援指挥决策。

5. 加强队伍规范化建设

统一国家安全生产应急救援队伍建设标准和考核标准，对队伍实行动态管理。根据国家相关产业发展和布局、国家安全生产应急救援队伍的建设标准和管理要求，以及依托单位的保障能力，建立队伍准入退出标准规范。建立国家安全生产应急救援队伍能力评估制度，对规定时间内不达标的国家安全生产应急救援队伍要启动退出机制。

建立以安全生产标准化为抓手，提升国家安全生产应急救援队伍日常管理水平的工作机制。分类分专业建立国家安全生产应急救援队伍建设标准，制定分级考核验收办法。应急管理部统一组织各省级应急管理部门和国家矿山安全监察局各省级局，定期开展国家安全生产应急救援队伍达标考核。鼓励和支持依托单位将国家安全生产应急救援队伍标准化建设，纳入本单位安全生产标准化体系进行考核。

6. 加强队伍应急救援能力建设

提高快速出动能力。建立队伍应急响应快速启动机制，加强对各类事故灾害处置技术、战术研究和训练，定期开展力量集结、战斗编成、通信联络、组织指挥等应急救援业务训练和模拟实战演练，强化队伍快速反应能力。配齐配强快速吊装运输装备，健全大型救援装备快速投送机制。

提高生命搜救能力。强化救援理论和业务培训，熟悉各类事故灾害发生机理，提高分析研判遇险人员生存条件的能力。综合运用生命搜救技术装备对遇险人员实施精准定位，普及推广矿山（隧道）救援联络信号运用。开展快速构筑生命通道技术研究和实操演练。

强化医疗急救培训，规范人员抢救流程，降低事故伤残率。

提高现场实战能力。优化事故救援力量编成，科学组建救援单元，打造精干、过硬的战斗小组。严格落实现场救援安全技术制度规范，充分发挥救援装备安全保障作用。建立现场救援安全员制度，实时分析研判现场安全风险，及时发出警示警报，切实保障救援人员生命安全。建立救援案例复盘制度，常态化开展应急演练。

提高救援协同能力。积极参加队伍驻地地方政府和消防救援队伍组织的事故灾害应急演练，开展跨区域、多灾种联动联训联练，提高与国家综合性消防救援队伍、其他专业应急救援力量、社会应急力量间的协同能力。加强国内国际交流合作，定期组织开展技术比武竞赛活动，交流救援技战术经验，推广先进适用技术装备。

提高战勤保障能力。加强队伍食宿、通信、发电、用水等战勤保障车辆装备配备，提高队伍长时间、远距离救援自我保障能力。发挥依托单位支撑作用，为队伍救援提供技术支持和后勤保障。调动队伍单位负责协调队伍通行保障、救援物资耗材保障、现场后勤保障。队伍根据救援命令参加生产安全事故应急救援所耗费用，原则上由事故责任单位承担；事故责任单位无力承担的，由有关人民政府协调解决。

7. 加强队伍科技装备建设

坚持实战导向、问题导向，鼓励队伍结合救援实际提出需求，组织协调产学研用单位联合攻关、揭榜攻关，推动新技术新装备研发、列装、应用。建立先进技术装备首台（套）制度和优先推广应用机制。鼓励依托单位为国家安全生产应急救援队伍提供专项科研经费，开展小发明、小创造、小革新、小设计和小建议等"五小"实用性科技装备创新。

加强队伍先进适用装备配备。注重救援装备与队伍承担的救援任务相匹配，强化救援装备实操性训练演练。健全救援装备、物资储备和调用机制，对国家安全生产应急救援队伍配备的定向钻机等大型救援装备采取托管方式进行专业化管理，提高库存装备物资和国家安全生产应急救援队伍现有救援装备利用率。建立社会救援装备物资征用机制，确保应急状态下特殊装备快速有效征用。

加快队伍信息化、智能化建设。大力提升国家安全生产应急救援队伍的信息化能力，为事故救援远程分析研判、专家会商、指挥决策、队伍和装备调动，以及日常线上培训、演练观摩等提供平台，并实现与应急管理部相关系统对接。配备事故现场信息采集、单兵通信终端和音视频通信装备，畅通应急救援前后方通信联络。推动智能化技术在救援中的应用，加强自动排水机器人、应急处置机器人、无人化生命救援、弱通信条件及受限空间无人自动探测搜寻等智能化装备配备。

8. 加强队伍人才建设

加强指挥人才培养。制定各级救援指挥员的资格条件。建立以政治素质、业务素质、指挥能力、管理能力为主要内容的救援指挥员考核评价标准，定期组织开展履职评价。坚持思想和业务相结合、能力和阅历相结合、技术和技能相结合，注重从一线工程技术人员和班组长中培养选拔救援指挥员。鼓励各级救援指挥员进入院校学习深造，提升学历层次和专业理论水平。强化指挥员线上线下分级培训，持续推进救援指挥员能力提升。

加强技术人才培养。根据国家安全生产应急救援队伍担负的职责使命和不断拓展的救援领域，招录不同专业的技术人才，尤其是安全生产实践经验丰富的成熟技术人才。注重在一线培养和锻炼技术人才，增强其在先进装备配备使用、业务培训、科研攻关、救援方案优化和事故案例复盘总结等方面的本领和能力。

加强技能人才培养。加强以班组长为重点的技能人才培养，造就应急救援领域行家里手。常态化开展业务学习和案例教育、体能训练、装备仪器实操技能训练、一般性技术操作训练和特种作业训练，提高单兵素质。针对一些特殊事故灾害特点，招录特体队员。注重班组成员体能、技能搭配，提升班组战斗力。建立与薪酬挂钩的职级晋升通道，激励队员不断提升技能。协调开展救援人员资格认证、职业技能鉴定，不断拓展应急救援职业发展空间。

9. 加强队伍职业保障政策建设

依法依规使用企业安全生产费用支持国家安全生产应急救援队伍建设，保障队伍应急救援技术装备、设施配置费用支出。研究健全完善国家安全生产应急救援队伍职业保障政策。组织救援人员参加岗前、在岗、离岗和应急救援结束后职业健康检查。关注救援人员心理健康，开展心理健康咨询和疏导服务。推动应急救援人员积极开展技能人员职业资格认定，规范国家安全生产应急救援队伍用工方式和招录条件，鼓励接收吸纳退役军人和退出国家综合性消防救援队伍的人员。鼓励地方政府出台提升应急救援队伍待遇的相关激励保障政策。

（三）保障措施

1. 加强组织领导

有关安委会成员单位、有关中央企业总部、各省级应急管理部门要提高站位，深刻认识加强国家安全生产应急救援队伍建设的重要性和紧迫性，研究部署具体落实措施，加强沟通协调和督促检查，高标准推进各项建设任务落实。

2. 强化责任落实

要按照工作分工，制定落实工作方案，明确时间表、任务图和责任人。牵头单位要加强工作统筹，定期调度工作进展，协调解决问题，强化政策措施配套实用。

3. 加强舆论宣传

要做好政策宣讲解读，及时总结工作经验，加大宣传推广力度。同时，要加强国家安全生产应急救援队伍抢险救援宣传报道，讲好应急救援故事，为推进国家安全生产应急救援队伍建设营造良好氛围。

各地区、各单位贯彻落实中遇到的重大问题和有关意见建议要及时向国务院安委会办公室报告。

五、《中共中央办公厅　国务院办公厅关于进一步加强矿山安全生产工作的意见》

矿山安全生产事关人民群众生命财产安全，事关经济发展和社会稳定大局，是安全生产的重中之重。为深入贯彻党的二十大精神，进一步加强矿山安全生产工作，经党中央、国务院同意，2023 年 9 月 6 日，中共中央办公厅、国务院办公厅印发《关于进一步加强矿山安全生产工作的意见》，主要内容如下。

（一）严格矿山安全生产准入

1. 严格灾害严重煤矿安全准入

停止新建产能低于 90 万吨/年的煤与瓦斯突出、冲击地压、水文地质类型极复杂的煤矿。新建煤与瓦斯突出、冲击地压、水文地质类型极复杂的煤矿原则上应按采煤、掘进智能化设计。

2. 严格非煤矿山源头管控

严格按照矿产资源规划、国土空间规划和用途管制要求，科学合理设置矿山。矿产资源勘查应达到规定程度，相邻矿山生产建设作业范围最小距离应满足相关安全规定，普通建筑用砂石露天矿山不得以山脊划界。除符合规定的情形外，新设采矿权范围不得与已设采矿权垂直投影范围重叠，可集中开发的同一矿体不得设立 2 个以上采矿权。采矿许可证证载规模是拟建设规模，矿山设计单位可在项目可行性研究基础上，充分考虑资源高效利用、安全生产、生态环境保护等因素，在矿山初步设计和安全设施设计中科学论证并确定实际生产建设规模，矿山企业应当严格按照经审查批准的安全设施设计建设、生产。

3. 规范安全生产行政许可

煤矿、金属非金属地下矿山、尾矿库等矿山的安全设施设计审查和安全生产许可证审批由省级以上矿山安全监管部门负责，不得下放或者委托。矿山安全监管部门应当制定矿山建设项目安全设施设计审查规范，严格实质内容审查，不得仅对程序和形式进行审查。矿山开发没有进行一次性总体设计的，原则上不得审批安全设施设计。1 个采矿权范围内原则上只能设置 1 个生产系统。审批首次申请安全生产许可证的，应进行现场核查。

（二）推进矿山转型升级

1. 分类处置不具备安全生产条件的矿山

对未依法取得采矿许可证、安全生产许可证擅自从事矿产资源开采的，越界开采、以采代建、持勘查许可证采矿且拒不整改的，与煤共（伴）生金属非金属矿山经停产整顿仍达不到煤矿安全生产条件的，使用应当淘汰的危及生产安全的工艺、设备且拒不整改仍然生产建设的，或者经停产整顿仍不具备安全生产条件的矿山，依法予以关闭取缔。对长期停工停产、资源枯竭的矿山，灾害严重且难以有效防治的煤矿，积极引导退出。

2. 推进尾矿库闭库销号

对运行到设计最终标高、不再排尾作业、停用超过 3 年或者没有生产经营主体的尾矿库，应当及时闭库治理并销号。完成闭库治理的尾矿库，应由县级以上地方政府公告销号，不再作为尾矿库进行使用，不得重新用于排放尾矿。

3. 实施非煤矿山整合重组

鼓励大型矿山企业兼并重组和整合技改中小型非煤矿山企业。推动同一个矿体分属 2 个以上不同开采主体的非煤矿山，生产建设作业范围最小距离不满足相关安全规定的非煤矿山，以山脊划界的普通建筑用砂石露天矿山等企业整合重组，统一开采规划、生产系统和安全管理。

4. 加快矿山升级改造

推动中小型矿山机械化升级改造和大型矿山自动化、智能化升级改造，加快灾害严重、高海拔等矿山智能化建设，打造一批自动化、智能化标杆矿山。地下矿山应当建立人员定位、安全监测监控、通信联络、压风自救和供水施救等系统。新建、改扩建金属非金属地下矿山原则上采用充填采矿法，不能采用的应严格论证。中小型金属非金属地下矿山不得有 4 个以上生产水平同时采矿。尾矿库应当建立在线安全监测系统，新建四等、五等小型尾矿库应当采用一次性建坝。

5. 提高科技创新支撑能力

强化矿山安全科技支撑体系建设。加强矿山重大灾害预防与治理研究，组织重大关键技术攻关。推进矿山信息化、智能化装备和机器人研发及应用。实施一批矿山安全类重大科技项目。研究推进建设矿山安全领域全国重点实验室。

（三）防范化解重大安全风险

1. 健全矿山安全管理体系

矿山企业应当健全以安全风险分级管控和隐患排查治理双重预防机制为核心的安全生产标准化管理体系。严格开展风险辨识评估并实施分级管控，定期开展全员全覆盖隐患排查治理，建立风险隐患台账清单，实行闭环管理。各级矿山安全监管监察部门应当推动企业切实提高风险隐患排查和整改质量，建立重大隐患治理督办制度，在重大隐患消除前跟踪监管，并监督整改销号。对排查整改不到位导致重大隐患依然存在或发生事故的，依法追究企业及相关责任人责任。

2. 强化重大灾害治理

矿山企业应当查明隐蔽致灾因素，实施煤与瓦斯突出、冲击地压、水害等重大灾害分区管理、超前治理。将煤矿灾害等级鉴定纳入安全检测检验范围，及时公示鉴定结果。规范煤矿生产能力管理和核定工作。金属非金属露天矿山采场及排土场边坡高度大于 100 米的，应当逐年进行边坡稳定性分析。金属非金属地下矿山采空区体积超过规定的，应当及时进行稳定性专项评估。尾矿库排洪构筑物每 3 年应进行一次质量检测。

3. 严格设备设施安全管理

完善矿山井下特种设备安全标志审核发放和监督机制。定期对取得矿山井下特种设备安全标志的在用设备设施开展安全可靠性检验。建立矿用安全设备全生命周期智慧监管平台，实行矿用设备安全责任追究制度。

4. 规范非煤矿山外包工程管理

非煤矿山企业统一负责外包工程施工单位的安全管理。金属非金属地下矿山严禁将爆破作业专项外包。金属非金属地下基建矿山掘进工程承包单位数量不得超过 3 家。大中型金属非金属地下生产矿山采掘工程承包单位数量不得超过 2 家，小型金属非金属地下生产矿山采掘工程承包单位数量不得超过 1 家，承包单位严禁转包和分包采掘工程及爆破作业项目。承包单位应当向项目部派出项目负责人、技术人员和特种作业人员；项目负责人、技术人员应当具有矿山相关专业中专以上学历或者中级以上专业技术职称，且不得在其他矿山兼职。力争到 2025 年年底，生产矿山建立本单位采掘（剥）施工队伍或者委托具备相应条件的企业整体管理。

5. 加强停工停产矿山安全管控

停工停产整改的矿山应当制定整改方案，限定单班下井人数，同一作业地点控制在 10 人以内，并向矿山安全监管监察部门报告后方可进行整改作业。地方政府及有关部门应当对停工停产整改煤矿实施驻矿盯守，对其他停工停产矿山落实驻矿盯守或者巡查责任，并按规定进行复工复产验收，因监督检查不力，停工停产期间继续组织建设生产的，依法严肃追究企业及相关责任人责任。

6. 提升风险监测预警处置能力

加强矿山多灾种和灾害链综合监测、风险早期识别和预警预报能力建设。矿山集中地区应当建立区域性矿山救援队伍。地下矿山、尾矿库"头顶库"应当建立应急广播等通信系统，确保应急指令能第一时间传达至影响范围内所有人员。加强应急预案演练、评估和修订。每年汛期前地方政府应当组织尾矿库"头顶库"企业与下游居民开展联合演练。强化灾害性天气预警预报，遇极端天气严禁人员入井。

（四）强化企业主体责任

1. 落实主要负责人责任

矿山及其上级企业主要负责人（含法定代表人、实际控制人、实际负责人）依法履行安全生产第一责任人责任，加大安全投入和安全培训力度，及时研究解决矿山安全生产重大问题。矿山企业总部应当加强下属企业监督检查，主要负责人应当定期到生产现场督促检查安全生产工作，严禁下达超能力生产计划或者经营指标。推广矿长安全生产考核记分制度。

2. 健全安全管理机构

涉矿中央企业总部和涉矿大中型企业应当配备安全总监。地下矿山应当配备矿长、总工程师和分管安全、生产、机电等工作的副矿长，所配备人员应当具有矿山相关专业大专以上学历或者中级以上专业技术职称，且不得在其他矿山兼职。煤矿、金属非金属矿山、尾矿库应当配备相关专业中专以上学历或者中级以上专业技术职称的专职技术人员。灾害严重矿山应当按要求配备灾害治理专职领导人员、专门机构、专业人员。

3. 强化安全基础管理

矿山企业应当建立健全并落实全员安全生产岗位责任制和安全生产管理制度。按照要求绘制、更新相关图纸，并报送矿山安全监管监察部门。未经安全培训合格的从业人员不得上岗作业，矿长、总工程师和分管安全、生产、机电等工作的副矿长每年应当接受专门的安全教育培训。首次取证的地下矿山特种作业人员应当具有高中以上文化程度。严格井下劳动定员管理，不得超定员安排人员下井作业，提高井下艰苦岗位津贴。取消井下劳务派遣用工，矿山企业或承包单位对欠薪应依法承担清偿责任。

（五）落实地方党政领导责任和部门监管监察责任

1. 落实地方党政领导责任

坚持党政同责、一岗双责、齐抓共管、失职追责，严格落实矿山安全领导责任，组织开展区域性矿山隐蔽致灾因素普查治理，严厉打击非法盗采矿产资源行为。加强矿山安全监管机构和队伍建设，专业监管人员配备比例不低于在职人员的75%。矿山安全重点市、县党政主要领导要定期研究矿山安全生产工作，深入矿山井下督促检查。实行市级、县级地方政府领导包保煤矿、金属非金属地下矿山和尾矿库安全生产责任制。

2. 落实矿山安全监管责任

各地区应当坚持明责知责、履责尽责，按照分级分类原则，明确省市县三级矿山安全监管执法管辖权限,明确矿山和尾矿库日常安全监管主体,建立部门联合执法和问题线索移交机制,大力提高执法专业素养,切实提升发现问题和解决问题的强烈意愿和能力水平。中央企业所属矿山安全监管应由市地级以上部门负责。尾矿库"头顶库"、采深超800米或者单班下井人数超30人的金属非金属地下矿山、边坡高度超200米的金属非金属露天矿山等高风险矿山安全监管,原则上不得下放至县级部门。按照"谁主管、谁负责"原则,矿山安全监管监察部门负责矿山安全监察和矿山安全生产监督管理工作。按照"管行业必须管安全、管业务必须管安全、管生产经营必须管安全"要求,其他各有关部门要在行业管理、业务管理、生产经营管理中一体推进落实矿山安全生产各项要求。各级安全生产委员会办公室要加强对矿山安全生产工作的协调指导。

3. 强化矿山安全国家监察

健全国家矿山安全监察体制,国家矿山安全监察部门负责监督检查地方矿山安全监管工作,向地方政府提出改善和加强矿山安全监管工作的意见和建议。统筹矿山安全监管监察执法保障体系建设,推动落实监管监察能力建设规划,完善技术支撑体系,健全国家矿山安全智能化监管监察系统。

(六)推进矿山安全依法治理

1. 加强执法保障建设

推动修订矿山安全法,制定煤矿安全生产条例,加强矿山安全标准化建设工作。完善矿山安全监管监察专业人才培养机制,提高待遇保障。加强在线监控联网和矿山安全综合信息化平台建设,强化执法装备保障。

2. 强化安全监督检查

矿山行业管理和安全监管监察部门应严格检查执法,严禁以罚代管、罚而不管。推动建立健全矿山安全生产案件移送、行政执法和刑事司法衔接机制,发现涉嫌犯罪的按规定及时移交司法机关。加强矿山领域安全评价、设计、检测、检验、认证、咨询、培训、监理等第三方服务机构监督管理。建立矿山安全评价检测检验报告公开制度。建立健全重大违法违规信息公示制度、联合惩戒制度和举报奖励制度。建立责任倒查机制,严格执行"谁检查、谁签名、谁负责",对发现重大隐患不处理处罚或跟踪整改不到位的,依法严肃追责问责。

3. 严格事故调查处理

对较大涉险事故、瞒报谎报重大及以下矿山生产安全事故,视情况提级调查。接到瞒报谎报事故举报,属地县级以上地方政府应当组织核查。发生较大以上死亡事故的矿山,应当停产整顿,经验收符合安全生产条件后方可恢复生产。

(七)强化组织实施

健全保障措施。各地区各有关部门要加强组织领导,明确任务分工,细化工作措施,研究配套政策。要统筹资金渠道,加强矿山淘汰退出、尾矿库治理、信息化系统、智能化矿山建设和安全监督检查等经费保障。应急管理部牵头建立矿山安全协调推进机制,将本意见落实情况纳入省级政府安全生产和消防工作考核巡查内容。纪检监察机关、组织人事部门和安全生产监管监察部门按照权限和职责,对安全生产责任履行不到位的,要依规依纪依法严肃追责问责,确保矿山安全生产工作各项部署要求落实到位。

六、《应急管理部关于进一步加强安全生产举报工作的指导意见》

2023 年 10 月 18 日，为进一步加强安全生产举报工作，规范应急管理部门举报处置办理，根据《中华人民共和国安全生产法》《关于进一步强化安全生产责任落实　坚决防范遏制重特大事故的若干措施》《安全生产领域举报奖励办法》等相关规定，应急管理部印发《关于进一步加强安全生产举报工作的指导意见》（应急〔2023〕106 号）。主要内容如下。

（一）进一步明确目标任务

1. 指导思想

以习近平新时代中国特色社会主义思想为指导，坚持人民至上、生命至上，创新安全监管方式方法，建立健全安全生产举报工作机制，鼓励举报重大事故隐患和安全生产违法行为，推进安全生产社会治理，促进安全生产责任落实，预防和减少事故发生，以高水平安全保障高质量发展。

2. 目标任务

推进建立健全高效畅通的安全生产举报渠道，深化信息化赋能，全面构建"互联网 + 举报"模式；依法规范举报处置工作流程，建立纵向国家省市县四级贯通、横向各部门协同联动的工作体系；充分发挥举报奖励示范带动作用，提升社会公众、生产经营单位从业人员参与举报工作积极性，营造社会共治的良好环境。

（二）进一步规范工作流程

1. 畅通举报渠道

各级应急管理部门要向社会公布接收安全生产举报（简称举报）的渠道，提供便捷、快速、有效的举报途径，鼓励社会公众和从业人员通过网络、微信小程序、电话和信件等多种渠道进行举报。充分利用应急管理部"安全生产举报系统"和微信小程序进行举报接收和办理工作，并将其他渠道收到的举报信息，及时、完整、规范地补充录入举报系统，对举报线索进行统一管理，提高举报工作信息化水平。设有单独门户网站的应急管理部门都要设置应急管理部"安全生产举报系统"入口、加挂"应急管理部安全生产举报"微信小程序码。各级应急管理部门要推动将举报电话、网址、微信小程序码张贴在生产经营单位显著位置，并要求生产经营单位不得擅自撕毁、涂改，便于从业人员进行举报。

已有自建举报系统的省份，可以按照现有方式进行处置，同时要做好与应急管理部"安全生产举报系统"数据对接工作，及时办理自行接收的举报以及部举报系统交办转办的举报。

2. 完善举报接收和交办转办机制

各级应急管理部门对涉及安全生产事项的举报均应予以接收。按照"属地管理、分级负责"原则，建立健全举报交办转办工作机制并建立相关台账。属于本部门职责范围的举报，依照职责进行核查处理；属于下级应急管理部门职责范围的举报，交由下级应急管理部门进行核查处理，并对办理情况跟踪督办。

不属于应急管理部门职责范围内的举报，应当依法转由其他负有相关职责的部门处理。应急管理部接到的，可以转由同级有关部门处理，或者交由各省级应急管理部门转由省级有关部门处理，并以适当方式告知举报人；地方各级应急管理部门接到的，应当转由同级有关部门处理，并以适当方式告知举报人。

地方各级应急管理部门要加强与矿山安全监察机构、消防救援机构的工作衔接配合，及时做好有关举报线索接转工作。

3. 明确举报受理范围

各级应急管理部门应当向社会公布受理举报的范围。任何单位、组织和个人有权向应急管理部门举报重大事故隐患和安全生产违法行为等事项。举报受理涉及的行业领域包括煤矿、金属与非金属矿山（含尾矿库）、化工（含石油化工）、医药、危险化学品、烟花爆竹、石油开采、冶金、有色、建材、机械、轻工、纺织、烟草、商贸等。

无明确被举报对象的、没有具体违法事实的、已受理或者办结且举报人在无新证据的情况下对同一事实重复提交的举报等，应急管理部门不予受理。对已经批复结案的生产安全事故进行举报的，不予受理，并告知举报人通过其他渠道反映，并做好登记。

4. 规范举报受理环节

各级应急管理部门收到举报后，应当及时审查决定是否受理，除举报人要求出具纸质告知书的，可以通过信息网络、电话、手机短信等方式告知举报人，并做好登记。不予受理的，应当同时说明理由；举报材料和内容需要补充的，可以要求举报人适当补充。

举报人通过举报方式提出咨询、信访、政府信息公开、行政复议、检举控告等其他事项，或者举报中含有前述其他事项的，应急管理部门应当告知举报人依法通过其他途径提出诉求。

5. 依法依规核查处理

各级应急管理部门受理举报后应当依法依规组织核查，对重大事故隐患和瞒报谎报生产安全事故的举报、生产经营单位从业人员的举报以及事故调查中当事人反映的线索应当尽快组织核查。核查结束后应当形成核查报告，包括处理建议等内容并附带有关证据材料。

对核查属实的重大事故隐患，应当依法责令立即或者限期整改，并视情形采取相应处置措施。对核查属实的违法行为，应当依法当场予以纠正或者要求限期改正，应当给予行政处罚的，依法作出行政处罚；涉嫌犯罪的，依法及时将案件移送司法机关。对核查属实的瞒报谎报生产安全事故，根据事故等级提请有管辖权的县级以上人民政府或者法律法规明确的专门机构组织调查处理。核查处理中涉及生产安全事故调查处理的，依照相关规定执行。

设区的市级以上应急管理部门可以根据需要提级核查辖区内的举报事项。受核查手段限制无法查清的，应当及时报告有关地方政府。

受理举报的应急管理部门应当及时核查处理举报事项，自受理之日起60日内办结；情况复杂的，经上一级应急管理部门批准，可以适当延长核查处理时间，最长不得超过30日，并以适当方式告知举报人处理进度和延期情况。

6. 认真做好结果反馈

负责举报核查处理的应急管理部门应当及时向举报人反馈处理结果。应急管理部门答复举报人的内容应当包括核查结论、简要核查情况、处理决定和符合奖励条件情况等事项。举报人就同一类事项提出多个举报，或者多个举报人就同一类事项提出多个举报的，可以合并处理、答复；应急管理部门对于受理的举报作出答复前，举报人主动撤回举报的，不再作出答复。

举报人在核查结论送达之日起 10 日内对核查结论提出异议的，应急管理部门应当在接到异议之日起 30 日内组织复查。

应急管理部接到对举报核查结论有异议的，按照属地管理原则转由省级应急管理部门处理。省级应急管理部门接到对县级应急管理部门举报核查结论有异议的，应当以适当方式告知举报人向设区的市级应急管理部门申请复查。省级应急管理部门接到对设区的市级应急管理部门举报核查结论有异议的、设区的市级应急管理部门接到对县级应急管理部门举报核查结论有异议的，应当组织复查，通过复查确认无误的予以办结；复查发现核查结论确实存在问题的，由负责复查的应急管理部门重新组织核查。

应急管理部门接到举报人对核查结论的异议超出本部门职责权限的，应当告知举报人反映问题的渠道。

7. 积极落实举报奖励

举报奖励依据《安全生产领域举报奖励办法》《生产经营单位从业人员安全生产举报处理规定》规定执行，对报告重大安全风险、重大事故隐患或者举报安全生产违法行为的有功人员实行重奖。省级应急管理部门可以根据国家有关规定制定细化奖励办法。

8. 切实保障当事人合法权益

各级应急管理部门及其工作人员应当对在处理举报过程中知悉的国家秘密、商业秘密、个人隐私和个人信息予以保密，不得泄露给与办理举报工作无关的单位和人员或者非法向他人提供。举报人身份信息等敏感信息要作为工作秘密进行管理、使用，不得将举报人的举报材料及有关情况透露或者转给被举报的人员或者单位，违反有关规定的依法承担相应责任。

各级应急管理部门可以结合工作实际，完善举报人信息保密制度，建立举报信息泄露可追溯工作机制，依法追究相关责任人因泄露信息造成举报人被打击报复的法律责任，切实维护举报人合法权益。

各级应急管理部门在举报核查办理过程中，应当切实维护生产经营单位及相关从业人员的合法权益。开展举报核查工作应当依法依规，避免对生产经营单位正常生产经营活动的不必要干扰。发现举报人捏造、歪曲事实诬告、陷害他人和生产经营单位并造成不良后果的，一经查实，依法追究举报人的法律责任。

（三）进一步强化举报作用发挥

1. 加强举报数据分析应用

各级应急管理部门要加强举报信息数据的归档管理和分析应用，对举报涉及的行业领域、所在区域、具体事项等方面进行深入研究，查找典型性、倾向性、苗头性问题，分析重要举报线索和举报的关键点，综合研判存在的突出问题和安全生产薄弱环节。针对举报较为集中的行业领域，要提醒相关部门加强监管，及时防范化解各类安全风险，为安全监管科学决策、精准执法提供有效支撑。

2. 推动生产经营单位主体责任落实

各级应急管理部门要鼓励引导生产经营单位学习借鉴安全管理先进单位经验，建立健全生产经营单位内部隐患排查奖励制度，激励从业人员向生产经营单位有关负责人报告发现的隐患、提出整改隐患的合理化建议。从业人员发现生产经营单位对报告的重大事故隐患不予整改或者瞒报谎报生产安全事故、有安全生产违法行为的，有权向政府有关部门举报。在生产经营单位内营造"人人都是安全员、处处都是安全岗"的浓厚氛围，持续改善安全环境，提升安全生产水平，有效推动生产经营单位主体责任和全员安全生产责任制落实。

3. 发挥典型案例引导作用

各级应急管理部门要坚持正确导向，通过广播电视、报纸杂志、新闻发布会和各类新媒体等途径定期发布举报典型案例，为高质量办理举报提供范例指引，提高全社会对举报的关注度，推动引导社会公众参与安全生产治理，解决影响安全生产的突出问题。

（四）进一步加强组织保障

1. 加强组织推动

各级应急管理部门要充分认识举报是推动安全生产工作的重要手段，强化政治自觉、行动自觉，提高责任意识，加强组织领导，加强制度建设，健全内部工作机制，进一步明确受理核查、奖励发放、统计分析、宣传发动等各项要求。各级应急管理部门要推动将举报工作开展情况纳入政府年度安全生产考核，对举报工作定期开展督导督查，加强情况通报。推动各级负有安全监管职责的部门依法建设举报信息化系统，共享有关信息、实现互联互通，切实抓好安全生产十五条硬措施有关要求和举报工作责任落实。应急管理部将对举报工作组织有力的单位或者个人，按国家有关规定给予奖励。

2. 健全完善举报工作体系

各级应急管理部门要推动建立健全上下贯通、职责明晰的举报工作体系，健全完善举报办理工作纵向、横向协作机制，进一步提高工作效能。各级应急管理部门要明确承担举报工作的内设机构和专门人员，加强力量配备，相关工作人员要熟悉业务、相对固定，进一步提高举报工作专业化水平。

3. 加强指导督办

各级应急管理部门要进一步加强举报处理工作指导督办，建立上级部门对下级部门举报件交办、受理及核查情况的督办机制，逐级跟踪督办，并定期组织抽查检查，确保举报流转顺畅，各办理环节相互监督。对未按规定时限受理、反馈、办结和核查不规范的举报事项及时催办或者予以纠正，对办理难度大、涉及范围广的举报，要组织有关部门集体会商，努力提升举报处理质效。

4. 加强舆论引导

各级应急管理部门要充分利用各类媒体，加大对举报渠道、受理范围、奖励制度的宣传力度，通过宣传促进全社会广泛了解举报工作，调动社会公众参与举报积极性，营造良好社会氛围、舆论环境。采用多种方式引导社会公众辨识重大事故隐患和安全生产违法行为，强化全社会安全风险意识，形成社会共治良好安全格局。

地方各级应急管理部门要根据本意见提出的任务和要求，认真研究加强和规范举报工作的具体措施，结合实际提出细化要求，落实各项工作责任，应急管理部将适时组织开展检查。

练习题

1.【单选题】习近平总书记在二十大报告中指出，提高公共安全治理水平，坚持安全第一、预防为主，建立（　　），完善公共安全体系，推动公共安全治理模式向事前预防转型。推进安全生产风险专项整治，加强重点行业、重点领域安全监管。提高防灾减灾救灾和重大突发公共事件处置保障能力，加强国家区域应急力量建设。

A. 大安全大应急框架　　　　　　　B. 应急消防框架

C. 应急管理与救援框架　　　　　　D. 双重预防机制框架

2.【单选题】习近平总书记强调，安全生产，要坚持防患于未然。要继续开展安全生产大检查，做到"全覆盖、零容忍、（　　）、重实效"。

A. 重管理　　　　B. 强治理　　　　C. 严监管　　　　D. 严执法

3.【单选题】法律的生命在于实施，制度千万条，落实最重要。习近平总书记在对加强安全生产工作时强调，必须强化依法治理，用（　　）解决安全生产问题。

A. 齐抓共管和综合治理　　　　　　B. 源头防范和系统治理

C. 法治思维和依法监管　　　　　　D. 法治思维和法治手段

4.【单选题】《中共中央　国务院关于推进安全生产领域改革发展的意见》明确提出，贯彻以人民为中心的发展思想，始终把人的生命安全放在首位，正确处理（　　）的关系，大力实施安全发展战略，为经济社会发展提供强有力的安全保障。

A. 安全与发展　　　　　　　　　　B. 源头防范与系统治理

C. 依法监管与改革创新　　　　　　D. 安全生产与经济社会协调发展

5.【单选题】所有企业都必须认真履行安全生产主体责任，做到安全投入到位、安全培训到位、（　　）、应急救援到位，确保安全生产。

A. 基础管理到位　　B. 安全条件到位　　C. 预案建设到位　　D. 管理机构到位

6.【多选题】2024年3月5日，国务院政府工作报告指出，有效防范化解重点领域风险，坚持以高质量发展促进高水平安全，以高水平安全保障高质量发展，标本兼治化解房地产、地方债务、中小金融机构等风险，维护经济金融大局稳定。稳妥有序处置风险隐患。完善重大风险处置统筹协调机制，压实（　　），提升处置效能，牢牢守住不发生系统性风险的底线。

A. 企业主体责任　　　　　　　　　B. 部门监管责任

C. 政府领导责任　　　　　　　　　D. 地方属地责任

E. 负责人全面责任

7.【多选题】国务院安委会制定部署安全生产十五条措施，要求企业主要负责人必须严格履行第一责任人责任，（　　）要严格履行安全生产第一责任人责任，对本单位安全生产负总责。

A. 企业法定代表人　　　　　　　　B. 企业实际控制人

C. 企业实际负责人　　　　　　　　D. 企业股东

E. 分管安全生产负责人

8.【多选题】国务院安委会制定部署安全生产十五条措施，对职能交叉和新业态新风险，按照（　　）的原则及时明确监管责任，各有关部门要主动担当，不得推诿扯皮。

    A. 谁主管谁牵头　　　　　　　　　B. 谁为主谁牵头

    C. 谁负责谁牵头　　　　　　　　　D. 谁实控谁牵头

    E. 谁靠近谁牵头

    9.【多选题】根据《中共中央　国务院关于推进安全生产领域改革发展的意见》，明确地方党委和政府领导责任，坚持（　　），完善安全生产责任体系。

    A. 党政同责　　　　　　　　　　　B. 政府监管

    C. 齐抓共管　　　　　　　　　　　D. 一岗双责

    E. 失职追责

    10.【多选题】根据《中共中央　国务院关于推进安全生产领域改革发展的意见》，生产经营单位安全生产第一责任人是指（　　）。

    A. 法定代表人　　　　　　　　　　B. 分管安全负责人

    C. 主要技术负责人　　　　　　　　D. 实际控制人

    E. 质量负责人

📖 参考答案

    1. A　2. D　3. D　4. A　5. A　6. ABD　7. ABC　8. ABE　9. ACDE　10. AD

第二章 安全生产法律基础知识

第一节 法律基础知识

一、法的概念

（一）法的定义

"法律"一词通常在广、狭两义上使用。广义的"法律"，是指法律的整体。例如就我国现在的法律而论，它包括作为根本法的宪法、全国人大及其常委会制定的法律、国务院制定的行政法规、国务院有关部门制定的部门规章、地方国家机关制定的地方性法规和地方政府规章等。狭义的法律，仅指全国人大和人大常委会制定的法律。在人们日常生活中，使用"法律"一词多是从广义上来说的，如"执法必严""违法必究""人人守法""法律面前一律平等"，其中涉及的"法"和"法律"都是从广义上讲的。《中华人民共和国宪法》第六十二条和第六十七条规定全国人大和常委会有权制定法律，这两条中所讲的"法律"，是在狭义上使用的。为了加以区别，有的法学著作将广义的"法律"称之为"法"，但在很多场合下，仍根据约定俗成原则，统称为法律，即有时作广义解，有时作狭义解。

（二）法的本质

法的本质，即法的根本属性。是指法这一事物的内在必然联系，它是由其本身所包含的特殊矛盾构成的。任何事物都有本质和现象这两个方面，它们密切联系，本质要通过现象表现出来，现象是外在的，本质是内在的，透过现象分析本质是我们研究问题的关键。

马克思主义认为法是统治阶级意志的体现，这个意志的内容是由统治阶级的物质生活条件决定的，是阶级社会的产物，说明了法的本质的根本属性是由阶级性、物质性、社会性等多样性组成，法的这三个根本属性对说明法的本质是缺一不可的。

当前，我国正在努力实现国家各项工作法治化，向着建设法治中国不断前进。正确认识法的本质，对于我们自觉坚持、扎实推进依法治国意义重大。我们应以辩证的思维，全面理解法的本质。

（1）法是主观性与客观性的统一。法律的内容具有客观性，形式上则具有主观性，是两者的统一。

（2）法是阶级性与共同性的统一。法的阶级性是法由统治阶级制定或认可并由国家强制力保障实施的统治阶级意志。法的共同性是指某些法律内容、形式、作用效果并不以阶级为界限，而是带有相同或相似性。阶级性与共同性并不矛盾，随着世界交往的密切发展，人类共同问题的凸显，不同意识形态的文明相互借鉴，各国求同存异，采取了大量的全球统一的法律措施，使法律的共同性具有了鲜明的时代特征。

（3）法是利益性与正义性的统一。利益和正义是法律的两类价值，法律确认、分配和调整利益，法律对利益的调整目的应当是实现社会正义，只有实现正义，各个主体在追求利益时才能有保证。法是利益性与正义性的统一。

（三）法的特征

法作为上层建筑，具有如下4个基本特征：

（1）法是调整人们行为的规范。这是它与思想意识、国家、政党的区别之一。每一法律规范都是由行为模式和法律后果两部分组成的。通过行为模式和法律后果来规制人们的行为。

（2）法是由国家制定或认可并具有普遍的约束力。制定和认可是国家创制法律的两种形式，表明了法律的国家意志性。其他诸如道德、宗教、政党团体的规章等均不具有国家意志的属性。

（3）法通过规定人们的权利和义务来调整社会关系。法作为特殊的社会规范，它是以规定人们的权利和义务作为主要内容的。法对社会关系的调整，总是通过规定人们在一定关系中的权利与义务来实现的。

（4）法通过一定的程序由国家强制力保证实施。国家强制力指国家的军队、警察、法庭、监狱等有组织的国家暴力。如果没有国家强制力为后盾，法律就会对公民违法行为失去权威性，法律所体现的意志就得不到贯彻和保障。

（四）法的要素

法的要素是指法的现象是由哪些因素或部分组成的。法的构成要素主要是规范。一般说来，法由法律概念、法律原则、法律技术性规定以及法律规范4个要素构成。法律概念是指法律上规定的或人们在法律推理中通用的概念。法律概念是法律规范或法律原则的必不可少的因素。法律原则是指法律上规定的用以进行法律推理的准则。它没有规定的事实状态，也没有规定具体的法律后果，但在立法、执法、司法和法律监督中是不可或缺的。法律原则比法律规范更抽象、概括，对理解、适用法律规范或进行法律推理具有指导意义。一般地说，法律、法规中的总则和宪法中大部分条文规定了法律原则，法律总则和分则中往往包括了有关法律概念。法律、法规中关于该法何时开始生效、凡与该法抵触者无效等的规定，则属于法律技术性规定。法律规范是由国家制定或认可，并由国家强制力保证实施的行为规则。

（五）法的渊源

法的渊源简称"法源"，通常指法的创立方式及表现为何种法律文件形式，在中国也称为法的形式，用以指称法的具体的外部表现形态。当代中国法的渊源主要为以宪法为核心的各种制定法，包括宪法、法律、行政法规、地方性法规、自治法规、行政规章、特别行政区法、国际条约。

1. 宪法

宪法是国家的根本法，具有最高的法律地位和法律效力。宪法的特殊地位和属性，体现在4个方面：一是宪法规定国家的根本制度、国家生活的基本准则。如我国宪法就规定了中华人民共和国的根本政治制度、经济制度、国家机关和公民的基本权利和义务。宪法所规定的是国家生活中最根本、最重要的原则和制度，因此宪法成为立法机关进行立法活动的法律基础，宪法被称为"母法""最高法"。但是宪法只规定立法原则，并不直接规定具体的行为规范，所以它不能代替普通法律。二是宪法具有最高法律效力，即具有最高的效力等级，是其他法的立法依据或基础，其他法的内容或精神必须符合或不得违背宪法的规定或精神，否则无效。三是宪法的制定与修改有特别程序。我国宪法草案是由宪法修改委员会提请全国人民代表大会审议通过的。四是宪法的解释、监督均有特别规定。我国1982年宪法规定，全国人民代表大会和全国人民代表大会常务委员会监督宪法的实施，全国人民代表大会常务委员会有权解释宪法。

2. 法律

这里所谓法律是指狭义上的法律，是由全国人大及其常委会依法制定和修订的，规定和调整国家、社会和公民生活中某一方面带根本性的社会关系或基本问题的一种法。法律的地位和效力低于宪法而高于其他法，是法的体系中的二级大法。法律是行政法规、地方性法规和行政规章的立法依据或基础，行政法规、地方性法规和行政规章不得违反法律，否则无效。

3. 行政法规

行政法规专指最高国家行政机关即国务院制定的规范性文件。行政法规的名称通常为条例、规定、办法、决定等。行政法规的法律地位和法律效力低于宪法和法律，但高于地方性法规、行政规章。行政法规在中华人民共和国领域内具有约束力。

4. 地方性法规

地方性法规是指地方国家权力机关依照法定职权和程序制定和颁布的、施行于本行政区域的规范性文件。地方性法规的法律地位和法律效力低于宪法、法律、行政法规，但高于地方政府规章。根据我国宪法和立法法等有关法律的规定，地方性法规由省、自治区、直辖市的人民代表大会及其常务委员会，在不同宪法、法律、行政法规相抵触的前提下制定，报全国人大常委会和国务院备案。设区的市的人民代表大会及其常务委员会根据本市的具体情况和实际需要，在不同宪法、法律、行政法规和本省、自治区的地方性法规相抵触的前提下，可以对城乡建设与管理、生态文明建设、历史文化保护、基层治理等方面的事项制定地方性法规，法律对设区的市制定地方性法规的事项另有规定的，从其规定。设区的市的地方性法规须报省、自治区的人民代表大会常务委员会批准后施行。

5. 自治法规

自治法规是民族自治地方的权力机关所制定的特殊的地方规范性法律文件即自治条例和单行条例的总称。自治条例是民族自治地方根据自治权制定的综合性法律文件；单行条例则是根据自治权制定的调整某一方面事项的规范性法律文件。各民族自治地方的人大都有权按照当地民族的政治、经济、文化特点，制定自治条例和单行条例。自治区的自治条例和单行条例报全国人大常委会批准后生效。自治州、自治县的自治条例和单行条例，报省或自治区人大常委会批准后生效，并报全国人大常委会备案。自治条例和单行条例同地方性法规在立法依据、程序、层次、构成方面有区别，同宪法和其他规范性法律文件亦有区别。自治条例和单行条例在我国法的渊源中是低于宪法、法律的一种形式。自治条例和单行条例可作民族自治地方的司法依据。

6. 行政规章

行政规章是有关行政机关依法制定的事关行政管理的规范性文件的总称。分为部门规章和政府规章两种。部门规章是国务院所属部委根据法律和国务院行政法规、决定、命令，在本部门的权限内，所发布的各种行政性的规范性文件，亦称部委规章。其地位低于宪法、法律、行政法规，不得与它们相抵触。政府规章是有权制定地方性法规的地方人民政府根据法律、行政法规制定的规范性文件，亦称地方政府规章。政府规章除不得与宪法、法律、行政法规相抵触外，还不得与上级和同级地方性法规相抵触。

7. 国际条约

国际条约指两个或两个以上国家或国际组织间缔结的确定其相互关系中权利和义务的各种协议，是国际间相互交往的一种最普遍的法的渊源或法的形式。国际条约本属国际法范畴，但对缔结或加入条约的国家的国家机关、公职人员、社会组织和公民也有法的约束力；在这个意义上，国际条约也是该国的一种法的渊源或法的形式，与国内法具有同等约束力。随着中国对外开放的发展，与别国交往日益频繁，与别国缔结的条约和加入的条约日渐增多。这些条约也是中国司法的重要依据。

8. 其他法源

除上述法的渊源外，在中国还有这样几种成文的法的渊源：一是"一国两制"条件下特别行政区的规范性文件；二是中央军事委员会制定的军事法规和军内有关方面制定的军事规章；三是有关机关授权别的机关所制定的规范性文件。

经济特区的规范性文件，如果是根据宪法和地方组织法规定的权限制定的，属于地方性法规；如果是根据有关机关授权制定的，则属于根据授权而制定的规范性文件的范畴。

（六）法的分类

法的分类是指从不同的角度，按照不同的标准，将法律规范划分为若干不同的种类。从不同角度或标准，我们可以对法作不同分类。

（1）根据法的创制和适用主体不同为标准，可以把法分为国内法和国际法。

（2）根据法的效力、内容和制定程序不同为标准，可以把法分为根本法和普通法。根本法即宪法，普通法即宪法以外的其他法律，这里的普通法不是指英美法系中的普通法。

（3）根据法的适用范围的不同为标准，可以把法分为一般法和特别法。一般法是指对一般人、一般事项、一般时间、一般空间范围有效的法律，特别法是指对特定部分人、特定事、特定地区、特定时间有效的法律。

（4）根据法律规定的内容的不同为标准，可以把法分为实体法和程序法。实体法是指规定主要权利和义务（职权和职责）的法律，如民法、刑法等，程序法一般是指保证权利和义务得以实施的程序的法律，如民事诉讼法、刑事诉讼法等。

（5）根据法律的创制和表现形式不同为标准，可以把法分为成文法和不成文法。成文法是指由国家机关制定和公布，以成文形式出现的法律，故又称制定法。不成文法是指由国家认可其具有法律效力的法律，又称为习惯法。

（6）根据国家的意识形态不同为标准，可以把法分为社会主义法和资本主义法。

二、法的作用

法的作用是指法对人与人之间所形成的社会关系所发生的一种影响，它表明了国家权力的运行和国家意志的实现。法的作用可以分为规范作用和社会作用。规范作用是从法是调整人们行为的社会规范这一角度提出来的，而社会作用是从法在社会生活中要实现一种目的的角度来认识的，规范作用是手段，社会作用是目的。

（一）法的规范作用

根据行为的不同主体，法的规范作用可分为指引、评价、教育、预测和强制作用。

（1）指引作用。

① 对个人行为的指引。对个人行为的指引有两种：一是个别指引（或称个别调整），即通过一个具体的指示就具体的人和情况的指引；二是规范性指引（或称规范性调整），即通过一般的规则就同类的人或情况的指引。

② 确定的指引和有选择的指引。确定的指引是指人们必须根据法律规范的指引而行为，有选择的指引是指人们对法律规范所指引的行为有选择余地，法律容许人们自己决定是否这样行为。

（2）评价作用。

① 对他人行为的评价。作为一种社会规范，法律具有判断、衡量他人行为是否合法有效的评价作用。

② 法律是一种评价准则。法是一个重要的评价准则，即根据法来判断某种行为是否正当。

（3）教育作用。即通过法的实施而对一般人今后的行为所发生的影响。一部法律能否真正起教育作用或起教育作用的程度，归根结底要取决于法律规定本身能否真正体现绝大多数社会成员的利益。

（4）预测作用。法律的预测作用，或者说法律有可预测性的特征，即依靠作为社会规范的法律，人们可以预先估计到他们之间将如何行为。

（5）强制作用。这种规范作用的对象是违法者的行为。法的强制作用不仅在于制裁违法犯罪行为，而且在于预防违法犯罪行为、增进社会成员的安全感。

（二）法的社会作用

法的社会作用是相对于法的规范作用而言的，指法律对社会和人的行为的实际影响。我国社会主义法的社会作用大体可以归纳为6个方面：

（1）维护秩序，促进建设与改革开放，实现富强、民主与文明。

（2）根据一定的价值准则分配利益，确认和维护社会成员的权利和义务。

（3）为国家机关及其公职人员执行任务的行为提供法律依据，并对他们滥用权力或不尽职责的行为实行制约。

（4）预防和解决社会成员之间以及与国家机关之间或国家机关之间的争端。

（5）预防和制裁违法犯罪行为。

（6）为法律本身的运作与发展提供制度和程序。

法的规范作用与法的社会作用是相辅相成的，法是以自己特有的规范作用实现其社会作用的。

（三）法的局限性

法的局限性在于：

（1）法律并不是调整社会关系的唯一手段。除法律外，还有经济、政治、行政、道德等各种手段，法律不是唯一的社会规范。

（2）法的稳定性、抽象性与现实生活多变性、具体化存有矛盾。

（3）法的作用的发挥，需要其他各种条件的配合。

"徒善不足以为政，徒法不足以自行。"法律作为国家制定或认可的社会规范体系，需要合适的人去正确执行和适用，所以执法人员的专业知识和思想道德水平、公民的自觉守法，良好的法律文化氛围和全社会对法的充分信任，这些都是一个国家实现法治所必要的。法的局限性可以通过其他途径加以辅助来弥补。

三、法律体系与法的效力

（一）法律体系

1. 法律体系的概念、特征

法律体系是按照一定的原则和标准划分的同类法律规范组成法律部门而形成一个有机联系的整体，即部门法体系。法律体系的外部结构表现为宪法、法律、地方性法规以及有法律效力的解释等，其主干是各种部门法。法律体系的外部结构要求各个部门法门类齐全、严密完整。法律体系的内部结构的基本单位是各种法律规范。各种法律规范的和谐一致是法律部门内部和相互间以至整个体系协调统一的基础。

由于各种因素的影响，各国法的体系在结构上不尽相同，但在以下 4 个方面是很相近或相同的。一是法的体系结构具有高度的组织性。二是法的体系结构的确立，是以社会结构为基础，以法律自身的规律为中介。三是法律体系结构的发展具有历史的连续性和继承性。四是法律体系结构具有一定的开放性。上述 4 个方面既是法律体系在结构上的一般特点，又是确立法律体系在结构上的一般要求。

2. 我国现行法律体系

我国社会主义法律体系主要包括下列法律部门：

（1）宪法及宪法相关法。宪法又称国家法，是规定国家的社会制度和国家制度的基本原则、国家机关的组织和活动的基本原则以及公民的基本权利和义务等重要内容，是国家的根本法。宪法相关法是与宪法配套、直接保障宪法实施的宪法性法律规范的总和，包括《立法法》《国旗法》《国徽法》等。

（2）行政法。行政法是有关行政管理活动的各种法律规范的总和。一般行政法是指有关行政主体、行政行为、行政程序、行政责任等一般规定的法律法规，如《行政处罚法》《行政复议法》《行政诉讼法》。特别行政法是指适用于各专门行政职能部门管理活动的法律法规，包括国防、外交、人事、民政、公安、国家安全、民族、宗教、侨务、教育、科学技术、文化、体育、医药卫生、城市建设、环境保护等行政管理方面的法律法规。

（3）民法商法。民法是调整平等民事主体的自然人、法人及其他非法人组织之间人身关系和财产关系的法律规范的总称；商法是调整平等主体之间商事关系的法律规范的总称。2020年5月28日，经第十三届全国人民代表大会第三次会议表决通过，国家主席习近平签署第四十五号主席令，《中华人民共和国民法典》自2021年1月1日起正式施行，自施行之日起《婚姻法》《继承法》《民法通则》《收养法》《担保法》《合同法》《物权法》《侵权责任法》《民法总则》同时废止。《中华人民共和国民法典》被称为"社会生活的百科全书"，是新中国第一部以法典命名的法律，在法律体系中居于基础性地位，也是市场经济的基本法。《中华人民共和国民法典》共7编、1260条，各编依次为总则、物权、合同、人格权、婚姻家庭、继承、侵权责任以及附则。目前我国商法主要有《公司法》《保险法》《票据法》和《证券法》等。

（4）刑法。刑法是规定犯罪、刑事责任和刑罚的法律，是掌握政权的统治阶级为了维护本阶级政治上的统治和经济上的利益，根据自己的意志，规定哪些行为是犯罪并应当负何种刑事责任，给予犯罪人何种刑事处罚的法律规范的总称。刑法包括1997年3月14日修订后的《刑法》和此后的刑法修正案以及全国人民代表大会常务委员会制定的有关惩治犯罪的决定等。

（5）经济法。经济法是创造平等竞争环境、维护市场秩序方面的法律，我国现已制定《反不正当竞争法》《消费者权益保护法》《产品质量法》《广告法》等。国家宏观调控和经济管理方面的法律，我国现已制定《预算法》《审计法》《会计法》《中国人民银行法》《价格法》《税收征收管理法》《个人所得税法》《城市房地产管理法》和《土地管理法》等。

（6）社会法。社会法是保障社会的特殊群体和弱势群体的权益的法律，又称为劳动与社会保障法。社会法包括《劳动法》《未成年人权益保护法》《妇女权益保障法》《老年人权益保障法》等。

（7）环境与自然资源法。环境与资源保护法是环境法和自然资源法的统称，是关于保护环境和自然资源、防治污染和其他公害的法律规范的总和。环境法是由国家制定或认可，并由国家强制力保证执行的关于保护环境和自然资源、防治污染和其他公害的法律规范的总称，包括《环境保护法》等；自然资源法是调整人们在开发、利用、保护和管理自然资源过程中发生的各种社会关系的法律规范的总称，包括《土地法》《水法》《矿产资源法》《水产资源法》《森林法》《草原法》《海洋法》《风景名胜区法》和《野生动植物资源法》等。环境法与自然资源法是两个联系密切，相互交叉，又有所不同的法律部门。

（8）诉讼与非诉程序法。诉讼与非诉程序法是关于诉讼和非诉讼程序的法律规范的总称。诉讼与非诉程序法主要有《刑事诉讼法》《民事诉讼法》《行政诉讼法》《海事诉讼特别程序法》和《仲裁法》等。

（二）法的效力

1. 法的效力概念

法的效力，通常有广狭两种理解。从广义上说，法的效力是泛指法律的约束力。不论是规范性法律文件，还是非规范性法律文件，对人们的行为都产生法律上的约束作用。狭义上的法的效力，是指法律的具体生效的范围，即对什么人、在什么地方和在什么时间适用的效力。正确理解法的效力问题，是适用法律的重要条件。本章所讲的法的效力，是就狭义而言的。

2. 法的效力层次

我国现行立法体制是"一元、两级、多层次、多类别"。与此相适应，我国立法的效力是有层次的。法的效力层次是指规范性法律文件之间的效力等级关系。根据《中华人民共和国立法法》的有关规定，法律效力的层次主要内容如下：

（1）上位法的效力高于下位法。

① 宪法规定了国家的根本制度和根本任务，是国家的根本法，具有最高的法律效力。

② 法律效力高于行政法规、地方性法规、规章。

③ 行政法规效力高于地方性法规、规章。

④ 地方性法规效力高于本级和下级地方政府规章。

⑤ 自治条例和单行条例依法对法律、行政法规、地方性法规作变通规定的，在本自治地方适用自治条例和单行条例的规定。

⑥ 部门规章与地方政府规章之间具有同等效力，在各自的权限范围内施行。

（2）在同一位阶的法之间，特别规定优于一般规定，新的规定优于旧的规定。

3. 法的效力范围

法的效力范围，亦称适用范围，是指法适用于哪些地方、适用于什么人，在什么时间生效。

（1）法的时间效力。法的时间效力是指法从何时开始生效，到何时终止生效，以及对其生效以前的事件和行为有无溯及力的问题。

（2）法的空间效力。法的空间效力是指法生效的地域（包括领海、领空），即法在哪些地方有效，通常全国性法律适用于全国，地方性法规仅在本地区有效。

（3）法对人的效力。法对人的效力是指法适用哪些人。在世界各国的法律实践中先后采用过四种对自然人的效力的原则：一是属人主义；二是属地主义；三是保护主义；四是以属地主义为主，与属人主义、保护主义相结合的"折衷主义"，这是近代以来多数国家所采用的原则，我国也是如此，采用这种原则的原因是：既要维护本国利益，坚持本国主权，又要尊重他国主权，照顾法律适用中的实际可能性。

四、法的实施

法的实施，也叫法律的实施，是指法在社会生活中被人们实际施行，包括法的执行、法的适用、法的遵守和法律监督。

（一）法的执行

简称执法，是指掌管法律，手持法律做事，传布、实现法律。广义的执法，或法的执行，是指所有国家行政机关、司法机关及其公职人员依照法定职权和程序实施法律的活动。狭义的执法，或法的执行，则专指国家行政机关及其公职人员依法行使管理职权、履行职责、实施法律的活动，简称"执法"。法的执行的特点包括：①以国家的名义对社会进行全面管理，具有国家权威性；②执行的主体是国家行政机关及其公职人员；③法的执行具有国家强制性，行政机关执行法律的过程同时是行使执法权的过程；④法的执行具有主动性和单方面性。

（二）法的适用

法的适用通常是指国家司法机关根据法定职权和法定程序，具体应用法律处理案件的专门活动，简称"司法"。

法的适用主体是指行使司法权的司法机关，按照我国现行法律体制和司法体制，司法权一般包括审判权和检察权，审判权由人民法院行使，检察权由人民检察院行使，人民法院和人民检察院是我国法的适用主体。

（三）法的遵守

法的遵守可以有广义与狭义两种含义。广义的法的遵守，就是法的实施。狭义的法的遵守，也叫守法，专指公民、社会组织和国家机关以法律为自己的行为准则，依照法律行使权利、权力，履行义务、职责的活动。

（四）法律监督

法律监督有广义和狭义两种含义。狭义的法律监督，是指由特定国家机关依照法定权限和法定程序，对立法、司法和执法活动的合法性所进行的监督。广义的法律监督，是指由所有国家机关、社会组织和公民对各种法律活动的合法性所进行的监督。二者都以法律实施及人们行为的合法性为监督的基本内容。

第二节　安全生产法律体系

一、安全生产法律体系的概念和特征

（一）安全生产法律体系的概念

安全生产法律体系，是指我国全部现行的、不同的安全生产法律规范形成的有机联系的统一整体。

（二）安全生产法律体系的特征

具有中国特色的安全生产法律体系正在构建之中。这个体系具有 3 个特点。

（1）法律规范的调整对象和阶级意志具有统一性。习近平同志明确指出："人命关天，发展决不能以牺牲人的生命为代价。这必须作为一条不可逾越的红线。"加强安全生产工作，防止和减少生产安全事故，保障人民群众生命和财产安全，促进经济社会持续健康发展，是各级党委与政府的首要职责和根本宗旨。我国的安全生产立法，体现了工人阶级领导下的最广大的人民群众的最根本利益，都围绕着"三个代表"重要思想、科学发展观和习近平新时代中国特色社会主义思想，围绕着执政为民这一根本宗旨，围绕着基本人权的保护这个基本点而制定。安全生产法律规范是为巩固社会主义经济基础和上层建筑服务的，它是工人阶级乃至国家意志的反映，是由人民民主专政的政权性质所决定的。生产经营活动中所发生的各种社会关系，需要通过一系列的法律规范加以调整。不论安全生产法律规范有何种内容和形式，它们所调整的安全生产领域的社会关系，都要统一服从和服务于社会主义的生产关系、阶级关系，紧密围绕着"三个代表"重要思想、科学发展观、习近平新时代中国特色社会主义思想、执政为民和基本人权保护而进行。

（2）法律规范的内容和形式具有多样性。安全生产贯穿于生产经营活动的各个行业领域，各种社会关系非常复杂。这就需要针对不同生产经营单位的不同特点，针对各种突出的安全生产问题，制定各种内容不同、形式不同的安全生产法律规范，调整各级人民政府、各类生产经营单位、公民相互之间在安全生产领域中产生的社会关系。这个特点就决定了安全生产立法的内容和形式又是各不相同的，它们所反映和解决的问题是不同的。

（3）法律规范的相互关系具有系统性。安全生产法律体系是由母系统与若干个子系统共同组成的。从具体法律规范上看，它是单个的；从法律体系上看，各个法律规范又是母体系不可分割的组成部分。安全生产法律规范的层级、内容和形式虽然有所不同，但是它们之间存在着相互依存、相互联系、相互衔接、相互协调的辩证统一关系。

二、安全生产法律体系的基本框架

安全生产法律体系究竟如何构建，这个体系中包括哪些安全生产立法，尚在研究和探索之中。我们可以从上位法与下位法、一般法与特别法和综合性法与单行法3个方面来认识并构建我国安全生产法律体系的基本框架。

（一）根据法的不同层级和效力位阶，可以分为上位法与下位法

法的层级不同，其法律地位和效力也不同。上位法是指法律地位、法律效力高于其他相关法的立法。下位法相对于上位法而言，是指法律地位、法律效力低于相关上位法的立法。不同的安全生产立法对同一类或者同一个安全生产行为作出不同法律规定的，以上位法的规定为准，适用上位法的规定。上位法没有规定的，可以适用下位法。下位法的数量一般多于上位法。

1. 法律

法律是安全生产法律体系中的上位法，居于整个体系的最高层级，其法律地位和效力高于行政法规、地方性法规、部门规章、地方政府规章等下位法。国家现行的有关安全生产的专门法律有《安全生产法》《消防法》《道路交通安全法》《海上交通安全法》《矿山安全法》；与安全生产相关的法律主要有《劳动法》《职业病防治法》《工会法》《矿产资源法》《铁路法》《公路法》《民用航空法》《港口法》《建筑法》《煤炭法》和《电力法》等。

2. 法规

安全生产法规分为行政法规和地方性法规。

（1）行政法规。安全生产行政法规的法律地位和法律效力低于有关安全生产的法律，高于地方性安全生产法规、地方政府安全生产规章等下位法。国家现有的安全生产行政法规有《安全生产许可证条例》《生产安全事故报告和调查处理条例》《危险化学品安全管理条例》《建设工程安全生产管理条例》《煤矿安全生产条例》等。

（2）地方性法规。地方性安全生产法规的法律地位和法律效力低于有关安全生产的法律、行政法规，高于地方政府安全生产规章。经济特区安全生产法规和民族自治地方安全生产法规的法律地位和法律效力与地方性安全生产法规相同。安全生产地方性法规有

《浙江省安全生产条例》《江苏省安全生产条例》《上海市安全生产条例》等。

3. 规章

安全生产行政规章分为部门规章和地方政府规章。

（1）部门规章。国务院有关部门依照安全生产法律、行政法规的规定或者国务院的授权制定发布的安全生产规章与地方政府规章之间具有同等效力，在各自的权限范围内施行。

（2）地方政府规章。地方政府安全生产规章是最低层级的安全生产立法，其法律地位和法律效力低于其他上位法，不得与上位法相抵触。

4. 法定安全生产标准

虽然目前我国没有技术法规的正式用语且未将其纳入法律体系的范畴，但是国家制定的许多安全生产立法却将安全生产标准作为生产经营单位必须执行的技术规范而载入法律，安全生产标准法律化是我国安全生产立法的重要趋势。安全生产标准一旦成为法律规定必须执行的技术规范，它就具有了法律上的地位和效力。执行安全生产标准是生产经营单位的法定义务，违反法定安全生产标准的要求，同样要承担法律责任。因此，将法定安全生产标准纳入安全生产法律体系范畴来认识，有助于构建完善的安全生产法律体系。法定安全生产标准分为国家标准和行业标准，两者对生产经营单位的安全生产具有同样的约束力。法定安全生产标准主要是指强制性安全生产标准。

（1）国家标准。安全生产国家标准是指国家标准化行政主管部门依照《标准化法》制定的在全国范围内适用的安全生产技术规范。

（2）行业标准。安全生产行业标准是指国务院有关部门和直属机构依照《标准化法》制定的在安全生产领域内适用的安全生产技术规范。行业安全生产标准对同一安全生产事项的技术要求，可以高于国家安全生产标准，但不得与其相抵触。

（二）根据同一层级的法的适用范围不同，可以分为一般法与特别法

我国的安全生产立法是多年来针对不同的安全生产问题而制定的，相关法律规范对一些安全生产问题的规定有所差别。有的侧重解决一般的安全生产问题，有的侧重或者专门解决某一领域的特殊的安全生产问题。因此，在安全生产法律体系同一层级的安全生产立法中，安全生产法律规范有一般法与特别法之分，两者相辅相成、缺一不可。这两类法律规范的调整对象和适用范围各有侧重。一般法是适用于安全生产领域中普遍存在的基本问题、共性问题的法律规范，它们不解决某一领域存在的特殊性、专业性的法律问题。特别法是适用于某些安全生产领域独立存在的特殊性、专业性问题的法律规范，它们往往比一般法更专业、更具体、更有可操作性。如《安全生产法》是安全生产领域的一般法，它确定了安全生产基本方针原则和基本法律制度，普遍适用于生产经营活动的各个领域。但对于消防安全和道路交通安全、铁路交通安全、水上交通安全、建筑施工安全和民用航空安全领域存在的特殊问题，其他有关专门法律另有规定的，则应适用《消防法》《建筑法》《道路交通安全法》等特别法。据此，在同一层级的安全生产立法对同一类问题的法律适用上，应当适用特别法优于一般法的原则。

（三）根据法的内容、适用范围和具体规范，可以分为综合性法与单行法

安全生产问题错综复杂，相关法律规范的内容也十分丰富。从安全生产立法所确定的内容、适用范围和具体规范看，可以将我国安全生产立法分为综合性法与单行法。综合性法不受法律规范层级的限制，而是将各个层级的综合性法律规范作为整体来看待，适用于安全生产的主要领域或者某一领域的主要方面。单行法的内容只涉及某一领域或者某一方面的安全生产问题。

在一定条件下，综合性法与单行法的区分是相对的、可分的。《安全生产法》就属于安全生产领域的综合性法律，其内容涵盖了安全生产领域的主要方面和基本问题。与其相对，《矿山安全法》就是单独适用于矿山开采安全生产的单行法律。但就矿山开采安全生产的整体而言，《矿山安全法》又是综合性法，各个矿种开采安全生产的立法则是矿山安全立法的单行法。如《煤炭法》既是煤炭工业的综合性法，又是安全生产和矿山安全的单行法。再如《煤矿安全生产条例》既是煤矿安全生产的综合性法，又是《安全生产法》和《矿山安全法》的单行法和配套法。

第三章　安全生产相关法律

第一节　中华人民共和国安全生产法

《中华人民共和国安全生产法》（简称《安全生产法》）自 2002 年 11 月 1 日施行以来，对建立安全生产法律体系，完善安全生产监督管理体制，促进生产经营单位提高安全生产保障能力，防止和减少生产安全事故，保障人民群众生命和财产安全发挥了巨大作用。《安全生产法》历经了 2009 年 8 月 27 日第一次修正，2014 年 8 月 31 日第二次修正，2021 年 6 月 10 日第三次修正。

近年来，我国安全生产工作和安全生产形势发生较大变化，全国生产安全事故总体上虽呈下降趋势，但开始进入一个瓶颈期，传统行业领域存在的安全生产隐患尚未根本遏制，新兴行业领域的安全生产风险不断出现。新发展阶段、新发展理念、新发展格局对安全生产提出了更高要求，亟需认真总结近年来安全生产领域实践经验和事故教训，不断健全安全生产法治体系。在这种背景下，2021 年 6 月 10 日第十三届全国人民代表大会常务委员会第二十九次会议对《安全生产法》进行了第三次修正，并于 2021 年 9 月 1 日起施行。

《安全生产法》的修正，是贯彻落实党中央关于安全生产工作重大决策部署的迫切要求，是推进全面依法治国、促进实现安全生产治理体系和治理能力现代化的重要举措，是防范化解重大安全生产风险，建设更高水平平安中国的有力保障。

一、《安全生产法》总则

（1）明确了安全生产立法目的。为了加强安全生产工作，防止和减少生产安全事故，保障人民群众生命和财产安全，促进经济社会持续健康发展。

（2）明确了适用范围。在中华人民共和国领域内从事生产经营活动的单位（统称生产经营单位）的安全生产，适用《安全生产法》；有关法律、行政法规对消防安全和道路交通安全、铁路交通安全、水上交通安全、民用航空安全以及核与辐射安全、特种设备安全另有规定的，适用其规定。

（3）明确安全生产工作的指导思想。

① 在法律中写入了"党的领导"。《安全生产法》第三条第一款规定，安全生产工作

坚持中国共产党的领导。安全生产是高质量发展的基础和前提，也是主要的民生，是一个政治性很强的领域，必须坚持中国共产党的领导。

② 完善安全生产工作的基本理念。《安全生产法》第三条第二款规定，安全生产工作应当以人为本，坚持人民至上、生命至上，把保护人民生命安全摆在首位，树牢安全发展理念，坚持安全第一、预防为主、综合治理的方针，从源头上防范化解重大安全风险。以人为本就是要以人的生命和健康为本，当人的生命健康与生产经营单位经济效益、财产保护面临冲突时，首先应当考虑人的生命健康。安全发展理念要求在安全生产工作中坚持统筹兼顾，协调发展，正确处理安全生产与经济社会发展、安全生产与速度质量效益的关系，坚持把安全生产放在重要位置，促进区域与行业领域的科学、安全、可持续发展，绝不能以牺牲人的生命健康为代价换取一时的发展。2019 年 11 月 29 日，习近平总书记在主持中央政治局第十九次集体学习时讲话指出，要健全风险防范化解机制，坚持从源头上防范化解重大安全风险，真正把问题解决在萌芽之时、成灾之前。这一重要论述是对安全生产基本方针的进一步提炼和升华，对安全生产具有很强的指导意义。

③ 明确安全生产工作的基本原则。《安全生产法》第三条第三款规定，安全生产工作实行管行业必须管安全、管业务必须管安全、管生产经营必须管安全，强化和落实生产经营单位主体责任与政府监管责任，建立生产经营单位负责、职工参与、政府监管、行业自律和社会监督的机制。"三管三必须"原则进一步明确了各方面的安全生产责任，健全完善了安全生产综合监管与行业监管相结合的工作机制，有利于加强协作、形成合力，建立比较完善的责任体系。

（4）强化了全员安全生产责任制，构建双重预防机制，明确平台经济等新兴行业、领域的安全生产主体责任。《安全生产法》第四条规定，生产经营单位必须遵守本法和其他有关安全生产的法律、法规，加强安全生产管理，建立健全全员安全生产责任制和安全生产规章制度，加大对安全生产资金、物资、技术、人员的投入保障力度，改善安全生产条件，加强安全生产标准化、信息化建设，构建安全风险分级管控和隐患排查治理双重预防机制，健全风险防范化解机制，提高安全生产水平，确保安全生产。平台经济等新兴行业、领域的生产经营单位应当根据本行业、领域的特点，建立健全并落实全员安全生产责任制，加强从业人员安全生产教育和培训，履行本法和其他法律、法规规定的有关安全生产义务。

① 建立健全全员安全生产责任制。全员安全生产责任制是生产经营单位岗位责任制的细化，是生产经营单位中最基本的一项安全制度，也是生产经营单位安全生产管理制度的核心。全员安全生产责任制综合各种安全生产管理制度、安全操作规程，对生产经营单位及其各级领导、各职能部门、有关工程技术人员和从业人员在生产经营活动中应负的安全责任予以明确，主要包括各岗位的责任人员、责任范围和考核标准等内容。

② 加大对安全生产的投入保障力度，改善安全生产条件。安全生产投入是生产经营单位实现安全发展的前提，是做好安全生产工作的基础，总体包括资金、物资、技术、人员等方面的投入。

③ 加强安全生产信息化建设。生产经营单位运用先进技术加强信息化建设，是提高安全生产管理水平的重要手段，是增强安全生产各项管理工作时效性的重要保障。安全生

产信息化建设是安全生产的一项基础性工作，为各项安全管理提供技术保障。

④ 构建安全风险双重预防机制。生产经营单位通过安全风险分级管控和隐患排查治理双重预防机制建设，坚持把安全风险管控做在隐患排查治理前面，把隐患排查治理做在事故前面，实现生产经营单位安全风险自辨自控、隐患自查自治，形成政府领导有力、部门监管有效、企业责任落实、社会参与有序的工作格局。

⑤ 明确平台经济等新兴行业、领域的生产经营单位的安全生产责任。近年来，新兴行业领域的生产经营活动涉及多专业、多领域交叉，部分行业领域涉及新工艺、新技术、新材料、新模式。随着新情况、新问题、新业态大量出现，一些新兴行业领域相关法律法规及专业技术标准还不健全，特别是部分平台企业主体责任落实和从业人员安全权益保障不到位，从业人员安全意识和能力薄弱等问题也较为突出，一些重点领域、关键环节存在监管盲区，存在大量安全风险和事故隐患。此次修正增加了相关条款，就是要督促平台企业等生产经营单位统筹发展和安全，履行安全生产法定职责，从全员安全生产责任制、规章制度、安全培训、安全投入等方面进行规范，牢固树立安全"红线"意识，始终把从业人员生命安全放在首位。

（5）明确生产经营单位的安全责任人。《安全生产法》第五条规定，生产经营单位的主要负责人是本单位安全生产第一责任人，对本单位的安全生产工作全面负责。其他负责人对职责范围内的安全生产工作负责。生产经营单位的主要负责人是本单位工作的主要决策者和决定者，只有主要负责人真正做到全面负责，才能搞好安全生产工作。主要负责人必须是生产经营单位开展生产经营活动的主要决策人，享有本单位生产经营活动包括安全生产事项的最终决定权，全面领导生产经营活动。其他负责人作为分管领域的直接领导人，应当对其职责范围内的安全生产工作负责。

（6）安全生产规划和国土空间规划相衔接，加强基础设施和安全生产监管能力建设，完善安全风险评估和论证机制。《安全生产法》第八条规定，国务院和县级以上地方各级人民政府应当根据国民经济和社会发展规划制定安全生产规划，并组织实施。安全生产规划应当与国土空间规划等相关规划相衔接。各级人民政府应当加强安全生产基础设施建设和安全生产监管能力建设，所需经费列入本级预算。县级以上地方各级人民政府应当组织有关部门建立完善安全风险评估与论证机制，按照安全风险管控要求，进行产业规划和空间布局，并对位置相邻、行业相近、业态相似的生产经营单位实施重大安全风险联防联控。

① 安全生产规划与国土空间规划相衔接，主要是指安全生产规划中涉及国土空间规划的内容应当与其相衔接，例如安全生产规划中涉及危险化学品的化工园区、港区建设，化工产业布局等要求，应当与国土空间规划相衔接，保证在规划初期就充分考虑科学布局生产空间、生活空间、生态空间等方面要求。同时，也要求编制国土空间规划等相关规划时，应当考虑安全生产因素。

② 各级人民政府承担安全生产监督管理的领导责任，就必须从"硬件"和"软件"两方面入手，加强安全生产基础建设。要加强安全基础设施建设，提高基础设施安全配置标准，提升基础设施建设质量、安全标准和管理水平，实施安全生命防护工程、城市生命线工程等一批安全基础工程，加强安全基础建设的检测维护。习近平总书记强调，要加强

安全生产监管，分区分类加强安全监管执法，强化企业主体责任落实，牢牢守住安全生产底线，切实维护人民群众生命财产安全。

（7）建立健全安全生产工作协调机制，明确基层安全生产监督管理的有关工作机构及其职责。《安全生产法》第九条规定，国务院和县级以上地方各级人民政府应当加强对安全生产工作的领导，建立健全安全生产工作协调机制，支持、督促各有关部门依法履行安全生产监督管理职责，及时协调、解决安全生产监督管理中存在的重大问题。乡镇人民政府和街道办事处，以及开发区、工业园区、港区、风景区等应当明确负责安全生产监督管理的有关工作机构及其职责，加强安全生产监管力量建设，按照职责对本行政区域或者管理区域内生产经营单位安全生产状况进行监督检查，协助人民政府有关部门或者按照授权依法履行安全生产监督管理职责。

① 安全生产工作涉及的行业领域广、监管部门多、组织任务重、协调难度大，需要建立健全安全生产工作协调机制，目前普遍的做法是成立各级安全生产委员会，应急管理部门或者其他有关部门自身难以解决的问题，需要通过安全生产委员会等协调议事机构统筹协调，依法解决。

② 乡镇人民政府、街道办事处是我国政府管理末端触角，其熟悉本地情况，通过提升安全生产监管能力，积极探索优化基层监管执法模式，能够直接发挥属地管理优势。近年来，开发区、工业园区、港区、风景区等功能区快速发展，集聚了大量企业，形成了专业化、集群化产业发展结构，推动了经济快速发展。但是部分功能区在安全生产监督管理方面仍存在监管体制不健全、条块分叉、职责不清、责任不落实等问题。这条规定适用于我国各类功能区发展的实际情况，进一步明确开发区、工业园区、港区、风景区等功能区安全生产职责，有利于解决功能区行业、属地监管责任不清晰、不明确等安全监管问题。

（8）安全生产监督管理体制是安全生产制度体系建设的重要内容。《安全生产法》第十条规定，国务院应急管理部门依照本法，对全国安全生产工作实施综合监督管理；县级以上地方各级人民政府应急管理部门依照本法，对本行政区域内安全生产工作实施综合监督管理。国务院交通运输、住房和城乡建设、水利、民航等有关部门依照本法和其他有关法律、行政法规的规定，在各自的职责范围内对有关行业、领域的安全生产工作实施监督管理；县级以上地方各级人民政府有关部门依照本法和其他有关法律、法规的规定，在各自的职责范围内对有关行业、领域的安全生产工作实施监督管理。对新兴行业、领域的安全生产监督管理职责不明确的，由县级以上地方各级人民政府按照业务相近的原则确定监督管理部门。应急管理部门和对有关行业、领域的安全生产工作实施监督管理的部门，统称负有安全生产监督管理职责的部门。负有安全生产监督管理职责的部门应当相互配合、齐抓共管、信息共享、资源共用，依法加强安全生产监督管理工作。

① 在原《安全生产法》规定国务院有关部门的基础上，新修正的《安全生产法》突出强调了交通运输、住房和城乡建设、水利、民航部门，主要是考虑到这些部门负责监管的安全生产工作具有较强的行业特征，长期以来形成了较为完整和成熟的监督管理体制。

② 明确新兴行业、领域监管职责不明确时的处理原则。随着经济社会的快速发展，出现了一些新兴行业、领域，性质比较特殊、情况比较复杂，在安全生产监管上可能涉及多个部门。比如，平台经济中的外卖行业，涉及食品安全、交通安全、网络安全等多个领

域；一些综合性强的新型农家乐，涉及旅游、餐饮、农业农村等多个领域。为防止部门之间互相推责而形成监管盲区，需要由县级以上地方人民政府明确监督管理部门或者确定牵头的监督管理部门。

③ 增加规定了负有安全生产监督管理职责部门之间的工作机制和要求，即应当相互配合、齐抓共管、信息共享、资源共用，依法加强安全生产监督管理工作。

（9）增加关于安全生产强制性国家标准制定程序的规定。《安全生产法》第十二条规定，国务院有关部门按照职责分工负责安全生产强制性国家标准的项目提出、组织起草、征求意见、技术审查。国务院应急管理部门统筹提出安全生产强制性国家标准的立项计划。国务院标准化行政主管部门负责安全生产强制性国家标准的立项、编号、对外通报和授权批准发布工作。国务院标准化行政主管部门、有关部门依据法定职责对安全生产强制性国家标准的实施进行监督检查。

① 2017 年修订后的《标准化法》规定了国务院标准化行政主管部门及有关部门在国家强制性标准的提出、起草、征求意见、技术审查、发布及执行情况监督检查中的职责，按照中央有关要求和法律法规及部门职责规定，结合安全生产强制性国家标准制定工作的实际，增加了此条文。

② 明确安全生产强制性国家标准的制定程序。明确了国务院应急管理部门、国务院标准化行政主管部门及有关部门在安全生产国家强制性标准方面的职责。

（10）增加安全生产权责清单。《安全生产法》第十七条规定，县级以上各级人民政府应当组织负有安全生产监督管理职责的部门依法编制安全生产权力和责任清单，公开并接受社会监督。推行政府部门权责清单制度，是贯彻落实党的十九届三中、四中全会精神的重要举措，是党中央、国务院部署的重要改革任务，也是推进国家治理体系和治理能力现代化的重要基础性制度。此次修改根据党中央要求和新的形势任务要求，增加了编制安全生产权力和责任清单的规定。依法编制安全生产权力和责任清单，需要负有安全生产监督管理职责的部门通过梳理、编制权责清单，全面履行核心职能，切实发挥权责清单的基础性制度作用，加快形成边界清晰、分工合理、权责一致、协同合作、运转高效的安全生产管理体系。

二、生产经营单位的安全生产保障

大量安全事故发生在生产经营单位，如何规范生产经营单位的安全生产行为是预防生产安全事故的关键。《安全生产法》第二章对生产经营单位保障其生产经营活动安全，防止和减少事故发生所应遵守的行为作了专门的规定。

（一）生产经营单位的安全生产条件

《安全生产法》第二十条规定，生产经营单位应当具备本法和有关法律、行政法规和国家标准或者行业标准规定的安全生产条件；不具备安全生产条件的，不得从事生产经营活动。

（二）生产经营单位主要负责人的安全生产工作职责

《安全生产法》第二十一条规定，生产经营单位的主要负责人对本单位安全生产工作负有下列职责：

（1）建立健全并落实本单位全员安全生产责任制，加强安全生产标准化建设。

（2）组织制定并实施本单位安全生产规章制度和操作规程。

（3）组织制定并实施本单位安全生产教育和培训计划。

（4）保证本单位安全生产投入的有效实施。

（5）组织建立并落实安全风险分级管控和隐患排查治理双重预防工作机制，督促、检查本单位的安全生产工作，及时消除生产安全事故隐患。

（6）组织制定并实施本单位的生产安全事故应急救援预案。

（7）及时、如实报告生产安全事故。

《安全生产法》第四条增加了生产经营单位"构建安全风险分级管控和隐患排查治理双重预防机制"的要求，第二十一条则对生产经营单位的主要负责人的职责范围作了相应的完善，要求"组织建立并落实安全风险分级管控和隐患排查治理双重预防工作机制"。安全风险分级管控和隐患排查治理双重预防工作机制是贯彻落实坚持源头防范的重要预防措施，做到防患于未然，牢牢把握安全生产工作的主动权。

《安全生产法》第五十条规定，生产经营单位发生生产安全事故时，单位的主要负责人应当立即组织抢救，并不得在事故调查处理期间擅离职守。

（三）全员安全生产责任制

《安全生产法》第二十二条规定，生产经营单位的全员安全生产责任制应当明确各岗位的责任人员、责任范围和考核标准等内容。生产经营单位应当建立相应的机制，加强对全员安全生产责任制落实情况的监督考核，保证全员安全生产责任制的落实。

（四）安全生产费用提取使用

《安全生产法》第二十三条规定，生产经营单位应当具备的安全生产条件所必需的资金投入，由生产经营单位的决策机构、主要负责人或者个人经营的投资人予以保证，并对由于安全生产所必需的资金投入不足导致的后果承担责任。有关生产经营单位应当按照规定提取和使用安全生产费用，专门用于改善安全生产条件。安全生产费用在成本中据实列支。安全生产费用提取、使用和监督管理的具体办法由国务院财政部门会同国务院应急管理部门征求国务院有关部门意见后制定。

财政部、应急管理部已于2022年11月21日发布了修订后的《企业安全生产费用提取和使用管理办法》（财资〔2022〕136号），对费用提取标准、使用范围、管理监督等方面作了详细规定。

（五）安全生产管理机构的设置、安全生产管理人员的配备及要求

《安全生产法》第二十四条规定，矿山、金属冶炼、建筑施工、运输单位和危险物品的生产、经营、储存、装卸单位，应当设置安全生产管理机构或者配备专职安全生产管理人员。前款规定以外的其他生产经营单位，从业人员超过一百人的，应当设置安全生产管理机构或者配备专职安全生产管理人员；从业人员在一百人以下的，应当配备专职或者兼职的安全生产管理人员。

各省、自治区、直辖市在制定地方性配套法规时，应对《安全生产法》的上述规定作一些细化要求。

《安全生产法》第二十七条第三款规定，危险物品的生产、储存、装卸单位以及矿山、金属冶炼单位应当有注册安全工程师从事安全生产管理工作。鼓励其他生产经营单位聘用注册安全工程师从事安全生产管理工作。

（六）安全生产管理机构及安全生产管理人员的职责

《安全生产法》第二十五条规定，生产经营单位的安全生产管理机构以及安全生产管理人员履行下列职责：

（1）组织或者参与拟订本单位安全生产规章制度、操作规程和生产安全事故应急救援预案。

（2）组织或者参与本单位安全生产教育和培训，如实记录安全生产教育和培训情况。

（3）组织开展危险源辨识和评估，督促落实本单位重大危险源的安全管理措施。

（4）组织或者参与本单位应急救援演练。

（5）检查本单位的安全生产状况，及时排查生产安全事故隐患，提出改进安全生产管理的建议。

（6）制止和纠正违章指挥、强令冒险作业、违反操作规程的行为。

（7）督促落实本单位安全生产整改措施。

生产经营单位可以设置专职安全生产分管负责人，协助本单位主要负责人履行安全生产管理职责。

危险源辨识和评估，是构建安全风险分级管控和隐患排查治理双重预防机制，严防风险演变、隐患升级导致生产安全事故发生的重要举措。提升事故预防的有效性，一定要强调源头防范，只有从源头上、根子上进行危险源辨识并进行科学评估，按照不同安全风险等级进行分级管控，有针对性地强化预防措施，才能做到防患于未然，牢牢把握安全生产工作的主动权。这次《安全生产法》的修正，增加了生产经营单位的安全生产管理机构以及安全生产管理人员负有"组织开展危险源辨识和评估"的职责，要求以上机构和人员充分利用自身专业知识和技能，做好本单位生产经营活动中危险源的发现、辨识和评估工作。

有些生产经营单位规模较大、专业性较强，为便于主要负责人更好地履行安全生产管理职责，需要具备安全生产专业知识人员的协助。这次《安全生产法》的修正，认真总结吸纳安全生产实践有益经验和做法，并在法律中予以体现，授权生产经营单位根据自身实际情况，设置专职安全生产分管负责人。

（七）安全生产培训教育

《安全生产法》第二十七条第一款规定，生产经营单位的主要负责人和安全生产管理人员必须具备与本单位所从事的生产经营活动相应的安全生产知识和管理能力。

《安全生产法》第二十八条规定，生产经营单位应当对从业人员进行安全生产教育和培训，保证从业人员具备必要的安全生产知识，熟悉有关的安全生产规章制度和安全操作规程，掌握本岗位的安全操作技能，了解事故应急处理措施，知悉自身在安全生产方面的权利和义务。未经安全生产教育和培训合格的从业人员，不得上岗作业。生产经营单位使用被派遣劳动者的，应当将被派遣劳动者纳入本单位从业人员统一管理，对被派遣劳动者进行岗位安全操作规程和安全操作技能的教育和培训。劳务派遣单位应当对被派遣劳动者进行必要的安全生产教育和培训。生产经营单位接收中等职业学校、高等学校学生实习的，应当对实习学生进行相应的安全生产教育和培训，提供必要的劳动防护用品。学校应当协助生产经营单位对实习学生进行安全生产教育和培训。生产经营单位应当建立安全生产教育和培训档案，如实记录安全生产教育和培训的时间、内容、参加人员以及考核结果等情况。

《安全生产法》第二十九条规定，生产经营单位采用新工艺、新技术、新材料或者使用新设备，必须了解、掌握其安全技术特性，采取有效的安全防护措施，并对从业人员进行专门的安全生产教育和培训。

《安全生产法》第三十条规定，生产经营单位的特种作业人员必须按照国家有关规定经专门的安全作业培训，取得相应资格，方可上岗作业。

（八）建设项目的安全保障

《安全生产法》第三十一条规定，生产经营单位新建、改建、扩建工程项目（统称建设项目）的安全设施，必须与主体工程同时设计、同时施工、同时投入生产和使用。安全设施投资应当纳入建设项目概算。

《安全生产法》第三十二条规定，矿山、金属冶炼建设项目和用于生产、储存、装卸危险物品的建设项目，应当按照国家有关规定进行安全评价。

《安全生产法》第三十三条规定，建设项目安全设施的设计人、设计单位应当对安全设施设计负责。矿山、金属冶炼建设项目和用于生产、储存、装卸危险物品的建设项目的安全设施设计应当按照国家有关规定报经有关部门审查，审查部门及其负责审查的人员对审查结果负责。

《安全生产法》第三十四条规定，矿山、金属冶炼建设项目和用于生产、储存、装卸危险物品的建设项目的施工单位必须按照批准的安全设施设计施工，并对安全设施的工程质量负责。矿山、金属冶炼建设项目和用于生产、储存、装卸危险物品的建设项目竣工投入生产或者使用前，应当由建设单位负责组织对安全设施进行验收；验收合格后，方可投入生产和使用。负有安全生产监督管理职责的部门应当加强对建设单位验收活动和验收结果的监督核查。

（九）设备、设施和场所的安全保障

《安全生产法》第三十五条规定，生产经营单位应当在有较大危险因素的生产经营场所和有关设施、设备上，设置明显的安全警示标志。

《安全生产法》第三十六条规定，安全设备的设计、制造、安装、使用、检测、维修、改造和报废，应当符合国家标准或者行业标准。生产经营单位必须对安全设备进行经常性维护、保养，并定期检测，保证正常运转。维护、保养、检测应当作好记录，并由有关人员签字。生产经营单位不得关闭、破坏直接关系生产安全的监控、报警、防护、救生设备、设施，或者篡改、隐瞒、销毁其相关数据、信息。餐饮等行业的生产经营单位使用燃气的，应当安装可燃气体报警装置，并保障其正常使用。

（1）对生产安全的设备、设施及数据、信息的规定。与生产安全存在直接关系的监控、报警、防护、救生设备、设施及相关数据、信息，是有效防止生产安全事故发生的重要保障。2020年12月，第十三届全国人民代表大会常务委员会第二十四次会议通过的《中华人民共和国刑法修正案（十一）》针对生产安全事故频发增加规定了危险作业罪，对在生产、作业中违反有关安全管理的规定，关闭、破坏直接关系生产安全的监控、报警、防护、救生设备、设施，或者篡改、隐瞒、销毁其相关数据、信息的行为，规定了刑事责任。为此，这次《安全生产法》修正增加规定生产经营单位不得关闭、破坏直接关系生产安全的监控、报警、防护、救生设备、设施，或者篡改、隐瞒、销毁其相关数据、信息。

（2）对餐饮等行业的生产经营单位使用燃气的规定。近年来餐饮等行业发生的燃气爆炸事故对人民群众的生命财产造成重大损失。总结分析该类生产安全事故，未能及时发现燃气泄漏是导致事故发生的重要原因。在总结实践经验和事故教训基础上，综合考虑安全生产现实需要和企业成本负担，这次《安全生产法》修正增加规定餐饮等行业的生产经营单位使用燃气的，应当安装可燃气体报警装置，并保障其正常使用。

（十）危险物品的安全管理

《安全生产法》第三十九条规定，生产、经营、运输、储存、使用危险物品或者处置废弃危险物品的，由有关主管部门依照有关法律、法规的规定和国家标准或者行业标准审批并实施监督管理。生产经营单位生产、经营、运输、储存、使用危险物品或者处置废弃危险物品，必须执行有关法律、法规和国家标准或者行业标准，建立专门的安全管理制度，采取可靠的安全措施，接受有关主管部门依法实施的监督管理。

（十一）重大危险源的安全监控管理

《安全生产法》第四十条规定，生产经营单位对重大危险源应当登记建档，进行定期检测、评估、监控，并制定应急预案，告知从业人员和相关人员在紧急情况下应当采取的应急措施。生产经营单位应当按照国家有关规定将本单位重大危险源及有关安全措施、应急措施报有关地方人民政府应急管理部门和有关部门备案。有关地方人民政府应急管理部门和有关部门应当通过相关信息系统实现信息共享。

我国一些高危行业领域经过多年粗放式增长、低水平发展，由于管理体制、监控手段等原因，对于相当一部分重大危险源，政府缺乏有效的监控手段，近些年发生的一些事故也反映出通过高新技术加强监管的必要性。这次《安全生产法》修正增加规定有关地方人民政府应急管理部门和有关部门应当通过相关信息系统实现信息共享。

（十二）安全风险管控及事故隐患排查治理和报告

《安全生产法》第四十一条规定，生产经营单位应当建立安全风险分级管控制度，按照安全风险分级采取相应的管控措施。生产经营单位应当建立健全并落实生产安全事故隐患排查治理制度，采取技术、管理措施，及时发现并消除事故隐患。事故隐患排查治理情况应当如实记录，并通过职工大会或者职工代表大会、信息公示栏等方式向从业人员通报。其中，重大事故隐患排查治理情况应当及时向负有安全生产监督管理职责的部门和职工大会或者职工代表大会报告。县级以上地方各级人民政府负有安全生产监督管理职责的部门应当将重大事故隐患纳入相关信息系统，建立健全重大事故隐患治理督办制度，督促生产经营单位消除重大事故隐患。

（1）安全风险分级管控制度是《安全生产法》修正新增内容，生产经营单位可以通过定期组织开展全过程、全方位的危害辨识、风险评估，严格落实管控措施，从源头上防范化解重大安全风险；针对高风险工艺、高风险设备、高风险场所、高风险岗位和高风险物品等，建立分级管控制度，有效落实管控措施，防止风险演变引发事故。

（2）事故隐患排查治理的"双报告"制度。生产经营单位在事故隐患排查和治理过程中，应当将排查治理情况如实记录，并通过职工大会或者职工代表大会、信息公示栏等方式向从业人员通报，确保从业人员的知情权。此外，本次《安全生产法》修正增加了"双报告"制度，即对于重大事故隐患排查治理情况，要求生产经营单位既要及时向负有安全生产监督管理职责的部门报告，又要向职工大会或职工代表大会报告。

（3）重大事故隐患督办制度。重大事故隐患的危害大、整改难度大，一旦引发事故将造成严重后果。加强重大事故隐患的治理，是防范和遏制重特大生产安全事故的重要措施。通过相关信息系统，能够帮助相关监管执法部门及时掌握企业隐患排查治理情况、加强对企业重大事故隐患治理情况的监督检查，因此，本次《安全生产法》修正增加了"将重大事故隐患纳入相关信息系统"的规定。

（十三）危险作业的安全监护

《安全生产法》第四十三条规定，生产经营单位进行爆破、吊装、动火、临时用电以及国务院应急管理部门会同国务院有关部门规定的其他危险作业，应当安排专门人员进行现场安全管理，确保操作规程的遵守和安全措施的落实。需要注意的是，动火和临时用电是本次《安全生产法》修正新增内容，主要汲取近些年有关生产安全事故的教训和经验。

（十四）对从业人员相关安全管理义务的规定

《安全生产法》第四十四条规定，生产经营单位应当教育和督促从业人员严格执行本单位的安全生产规章制度和安全操作规程；并向从业人员如实告知作业场所和工作岗位存在的危险因素、防范措施以及事故应急措施。生产经营单位应当关注从业人员的身体、心理状况和行为习惯，加强对从业人员的心理疏导、精神慰藉，严格落实岗位安全生产责任，防范从业人员行为异常导致事故发生。需要注意的是，关注从业人员的身体、心理状况和行为习惯是本次《安全生产法》的修正新增内容。主要汲取实践中有关事故的经验教训，规定生产经营单位除了应当督促从业人员执行规章制度和安全操作规程以及保障从业人员的安全生产知情权外，还应当关注从业人员的身体、心理状况和行为习惯，加强对从业人员的心理疏导、精神慰藉，严格落实岗位安全生产责任，防范和避免因从业人员行为异常导致事故发生。

（十五）劳动防护用品的安全管理

《安全生产法》第四十五条规定，生产经营单位必须为从业人员提供符合国家标准或者行业标准的劳动防护用品，并监督、教育从业人员按照使用规则佩戴、使用。

《安全生产法》第四十七条规定，生产经营单位应当安排用于配备劳动防护用品、进行安全生产培训的经费。

（十六）相关生产经营单位的安全管理协调

《安全生产法》第四十八条规定，两个以上生产经营单位在同一作业区域内进行生产经营活动，可能危及对方生产安全的，应当签订安全生产管理协议，明确各自的安全生产管理职责和应当采取的安全措施，并指定专职安全生产管理人员进行安全检查与协调。

《安全生产法》第四十九条规定，生产经营单位不得将生产经营项目、场所、设备发包或者出租给不具备安全生产条件或者相应资质的单位或者个人。生产经营项目、场所发包或者出租给其他单位的，生产经营单位应当与承包单位、承租单位签订专门的安全生产管理协议，或者在承包合同、租赁合同中约定各自的安全生产管理职责；生产经营单位对承包单位、承租单位的安全生产工作统一协调、管理，定期进行安全检查，发现安全问题的，应当及时督促整改。矿山、金属冶炼建设项目和用于生产、储存、装卸危险物品的建设项目的施工单位应当加强对施工项目的安全管理，不得倒卖、出租、出借、挂靠或者以其他形式非法转让施工资质，不得将其承包的全部建设工程转包给第三人或者将其承包的全部建设工程支解以后以分包的名义分别转包给第三人，不得将工程分包给不具备相应资质条件的单位。

近年来，一些生产经营单位为了谋取不正当利益，不惜铤而走险，倒卖、出租、出借、挂靠或者以其他形式非法转让施工资质，以及非法转包、支解分包的现象屡禁不止，一些施工项目管理混乱，特别是在矿山、金属冶炼建设项目和用于生产、储存、装卸危险物品等特殊行业领域违法转包、支解发包工程项目，由于缺乏专业技术能力，导致施工现场缺乏统一的安全管理和应有的组织协调，不仅承建单位容易出现推诿扯皮，还会造成施工现场混乱、责任不清，极易引发生产安全事故。因此，本次《安全生产法》修正新增对矿山、金属冶炼建设项目和用于生产、储存、装卸危险物品的建设项目的施工单位的特殊规定，目的是督促引导企业加强上述项目安全管理，严把入口关，确保建设项目施工安全和质量。

（十七）工伤保险和安全生产责任保险

《安全生产法》第五十一条规定，生产经营单位必须依法参加工伤保险，为从业人员缴纳保险费。国家鼓励生产经营单位投保安全生产责任保险；属于国家规定的高危行业、领域的生产经营单位，应当投保安全生产责任保险。具体范围和实施办法由国务院应急管理部门会同国务院财政部门、国务院保险监督管理机构和相关行业主管部门制定。需要注意的是，安全生产责任保险是保险机构对投保单位发生生产安全事故造成的人员伤亡和有关经济损失等予以赔偿，并且为投保单位提供生产安全事故预防服务的商业保险。通过分析近年来发生的事故情况，绝大多数较大以上生产安全事故都集中在高危行业、领域的生产经营单位，根据2016年《中共中央　国务院关于推进安全生产领域改革发展的意见》要求，本次《安全生产法》修正新增了属于国家规定的高危行业、领域的生产经营单位，应当投保安全生产责任保险的规定。

三、从业人员的安全生产权利和义务

《安全生产法》规定，生产经营单位的从业人员有依法获得安全生产保障的权利，并应当依法履行安全生产方面的义务。

生产经营单位使用被派遣劳动者的，被派遣劳动者享有《安全生产法》规定的从业人员的权利，并应当履行《安全生产法》规定的从业人员的义务。

《安全生产法》规定了各类从业人员享有的、有关安全生产和人身安全的最重要的、最基本的权利，并明确规定了从业人员安全生产的法定义务和责任。

（一）从业人员的安全生产权利

（1）《安全生产法》明确赋予了从业人员享有工伤保险和获得伤亡赔偿的权利，因生产安全事故受到损害的从业人员，除依法享有工伤保险外，依照有关民事法律尚有获得赔偿的权利的，有权提出赔偿要求。需要注意的是，本次《安全生产法》修正删除了原来只能向从业人员本单位提出赔偿要求的规定。主要考虑生产安全事故责任主体有可能是本单位，也有可能是其他单位，受到事故损害的从业人员可以依据《中华人民共和国民法典》等法律法规，向责任主体进一步提出赔偿要求。

（2）从业人员享有对危险因素和应急措施的知情权。生产经营单位的从业人员有权了解其作业场所和工作岗位存在的危险因素、防范措施及事故应急措施，有权对本单位的安全生产工作提出建议。

（3）从业人员享有批评检控权及拒绝违章指挥和强令冒险作业权。从业人员有权对本单位安全生产工作中存在的问题提出批评、检举、控告；有权拒绝违章指挥和强令冒险作业。生产经营单位不得因从业人员对本单位安全生产工作提出批评、检举、控告或者拒绝违章指挥、强令冒险作业而降低其工资、福利等待遇或者解除与其订立的劳动合同。

（4）从业人员享有在紧急情况下停止作业和紧急撤离的权利。从业人员发现直接危及人身安全的紧急情况时，有权停止作业或者在采取可能的应急措施后撤离作业场所。

（5）从业人员享有劳动合同保障的权利。生产经营单位与从业人员订立的劳动合同，应当载明有关保障从业人员劳动安全、防止职业危害的事项，以及依法为从业人员办理工伤社会保险的事项。生产经营单位不得以任何形式与从业人员订立协议，免除或减轻其对从业人员因生产安全事故伤亡依法应承担的责任。

（6）从业人员还可享有获得符合国家标准或行业标准的劳动防护用品的权利，同时获得安全生产教育和培训的权利。

（二）从业人员的安全生产义务

《安全生产法》中规定了从业人员的三项义务：

（1）从业人员在作业过程中，应当严格落实岗位安全责任，遵守本单位的安全生产规章制度和操作规程，服从管理，正确佩戴和使用劳动防护用品。需要注意的是，从业人员在作业过程中，应当严格落实岗位安全责任，是本次《安全生产法》修正新增的内容。

（2）接受安全生产教育和培训的义务，即从业人员应当接受安全生产教育和培训，掌握本职工作所需的安全生产知识，提高安全生产技能，增强事故预防和应急处理能力。

（3）发现不安全因素报告的义务，即从业人员发现事故隐患或者其他不安全因素，应当立即向现场安全生产管理人员或者本单位负责人报告，接到报告的人员应当及时予以处理。

生产经营单位使用被派遣劳动者的，被派遣劳动者享有本法规定的从业人员的权利，并应当履行本法规定的从业人员的义务。

四、安全生产的监督管理

生产经营单位是生产经营活动的主体，在安全生产工作中居于关键地位。生产经营单位能否严格遵守法律、法规以及国家标准或者行业标准的规定，切实做好安全生产保障，是安全生产工作的根本所在。因此，必须对生产经营单位的安全生产保障实行监督管理。

安全生产监督既包括政府及其有关部门的监督，也包括社会力量的监督。具体有以下几方面的监督：一是县级以上地方各级人民政府的监督管理；二是负有安全生产监督管理职责部门的监督管理；三是监察机关的监督；四是工会监督；五是社会公众的监督，包括任何单位或者个人、基层居民委员会、村民委员会等自治组织的监督；六是新闻媒体的监督。有力的监督措施和监督体制是安全生产法制得以落实的基本手段和保证，根据《安全生产法》的规定概括为：建立生产经营单位负责、职工参与、政府监管、行业自律和社会监督的机制。

（一）县级以上地方各级人民政府以及应急管理部门有关职责

《安全生产法》第六十二条规定，县级以上地方各级人民政府应当根据本行政区域内的安全生产状况，组织有关部门按照职责分工，对本行政区域内容易发生重大生产安全事故的生产经营单位进行严格检查。应急管理部门应当按照分类分级监督管理的要求，制定安全生产年度监督检查计划，并按照年度监督检查计划进行监督检查，发现事故隐患，应当及时处理。

（二）负有安全生产监督管理职责的部门必须依法履行审批、验收等监督管理职责

《安全生产法》第六十三条规定，负有安全生产监督管理职责的部门依照有关法律、法规的规定，对涉及安全生产的事项需要审查批准（包括批准、核准、许可、注册、认证、颁发证照等，下同）或者验收的，必须严格依照有关法律、法规和国家标准或者行业标准规定的安全生产条件和程序进行审查；不符合有关法律、法规和国家标准或者行业标准规定的安全生产条件的，不得批准或者验收通过。对未依法取得批准或者验收合格的单位擅自从事有关活动的，负责行政审批的部门发现或者接到举报后应当立即予以取缔，并依法予以处理。对已经依法取得批准的单位，负责行政审批的部门发现其不再具备安全生产条件的，应当撤销原批准。

（三）涉及安全生产的事项审查、验收收费以及购买指定产品规定

《安全生产法》第六十四条规定，负有安全生产监督管理职责的部门对涉及安全生产的事项进行审查、验收，不得收取费用；不得要求接受审查、验收的单位购买其指定品牌或者指定生产、销售单位的安全设备、器材或者其他产品。

（四）负有安全生产监督管理职责的部门依法开展安全生产行政执法检查时行使的职权

《安全生产法》第六十五条规定，应急管理部门和其他负有安全生产监督管理职责的部门依法开展安全生产行政执法工作，对生产经营单位执行有关安全生产的法律、法规和国家标准或者行业标准的情况进行监督检查，行使以下职权：进入生产经营单位进行检查，调阅有关资料，向有关单位和人员了解情况；对检查中发现的安全生产违法行为，当场予以纠正或者要求限期改正；对依法应当给予行政处罚的行为，依照本法和其他有关法律、行政法规的规定作出行政处罚决定；对检查中发现的事故隐患，应当责令立即排除；重大事故隐患排除前或者排除过程中无法保证安全的，应当责令从危险区域内撤出作业人员，责令暂时停产停业或者停止使用相关设施、设备；重大事故隐患排除后，经审查同意，方可恢复生产经营和使用；对有根据认为不符合保障安全生产的国家标准或者行业标准的设施、设备、器材以及违法生产、储存、使用、经营、运输的危险物品予以查封或者扣押，对违法生产、储存、使用、经营危险物品的作业场所予以查封，并依法作出处理决定。监督检查不得影响被检查单位的正常生产经营活动。

（五）生产经营单位配合安全生产监督检查人员履行监督检查的职责

《安全生产法》第六十六条规定，生产经营单位对负有安全生产监督管理职责的部门的监督检查人员（统称安全生产监督检查人员）依法履行监督检查职责，应当予以配合，不得拒绝、阻挠。

（六）安全生产监督检查人员的基本执法准则及要求

《安全生产法》第六十七条规定，安全生产监督检查人员应当忠于职守，坚持原则，秉公执法。安全生产监督检查人员执行监督检查任务时，必须出示有效的行政执法证件；对涉及被检查单位的技术秘密和业务秘密，应当为其保密。

（七）安全生产监督检查人员在监督检查时对有关情况的记录

《安全生产法》第六十八条规定，安全生产监督检查人员应当将检查的时间、地点、内容、发现的问题及其处理情况，作出书面记录，并由检查人员和被检查单位的负责人签字；被检查单位的负责人拒绝签字的，检查人员应当将情况记录在案，并向负有安全生产监督管理职责的部门报告。

（八）负有安全生产监督管理职责的部门在监督检查中的配合

《安全生产法》第六十九条规定，负有安全生产监督管理职责的部门在监督检查中，应当互相配合，实行联合检查；确需分别进行检查的，应当互通情况，发现存在的安全问题应当由其他有关部门进行处理的，应当及时移送其他有关部门并形成记录备查，接受移送的部门应当及时进行处理。

（九）存在重大事故隐患的生产经营单位强制停止生产经营活动

《安全生产法》第七十条规定，负有安全生产监督管理职责的部门依法对存在重大事故隐患的生产经营单位作出停产停业、停止施工、停止使用相关设施或者设备的决定，生产经营单位应当依法执行，及时消除事故隐患。生产经营单位拒不执行，有发生生产安全事故的现实危险的，在保证安全的前提下，经本部门主要负责人批准，负有安全生产监督管理职责的部门可以采取通知有关单位停止供电、停止供应民用爆炸物品等措施，强制生产经营单位履行决定。通知应当采用书面形式，有关单位应当予以配合。负有安全生产监督管理职责的部门依照前款规定采取停止供电措施，除有危及生产安全的紧急情形外，应当提前二十四小时通知生产经营单位。生产经营单位依法履行行政决定、采取相应措施消除事故隐患的，负有安全生产监督管理职责的部门应当及时解除前款规定的措施。

（十）监察机关依法对负有安全生产监督管理职责的部门及其工作人员实施监察

《安全生产法》第七十一条规定，监察机关依照监察法的规定，对负有安全生产监督管理职责的部门及其工作人员履行安全生产监督管理职责实施监察。

（十一）承担安全评价、认证、检测、检验职责的机构具备资质条件及其责任

《安全生产法》第七十二条规定，承担安全评价、认证、检测、检验职责的机构应当具备国家规定的资质条件，并对其作出的安全评价、认证、检测、检验结果的合法性、真实性负责。资质条件由国务院应急管理部门会同国务院有关部门制定。承担安全评价、认证、检测、检验职责的机构应当建立并实施服务公开和报告公开制度，不得租借资质、挂靠、出具虚假报告。

需要注意的是，本次《安全生产法》修正明确了"国家规定的资质条件"具体由应急管理部门牵头制定。另外，承担安全评价、认证、检测、检验职责的机构应当出具与实际情况相符，结论定性符合客观实际的报告，保证结果的合法性和准确性。要求承担安全评价、认证、检测、检验职责的机构建立并实施服务公开和报告公开制度，强化了承担安全评价、认证、检测、检验职责的机构的责任，利用公开公示等制度化建设手段，规范其从业行为，强化诚信意识，促进其认真履行职责，确保服务工作的真实性、科学性、严肃性，实现对安全生产技术服务机构的社会监督。

（十二）负有安全生产监督管理职责的部门建立举报制度

《安全生产法》第七十三条规定，负有安全生产监督管理职责的部门应当建立举报制度，公开举报电话、信箱或者电子邮件地址等网络举报平台，受理有关安全生产的举报；受理的举报事项经调查核实后，应当形成书面材料；需要落实整改措施的，报经有关负责人签字并督促落实。对不属于本部门职责，需要由其他有关部门进行调查处理的，转交其他有关部门处理。涉及人员死亡的举报事项，应当由县级以上人民政府组织核查处理。

（1）需要注意的是，本次《安全生产法》新增了不属于本部门职责，需要由其他有关部门进行调查处理的，转交其他有关部门处理的规定。负有安全生产监督管理职责的部门既包括对安全生产进行综合监管的应急管理部门，也包括对安全生产进行行业监管的交通运输、住房和城乡建设、水利、民航等有关部门。不同部门根据其各自的分工，有相应的安全生产监督管理职责。负有安全生产监督管理职责的部门受理有关安全生产的举报后，如果不属于本部门职责，则无法依职权进行调查、核实和处理，但并不能因此推诿对安全生产举报的调查处理，如果需要由其他有关部门进行调查处理，应当及时转交其他有关部门。其他有关部门接到转交的安全生产举报后，应当按照程序，及时调查处理。

（2）对于生产安全事故，《生产安全事故报告和调查处理条例》对调查处理主体作出了特别规定。根据该条例的规定，特别重大事故由国务院或者国务院授权有关部门组织事故调查组进行调查；重大事故、较大事故、一般事故分别由事故发生地省级人民政府、设区的市级人民政府、县级人民政府负责调查；未造成人员伤亡的一般事故，县级人民政府也可以委托事故发生单位组织事故调查组进行调查。如果涉及人员死亡的举报事项经核查属实，至少构成一般事故。因此，本次《安全生产法》修正增加了涉及人员死亡的举报事项，应当由县级以上人民政府组织核查处理的规定。

（十三）事故隐患或者安全生产违法行为的举报权和公益诉讼

《安全生产法》第七十四条规定，任何单位或者个人对事故隐患或者安全生产违法行为，均有权向负有安全生产监督管理职责的部门报告或者举报。因安全生产违法行为造成重大事故隐患或者导致重大事故，致使国家利益或者社会公共利益受到侵害的，人民检察院可以根据民事诉讼法、行政诉讼法的相关规定提起公益诉讼。

需要注意的是，本次《安全生产法》的修正增加了人民检察院对安全生产违法行为提起公益诉讼的规定。完善安全生产公益诉讼法律制度，是贯彻落实党中央决策部署和相关政策文件精神的客观要求。检察机关提起公益诉讼有一定的条件，包括：因安全生产违法行为造成重大事故隐患或者导致重大事故；国家利益或者社会公共利益受到侵害；根据民事诉讼法、行政诉讼法的相关规定三个条件。

（十四）居民委员会、村民委员会在安全生产方面履行的报告义务

《安全生产法》第七十五条规定，居民委员会、村民委员会发现其所在区域内的生产经营单位存在事故隐患或者安全生产违法行为时，应当向当地人民政府或者有关部门报告。

（十五）县级以上各级人民政府及其有关部门实施安全生产举报奖励

《安全生产法》第七十六条规定，县级以上各级人民政府及其有关部门对报告重大事故隐患或者举报安全生产违法行为的有功人员，给予奖励。具体奖励办法由国务院应急管理部门会同国务院财政部门制定。

（十六）媒体在安全生产公益宣传教育与舆论监督方面的权利和义务

《安全生产法》第七十七条规定，新闻、出版、广播、电影、电视等单位有进行安全生产公益宣传教育的义务，有对违反安全生产法律、法规的行为进行舆论监督的权利。

（十七）建立安全生产违法行为信息库、联合惩戒和违法失信公开

《安全生产法》第七十八条规定，负有安全生产监督管理职责的部门应当建立安全生产违法行为信息库，如实记录生产经营单位及其有关从业人员的安全生产违法行为信息；对违法行为情节严重的生产经营单位及其有关从业人员，应当及时向社会公告，并通报行业主管部门、投资主管部门、自然资源主管部门、生态环境主管部门、证券监督管理机构以及有关金融机构。有关部门和机构应当对存在失信行为的生产经营单位及其有关从业人员采取加大执法检查频次、暂停项目审批、上调有关保险费率、行业或者职业禁入等联合惩戒措施，并向社会公示。负有安全生产监督管理职责的部门应当加强对生产经营单位行政处罚信息的及时归集、共享、应用和公开，对生产经营单位作出处罚决定后七个工作日内在监督管理部门公示系统予以公开曝光，强化对违法失信生产经营单位及其有关从业人员的社会监督，提高全社会安全生产诚信水平。

（1）本次《安全生产法》的修正增加了对有关从业人员的失信惩戒的规定，是为了督促生产经营单位严格落实全员安全生产责任制，督促从业人员严格履行岗位职责。向行业主管部门、投资主管部门、自然资源主管部门、生态环境主管部门、证券监督管理机构以及有关金融机构通报，是为了使其及时获取安全生产严重违法行为信息，依法采取相应的惩戒措施。

（2）对于存在失信行为的生产经营单位及有关从业人员，本条规定了四种联合惩戒措施：一是加大执法检查频次；二是暂停项目审批；三是上调有关保险费率；四是行业或者职业禁入。

（3）对生产经营单位行政处罚信息进行归集、共享、应用和公开，既是行政处罚公开的要求，也有利于强化对违法失信生产经营单位及其有关从业人员的社会监督，提高全社会安全生产诚信水平。

五、生产安全事故的应急救援与调查处理

（一）加强生产安全事故应急能力和信息化水平建设

《安全生产法》第七十九条规定，国家加强生产安全事故应急能力建设，在重点行业、领域建立应急救援基地和应急救援队伍，并由国家安全生产应急救援机构统一协调指

挥；鼓励生产经营单位和其他社会力量建立应急救援队伍，配备相应的应急救援装备和物资，提高应急救援的专业化水平。国务院应急管理部门牵头建立全国统一的生产安全事故应急救援信息系统，国务院交通运输、住房和城乡建设、水利、民航等有关部门和县级以上地方人民政府建立健全相关行业、领域、地区的生产安全事故应急救援信息系统，实现互联互通、信息共享，通过推行网上安全信息采集、安全监管和监测预警，提升监管的精准化、智能化水平。

（1）生产安全事故救援具有涉及行业领域多、专业化要求高、救援难度大等特点。一旦发生事故，是否具备专业、权威、高效的统一协调指挥机构，是应急救援能否取得成功的关键。因此，本次《安全生产法》修正明确了重点行业、领域建立应急救援基地和应急救援队伍，由国家安全生产应急救援机构统一协调指挥。

（2）根据中共中央办公厅、国务院办公厅印发的《应急管理部职能配置、内设机构和人员编制规定》，牵头建立统一的应急管理信息系统是国务院应急管理部门的一项重要职责，安全生产应急救援信息系统建设是应急管理信息系统的重要组成部分，对于建设更加高效的应急救援体系，有效预防和应对事故灾难具有重要意义。建立全国统一的生产安全事故应急救援信息系统是强化安全生产应急管理信息化建设，提高科学决策能力的需要。因此本条规定，国务院应急管理部门牵头建立全国统一的生产安全事故应急救援信息系统。一是国务院交通运输、住房和城乡建设、水利、民航等有关部门和县级以上地方人民政府建立健全相关行业、领域、地区的生产安全事故应急救援信息系统，确保与全国统一的生产安全事故应急救援信息系统的建设方向一致、技术标准一致，全面协调推进。二是积极学习借鉴国内外应急救援信息系统建设的先进理念和成熟经验，充分利用现有建设成果，有重点地引进先进技术装备，运用物联网和云计算等新技术，加大集成创新力度、优化系统综合功能，增强应急救援信息系统的实用性、稳定性和可靠性。三是坚持综合配套，在重视应急救援信息系统支撑环境、指挥场所、基础设施等硬件建设的同时，也要重视应急救援信息系统的应用系统、信息资源、制度机制等软件建设，实现日常业务需要与应急救援需要的有机统一。四是进一步强化互联互通，实现国家、省、市、县、相关行业领域主管部门信息系统与全国统一的生产安全事故应急救援信息系统平台数据等资源的交互共享。五是安全可靠是应急救援信息系统的基础性要求，应当高度重视系统信息安全，划分合理的安全防护等级，建立安全防护机制，保证应急救援信息系统稳定可靠、安全运行。

（二）应急救援预案的制定

《安全生产法》第八十条规定，县级以上地方各级人民政府应当组织有关部门制定本行政区域内生产安全事故应急救援预案，建立应急救援体系。乡镇人民政府和街道办事处，以及开发区、工业园区、港区、风景区等应当制定相应的生产安全事故应急救援预案，协助人民政府有关部门或者按照授权依法履行生产安全事故应急救援工作职责。

需要注意的是，乡镇人民政府和街道办事处作为最基层的一级政府组织，负责辖区内生产经营单位的日常行政管理，对相关生产经营单位的地理区位、建筑结构等情况更为熟悉，要求其制定相应的生产安全事故应急救援预案，并纳入县级以上地方各级人民政府应急救援体系，具有重要意义。开发区、工业园区、港区、风景区等由于生产经营单位聚集、人员、物资密集，事故隐患较多等原因，一直是安全生产监督管理的重点区域。本次《安全生产法》修正增加了乡镇街道、有关单位应当制定应急救援预案，协助开展应急救援工作的规定。

（三）生产经营单位生产安全事故应急救援预案的制定以及定期组织演练

《安全生产法》第八十一条规定，生产经营单位应当制定本单位生产安全事故应急救援预案，与所在地县级以上地方人民政府组织制定的生产安全事故应急救援预案相衔接，并定期组织演练。

（四）高危行业的生产经营单位应急救援组织

《安全生产法》第八十二条规定，危险物品的生产、经营、储存单位以及矿山、金属冶炼、城市轨道交通运营、建筑施工单位应当建立应急救援组织；生产经营规模较小的，可以不建立应急救援组织，但应当指定兼职的应急救援人员。危险物品的生产、经营、储存、运输单位以及矿山、金属冶炼、城市轨道交通运营、建筑施工单位应当配备必要的应急救援器材、设备和物资，并进行经常性维护、保养，保证正常运转。

（五）生产经营单位对生产安全事故的报告和组织抢救义务

《安全生产法》第八十三条规定，生产经营单位发生生产安全事故后，事故现场有关人员应当立即报告本单位负责人。单位负责人接到事故报告后，应当迅速采取有效措施，组织抢救，防止事故扩大，减少人员伤亡和财产损失，并按照国家有关规定立即如实报告当地负有安全生产监督管理职责的部门，不得隐瞒不报、谎报或者迟报，不得故意破坏事故现场、毁灭有关证据。

（六）负有安全生产监督管理职责的部门对生产安全事故的报告职责

《安全生产法》第八十四条规定，负有安全生产监督管理职责的部门接到事故报告后，应当立即按照国家有关规定上报事故情况。负有安全生产监督管理职责的部门和有关地方人民政府对事故情况不得隐瞒不报、谎报或者迟报。

（七）有关地方人民政府、部门、单位和个人事故救援义务

《安全生产法》第八十五条规定，有关地方人民政府和负有安全生产监督管理职责的部门的负责人接到生产安全事故报告后，应当按照生产安全事故应急救援预案的要求立即赶到事故现场，组织事故抢救。参与事故抢救的部门和单位应当服从统一指挥，加强协同联动，采取有效的应急救援措施，并根据事故救援的需要采取警戒、疏散等措施，防止事故扩大和次生灾害的发生，减少人员伤亡和财产损失。事故抢救过程中应当采取必要措施，避免或者减少对环境造成的危害。任何单位和个人都应当支持、配合事故抢救，并提供一切便利条件。

（八）事故调查的基本原则、主要任务和相关要求

《安全生产法》第八十六条规定，事故调查处理应当按照科学严谨、依法依规、实事求是、注重实效的原则，及时、准确地查清事故原因，查明事故性质和责任，评估应急处置工作，总结事故教训，提出整改措施，并对事故责任单位和人员提出处理建议。事故调查报告应当依法及时向社会公布。事故调查和处理的具体办法由国务院制定。事故发生单位应当及时全面落实整改措施，负有安全生产监督管理职责的部门应当加强监督检查。负责事故调查处理的国务院有关部门和地方人民政府应当在批复事故调查报告后一年内，组织有关部门对事故整改和防范措施落实情况进行评估，并及时向社会公开评估结果；对不履行职责导致事故整改和防范措施没有落实的有关单位和人员，应当按照有关规定追究责任。

需要注意的是，事故整改和防范措施落实情况的评估是本次《安全生产法》修正增加的内容。针对实践中一些地区事故调查报告出来后，对所提出的整改措施监督不力，落实不到位，致使同一地区、同一行业领域同类事故反复发生的情况，旨在进一步强化对事故整改和防范措施落实情况的监督。

（九）行政部门的安全生产有关事项审查批准和监督责任

《安全生产法》第八十七条规定，生产经营单位发生生产安全事故，经调查确定为责任事故的，除了应当查明事故单位的责任并依法予以追究外，还应当查明对安全生产的有关事项负有审查批准和监督职责的行政部门的责任，对有失职、渎职行为的，依照本法第九十条的规定追究法律责任。

（十）生产安全事故定期统计分析和定期公布责任

《安全生产法》第八十九条规定，县级以上地方各级人民政府应急管理部门应当定期统计分析本行政区域内发生生产安全事故的情况，并定期向社会公布。

六、安全生产法律责任

法律责任是国家管理社会事务所采用的强制当事人依法办事的法律措施。依照《安全生产法》的规定，各类安全生产法律关系的主体必须履行各自的安全生产法律义务，保障安全生产。《安全生产法》的执法机关将依照有关法律规定，追究安全生产违法犯罪的法律责任，对有关生产经营单位给予法律制裁。

（一）安全生产法律责任的形式

追究安全生产违法行为法律责任的形式有 3 种，即行政责任、民事责任和刑事责任。在现行有关安全生产的法律、行政法规中，《安全生产法》采用的法律责任形式最全，设定的处罚种类最多，实施处罚的力度最大。

1. 行政责任

行政责任是指责任主体违反安全生产法律规定，由有关人民政府和负有安全生产监督管理职责的部门、公安机关依法对其实施行政处罚的一种法律责任。《安全生产法》第一百一十五条规定，本法规定的行政处罚，由应急管理部门和其他负有安全生产监督管理职责的部门按照职责分工决定；其中，根据本法第九十五条、第一百一十条、第一百一十四条的规定应当给予民航、铁路、电力行业的生产经营单位及其主要负责人行政处罚的，也可以由主管的负有安全生产监督管理职责的部门进行处罚。予以关闭的行政处罚，由负有安全生产监督管理职责的部门报请县级以上人民政府按照国务院规定的权限决定；给予拘留的行政处罚，由公安机关依照治安管理处罚的规定决定。行政责任在追究安全生产违法行为的法律责任方式中运用最多。《安全生产法》针对安全生产违法行为设定的行政处罚，共有责令停产停业整顿、责令停止建设、停止使用、罚款、没收违法所得、吊销证照、行政拘留、关闭等多种行政处罚，这在我国有关安全生产的法律、行政法规设定行政处罚的种类中是最多的。

2. 民事责任

民事责任是指责任主体违反安全生产法律规定造成民事损害，由人民法院依照民事法律强制其进行民事赔偿的一种法律责任。民事责任的追究是为了最大限度地维护当事人受到民事损害时享有获得民事赔偿的权利。《安全生产法》是我国众多的安全生产法律、行政法规中首先设定民事责任的法律。《安全生产法》第一百零三条规定，生产经营单位将生产经营项目、场所、设备发包或者出租给不具备安全生产条件或者相应资质的单位或者个人的，导致发生生产安全事故给他人造成损害的，与承包方、承租方承担连带赔偿责任。第一百一十六条规定，生产经营单位发生生产安全事故造成人员伤亡、他人财产损失的，应当依法承担赔偿责任；拒不承担或者其负责人逃匿的，由人民法院依法强制执行。生产安全事故的责任人未依法承担赔偿责任，经人民法院依法采取执行措施后，仍不能对受害人给予足额赔偿的，应当继续履行赔偿义务；受害人发现责任人有其他财产的，可以随时请求人民法院执行。

3. 刑事责任

刑事责任是指责任主体违反安全生产法律规定构成犯罪，由司法机关依照刑事法律给予刑罚的一种法律责任。依法处以剥夺犯罪分子人身自由的刑罚，是3种法律责任中最严厉的。为了制裁那些严重的安全生产违法犯罪分子，《安全生产法》设定了刑事责任。《刑法》有关安全生产违法行为的罪名，主要有重大责任事故罪，重大劳动安全事故罪，强令、组织他人违章冒险作业罪，危险作业罪，危险物品肇事罪，不报、谎报安全事故罪，提供虚假证明文件罪，以及国家工作人员职务犯罪等。

（二）安全生产违法行为的责任主体

安全生产违法行为的责任主体，是指依照《安全生产法》的规定享有安全生产权利、负有安全生产义务和承担法律责任的社会组织和公民。责任主体主要包括4种。

1. 有关人民政府和负有安全生产监督管理职责的部门及其领导人、负责人

《安全生产法》明确规定了地方各级人民政府和负有安全生产监督管理职责的部门对其管辖行政区域和职权范围内的安全生产工作进行监督管理。监督管理既是法定职权，又是法定职责。如果由于有关地方人民政府和负有安全生产监督管理职责的部门的领导人和负责人违反法律规定而导致重大、特别重大事故，执法机关将依法追究因其失职、渎职和负有领导责任的行为所应承担的法律责任。

2. 生产经营单位及其负责人、有关主管人员

《安全生产法》对生产经营单位的安全生产行为作出了规定，生产经营单位必须依法从事生产经营活动，否则将负法律责任。《安全生产法》第二十一条规定了生产经营单位主要负责人应负的7项安全生产职责；第二十五条、第二十六条还对安全生产管理机构以及安全生产管理人员的职责作出了规定；《安全生产法》第五条对其他负责人的安全生产管理职责作了规定。生产经营单位的主要负责人、其他负责人和安全生产管理人员是安全生产工作的直接管理者，保障安全生产是他们义不容辞的责任。

3. 生产经营单位的其他从业人员

从业人员直接从事生产经营活动，他们往往是各种事故隐患和不安全因素的第一知情者和直接受害者。从业人员的安全素质高低，对安全生产至关重要。所以，《安全生

法》在赋予他们必要的安全生产权利的同时，设定了他们必须履行的安全生产义务。如果因从业人员违反安全生产义务而导致事故，那么必须承担相应的法律责任。

4. 安全生产专业服务机构和安全生产专业服务人员

《安全生产法》第十五条规定，依法设立的为安全生产提供技术、管理服务的机构，依照法律、行政法规和执业准则，接受生产经营单位的委托为其安全生产工作提供技术、管理服务。生产经营单位委托前款规定的机构提供安全生产技术、管理服务的，保证安全生产的责任仍由本单位负责。从事安全生产评价认证、检测检验、咨询服务等工作的机构及其安全生产的专业工程技术人员，必须具有执业资质才能依法为生产经营单位提供服务。如果专业机构及其工作人员对其承担的安全评价、认证、检测、检验事项出具虚假证明，视其情节轻重，将追究其行政责任、民事责任和刑事责任。

（三）安全生产违法行为行政处罚的决定机关

安全生产违法行为行政处罚的决定机关亦称行政执法主体，是指法律、法规授权履行法律实施职权和负责追究有关法律责任的国家行政机关。鉴于《安全生产法》是安全生产领域的基本法律，它的实施涉及多个行政机关。因此在目前的安全生产监督管理体制下，它的执法主体不是一个而是多个。依法实施行政处罚是有关行政机关的法定职权。行政责任是采用最多的法律责任形式，它是国家机关依法行政的主要手段。具体地说，《安全生产法》规定的行政执法主体有4种。

1. 县级以上人民政府应急管理部门

《安全生产法》第十条第一款规定，国务院应急管理部门依照本法，对全国安全生产工作实施综合监督管理；县级以上地方各级人民政府应急管理部门依照本法，对本行政区域内安全生产工作实施综合监督管理。第一百一十五条规定，本法规定的行政处罚，由应急管理部门和其他负有安全生产监督管理职责的部门按照职责分工决定。应急管理部门有权依据《安全生产法》的规定作出处罚决定。

2. 县级以上人民政府其他负有安全生产监督管理职责的部门

《安全生产法》第十条第二款规定，国务院交通运输、住房和城乡建设、水利、民航等有关部门依照本法和其他有关法律、行政法规的规定，在各自的职责范围内对有关行业、领域的安全生产工作实施监督管理；县级以上地方各级人民政府有关部门依照本法和其他有关法律、法规的规定，在各自的职责范围内对有关行业、领域的安全生产工作实施监督管理。对新兴行业、领域的安全生产监督管理职责不明确的，由县级以上地方各级人民政府按照业务相近的原则确定监督管理部门。第一百一十五条规定，本法规定的行政处罚，由应急管理部门和其他负有安全生产监督管理职责的部门按照职责分工决定；其中，根据本法第九十五条、第一百一十条、第一百一十四条的规定应当给予民航、铁路、电力行业的生产经营单位及其主要负责人行政处罚的，也可以由主管的负有安全生产监督管理职责的部门进行处罚。其他负有安全生产监督管理职责的部门，如公安、交通运输、住房和城乡建设等部门，根据其职责分工，在其负责的有关行业、领域内有权依据《安全生产法》的规定作出处罚决定。

3. 县级以上人民政府

生产经营单位存在《安全生产法》第一百一十三条规定的应关闭情形之一的，负有安全生产监督管理职责的部门应当提请地方人民政府予以关闭，有关部门应当依法吊销其有关证照。《安全生产法》第一百一十五条规定，予以关闭的行政处罚，由负有安全生产监督管理职责的部门报请县级以上人民政府按照国务院规定的权限决定。这就是说，关闭的行政处罚的执法主体只能是县级以上人民政府，其他部门无权决定此项行政处罚。这是考虑到关闭一个生产经营单位会牵涉一些有关部门的参加或配合，由政府作出关闭决定并且组织实施将比有关部门执法的力度更大。

4. 公安机关

《安全生产法》第一百一十条规定，生产经营单位的主要负责人在本单位发生生产安全事故时，不立即组织抢救或者在事故调查处理期间擅离职守或者逃匿的，给予降级、撤职的处分，并由应急管理部门处上一年年收入百分之六十至百分之一百的罚款；对逃匿的处十五日以下拘留；构成犯罪的，依照刑法有关规定追究刑事责任。生产经营单位的主要负责人对生产安全事故隐瞒不报、谎报或者迟报的，依照前款规定处罚。拘留是限制人身自由的行政处罚，由公安机关实施。为了保证对限制人身自由行政处罚执法主体的一致性，《安全生产法》第一百一十五条规定，给予拘留的行政处罚，由公安机关依照治安管理处罚的规定决定。对违反《安全生产法》有关规定需要予以拘留的，公安机关以外的其他部门、单位和公民，都无权擅自实施。

（四）生产经营单位的安全生产违法行为

安全生产违法行为是指安全生产法律关系主体违反安全生产法律规定所从事的非法生产经营活动。安全生产违法行为是危害社会和公民人身安全的行为，是导致生产事故多发和人员伤亡的直接原因。安全生产违法行为，分为作为和不作为。作为是指责任主体实施了法律禁止的行为而触犯法律，不作为是指责任主体不履行法定义务而触犯法律。《安全生产法》关于安全生产法律关系主体的违法行为的界定，对于规范政府部门依法行政和生产经营单位依法生产经营，追究违法者的法律责任，具有重要意义。

生产经营单位负有安全生产保障义务。《安全生产法》第六章对生产经营单位安全生产违法行为的法律责任作了规定。

根据《安全生产法》，安全生产违法行为的法律责任分别是：处以罚款、没收违法所得、责令限期改正、停产停业整顿、责令停止建设、责令停止违法行为、吊销证照、关闭的行政处罚；导致发生生产安全事故给他人造成损害或者其他违法行为造成他人损害的，承担赔偿责任或者连带赔偿责任；构成犯罪的，依法追究刑事责任。2021 年修正的《安全生产法》增加了"按日连续处罚"的规定，《安全生产法》第一百一十二条规定，生产经营单位违反本法规定，被责令改正且受到罚款处罚，拒不改正的，负有安全生产监督管理职责的部门可以自作出责令改正之日的次日起，按照原处罚数额按日连续处罚。

发生生产安全事故，对负有责任的生产经营单位除要求其依法承担相应的赔偿等责任外，由应急管理部门依照下列规定处以罚款：①发生一般事故的，处 30 万元以上 100 万元以下的罚款；②发生较大事故的，处 100 万元以上 200 万元以下的罚款；③发生重大事故的，处 200 万元以上 1000 万元以下的罚款；④发生特别重大事故的，处 1000 万元以上 2000 万元以下的罚款。发生生产安全事故，情节特别严重、影响特别恶劣的，应急管理部门可以按照前款罚款数额的 2 倍以上 5 倍以下对负有责任的生产经营单位处以罚款。

（五）负有安全生产监督管理职责的部门工作人员的违法行为

《安全生产法》规定追究政府及有关部门工作人员法律责任的安全生产违法行为，涉及行政责任和刑事责任。对这些违法行为将给予行政降级、撤职等行政处分；构成犯罪的，依照刑法有关规定追究刑事责任。主要有7种情形：

（1）对不符合法定安全生产条件的涉及安全生产的事项予以批准或者验收通过的。

（2）发现未依法取得批准、验收的单位擅自从事有关活动或者接到举报后不予取缔或者不依法予以处理的。

（3）对已经依法取得批准的单位不履行监督管理职责，发现其不再具备安全生产条件而不撤销原批准或者发现安全生产违法行为不予查处的。

（4）在监督检查中发现重大事故隐患，不依法及时处理的。

（5）负有安全生产监督管理职责的部门，要求被审查、验收的单位购买其指定的安全设备、器材或者其他产品的，在对安全生产事项的审查、验收中收取费用的。

（6）有关地方人民政府、负有安全生产监督管理职责的部门，对生产安全事故隐瞒不报、谎报或者拖延不报的。

（7）存在其他滥用职权、玩忽职守、徇私舞弊行为的。

（六）民事赔偿的强制执行

民事责任的执法主体是各级人民法院。按照我国民事诉讼法的规定，只有人民法院是受理民事赔偿案件、确定民事责任、裁判追究民事赔偿责任的唯一的法律审判机关。如果当事人各方不能就民事赔偿和连带赔偿的问题协商一致，即可通过民事诉讼主张权利、获得赔偿。只有这时，人民法院才可能成为民事责任的执法主体。如果当事各方就民事赔偿问题已经协商一致，就不存在通过诉讼方式主张权利的必要。

1. 民事责任的含义

民事责任是指当事人对其违反民事法律的行为依法应当承担的法律责任。追究民事责任的前提条件是民事关系主体一方侵犯了另一方的民事权利，造成其人身伤害或者财产损失，造成民事损害的一方必须承担相应的民事赔偿责任。近年来，由于一些生产经营单位，特别是私营业主，违法从事生产经营活动或者发生生产安全事故，给从业人员或者其他人员、其他单位造成了人身伤亡或者经济损失。过去的有关安全生产法律、法规只设定了行政责任和刑事责任，没有关于民事责任的明确规定。因法律没有明确设定对民事侵权行为追究损害赔偿责任，违法者不承担民事责任，使受害者的财产权利没有得到应有的保护。为使受害方运用法律武器维护自身的合法权益，使那些逃避民事赔偿责任的违法者受到法律制裁，有必要设定民事赔偿责任来保护受害者，惩罚违法者，赔偿受害者的经济损失。《安全生产法》在安全生产立法中设定了民事赔偿责任，依法调整当事人之间在安全生产方面的人身关系和财产关系，重视对财产权利的保护，这是一大特色和创新。《安全生产法》根据民事违法行为的主体、内容的不同，将民事赔偿具体分为连带赔偿和事故损害赔偿并分别作出了规定。

2. 连带赔偿责任

连带赔偿责任是指两个以上生产经营单位或者社会组织对他们的共同民事违法行为所应承担的共同赔偿责任。连带赔偿责任的特点是有两个以上民事主体从事了一个或者多个民事违法行为给受害方造成了民事损害即人身伤害、财产损失或经济损失，责任双方均有对受害方进行全部民事赔偿的义务和责任。受害方可以向其中一方或者各方追索民事赔偿。连带赔偿的主体是两个以上，共同实施了一个或者多个民事违法行为，其损害后果可能是导致生产安全事故，也可能是其他后果。

（1）承担安全评价、认证、检测、检验职责的机构租借资质、挂靠、出具虚假报告给他人造成损害的，与生产经营单位承担连带赔偿责任。比如中介机构为生产经营单位的安全设备出具虚假检验合格的证明，因使用不合格的安全设备而导致生产安全事故，造成从业人员伤亡的，受害者或其亲属就可以依照《安全生产法》第九十二条的规定，对生产经营单位或中介服务机构提出赔偿要求或者直接提起民事诉讼，请求民事赔偿。生产经营单位和中介服务机构均有赔偿的责任。

（2）生产经营单位将生产经营项目、场所、设备发包或者出租给不具备安全生产条件或者相应资质的单位或者个人，导致发生生产安全事故给他人造成损害的，与承包方、承租方承担连带赔偿责任。有些生产经营单位为了牟利，擅自将其生产经营项目、场所、设备发包或者出租给不具备法定安全生产条件或者相应资质的单位或者个人，发包方或者出租方只收取承包金或者租金，对承包方或者承租方的安全生产不闻不问，出了事故则一走了之，推卸责任，最终使受害者的权益受到损害。作为利益共同体，发包方与承包方、出租方与承租方同时都负有安全生产、保护当事人人身和财产安全的法定义务。如因他们不履行法定义务发生生产安全事故造成他人损害的，双方理所当然地要承担民事赔偿责任。《安全生产法》第一百零三条的上述规定，从立法上解决了承包、租赁生产经营项目、场所、设备中发包与承包、出租与承租各方的民事责任问题，也为保护当事人的民事权利提供了法律依据。

3. 事故损害赔偿

事故损害赔偿专指因生产经营单位的过错，即安全生产违法行为而导致生产安全事故，造成人员伤亡、他人财产损失所应承担的赔偿责任。事故损害赔偿与连带赔偿的区别在于，事故损害赔偿只有一个主体，单独实施了一个或者多个民事违法行为，其损害后果只能是一个，即导致生产安全事故。

这里应当注意两点：一是过错方必须是生产经营单位，即生产经营单位有安全生产违法行为而引发事故。二是事故造成了本单位从业人员的伤亡或者不特定的其他人的财产损失。比如某化工厂因年久失修造成了压力容器的爆炸，在现场作业的工人死伤均有，同时导致厂外民房被震塌，也造成了人员死伤和财产损失。依照《安全生产法》第一百一十六条的规定，受伤的人员或死亡人员的亲属就可以依法对该化工厂索赔。如果该化工厂拒赔或者对赔偿金额协商不一致，那么受害者或其亲属就有权向人民法院起诉，请求依法判决该化工厂予以民事赔偿。人民法院依法判决应予赔偿后，该化工厂则必须履行赔偿责任。有一点应当指出，虽然《安全生产法》设定了民事责任，但是民事责任的确定以及民事赔偿的具体标准必须依照民事法律的有关规定，不能任意提高或者降低民事赔偿标准。

4. 民事赔偿的强制执行

《安全生产法》为了保护公民、法人或其他组织的合法民事权益，专门对有关民事赔偿问题规定了强制执行措施。一是确定生产经营单位发生生产安全事故造成人员伤亡、他人财产损失的，应当依法承担赔偿责任。二是规定了强制执行措施。生产经营单位发生生产安全事故造成人员伤亡、他人财产损失，拒不承担赔偿责任或者其负责人逃匿的，由人民法院依法强制执行。三是规定了继续或者随时履行赔偿责任。生产安全事故的责任人未依法承担赔偿责任，经人民法院依法采取执行措施后，仍不能对受害人给予足额赔偿的，应当继续履行赔偿义务；受害人发现责任人有其他财产的，可以随时请求人民法院执行。

1.【单选题】张某是某矿山企业的矿长，依据《安全生产法》，以下哪项不属于张某安全生产职责（　　）。

A. 建立健全并落实本单位全员安全生产责任制，加强安全生产标准化建设

B. 制止和纠正违章指挥、强令冒险作业、违反操作规程的行为

C. 保证本单位安全生产投入的有效实施

D. 及时、如实报告生产安全事故

2.【单选题】依据《安全生产法》，某建筑施工企业有从业人员98人，关于该企业安全生产管理机构设置和安全生产管理人员配备，下列说法正确的是（　　）。

A. 该企业可以不配备安全生产管理人员，只与第三方签订安全生产管理协议

B. 该企业可以只配备兼职的安全生产管理人员

C. 该企业应当设置安全生产管理机构，并同时配备专职安全生产管理人员

D. 应当设置安全生产管理机构或者配备专职安全生产管理人员

3.【单选题】依据《安全生产法》，以下有关从业人员的安全生产教育和培训，说法错误的是（　　）。

A. 生产经营单位应当对从业人员进行安全生产教育和培训，保证从业人员具备必要的安全生产知识，熟悉有关的安全生产规章制度和安全操作规程，掌握本岗位的安全操作技能，了解事故应急处理措施，知悉自身在安全生产方面的权利和义务。未经安全生产教育和培训合格的从业人员，不得上岗作业

B. 生产经营单位使用被派遣劳动者的，应当将被派遣劳动者纳入本单位从业人员统一管理，对被派遣劳动者进行岗位安全操作规程和安全操作技能的教育和培训。劳务派遣单位应当对被派遣劳动者进行必要的安全生产教育和培训

C. 生产经营单位接收中等职业学校、高等学校学生实习的，学校应当对实习学生进行安全生产教育和培训，用人单位无须重复培训

D. 生产经营单位采用新工艺、新技术、新材料或者使用新设备，必须了解、掌握其安全技术特性，采取有效的安全防护措施，并对从业人员进行专门的安全生产教育和培训

4.【单选题】生产经营单位的主要负责人未履行《安全生产法》规定的安全生产管理职责，导致发生生产安全事故的，给予撤职处分，构成犯罪的，依照刑法有关规定追究刑事责任；受刑事处罚或者撤职处分的，自刑罚执行完毕或者受处分之日起，（　　）不得担任任何生产经营单位的主要负责人；对重大、特别重大生产安全事故负有责任的，终身不得担任本行业生产经营单位的主要负责人。

A. 3 年内　　　　B. 5 年内　　　　C. 7 年内　　　　D. 10 年内

5.【单选题】生产经营单位的决策机构、主要负责人或者个人经营的投资人不依照《安全生产法》规定保证安全生产所必需的资金投入，致使生产经营单位不具备安全生产条件的，导致发生生产安全事故的，对生产经营单位的主要负责人给予撤职处分，对个人经营的投资人处（　　）的罚款。

A. 二万元以下

B. 二万元以上十万元以下

C. 二万元以上二十万元以下

D. 十万元以上二十万元以下

6.【单选题】某建筑公司在甲市承建商业大厦，进行吊装作业。依据《安全生产法》，关于该吊装作业现场安全管理的说法，正确的是（　　）。

A. 某建筑公司应当安排专门人员进行现场安全管理

B. 甲市安全监管部门应当安排专门人员进行现场安全管理

C. 甲市建设主管部门应当安排专门人员负责现场安全管理

D. 项目设计单位应当安排专门人员负责现场安全管理

7.【单选题】依据《安全生产法》，下列不属于从业人员安全生产义务的是（　　）。

A. 从业人员在作业过程中，应当严格落实岗位安全责任，遵守本单位的安全生产规章制度和操作规程，服从管理，正确佩戴和使用劳动防护用品

B. 应当接受安全生产教育和培训，掌握本职工作所需的安全生产知识，提高安全生产技能，增强事故预防和应急处理能力

C. 对本单位安全生产工作提出批评、检举、控告

D. 发现事故隐患或者其他不安全因素，应当立即向现场安全生产管理人员或者本单位负责人报告

8.【单选题】某安全评价机构为一家生产剧毒磷化物的企业进行了安全评价，收取服务费 12 万元，出具虚假安全评价报告，依据《安全生产法》，负有安全生产监督管理职责的部门应当没收违法所得，并处（　　）的罚款。

A. 三万元以上十万元以下

B. 五万元以上十万元以下

C. 十万元以上二十万元以下

D. 违法所得二倍以上五倍以下

9.【单选题】依据《安全生产法》，生产经营单位应当在有（　　）的生产经营场所和有关设施、设备上，设置明显的安全警示标志。

A. 安全风险　　　B. 危险因素　　　C. 较大危险因素　　　D. 危险作业

10.【单选题】依据《安全生产法》，下列说法错误的是（　　）。

A. 国家对严重危及生产安全的工艺、设备实行淘汰制度，具体目录由国务院制定并公布

B. 安全设备的设计、制造、安装、使用、检测、维修、改造和报废，应当符合国家标准或者行业标准

C. 生产经营单位应当建立安全风险分级管控制度，按照安全风险分级采取相应的管控措施

D. 生产经营场所和员工宿舍应当设有符合紧急疏散要求、标志明显、保持畅通的出口

11.【多选题】依据《安全生产法》，化工企业针对重大危险源，应该（　　）。

A. 对重大危险源应当登记建档

B. 进行定期检测、评估、监控，并制定应急预案

C. 委托评价机构进行安全评价

D. 告知从业人员和相关人员在紧急情况下应当采取的应急措施

E. 按照国家有关规定将重大危险源及有关安全措施、应急措施报有关地方人民政府应急管理部门和有关部门备案

12.【多选题】依据《安全生产法》，（　　）以及矿山、金属冶炼单位的安全生产管理人员的任免，应当告知主管的负有安全生产监督管理职责的部门。

A. 危险物品的生产单位　　　　　　B. 危险物品的经营单位

C. 危险物品的储存单位　　　　　　D. 危险物品的装卸单位

E. 危险物品的运输单位

13.【多选题】某企业存在重大事故隐患，应急管理部门责令其停产停业整顿，但其仍然进行生产。依据《安全生产法》，对该企业情节严重的安全生产违法行为，应当向社会公告，并通报（　　）、证券监督管理机构及有关金融机构。

A. 行业主管部门　　　　　　　　　B. 投资主管部门

C. 自然资源主管部门　　　　　　　D. 工业和信息化主管部门

E. 生态环境主管部门

14.【多选题】依据《安全生产法》，生产经营单位存在（　　）的，负有安全生产监督管理职责的部门应当提请地方人民政府予以关闭，有关部门应当依法吊销其有关证照。

A. 存在重大事故隐患，一百八十日内一次或者一年内两次受到本法规定的行政处罚的

B. 经停产停业整顿，仍不具备法律、行政法规和国家标准或者行业标准规定的安全生产条件的

C. 不具备法律、行政法规和国家标准或者行业标准规定的安全生产条件，导致发生重大、特别重大生产安全事故的

D. 拒不执行负有安全生产监督管理职责的部门作出的停产停业整顿决定的

E. 瞒报事故的

15.【多选题】依据《安全生产法》，下列（　　）是生产安全事故调查处理的原则。

A. 科学严谨　　　　　　　　　　　B. 实事求是

C. 失职追责　　　　　　　　　　　D. 依法依规

E. 注重实效

✎参考答案

1. B　2. D　3. C　4. B　5. C　6. A　7. C　8. D　9. C　10. A　11. ABDE　12. AC
13. ABCE　14. BCD　15. ABDE

第二节　中华人民共和国矿山安全法

1992 年 11 月 7 日第七届全国人民代表大会常务委员会第二十八次会议通过《中华人民共和国矿山安全法》（简称《矿山安全法》），自 1993 年 5 月 1 日起施行。根据 2009 年 8 月 27 日第十一届全国人民代表大会常务委员会第十次会议通过的《关于修改部分法律的决定》修正。《矿山安全法》的立法目的是保障矿山生产安全，防止矿山事故，保护矿山职工人身安全，促进采矿业的发展。

一、矿山安全法的适用范围

《矿山安全法》是我国唯一的矿山安全单行法律。凡是在中华人民共和国领域和管辖的其他海域从事矿产资源开采活动的公民、法人或者其他组织，均应遵守该法的规定。不论是中国公民、法人或者其他组织，还是外国公民、法人或者其他组织，只要在中国从事矿产资源开采活动，必须遵守《中华人民共和国矿产资源法》。据统计，目前我国已经探明并进行开采的矿产资源超过 180 余种，所有矿产资源开采过程中的安全生产均要适用《矿山安全法》。

《矿山安全法》第二条规定，在中华人民共和国领域和中华人民共和国管辖的其他海域从事矿产资源开采活动，必须遵守本法。该法关于其适用范围的规定，是为了与相关法律的适用范围保持一致。《中华人民共和国矿产资源法》第二条规定，在中华人民共和国领域及管辖海域勘查、开采矿产资源，必须遵守本法。矿山安全是与矿产资源开采紧密相连的，只要有矿产资源开采活动，就有矿山安全问题。因此，两部法律的适用范围是一致的。《矿山安全法》的空间适用范围包括中华人民共和国领域和中华人民共和国管辖的其他海域。中华人民共和国领域是指我国主权管辖的领陆、领水和领空，领水包括 12 海里以内的领海。中华人民共和国管辖的其他海域包括我国法律规定的领海毗连区和领海以外 200 海里的专属海洋经济区。

二、矿山建设的安全保障的规定

（一）矿山建设工程安全设施"三同时"

矿产资源开采属于危险性较大的作业，其中从事井工开采的矿山具有更大的危险性，矿山事故频繁发生。尤其是地下开采面临来自地下水、火、瓦斯、顶板和粉尘等地质灾害的威胁，需要采用多种安全设施抵御地质灾害，监控矿井内的气体、温度、地压情况，预防和监控矿山事故。作为矿山开采系统的重要组成部分，安全设施是保障矿井建设和矿山开采安全的主要设施。为此，《矿山安全法》第七条明确规定，矿山建设工程的安全设施必须和主体工程同时设计、同时施工、同时投入生产和使用。

（二）矿山建设工程安全设施的设计和竣工验收

矿山建设工程安全设施的设计是否可靠、科学、规范，是保证矿井生产安全系统能否保障安全的首要环节。《矿山安全法》第八条规定，矿山建设工程的设计文件，必须符合矿山安全规程和行业技术规范，并按照国家规定经管理矿山企业的主管部门批准；不符合矿山安全规程和行业技术规范的，不得批准。矿山建设工程安全设施的设计必须由劳动行政主管部门（现为负责安全生产监督管理的部门，下同）参加审查。矿山安全规程和行业技术规范，由国务院管理矿山企业的主管部门制定。

法律还对必须符合矿山安全规程和行业技术规范的矿山设计项目作出了规定：

（1）矿井的通风系统和供风量、风质、风速。

（2）露天矿的边坡角和台阶的宽度、高度。

（3）供电系统。

（4）提升、运输系统。

（5）防水、排水系统和防火、灭火系统。

（6）防瓦斯系统和防尘系统。

（7）有关矿山安全的其他项目。

矿山建设工程必须按照管理矿山的主管部门批准的设计文件施工。矿山建设工程安全设施竣工后，由管理矿山企业的主管部门验收，并须有劳动行政主管部门参加；不符合矿山安全规程和行业技术规范的，不得验收，不得投入生产。

（三）矿井安全出口和运输通信设施

矿井安全出口是用于矿山开采和矿山事故发生时紧急撤离的必经的安全通道，其数量和空间应当满足安全要求。有些小矿山不按照规定设置必要的安全出口，发生事故时人员难以迅速撤离，造成了人员伤亡或者扩大了事故损失。《矿山安全法》第十条规定，每个矿井必须有两个以上能行人的安全出口，出口之间的直线水平距离必须符合矿山安全规程和行业技术规范。

矿山运输设施是保证矿山开采的运送传输设施，保证其正常运行对于正常生产和预防事故必不可少。通信设施是传递组织生产和安全管理的各种信息的电信设施。保持通信畅通，是实行安全生产的重要条件。由于各类矿山的运输通信设施有所不同，法律对此的最低要求是矿山必须有与外界相通的、符合安全要求的运输和通信设施。

三、矿山开采的安全保障的规定

（一）矿山开采的基本要求

矿山开采是非常危险、复杂的生产活动，要保障矿山开采安全，需要具备严格的、系统的安全保障条件，严格按照开采不同矿种的安全规程和技术规范进行操作。国家有关主管部门制定的许多矿种的保护规范和安全要求，成为实现矿山开采安全必须遵守的基本规范。因此，《矿山安全法》第十三条规定，矿山开采必须具备保障安全生产的条件，执行开采不同矿种的矿山安全规程和行业技术规范。

（二）矿用特殊设备、器材、防护用品、仪器的安全保障

（1）矿山使用的有特殊安全要求的设备、器材、防护用品和安全检测仪器，必须符合国家安全标准或者行业安全标准；不符合国家安全标准或者行业安全标准的，不得使用。

（2）矿山企业必须对机电设备及其防护装置、安全检测仪器定期检查、维修，保证使用安全。

（三）开采作业的安全保障

（1）矿山企业必须对作业场所中的有毒有害物质和井下空气含氧量进行检测，保证符合安全要求。

（2）矿山企业必须对下列危害安全的事故隐患采取预防措施：冒顶、片帮、边坡滑落和地表塌陷；瓦斯爆炸、煤尘爆炸；冲击地压、瓦斯突出、井喷；地面和井下的火灾、水害；爆破器材和爆破作业发生的危害；粉尘、有毒有害气体、放射性物质和其他有害物质引起的危害；其他危害。

（3）矿山企业对使用机械、电气设备，排土场、矸石山、尾矿库和矿山闭坑后可能引起的危害，应当采取预防措施。

四、矿山企业的安全管理规定

（一）安全生产责任制

《矿山安全法》第二十条规定，矿山企业必须建立、健全安全生产责任制。矿长对本企业的安全生产工作负责。依照《矿山安全法实施条例》的规定，矿山企业应当建立、健全行政领导岗位安全生产责任制、职能机构安全生产责任制、岗位人员的安全生产责任制。

矿长（含矿务局局长、矿山公司经理）对本企业的安全生产工作负有下列职责：

（1）认真贯彻执行《矿山安全法》和《矿山安全法实施条例》以及其他法律、法规中有关矿山安全生产的规定。

（2）制定本企业安全生产管理制度。

（3）根据需要配备合格的安全工作人员，对每个作业场所进行跟班检查。

（4）采取有效措施，改善职工劳动条件，保证安全生产所需要的材料、设备、仪器和劳动防护用品的及时供应。

（5）依照本条例的规定，对职工进行安全教育、培训。

（6）制定矿山灾害的预防和应急计划。

（7）及时采取措施，处理矿山存在的事故隐患。

（8）及时、如实向劳动行政主管部门和管理矿山企业的主管部门报告矿山事故。

（二）矿山安全的内部监督

为了加强安全管理和企业内部监督，法律授权职代会、工会民主监督权，职工批评、检举和控告权，以形成矿山企业安全生产的内部监督机制。

1. 职代会的监督

《矿山安全法》第二十一条规定，矿长应当定期向职工代表大会或者职工大会报告安全生产工作，发挥职工代表大会的监督作用。《矿山安全法实施条例》第三十一条规定，矿长应当定期向职工代表大会或者职工大会报告下列事项，接受民主监督：

（1）企业安全生产重大决策。

（2）企业安全技术措施计划及其执行情况。

（3）职工安全教育、培训计划及其执行情况。

（4）职工提出的改善劳动条件的建议和要求的处理情况。

（5）重大事故处理情况。

（6）有关安全生产的其他重要事项。

2. 职工的监督

《矿山安全法》第二十二条第二款规定，矿山企业职工有权对危害安全的行为，提出批评、检举和控告。矿山企业职工享有下列权利：

（1）有权获得作业场所安全与职业危害方面的信息。

（2）有权向有关部门和工会组织反映矿山安全状况和存在的问题。

（3）对任何危害职工安全健康的决定和行为，有权提出批评、检举和控告。

3. 工会的监督

《矿山安全法》第二十三条规定，矿山企业工会依法维护职工生产安全的合法权益，组织职工对矿山安全工作进行监督。第二十五条规定，矿山企业工会发现企业行政方面违章指挥、强令工人冒险作业或者生产过程中发现明显重大事故隐患和职业危害，有权提出解决的建议；发现危及职工生命安全的情况时，有权向矿山企业行政方面建议组织职工撤离危险现场，矿山企业行政方面必须及时作出处理决定。

（三）安全培训

1. 全员培训

全员培训是矿山企业最基本的基础性安全培训，是每个职工的必修课。不具备最基本的安全知识和操作技能，就不能胜任本职工作。因此依法规定矿山企业全员安全教育培训是非常必要的。组织安全教育培训是矿山企业的责任，参加和接受安全教育和培训是矿山企业职工的义务。《矿山安全法》第二十六条第一款规定，矿山企业必须对职工进行安全教育、培训；未经安全教育、培训的，不得上岗作业。依照《矿山安全法实施条例》第三十六条的规定，矿山企业对职工的安全教育、培训，应当包括下列内容：

（1）《矿山安全法》及本条例赋予矿山职工的权利与义务。

（2）矿山安全规程及矿山企业有关安全管理的规章制度。

（3）与职工本职工作有关的安全知识。

（4）各种事故征兆的识别、发生紧急危险情况时的应急措施和撤退路线。

（5）自救装备的使用和有关急救方面的知识。

（6）有关主管部门规定的其他内容。

2. 特种作业人员培训

从事特种作业的职工面临的危险性大，他们应具有更高、更全面的安全专业知识和操作技能，因此必须对他们进行特殊的、更为严格的安全培训，取得相应的资格才能上岗作业。矿山企业的特种作业人员主要有瓦斯检查工、爆破工、通风工、信号工、拥罐工、电工、金属焊接（切割）工、矿井泵工、瓦斯抽放工、主扇风机操作工、主提升机操作工、绞车操作工、输送机操作工、尾矿工、安全检查工和矿内机动车司机等。《矿山安全法》第二十六条第二款规定，矿山企业安全生产的特种作业人员必须接受专门培训，经考核合格取得操作资格证书的，方可上岗作业。

3. 矿长培训

矿长负责直接组织指挥矿山开采作业，既要有组织能力，又要有全面的安全专业知识、丰富的安全管理经验和领导能力。因此，《矿山安全法》要求矿长必须经过考核，具备安全专业知识，具有领导安全生产和处理矿山事故的能力。矿山企业安全工作人员必须具备必要的安全专业知识和矿山安全工作经验。对矿长安全资格的考核，应当包括下列内容：

（1）《矿山安全法》和有关法律、法规及矿山安全规程。

（2）矿山安全知识。

（3）安全生产管理能力。

（4）矿山事故处理能力。

（5）安全生产业绩。

（四）未成年人和女工的保护

《矿山安全法》第二十九条规定，矿山企业不得录用未成年人从事矿山井下劳动。矿山企业对女职工按照国家规定实行特殊保护，不得分配女职工从事矿山井下劳动。

（五）矿山事故防范和救护

《矿山安全法》第三十条规定，矿山企业必须制定矿山事故防范措施，并组织落实。第三十一条规定，矿山企业应当建立由专职或者兼职人员组成的救护和医疗急救组织，配备必要的装备、器材和药物。

《矿山安全法实施条例》第四十六条规定，矿山事故发生后，事故现场有关人员应当立即报告矿长或者有关主管人员；矿长或者有关主管人员接到事故报告后，必须立即采取有效措施，组织抢救，防止事故扩大，尽力减少人员伤亡和财产损失。第四十七条规定，矿山发生重伤、死亡事故后，矿山企业应当在 24 小时内如实向劳动行政主管部门和管理矿山企业的主管部门报告。第四十九条规定，发生伤亡事故，矿山企业和有关单位应当保护事故现场；因抢救事故，需要移动现场部分物品时，必须作出标志，绘制事故现场图，并详细记录；在消除现场危险，采取防范措施后，方可恢复生产。

（六）安全技术措施专项费用

安全投入是指保障矿山企业的安全设施齐全可靠、安全技术装备精良的资金。矿山建设和开采过程中都需要不断地投入必要的资金，对安全设施进行建设、安全维护、改造和更新，使其始终处于正常状态，确保安全生产。没有必要的安全投入，矿山安全就没有保障。为此，《矿山安全法》第三十二条规定，矿山企业必须从矿产品销售额中按照国家规定提取安全技术措施专项费用。安全技术措施专项费用必须全部用于改善矿山安全生产条件，不得挪作他用。

《矿山安全法实施条例》第四十二条规定，矿山企业必须按照国家规定的安全条件进行生产，并安排一部分资金，用于下列改善矿山安全生产条件的项目：

（1）预防矿山事故的安全技术措施。

（2）预防职业危害的劳动卫生技术措施。

（3）职工的安全培训。

（4）改善矿山安全生产条件的其他技术措施。

前款所需资金，由矿山企业按矿山维简费的 20% 的比例据实列支；没有矿山维简费的矿山企业，按固定资产折旧费的 20% 的比例据实列支。

五、矿山安全的监督与管理的规定

（一）矿山安全的监督

1. 矿山安全监督的部门

制定《矿山安全法》时，立法规定由劳动行政主管部门负责监督矿山安全。根据国务院的现行行政法规，矿山安全监督的主管部门已不再是劳动行政主管部门，而是县级以上人民政府负责安全生产监督管理的部门，由其承担矿山安全的监督管理和行政执法职责。因此，《矿山安全法》中监督管理和行政执法主体现为负责安全生产监督管理的部门。

2. 矿山安全监督部门的职责

依照《矿山安全法》第三十三条的规定，负责安全生产监督管理的部门对矿山安全工作行使 7 项监督职责：

（1）检查矿山企业和管理矿山企业的主管部门贯彻执行矿山安全法律、法规的情况。

（2）参加矿山建设工程安全设施的设计审查和竣工验收。

（3）检查矿山劳动条件和安全状况。

（4）检查矿山企业职工安全教育、培训工作。

（5）监督矿山企业提取和使用安全技术措施专项费用的情况。

（6）参加并监督矿山事故的调查和处理。

（7）法律、行政法规规定的其他监督职责。

（二）矿山安全的管理

1. 矿山安全管理的部门

1992 年制定《矿山安全法》时，各级人民政府都有专设的负责管理矿山企业的主管部门，如煤炭、石油、冶金、建材等部门。1998 年以后，国务院撤销了这些专业主管部门，地方人民政府也进行相应的机构改革，导致矿山企业的主管部门发生较大变化且各地主管机构不统一。但不论机构如何变化，依照法律、法规和各级人民政府授权负责管理矿山企业的主管部门，就应当履行《矿山安全法》规定的管理矿山企业的主管部门的职责。

2. 矿山安全管理部门的职责

依照《矿山安全法》第三十四条的规定，县级以上人民政府管理矿山企业的主管部门对矿山安全工作行使 6 项管理职责：

（1）检查矿山企业贯彻执行矿山安全法律、法规的情况。

（2）审查批准矿山建设工程安全设施的设计。

（3）负责矿山建设工程安全设施的竣工验收。

（4）组织矿长和矿山企业安全工作人员的培训工作。

（5）调查和处理重大矿山事故。

（6）法律、行政法规规定的其他管理职责。

六、矿山安全违法行为所应承担的法律责任

（一）矿山企业的法律责任

1. 矿山安全管理违法行为的法律责任

依照《矿山安全法》的规定，有下列五种行为之一的，责令改正，可以并处罚款；情节严重的，提请县级以上人民政府决定责令停产整顿；对主管人员和直接责任人员由其所在单位或者上级主管机关给予行政处分：

（1）未对职工进行安全教育、培训，分配职工上岗作业的。

（2）使用不符合国家安全标准或者行业安全标准的设备、器材、防护用品、安全检测仪器的。

（3）未按照规定提取和使用安全技术措施专项费用的。

（4）拒绝矿山安全监督人员现场检查或者在被检查时隐瞒事故隐患、不如实反映情况的。

（5）未按照规定及时、如实报告矿山事故的。

2. 矿长、特种作业人员的法律责任

矿长不具备安全专业知识，特种作业人员未取得操作资格证书上岗作业的，责令限期改正；逾期不改正的，提请县级以上人民政府决定责令停产，调整配备合格人员后，方可恢复生产。

3. 矿山工程安全设施设计和验收违法行为的法律责任

矿山建设工程安全设施的设计未经批准擅自施工的，责令停止施工；拒不执行的，提请县级以上人民政府决定由有关主管部门吊销其采矿许可证和营业执照。矿山建设工程的安全设施未经验收或者验收不合格擅自投入生产的，责令停止生产，并处以罚款；拒不停止生产的，提请县级以上人民政府决定由有关主管部门吊销其采矿许可证和营业执照。

4. 不具备安全生产条件的法律责任

已经投入生产的矿山企业，不具备安全生产条件而强行开采的，责令限期改进；逾期仍不具备安全生产条件的，提请县级以上人民政府决定责令停产整顿，或者由有关主管部门吊销其采矿许可证和营业执照。

（二）矿山事故的法律责任

1. 违章指挥、强令冒险作业的事故责任

矿山企业主管人员违章指挥、强令工人冒险作业，因而发生重大伤亡事故的，依照《刑法》追究刑事责任。

2. 对事故隐患不采取措施的事故责任

矿山企业主管人员对矿山事故隐患不采取措施，因而发生重大伤亡事故的，依照《刑法》追究刑事责任。

（三）矿山安全监管人员的法律责任

矿山安全监督人员和安全管理人员滥用职权、玩忽职守、徇私舞弊，构成犯罪的，依法追究刑事责任；不构成犯罪的，给予行政处分。

七、矿山安全违法行为行政处罚的决定机关

（一）安全生产监督管理部门

根据现行安全生产监督管理体制和人民政府授权,《矿山安全法》规定的由县级以上劳动行政主管部门决定的行政处罚,改由县级以上人民政府负责安全生产监督管理的部门决定。

（二）管理矿山企业的主管部门

根据现行安全生产监督管理体制和人民政府授权,《矿山安全法》规定的由县级以上人民政府管理矿山企业的主管部门决定的行政处罚,按照现行职责分工由有关主管部门决定。

1.【单选题】依据《矿山安全法》,以下说法正确的是（   ）。

A. 某铁矿聘用 16 岁的张某从事井下劳动

B. 某地下矿山开采企业聘用女员工王某从事井下劳动

C. 某锰矿企业矿长经过培训即可任命

D. 矿山企业安全生产的特种作业人员必须接受专门培训,经考核合格取得操作资格证书的,方可上岗作业

2.【单选题】依据《矿山安全法》,矿山企业中,应当具备安全专业知识、具有领导安全生产和处理矿山事故的能力,且必须经过考核合格的人员是（   ）。

A. 总工程师   B. 安全技术负责人

C. 特种作业人员   D. 矿长

3.【单选题】依据《矿山安全法》,矿山必须有与外界相通的、符合安全要求的（   ）。

A. 逃生通道   B. 救援设施设备   C. 安全出口   D. 运输和通讯设施

4.【多选题】根据《矿山安全法》和《矿山安全法实施条例》,下列关于矿山企业安全管理的规定,正确的是（   ）。

A. 瓦斯检查工、尾矿工等特种作业人员必须接受专门培训,经考核合格取得操作资格证书,方可上岗作业

B. 矿山企业不得录用未成年人从事矿山井下劳动,可以分配女职工从事矿山井下的体力劳动强度三级以下的劳动

C. 矿山企业应当建立由专职人员组成的救护和医疗急救组织,配备必要的装备、器材和药物

D. 矿山企业必须从成本中按照国家规定提取安全技术措施专项费用

E. 改善矿山安全生产条件所需资金,由矿山企业按矿山维简费的20%的比例据实列支

参考答案

1. D   2. D   3. D   4. AE

第三节　中华人民共和国消防法

　　1998 年 4 月 29 日第九届全国人民代表大会常务委员会第二次会议通过了《中华人民共和国消防法》（简称《消防法》），自 1998 年 9 月 1 日起施行。2008 年 10 月 28 日第十一届全国人民代表大会常务委员会第五次会议对《消防法》做了修订，自 2009 年 5 月 1 日起施行。根据 2019 年 4 月 23 日第十三届全国人民代表大会常务委员会第十次会议《关于修改〈中华人民共和国建筑法〉等八部法律的决定》第一次修正，自 2019 年 4 月 23 日起施行。根据 2021 年 4 月 29 日第十三届全国人民代表大会常务委员会第二十八次会议《关于修改〈中华人民共和国道路交通安全法〉等八部法律的决定》第二次修正。《消防法》的立法目的是预防和减少火灾危害，加强应急救援工作，保护公民人身、公共财产和公民财产的安全，维护公共安全。

一、火灾预防的规定

（一）消防规划

　　《消防法》第八条规定了城乡消防规划，以及城乡消防安全布局、公共消防设施和消防装备的完善。要求地方各级人民政府应当将包括消防安全布局、消防站、消防供水、消防通信、消防车通道、消防装备等内容的消防规划纳入城乡规划，并负责组织实施。城乡消防安全布局不符合消防安全要求的，应当调整、完善；公共消防设施、消防装备不足或者不适应实际需要的，应当增建、改建、配置或者进行技术改造。

（二）安全位置

　　《消防法》第二十二条规定了易燃易爆危险物品场所要求，要求生产、储存、装卸易燃易爆危险品的工厂、仓库和专用车站、码头的设置，应当符合消防技术标准。易燃易爆气体和液体的充装站、供应站、调压站，应当设置在符合消防安全要求的位置，并符合防火防爆要求。已经设置的生产、储存、装卸易燃易爆危险品的工厂、仓库和专用车站、码头，易燃易爆气体和液体的充装站、供应站、调压站，不再符合前款规定的，地方人民政府应当组织、协调有关部门、单位限期解决，消除安全隐患。

（三）建设工程的消防安全

　　《消防法》第十条对消防设计审查验收作出规定。明确对按照国家工程建设消防技术标准需要进行消防设计的建设工程，实行建设工程消防设计审查验收制度。第十一条规定，国务院住房和城乡建设主管部门规定的特殊建设工程，建设单位应当将消防设计文件报送住房和城乡建设主管部门审查，住房和城乡建设主管部门依法对审查的结果负责。前款规定以外的其他建设工程，建设单位申请领取施工许可证或者申请批准开工报告时应当提供满足施工需要的消防设计图纸及技术资料。

　　《消防法》第十二条对消防设计未经审核，或者消防设计不合格的法律后果提出了明确要求。特殊建设工程未经消防设计审查或者审查不合格的，建设单位、施工单位不得施工；其他建设工程，建设单位未提供满足施工需要的消防设计图纸及技术资料的，有关部门不得发放施工许可证或者批准开工报告。第十三条对消防验收和备案、抽查作出了规定。国务院住房和城乡建设主管部门规定应当申请消防验收的建设工程竣工，建设单位应当向住房和城乡建设主管部门申请消防验收。前款规定以外的其他建设工程，建设单位在验收后应当报住房和城乡建设主管部门备案，住房和城乡建设主管部门应当进行抽查。依法应当进行消防验收的建设工程，未经消防验收或者消防验收不合格的，禁止投入使用；其他建设工程经依法抽查不合格的，应当停止使用。

《消防法》第二十六条规定，建筑构件、建筑材料和室内装修、装饰材料的防火性能必须符合国家标准；没有国家标准的，必须符合行业标准。人员密集场所室内装修、装饰，应当按照消防技术标准的要求，使用不燃、难燃材料。

（四）公众聚集场所和大型群众性活动的消防安全

《消防法》第十五条规定，公众聚集场所投入使用、营业前消防安全检查实行告知承诺管理。公众聚集场所在投入使用、营业前，建设单位或者使用单位应当向场所所在地的县级以上地方人民政府消防救援机构申请消防安全检查，作出场所符合消防技术标准和管理规定的承诺，提交规定的材料，并对其承诺和材料的真实性负责。消防救援机构对申请人提交的材料进行审查；申请材料齐全、符合法定形式的，应当予以许可。消防救援机构应当根据消防技术标准和管理规定，及时对作出承诺的公众聚集场所进行核查。申请人选择不采用告知承诺方式办理的，消防救援机构应当自受理申请之日起 10 个工作日内，根据消防技术标准和管理规定，对该场所进行检查。经检查符合消防安全要求的，应当予以许可。公众聚集场所未经消防救援机构许可的，不得投入使用、营业。第二十条规定，举办大型群众性活动，承办人应当依法向公安机关申请安全许可，制定灭火和应急疏散预案并组织演练，明确消防安全责任分工，确定消防安全管理人员，保持消防设施和消防器材配置齐全、完好有效，保证疏散通道、安全出口、疏散指示标志、应急照明和消防车通道符合消防技术标准和管理规定。

（五）有关单位的消防安全职责

《消防法》第十六条规定了机关、团体、企业、事业等单位的消防安全职责，主要包括：

（1）落实消防安全责任制，制定本单位的消防安全制度、消防安全操作规程，制定灭火和应急疏散预案。

（2）按照国家标准、行业标准配置消防设施、器材，设置消防安全标志，并定期组织检验、维修，确保完好有效。

（3）对建筑消防设施每年至少进行一次全面检测，确保完好有效，检测记录应当完整准确，存档备查。

（4）保障疏散通道、安全出口、消防车通道畅通，保证防火防烟分区、防火间距符合消防技术标准。

（5）组织防火检查，及时消除火灾隐患。

（6）组织进行有针对性的消防演练。

（7）法律、法规规定的其他消防安全职责。

该条款明确规定，单位的主要负责人是本单位的消防安全责任人。

（六）消防安全重点单位的安全管理

《消防法》第十七条规定了重点消防单位的确定方法及其应当履行的职责。县级以上地方人民政府消防救援机构应当将发生火灾可能性较大以及发生火灾可能造成重大的人身伤亡或者财产损失的单位，确定为本行政区域内的消防安全重点单位，并由应急管理部门报本级人民政府备案。消防安全重点单位除应当履行一般单位消防安全管理职责外，还应当履行下列消防安全职责：

（1）确定消防安全管理人，组织实施本单位的消防安全管理工作。

（2）建立消防档案，确定消防安全重点部位，设置防火标志，实行严格管理。

（3）实行每日防火巡查，并建立巡查记录。

（4）对职工进行岗前消防安全培训，定期组织消防安全培训和消防演练。

（七）消防产品和电器产品、燃气用具的管理

《消防法》第二十四条明确规定了消防产品实行强制性论证及技术鉴定制度，消防产品必须符合国家标准；没有国家标准的，必须符合行业标准。禁止生产、销售或者使用不合格的消防产品以及国家明令淘汰的消防产品。依法实行强制性产品认证的消防产品，由具有法定资质的认证机构按照国家标准、行业标准的强制性要求认证合格后，方可生产、销售、使用。实行强制性产品认证的消防产品目录，由国务院产品质量监督部门会同国务院应急管理部门制定并公布。新研制的尚未制定国家标准、行业标准的消防产品，应当按照国务院产品质量监督部门会同国务院应急管理部门规定的办法，经技术鉴定符合消防安全要求的，方可生产、销售、使用。依照本条规定经强制性产品认证合格或者技术鉴定合格的消防产品，国务院应急管理部门应当予以公布。第二十七条对电器产品、燃气用具产品及其安装、使用提出了要求，电器产品、燃气用具的产品标准，应当符合消防安全的要求。电器产品、燃气用具的安装、使用及其线路、管路的设计、敷设、维护保养、检测，必须符合消防技术标准和管理规定。

二、消防组织的规定

《消防法》第三十六条对地方人民政府建立消防队提出了具体要求，县级以上地方人民政府应当按照国家规定建立国家综合性消防救援队、专职消防队，并按照国家标准配备消防装备，承担火灾扑救工作。乡镇人民政府应当根据当地经济发展和消防工作的需要，建立专职消防队、志愿消防队，承担火灾扑救工作。第三十七条明确了消防队的职责，国家综合性消防救援队、专职消防队除按照国家规定承担重大灾害事故救援之外，还要承担其他以抢救人员生命为主的应急救援工作。《消防法》第三十九条明确规定了需要设立专职消防队的单位及其职责，下列单位应当建立单位专职消防队，承担本单位的火灾扑救工作：

（1）大型核设施单位、大型发电厂、民用机场、主要港口。

（2）生产、储存易燃易爆危险品的大型企业。

（3）储备可燃的重要物资的大型仓库、基地。

（4）前三项规定以外的火灾危险性较大、距离国家综合性消防救援队较远的其他大型企业。

（5）距离国家综合性消防救援队较远、被列为全国重点文物保护单位的古建筑群的管理单位。

三、灭火救援的规定

《消防法》第四十三条明确了地方政府建立火灾应急预案和应急反应机制的要求，县级以上地方人民政府应当组织有关部门针对本行政区域内的火灾特点制定应急预案，建立应急反应和处置机制，为火灾扑救和应急救援工作提供人员、装备等保障。第四十四条规定了公民的消防义务，任何人发现火灾都应当立即报警。任何单位、个人都应当无偿为报警提供便利，不得阻拦报警。严禁谎报火警。人员密集场所发生火灾，该场所的现场工作人员应当立即组织、引导在场人员疏散。任何单位发生火灾，必须立即组织力量扑救。邻近单位应当给予支援。消防队接到火警，必须立即赶赴火灾现场，救助遇险人员，排除险情，扑灭火灾。第四十五条明确了火灾现场扑救的组织指挥，规定消防救援机构统一组织和指挥火灾现场扑救，应当优先保障遇险人员的生命安全。

四、监督检查的规定

地方各级人民政府应当落实消防工作责任制，对本级人民政府有关部门履行消防安全职责的情况进行监督检查。县级以上地方人民政府有关部门应当根据本系统的特点，有针对性地开展消防安全检查，及时督促整改火灾隐患。消防救援机构应当对机关、团体、企业、事业等单位遵守消防法律、法规的情况依法进行监督检查。消防救援机构在消防监督检查中发现火灾隐患的，应当通知有关单位或者个人立即采取措施消除隐患；不及时消除隐患可能严重威胁公共安全的，消防救援机构应当依照规定对危险部位或者场所采取临时查封措施。消防救援机构在消防监督检查中发现城乡消防安全布局、公共消防设施不符合消防安全要求，或者发现本地区存在影响公共安全的重大火灾隐患的，应当由应急管理部门书面报告本级人民政府。住房和城乡建设主管部门、消防救援机构及其工作人员应当按照法定的职权和程序进行消防设计审查、消防验收、备案抽查和消防安全检查。

五、法律责任

（一）建设工程和公众聚集场所消防安全违法行为的法律责任

有关单位违反《消防法》的规定，有下列行为之一的，由住房和城乡建设主管部门、消防救援机构按照各自职权责令停止施工、停止使用或者停产停业，并处 3 万元以上 30 万元以下罚款：

（1）依法应当进行消防设计审查的建设工程，未经依法审查或者审查不合格，擅自施工的。

（2）依法应当进行消防验收的建设工程，未经消防验收或者消防验收不合格，擅自投入使用的。

（3）其他建设工程验收后经依法抽查不合格，不停止使用的。

（4）公众聚集场所未经消防救援机构许可，擅自投入使用、营业的，或者经核查发现场所使用、营业情况与承诺内容不符的。

核查发现公众聚集场所使用、营业情况与承诺内容不符，经责令限期改正，逾期不整改或者整改后仍达不到要求的，依法撤销相应许可。

建设单位未依照《消防法》规定在验收后报住房和城乡建设主管部门备案的，由住房和城乡建设主管部门责令改正，处 5000 元以下罚款。

（二）消防设计与施工不符合标准的法律责任

有关单位违反《消防法》的规定，有下列行为之一的，由住房和城乡建设主管部门责令改正或者停止施工，并处 1 万元以上 10 万元以下罚款：

（1）建设单位要求建筑设计单位或者建筑施工企业降低消防技术标准设计、施工的。

（2）建筑设计单位不按照消防技术标准强制性要求进行消防设计的。

（3）建筑施工企业不按照消防设计文件和消防技术标准施工，降低消防施工质量的。

（4）工程监理单位与建设单位或者建筑施工企业串通，弄虚作假，降低消防施工质量的。

（三）单位与个人消防安全违法行为的法律责任

单位违反《消防法》的规定，有下列行为之一的，责令改正，处 5000 元以上 5 万元以下罚款：

（1）消防设施、器材或者消防安全标志的配置、设置不符合国家标准、行业标准，或者未保持完好有效的。

（2）损坏、挪用或者擅自拆除、停用消防设施、器材的。

（3）占用、堵塞、封闭疏散通道、安全出口或者有其他妨碍安全疏散行为的。

（4）埋压、圈占、遮挡消火栓或者占用防火间距的。

（5）占用、堵塞、封闭消防车通道，妨碍消防车通行的。

（6）人员密集场所在门窗上设置影响逃生和灭火救援的障碍物的。

（7）对火灾隐患经消防救援机构通知后不及时采取措施消除的。

个人有前款第二项、第三项、第四项、第五项行为之一的，处警告或者五百元以下罚款。有本条第一款第三项、第四项、第五项、第六项行为，经责令改正拒不改正的，强制执行，所需费用由违法行为人承担。

（四）住房和城乡建设主管部门、消防救援机构工作人员的法律责任

住房和城乡建设主管部门、消防救援机构的工作人员在消防工作中滥用职权、玩忽职守、徇私舞弊，有违反《消防法》第七十一条规定的违法行为、尚不构成犯罪的，依法给予处分；构成犯罪的，依法追究刑事责任。

1.【单选题】依据《消防法》，单位的（　　）是本单位的消防安全责任人。

A. 分管消防安全的负责人　　　　B. 专职安全生产管理人员

C. 安全总监　　　　　　　　　　D. 主要负责人

2.【单选题】依据《消防法》，以下说法错误的是（　　）。

A. 生产、储存、经营易燃易爆危险品的场所不得与居住场所设置在同一建筑物内，并应当与居住场所保持安全距离

B. 任何单位、个人不得损坏、挪用或者擅自拆除、停用消防设施、器材，不得埋压、圈占、遮挡消火栓或者占用防火间距，不得占用、堵塞、封闭疏散通道、安全出口、消防车通道。人员密集场所的门窗不得设置影响逃生和灭火救援的障碍物

C. 任何人发现火灾都应当立即报警。任何单位、个人为报警提供便利的都可以要求起火单位有偿支付相关费用

D. 任何单位发生火灾，必须立即组织力量扑救，邻近单位应当给予支援

3.【单选题】依据《消防法》，进行电焊、气焊等具有火灾危险作业的人员和自动消防系统的（　　），必须持证上岗，并遵守消防安全操作规程。

A. 负责人 　　　　B. 管理人员 　　　　C. 操作人员 　　　　D. 监护人员

4.【多选题】依据《消防法》，（　　）应当建立单位专职消防队。

A. 大型核设施单位、大型发电厂、民用机场、主要港口

B. 公众聚集场所，医院的门诊楼、病房楼，学校的教学楼、图书馆、食堂和集体宿舍等人员密集场所

C. 生产、储存易燃易爆危险品的大型企业

D. 储备可燃的重要物资的大型仓库、基地

E. 被列为省重点文物保护单位的古建筑群的管理单位

✎ 参考答案

1. D　　2. C　　3. C　　4. ACD

第四节　中华人民共和国道路交通安全法

2003 年 10 月 28 日第十届全国人民代表大会常务委员会第五次会议通过《中华人民共和国道路交通安全法》（简称《道路交通安全法》），自 2004 年 5 月 1 日起施行。根据 2007 年 12 月 29 日第十届全国人民代表大会常务委员会第三十一次会议《关于修改〈中华人民共和国道路交通安全法〉的决定》第一次修正，自 2008 年 5 月 1 日起施行。根据 2011 年 4 月 22 日第十一届全国人民代表大会常务委员会第二十次会议《关于修改〈中华人民共和国道路交通安全法〉的决定》第二次修正，自 2011 年 5 月 1 日起施行。根据 2021 年 4 月 29 日第十三届全国人民代表大会常务委员会第二十八次会议《关于修改〈中华人民共和国道路交通安全法〉等八部法律的决定》第三次修正。《道路交通安全法》的立法目的是维护道路交通秩序，预防和减少交通事故，保护人身安全，保护公民、法人和其他组织的财产安全及其他合法权益，提高通行效率。

一、道路交通事故处理的规定

（一）交通事故现场处理

交通事故是指车辆在道路上因过错或者意外造成的人身伤亡或者财产损失的事件。在道路上发生交通事故，车辆驾驶人应当立即停车，保护现场；造成人身伤亡的，车辆驾驶人应当立即抢救受伤人员，并迅速报告执勤的交通警察或者公安机关交通管理部门。因抢救

受伤人员变动现场的，应当标明位置。乘车人、过往车辆驾驶人、过往行人应当予以协助。

在道路上发生交通事故，未造成人身伤亡，当事人对事实及成因无争议的，可以即行撤离现场，恢复交通，自行协商处理损害赔偿事宜；不即行撤离现场的，应当迅速报告执勤的交通警察或者公安机关交通管理部门。在道路上发生交通事故，仅造成轻微财产损失，并且基本事实清楚的，当事人应当先撤离现场再进行协商处理。车辆发生交通事故后肇事者逃逸的，事故现场目击人员和其他知情人员应当向公安机关交通管理部门或者交通警察举报。举报属实的，公安机关交通管理部门应当给予奖励。

（二）交通事故损害赔偿

对交通事故损害赔偿的争议，当事人可以请求公安机关交通管理部门调解，也可以直接向人民法院提起民事诉讼。经公安机关交通管理部门调解，当事人未达成协议或者调解书生效后不履行的，当事人可以向人民法院提起民事诉讼。

（三）受伤人员救治

医疗机构对交通事故中的受伤人员应当及时抢救，不得因抢救费用未及时支付而拖延救治。肇事车辆参加机动车第三者责任强制保险的，由保险公司在责任限额范围内支付抢救费用；抢救费用超过责任限额的，未参加机动车第三者责任强制保险或者肇事后逃逸的，由道路交通事故社会救助基金先行垫付部分或者全部抢救费用，道路交通事故社会救助基金管理机构有权向交通事故责任人追偿。

（四）人身伤亡和财产损失赔偿

机动车发生交通事故造成人身伤亡、财产损失的，由保险公司在机动车第三者责任强制保险责任限额范围内予以赔偿。不足的部分，按照《道路交通安全法》第七十六条的规定，承担赔偿责任。交通事故的损失是由非机动车驾驶人、行人故意碰撞机动车造成的，机动车一方不承担赔偿责任。

二、道路通行的规定

道路是指公路、城市道路和虽在单位管辖范围内但允许社会机动车通行的地方，包括广场、公共停车场等用于公众通行的场所。

车辆是指机动车和非机动车。机动车是指动力装置驱动或者牵引，上道路行驶的供人员乘用或者用于运送物品以及进行工程专项作业的轮式车辆。非机动车是指以人力或者畜力驱动，上道路行驶的交通工具，以及虽有动力装置驱动但设计最高时速、空车质量、外形尺寸符合有关国家标准的残疾人机动轮椅车、电动自行车等交通工具。

（一）机动车通行规定

1. 同车道行驶

同车道行驶的机动车，后车应当与前车保持足以采取紧急制动措施的安全距离。有前车正在左转弯、掉头、超车，与对面来车有会车可能，前车为执行紧急任务的警车、消防车、救护车、工程救险车，行经铁道路口、交叉路口、窄桥、弯道、陡坡、隧道、人行横道、市区交通流量大的路段等没有超车条件的情形，不得超车。

2. 交叉路口行驶

机动车通过交叉路口，应当按照交通信号灯、交通标志、交通标线或者交通警察的指挥通过；通过没有交通信号灯、交通标志、交通标线或者交通警察指挥的交叉路口时，应当减速慢行，并让行人和优先通行的车辆先行。

3. 机动车载物行驶

机动车载物应当符合核定的载质量，严禁超载；载物的长、宽、高不得违反装载要求，不得遗洒、飘散载运物。机动车运载超限的不可解体的物品，影响交通安全的，应当按照公安机关交通管理部门指定的时间、路线、速度行驶，悬挂明显标志。机动车载运爆炸物品、易燃易爆化学物品以及剧毒、放射性等危险物品，应当经公安机关批准后，按指定的时间、路线、速度行驶，悬挂警示标志并采取必要的安全措施。

4. 机动车载人行驶

机动车载人不得超过核定的人数，客运机动车不得违反规定载货，禁止货运机动车载客。

5. 拖拉机行驶

高速公路、大中城市中心城区内的道路，禁止拖拉机通行。其他禁止拖拉机通行的道路，由省、自治区、直辖市人民政府根据当地实际情况规定。在允许拖拉机通行的道路上，拖拉机可以从事货运，但是不得用于载人。

（二）非机动车通行规定

驾驶非机动车在道路上行驶，应当遵守有关交通安全的规定。非机动车应当在非机动车道内行驶；在没有非机动车道的道路上，应当靠车行道的右侧行驶。残疾人机动轮椅车、电动自行车在非机动车道内行驶时，最高时速不得超过 15 千米。非机动车应当在规定的地点停放；未设停放地点的，非机动车停放不得妨碍其他车辆和行人通行。

（三）高速公路的特别规定

行人、非机动车、拖拉机、轮式专用机械车、铰接式客车、全挂拖斗车以及其他设计最高时速低于 70 千米的机动车，不得进入高速公路。高速公路限速标志标明的最高时速不得超过 120 千米。任何单位、个人不得在高速公路上拦截检查行驶的车辆，公安机关的人民警察依法执行紧急公务除外。

三、道路交通安全违法行为行政处罚的决定机关

依照《道路交通安全法》的规定，公安机关交通管理部门是道路交通安全违法行为行政处罚的决定机关。

四、道路交通安全违法行为应负的法律责任

行人、乘车人、非机动车驾驶人有道路交通安全违法行为，机动车驾驶人有道路交通安全违法行为，依照《道路交通安全法》第七章的有关规定追究法律责任。

1.【单选题】依据《道路交通安全法》，以下说法正确的是（　　）。

A. 驾驶机动车上道路行驶，应当悬挂机动车号牌，放置检验合格标志、保险标志，并随车携带机动车行驶证

B. 警车、消防车、救护车、工程救险车可以在任何情况下使用警报器、标志灯具；在确保安全的前提下，不受行驶路线、行驶方向、行驶速度和信号灯的限制，其他车辆和行人应当让行

C. 货运机动车在设置安全措施的情况下，可以载客

D. 机动车载运爆炸物品、易燃易爆化学物品以及剧毒、放射性等危险物品，应当经交通运输部门批准后，按指定的时间、路线、速度行驶，悬挂警示标志并采取必要的安全措施

2.【单选题】依据《道路交通安全法》，公安机关交通管理部门应当自受理申请之日起（   ）工作日内完成机动车登记审查工作。

A. 三个   B. 五个   C. 七个   D. 十个

3.【单选题】依据《道路交通安全法》，下列关于道路通行条件的说法中，错误的是（   ）。

A. 全国实行统一的道路交通信号

B. 铁路与道路平面交叉的道口，应当设置警示灯、警示标志或者安全防护设施

C. 城市主要道路的人行道，应当按照规划设置盲道

D. 任何单位和个人在任何情况下均不得占用道路从事非交通活动

4.【多选题】依据《道路交通安全法》，下列关于道路通行条件的说法，正确有（   ）。

A. 交通信号灯由红灯、绿灯、黄灯组成

B. 铁路与道路平面交叉的道口，应当设置警示灯、警示标志或者安全防护设施

C. 因工程建设需要占用、挖掘道路，事先告知道路主管部门后即可施工

D. 所有学校、公园、剧院、养老院门前的道路都应当施划人行横道线

E. 城市主要道路的人行道，应当按照规划设置盲道

参考答案

1. A 2. B 3. D 4. ABE

第五节 中华人民共和国特种设备安全法

2013 年 6 月 29 日第十二届全国人民代表大会常务委员会第三次会议通过《中华人民共和国特种设备安全法》（简称《特种设备安全法》），自 2014 年 1 月 1 日起施行。《特种设备安全法》的立法目的是加强特种设备安全工作，预防特种设备事故，保障人身和财产安全，促进经济社会发展。《特种设备安全法》规定特种设备安全工作坚持安全第一、预防为主、节能环保、综合治理的原则。国家对特种设备的生产、经营、使用，实施分类的、全过程的安全监督管理。

一、一般规定

（一）责任主体与人员配备

特种设备生产、经营、使用单位及其主要负责人对特种设备安全负责，单位主要负责

人对特种设备安全管理享有指挥决策权，同时也负有法定的义务。特种设备生产、经营和使用单位应按照国家规定配备安全管理人员、检测人员和作业人员，并对其进行必要的安全教育和技能培训。

特种设备安全管理人员、检测人员和作业人员应当按照国家有关规定取得相应的资格，方可从事相关工作。特种设备安全管理人员包括生产单位的安全生产管理人员，经营、使用单位的安全管理人员。检测人员包括生产、经营、使用单位从事无损检测、理化检测等人员。作业人员包括焊接人员、各类设备的安装、改造、修理、维护保养和操作人员等。

（二）自行检测、维护保养与申报

特种设备生产、经营、使用单位应当做好设备的自行检测和维护保养工作，经常性开展自行检测、自行检查和维护保养，及时发现并处理问题，保持设备正常运行。如锅炉要经常地清理水垢、清理炉胆等，电梯等需要经常地上油、调整等。自行检测、自行检查、自行保养应该按照安全技术规范和设备使用维护保养说明进行，并作好记录。

对特种设备进行检验，包括生产活动中的监督检验和使用中的定期检验，是特种设备安全的一项基本制度。国家规定的检验具有强制性，也称为法定检验，生产、经营、使用特种设备的单位必须依法进行申报并接受检验。特种设备在检验合格有效期届满前1个月，需要向特种设备检验机构提出定期检验要求。实际工作中大型设备检验过程比较复杂，提前时间需要更长。

二、特种设备的生产

（一）生产许可与生产单位义务

特种设备的设计、制造、安装、改造、修理等生产活动直接影响特种设备产品本质安全，是保证安全运行的基础。特种设备生产许可是一项重要的市场准入制度，国家按照分类监督管理的原则对特种设备生产实行许可制度，特种设备生产单位应当具备法定的条件。从事特种设备生产活动的单位需要有与生产相适应的专业技术人员，设备、设施和工作场所，健全的质量保证、安全管理和岗位责任等制度。特种设备设计、制造、安装、改造、修理等环节的活动特点不同，从事相应活动应具备的条件也应不同。

特种设备的设计、制造对其安全性能有重大影响，安全性能与质量是否符合要求的判断完全依靠相关技术资料。特种设备出厂时，应当随附安全技术规范要求的设计文件、产品质量合格证明、安装及使用维护保养说明、监督检验证明等相关技术资料和文件，并在特种设备显著位置设置产品铭牌、安全警示标志及其说明。铭牌固定在产品上，可以向用户、检验机构等提供生产单位信息、产品基本技术参数、产品生产信息等内容，相当于产品的简易说明书。警示标识主要起到提醒注意安全、预防危险，维护工作环境安全等目的。

（二）安装、改造与修理

电梯的安装、改造、修理，必须由电梯制造单位或者其委托的依照本法取得相应许可的单位进行。电梯是一种特殊的机电产品，在制造完成时以部件形式出厂，安装完成之后才形成完整的产品，安装实际上是电梯总装配工序，是制造的继续。电梯的改造是指改变或更换原设备的结构、机构、控制系统等，电梯的性能参数、技术指标都会发生变化。电梯的修理过程中对主要受力结构件的修理、主要零部件的更换和校验、调试等，需要熟悉电梯的结构和特性。电梯的安装、改造和修理质量直接影响电梯的安全。电梯的制造、安装、改造、修理由同一家单位负责有利于保障电梯安全和保护品牌，有利于明确责任，也是发展趋势。

特种设备安装、改造、修理的施工单位应当在施工前将拟进行的特种设备安装、改造、修理情况书面告知直辖市或者设区的市级人民政府负责特种设备安全监督管理的部门。施工单位需要填写《特种设备安装改造修理告知书》，提交负责特种设备安全监督管理部门，施工告知不是行政许可，施工告知的目的是便于审查相关活动并获取信息。告知可以通过派人送达、挂号信、特快专递、传真、电子邮件等方式。

特种设备安装、改造、修理竣工后，安装、改造、修理的施工单位应当在验收后30日内将相关技术资料和文件移交特种设备使用单位。特种设备使用单位应当将其存入该特种设备的安全技术档案。

（三）监督检验

锅炉、压力容器、压力管道元件等特种设备的制造过程和锅炉、压力容器、压力管道、电梯、起重机械、客运索道、大型游乐设施的安装、改造、重大修理过程，应当经特种设备检验机构按照安全技术规范的要求进行监督检验；未经监督检验或者监督检验不合格的，不得出厂或者交付使用。

三、特种设备的经营

（一）销售单位的义务

特种设备销售单位销售的特种设备，应当符合安全技术规范及相关标准的要求，其设计文件、产品质量合格证明、安装及使用维护保养说明、监督检验证明等相关技术资料和文件应当齐全。特种设备所附出厂资料和技术文件应当为出厂的原件，并且与产品一致；对于批量出厂的产品，出厂资料如果是原件的复印件，必须加盖销售单位的公章。如果销售的特种设备是二手设备（已经使用过的），必须符合安全技术规范中允许变更的条件，随附的资料和文件也必须符合变更要求；不符合要求的二手设备，使用超过设计使用年限的特种设备不能用于销售。

销售是特种设备全过程管理中的一个重要环节。为了能够查清特种设备销售环节的来龙去脉，检查验收和销售记录是重要的凭证。特种设备销售单位应当建立特种设备检查验收和销售记录制度。检查验收记录包括设备何时从哪儿购进，对设备的本体、安全附件和安全保护装置配备、随附资料和文件的检查情况及结论等。销售记录包括何时销售给哪个单位，设备本体的质量、安全保护装置和部件的检查情况，以及随附资料和文件的情况。

禁止销售未取得许可生产的特种设备，未经检验和检验不合格的特种设备，或者国家明令淘汰和已经报废的特种设备。一些不符合要求的特种设备不得制造，也不能进行销售；二手设备不符合要求的也不能进行销售；国家明令淘汰的特种设备，不得销售；已经报废的特种设备，应当按照规定进行消除功能处理，不能进行返修、翻修再销售，更不能伪造资料和文件。

（二）出租单位的义务

特种设备出租单位不得出租未取得许可生产的特种设备或者国家明令淘汰和已经报废的特种设备，以及未按照安全技术规范的要求进行维护保养和未经检验或者检验不合格的特种设备。出租单位一般是特种设备产权者，理应负责用于出租的特种设备的使用管理和维护保养，即提供给承租人的特种设备应当能够安全使用。出租一般有两种形式，一种是出租单位只提供设备，另一种是既提供设备又提供人员进行设备操作。

特种设备在出租期间的使用管理和维护保养义务由特种设备出租单位承担，法律另有规定或者当事人另有约定的除外。承租单位使用租赁来的设备，也要落实一定的使用操作责任。如果是长期租赁，承租单位可以承担除办理使用登记以外的设备使用单位的法定义务，并承担相应责任。

（三）特种设备进口

进口的特种设备应当符合我国安全技术规范的要求，并经检验合格；需要取得我国特种设备生产许可的，应当取得许可。进口特种设备随附的技术资料和文件应当符合《特种设备安全法》第二十一条的规定，其安装及使用维护保养说明、产品铭牌、安全警示标志及其说明应当采用中文。特种设备的进出口检验，应当遵守有关进出口商品检验的法律、行政法规。进口特种设备，应当向进口地负责特种设备安全监督管理的部门履行提前告知义务。

四、特种设备的使用

（一）特种设备安全管理

特种设备使用单位使用取得许可生产并经检验合格的特种设备是保证特种设备安全运行的最基本条件。特种设备使用单位应当使用取得许可生产并经检验合格的特种设备。禁止使用国家明令淘汰和已经报废的特种设备。对于国家明令淘汰的特种设备，无论出厂是否允许，只要使用时已经列入国家明令淘汰的特种设备范围，都不得再使用。特种设备应当按照相关安全技术规范的要求实施报废制度，如在检验中发现了严重缺陷并无法修复或者超过设计使用年限，经安全评估无法继续使用，以及达到安全技术规范及相关标准规定报废条件的特种设备，应及时报废。

特种设备使用单位应当在特种设备投入使用前或者投入使用后 30 日内，向负责特种设备安全监督管理的部门办理使用登记，取得使用登记证书。登记标志应当置于该特种设备的显著位置。通过登记，可以防止非法设计、非法制造、非法安装的特种设备投入使用，并且可以建立特种设备信息数据库，便于安全监管。登记标志应该置于设备的显著位置，包括设备本体、附近或者操作间，气瓶可以在瓶体上加登记标签、移动式压力容器采用在罐体上喷涂登记证编号的方式。

特种设备使用单位应当建立岗位责任、隐患治理、应急救援等安全管理制度，制定操作规程，保证特种设备安全运行。岗位责任制是指特种设备使用单位根据各个工作岗位的性质和所承担活动的特点，明确规定有关单位及其人员的职责、权限，并且按照规定的标准进行考核及奖惩而建立起来的制度，通常包括岗位责任制度、交接班制度、巡回检查制度等。

特种设备使用单位应当建立特种设备安全技术档案。因为特种设备在使用过程中，需要不断地维护保养、修理，定期进行检验，部分特种设备还需要进行能效状况评估，有些还可能需要改造。这些都要依据特种设备的设计、制造、安装等原始文件资料和使用过程中的历次改造、制造、安装等原始文件资料。安全技术档案应当包括以下内容：

（1）特种设备的设计文件、产品质量合格证明、安装及使用维护保养说明、监督检验证明等相关技术资料和文件。

（2）特种设备的定期检验和定期自行检查记录。

（3）特种设备的日常使用状况记录。

（4）特种设备及其附属仪器仪表的维护保养记录。

（5）特种设备的运行故障和事故记录。

电梯、客运索道、大型游乐设备等特种设备是供乘客或游客乘坐的，为公众提供服务的，一旦发生事故，直接造成人员伤害，社会影响较大。所以法律对电梯、客运索道、大型游乐设施的使用管理提出了特殊要求。电梯、客运索道、大型游乐设施等为公众提供服务的特种设备的运营使用单位，应当对特种设备的使用安全负责，设置特种设备安全管理机构或者配备专职的特种设备安全管理人员；其他特种设备使用单位，应当根据情况设置特种设备安全管理机构或者配备专职、兼职的特种设备安全管理人员。电梯、客运索道、大型游乐设施日常管理、运营的单位是保障安全使用的责任主体，承担安全责任。如果发生事故和故障，承担民事赔偿责任。当然，如果经过事故调查程序，能够证明是特种设备生产、经营单位的过错造成了损失，则运营使用单位可以向生产单位、经营单位提出赔偿要求，乘客也可以直接向生产单位、经营单位提出赔偿要求。

特种设备的使用应当具有规定的安全距离、安全防护措施。与特种设备安全相关的建筑物、附属设施，应当符合有关法律、行政法规的规定。安全距离的作用是减轻可预见的偶然性事故的影响，防止小事故逐步上升为大事故。例如防火间距可以防止着火建筑的辐射热在一定时间内引燃相邻建筑，且便于消防扑救。同时，安全距离也为特种设备提供保护，防止来自外部的可预见的损害（如道路行车、火焰）或者运行操作行为以外的其他行为的干扰（如装置的边界围栏）。安全防护是指通过设置防护设备设施或利用空间距离等手段做好准备和保护，以应付或者避免人、设备或环境受害。特种设备常见的防护有转动类游乐设施的转动部件外设置各种完全固定或半固定密闭罩；各种手限制装置、手脱开装置；各类限制导致危险行程及过载保护装置；各种防止误动作或者误操作装置；安全监控、通风、防火、防爆、泄压、除尘、防毒、防雷、防静电、防腐、防渗漏和安全隔离装置；梯台护栏、护笼；各种防滑、防倒及防垮塌装置等。特种设备与民用建筑、工程建筑是离不开的，例如电梯必须安装在专用的电梯井内；锅炉一般安装在锅炉房内；大型压力容器必须安装在满足一定条件要求的基础上。特种设备还有很多附属设施，如测温测压装置，喷淋装置，高空排放装置，相关电气、仪器仪表，防雷防静电设施等都要符合法律法规的要求。

（二）维护保养与定期检验

特种设备使用单位应当对其使用的特种设备进行经常性维护保养和定期自行检查，并作出记录。特种设备使用单位应当对其使用的特种设备的安全附件、安全保护装置进行定期校验、检修，并作出记录。特种设备在使用过程中，由于内在原因和外界因素，会出现各种各样的问题，需要经常维护保养，及时发现并处理一些问题，保证设备安全运行，也可以提高设备使用年限。安全附件是指为使锅炉、压力容器、压力管道等承压类设备安全运行而装设的某种防护装置。一般包括安全泄放装置、安全联锁装置、紧急切断装置、导静电装置、防雷电装置等，还包括液面指示装置、压力测试装置和测温仪表等。安全保护装置通常指控制位置、速度、防止坠落的装置，如限速器、安全钳、缓冲器、制动器、限位装置、安全带及连锁装置等。安全附件和安全保护装置的性能、精度是否符合有关安全技术规范及相关标准要求需要定期校验和检修，校验和检修情况应当作好记录。

特种设备使用单位应当按照安全技术规范的要求，在检验合格有效期届满前一个月向特种设备检验机构提出定期检验要求。特种设备检验机构接到定期检验要求后，应当按照安全技术规范的要求及时进行安全性能检验。特种设备使用单位应当将定期检验标志置于该特种设备的显著位置。未经定期检验或者检验不合格的特种设备，不得继续使用。特种设备在使用单位自行检查、检测和维护保养的基础上，通过定期检验及时发现特种设备的缺陷和存在的问题，采取相应措施，消除隐患，可保障特种设备能够在下一周期安全运行。在有关安全技术规范中，规定了特种设备的检验周期，如锅炉一般为 2 年，压力容器为 3～6 年，电梯为 1 年等。

锅炉使用单位应当按照安全技术规范的要求进行锅炉水（介）质处理，并接受特种设备检验机构的定期检验。从事锅炉清洗，应当按照安全技术规范的要求进行，并接受特种设备检验机构的监督检验。锅炉水（介）质是指锅炉系统用于传热的介质，即通过炉膛燃料燃烧或者用电加热至一定温度或者蒸发成蒸汽，再经传热系统进行做功或热交换的介质。其中使用最多的蒸汽锅炉和热水锅炉都是以水为介质；目前已经有越来越多的锅炉采用有机热载体（俗称"导热油"）为介质；近年来还出现以熔盐为介质的锅炉。水介质如果有杂质容易造成锅炉结垢、腐蚀，影响蒸汽质量，还会影响传热并引发安全事故。有机热载体劣化后，会造成锅炉及传热系统结焦、积炭，不但影响传热，浪费燃料，严重时还将烧损炉管，引发火灾。因此，锅炉水（介）质处理，保持其品质良好，是确保锅炉安全、节能、可靠、稳定运行的基本条件。

电梯的维护保养应当由电梯制造单位或者依照《特种设备安全法》取得许可的安装、改造、修理单位进行。电梯的维护保养单位应当在维护保养中严格执行安全技术规范的要求，保证其维护保养的电梯的安全性能，并负责落实现场安全防护措施，保证施工安全。电梯的维护保养单位应当对其维护保养的电梯的安全性能负责；接到故障通知后，应当立即赶赴现场，并采取必要的应急救援措施。特种设备进行改造、修理，按照规定需要变更使用登记的，应当办理变更登记，方可继续使用。特种设备使用过程中，如进行了改造，其性能参数、技术指标等发生变化，导致其在登记中的信息发生变化，所以使用单位应及时提供相关材料，到原使用登记的负责特种设备安全监督管理的部门办理变更登记手续。

（三）隐患排查与故障处理

特种设备安全管理人员应当对特种设备使用状况进行经常性检查，发现问题应当立即处理；情况紧急时，可以决定停止使用特种设备并及时报告本单位有关负责人。特种设备作业人员在作业过程中发现事故隐患或者其他不安全因素，应当立即向特种设备安全管理人员和单位有关负责人报告；特种设备运行不正常时，特种设备作业人员应当按照操作规程采取有效措施保证安全。特种设备出现故障或者发生异常情况，特种设备使用单位应当对其进行全面检查，消除事故隐患，方可继续使用。客运索道、大型游乐设施在每日投入使用前，其运营使用单位应当进行试运行和例行安全检查，并对安全附件和安全保护装置进行检查确认。电梯、客运索道、大型游乐设施的运营使用单位应当将电梯、客运索道、大型游乐设施的安全使用说明、安全注意事项和警示标志置于易于为乘客注意的显著位置。

特种设备存在严重事故隐患，无改造、修理价值，或者达到安全技术规范规定的其他报废条件的，特种设备使用单位应当依法履行报废义务，采取必要措施消除该特种设备的使用功能，并向原登记的负责特种设备安全监督管理的部门办理使用登记证书注销手续。规定报废条件以外的特种设备，达到设计使用年限可以继续使用的，应当按照安全技术规范的要求通过检验或者安全评估，并办理使用登记证书变更，方可继续使用。允许继续使用的，应当采取加强检验、检测和维护保养等措施，确保使用安全。

（四）移动式压力容器与气瓶充装

移动式压力容器、气瓶充装单位，应当具备下列条件，并经负责特种设备安全监督管理的部门许可，方可从事充装活动：①有与充装和管理相适应的管理人员和技术人员；②有与充装和管理相适应的充装设备、检测手段、场地厂房、器具、安全设施；③有健全的充装管理制度、责任制度、处理措施。充装单位应当建立充装前后的检查、记录制度，禁止对不符合安全技术规范要求的移动式压力容器和气瓶进行充装。气瓶充装单位应当向气体使用者提供符合安全技术规范要求的气瓶，对气体使用者进行气瓶安全使用指导，并按照安全技术规范的要求办理气瓶使用登记，及时申报定期检验。移动式压力容器充装活动是指利用专用充装设备，将贮存在固定容器中或气体发生装置中的压缩气体、液化气体充装到各类铁路罐车、汽车罐车、长管拖车、罐式集装箱、管束式集装箱中。气瓶充装活动是指利用专用充装设备，将贮存在固定压力容器中或气体发生装置中的压缩气体、液化气体和溶解气体充装到各类气瓶内的过程。

五、特种设备的检验和检测

从事特种设备监督检验、定期检验的特种设备检验机构，以及为特种设备生产、经营、使用提供检测服务的特种设备检测机构，应当具备相应的条件，并经负责特种设备安全监督管理的部门核准，方可从事检验、检测工作。法律规定的条件主要有：①有与检验、检测工作相适应的检验、检测人员；②有与检验、检测工作相适应的检验、检测仪器和设备；③有健全的检验、检测管理制度和责任制度。特种设备检验、检测机构的检验、检测人员应当经考核，取得检验、检测人员资格，方可从事检验、检测工作。

1.【单选题】依据《特种设备安全法》，下列设备的安全监督管理不适用该法的是（   ）。

    A. 气瓶　　　　　　B. 大型游乐设施　　　C. 军用起重设施　　　D. 电梯

2.【单选题】依据《特种设备安全法》，国家对特种设备的（   ），实施分类的、全过程的安全监督管理。

    A. 生产   B. 生产、经营

    C. 生产、经营、使用   D. 生产、经营、使用、销毁

3.【单选题】依据《特种设备安全法》，国家建立缺陷特种设备（　　）制度。

    A. 淘汰   B. 召回   C. 维修   D. 更新

4.【多选题】依据《特种设备安全法》，（　　）等为公众提供服务的特种设备的运营使用单位，应当对特种设备的使用安全负责，设置特种设备安全管理机构或者配备专职的特种设备安全管理人员；其他特种设备使用单位，应当根据情况设置特种设备安全管理机构或者配备专职、兼职的特种设备安全管理人员。

    A. 电梯   B. 气瓶

    C. 客运索道   D. 大型游乐设施

    E. 起重机械

参考答案

1. C　2. C　3. B　4. ACD

第六节　中华人民共和国刑法

刑法是规定犯罪、刑事责任和刑罚的法律。刑法有广义和狭义之分。广义刑法是指一切规定犯罪、刑事责任和刑罚的法律规范的总和。狭义刑法是指系统规定犯罪、刑事责任和刑罚的法律规范的刑法典，在我国，即指 1979 年 7 月 1 日第五届全国人民代表大会第二次全体会议通过、1997 年 3 月 14 日第八届全国人民代表大会第五次会议修订的《中华人民共和国刑法》（简称《刑法》）。

我国《刑法》开宗明义地指出其立法宗旨是"为了惩罚犯罪，保护人民""刑法的任务，是用刑罚同一切犯罪行为作斗争，以保卫国家安全，保卫人民民主专政的政权和社会主义制度，保护国有财产和劳动群众集体所有的财产，保护公民私人所有的财产，保护公民的人身权利、民主权利和其他权利，维护社会秩序、经济秩序，保障社会主义建设事业的顺利进行"。我国刑法对于犯罪与刑罚的规制涉及国家安全、公共安全、社会主义市场经济秩序、公民人身与民主权利、财产权利、社会管理秩序等诸多方面。

2006 年 6 月 29 日，第十届全国人民代表大会常务委员会第二十二次会议通过了《中华人民共和国刑法修正案（六）》，对有关安全生产犯罪的条文作出了重要修改和补充。全国人民代表大会常务委员会修改《刑法》关于安全生产犯罪的规定，充分体现了党和国家加强安全生产法治建设，严惩安全生产犯罪的决心。《中华人民共和国刑法修正案（六）》对《刑法》原有的两条规定作出了修改，同时增加了两条新的规定。《中华人民共和国刑法修正案（六）》对《刑法》原第一百三十四条、第一百三十五条规定的犯罪主体、犯罪行为和刑罚作出了修改。随着大型群众性活动的增多和事故责任追究力度的加大，构成公众（人员）聚集场所重特大事故和隐瞒不报、谎报或者拖延不报事故的犯罪时有发生。但是，因为原《刑法》中没有相关规定，以致追究犯罪分子的刑事责任于法

无据。为了严惩这两类犯罪分子特别是隐瞒事故犯罪分子，《中华人民共和国刑法修正案（六）》增加了第一百三十五条之一和第一百三十九条之一关于大型群众性活动重大安全事故罪和不报、谎报安全事故罪的两条规定。

《中共中央　国务院关于推进安全生产领域改革发展的意见》中指出，研究修改刑法有关条款，将生产经营过程中极易导致重大生产安全事故的违法行为列入刑法调整范围。2020 年 12 月 26 日，第十三届全国人民代表大会常务委员会第二十四次会议通过的《中华人民共和国刑法修正案（十一）》规定了"危险作业罪"这一新罪名，作为《刑法》第一百三十四条之一。同时对《刑法》第一百三十四条第二款关于"强令他人违章冒险作业罪"作出修改，扩大了犯罪行为的范围，罪名相应地变更为"强令、组织他人违章冒险作业罪"。同时，将《刑法》第二百二十九条修改为："承担资产评估、验资、验证、会计、审计、法律服务、保荐、安全评价、环境影响评价、环境监测等职责的中介组织的人员故意提供虚假证明文件，情节严重的，处五年以下有期徒刑或者拘役，并处罚金；有下列情形之一的，处五年以上十年以下有期徒刑，并处罚金：（一）提供与证券发行相关的虚假的资产评估、会计、审计、法律服务、保荐等证明文件，情节特别严重的；（二）提供与重大资产交易相关的虚假的资产评估、会计、审计等证明文件，情节特别严重的；（三）在涉及公共安全的重大工程、项目中提供虚假的安全评价、环境影响评价等证明文件，致使公共财产、国家和人民利益遭受特别重大损失的。有前款行为，同时索取他人财物或者非法收受他人财物构成犯罪的，依照处罚较重的规定定罪处罚。第一款规定的人员，严重不负责任，出具的证明文件有重大失实，造成严重后果的，处三年以下有期徒刑或者拘役，并处或者单处罚金。"

一、刑法的基本理论

（一）刑法的基本原则

《刑法》的基本原则，是指体现刑法的性质和任务，贯穿于刑法始终的指导刑事立法和刑事司法的基本准则。1997 年修订的《刑法》结合我国同犯罪作斗争的具体经验和实际情况，在总则第三条、第四条、第五条分别规定了罪刑法定原则、适用刑法平等原则和罪刑相适应原则。

安全生产领域内刑事犯罪同样以刑法基本原则为指导，贯穿于定罪和量刑的始终。

1. 罪刑法定原则

《刑法》第三条规定，法律明文规定为犯罪行为的，依照法律定罪处刑；法律没有明文规定为犯罪行为的，不得定罪处刑。这是我国刑法中罪刑法定原则的具体体现。

罪刑法定原则的含义是：什么是犯罪，有哪些犯罪，各种犯罪的构成要件是什么，有哪些刑罚的具体类型，各种刑罚如何适用，以及各种具体罪的具体量刑幅度如何等，均由刑法加以规定。对于刑法分则没有明文规定为犯罪行为的行为，不得定罪处刑。概括起来说，就是"法无明文规定不为罪，法无明文规定不处罚"。

2. 适用刑法平等原则

《刑法》第四条规定，对任何人犯罪，在适用法律上一律平等。不允许任何人有超越法律的特权。这是法律面前人人平等原则在刑事法律领域的具体化。

适用刑法人人平等原则的含义是：对任何人犯罪，不论犯罪人的家庭出身、社会地位、职业性质、财产状况、政治面貌、才能业绩如何，都应追究刑事责任，一律平等地适用刑法，依法定罪、量刑和行刑，不允许任何人有超越法律的特权。

3. 罪刑相适应原则

《刑法》第五条规定，刑罚的轻重，应当与犯罪分子所犯罪行和承担的刑事责任相适应。罪刑相适应原则是指犯罪人所犯的罪行与应承担的刑事责任应当相当，重罪重判，轻罪轻判，罚当其罪，罪刑相称，不能重罪轻判，也不能轻罪重判。

罪刑相适应原则的含义是：犯多大的罪，就应当承担多大的刑事责任，法院也应判处其相应轻重的刑罚，做到重罪重罚，轻罪轻罚，罪刑相称，罚当其罪；在分析罪重罪轻和刑事责任大小时，不仅要看犯罪的客观社会危害性，而且要结合考虑行为人的主观恶性和人身危险性，把握罪行和罪犯各方面因素综合体系的社会危害性程度，从而确定其刑事责任程度，适用相应轻重的刑罚。

（二）犯罪的基本理论

1. 犯罪的定义

《刑法》第十三条规定，一切危害国家主权、领土完整和安全，分裂国家、颠覆人民民主专政的政权和推翻社会主义制度，破坏社会秩序和经济秩序，侵犯国有财产或者劳动群众集体所有的财产，侵犯公民私人所有的财产，侵犯公民的人身权利、民主权利和其他权利，以及其他危害社会的行为，依照法律应当受刑罚处罚的，都是犯罪，但是情节显著轻微危害不大的，不认为是犯罪。这一定义准确地揭示了我国现阶段犯罪的法律特征，同时也通过但书将罪与非罪（一般违法行为）区别开来。

2. 犯罪的基本特征

犯罪的基本特征是指犯罪行为区别于一般违法行为的核心要素，根据我国《刑法》第十三条的规定，犯罪行为具有以下 3 个基本特征：

第一，犯罪是危害社会的行为，即具有一定的社会危害性。犯罪的社会危害性是指犯罪行为对刑法所保护的社会关系造成或可能造成这样或那样损害的特性。这是犯罪与一般违法行为、不道德行为的最大区别之处。

第二，犯罪是触犯刑律的行为，即具有刑事违法性。违法行为有各种各样的情况：有的是违反民事法律、法规，经济法律、法规，叫民事违法行为、经济违法行为；有的是违反行政法律、法规，叫行政违法行为。犯罪也是违法行为，但不是一般的违法行为，而是违反刑法即触犯刑律的行为，是刑事违法行为。违法并不都是犯罪，只有违反了刑法的才构成犯罪。

第三，犯罪是应受刑罚处罚的行为，即具有应受刑事处罚性。刑事处罚是犯罪的必然后果，某种行为一旦定罪，国家就必然进行刑事责任处罚，并且刑事责任处罚也只能加诸犯罪行为。

犯罪的上述 3 个基本特征相互联系，不可分割。同时，这 3 个基本特征对于认定安全生产相关领域的罪与非罪、此罪与彼罪具有重大意义。

3. 犯罪构成的要件

犯罪构成，是指我国刑法规定的某种行为构成犯罪所必须具备的主观要件和客观要件的总和。首先，犯罪构成所要求的主观要件和客观要件都必须是我国刑法所规定的；其次，犯罪构成是我国刑法的主观要件和客观要件的总和；最后，犯罪构成主观要件和客观要件说明的是犯罪成立所要求的基本事实特征，而不是一般的事实描述，更不是案件全部事实与情节不加选择的堆砌。应当指出，犯罪构成要件是说明案件情况的最重要的事实特征，并且必须在查明案件的全部事实与情节的基础上进行。

按照我国犯罪构成一般理论，我国刑法规定的犯罪都必须具备犯罪客体、犯罪的客观方面、犯罪主体和犯罪的主观方面这四个要件。具体来说，犯罪客体，就是指我国刑法所保护的，而为犯罪所侵害的社会主义社会关系。犯罪的客观方面，是指刑法所规定的、构成犯罪在客观上必须具备的危害社会的行为和由这种行为所引起的危害社会的结果。犯罪主体，就是实施了犯罪行为，依法应当承担刑事责任的人。我国刑法对犯罪主体规定了两种类型，一种是达到刑事责任年龄，具有刑事责任能力，实施了犯罪行为的自然人；另一种是实施了犯罪行为的企业、事业单位、国家机关、社会团体等单位。犯罪的主观要件，是指犯罪主体对自己实施的危害社会行为及其结果所持的心理态度，分为故意与过失两种情形。这四个要件是任何一个犯罪都必须具备的。

犯罪构成从根本上说明了犯罪成立的基本条件，对刑法理论和刑事司法实践具有重大的意义。只有精确地界定了犯罪构成要件，才能分清罪与非罪、此罪与彼罪。

4. 犯罪的预备、未遂与中止

犯罪的预备、未遂与中止，是故意犯罪行为发展中可能出现的几个不同的形态。这些形态都是相对于犯罪的既遂而言的，而犯罪的既遂是指犯罪人所实施的行为，已经具备了构成某一犯罪的一切要件。犯罪的预备、未遂与中止，都只存在于故意犯罪的情况之下，而且都是在实现犯罪目的的过程中发生的。

《刑法》第二十二条第一款规定，为了犯罪，准备工具，制造条件的，是犯罪预备。犯罪的预备，是着手犯罪前的一种准备活动，是犯罪的最初阶段。第二十二条第二款规定，对于预备犯，可以比照既遂犯从轻、减轻处罚或者免除处罚。

《刑法》第二十三条规定，已经着手实行犯罪，由于犯罪分子意志以外的原因而未得逞的，是犯罪未遂。对于未遂犯，可以比照既遂犯从轻或者减轻处罚。

《刑法》第二十四条规定，在犯罪过程中，自动放弃犯罪或者自动有效地防止犯罪结果发生的，是犯罪中止。对于中止犯，没有造成损害的，应当免除处罚；造成损害的，应当减轻处罚。

5. 刑事责任

刑事责任是指依照刑事法律的规定，行为人实施刑事法律禁止的行为所必须承担的法律后果。这一后果只能由行为人自己承担。具备犯罪构成的要件是负刑事责任的依据。从主观方面说，凡法律规定达到一定年龄、精神正常的人故意或者过失犯罪，法律有规定的应负刑事责任；从客观方面说，某种行为侵犯刑事法律保护的社会关系并具有社会危害性的，应负刑事责任。然而，某些行为从表面上看已经具备犯罪构成的要件，但实际上并不危害社会，不负刑事责任。如无责任能力人的行为、正当防卫、紧急避险、实施有益于社会的行为等。

《刑法》第十七条规定，已满十六周岁的人犯罪，应当负刑事责任。已满十四周岁不满十六周岁的人，犯故意杀人、故意伤害致人重伤或者死亡、强奸、抢劫、贩卖毒品、放火、爆炸、投放危险物质罪的，应当负刑事责任。已满十二周岁不满十四周岁的人，犯故意杀人、故意伤害罪，致人死亡或者以特别残忍手段致人重伤造成严重残疾，情节恶劣，经最高人民检察院核准追诉的，应当负刑事责任。对需要依法追究刑事责任的不满十八周岁的人，应当从轻或者减轻处罚。《刑法》第十七条之一规定，已满七十五周岁的人故意犯罪的，可以从轻或者减轻处罚；过失犯罪的，应当从轻或者减轻处罚。针对精神病人等特殊人员辨认和控制能力有缺陷，《刑法》第十八条规定，精神病人在不能辨认或者不能控制自己行为的时候造成危害结果，经法定程序鉴定确认的，不负刑事责任，但是应当责令他的家属或者监护人严加看管和医疗；在必要的时候，由政府强制医疗。间歇性的精神病人在精神正常的时候犯罪，应当负刑事责任。尚未完全丧失辨认或者控制自己行为能力的精神病人犯罪的，应当负刑事责任，但是可以从轻或者减轻处罚。醉酒的人犯罪，应当负刑事责任。

《刑法》第二十条规定，为了使国家、公共利益、本人或者他人的人身、财产和其他权利免受正在进行的不法侵害，而采取的制止不法侵害的行为，对不法侵害人造成损害的，属于正当防卫，不负刑事责任。正当防卫明显超过必要限度造成重大损害的，应当负刑事责任，但是应当减轻或者免除处罚。对正在进行行凶、杀人、抢劫、强奸、绑架以及其他严重危及人身安全的暴力犯罪，采取防卫行为，造成不法侵害人伤亡的，不属于防卫过当，不负刑事责任。

《刑法》第二十一条规定，为了使国家、公共利益、本人或者他人的人身、财产和其他权利免受正在发生的危险，不得已采取的紧急避险行为，造成损害的，不负刑事责任。紧急避险超过必要限度造成不应有的损害的，应当负刑事责任，但是应当减轻或者免除处罚。第一款中关于避免本人危险的规定，不适用于职务上、业务上负有特定责任的人。

以上是我国刑法关于刑事责任年龄、正当防卫、紧急避险的法律规定。从理论上说，刑事责任的归责要素应当包括主观恶性、客观危害、刑事违法3个方面，满足上述3个要件，达到刑事责任年龄，同时不具有法定免除刑事责任事由的行为人应当承担刑事责任。

6. 刑罚的基本理论

刑罚权作为国家制裁犯罪人的一种权力，是国家的一种统治权，是国家基于其主权地位所拥有的确认犯罪行为范围、制裁犯罪行为以及执行这种制裁的权力。它不仅仅是一种适用刑罚的权力，实际上是决定、支配整个刑法的权力。刑罚是指审判机关依照刑法的规定剥夺犯罪人某种权益的一种强制处分。刑罚只适用于实施刑事法律禁止的行为的犯罪分子。在我国，刑罚只能由人民法院严格根据法律来适用，其目的是打击反抗和破坏社会主义制度的人，惩罚和改造罪犯，以维护社会主义秩序，巩固人民民主专政。

刑罚首先具有剥夺功能，剥夺功能意味着对犯罪人某种权益的剥夺；其次具有威慑功能，是指行为人因恐惧刑罚制裁而不敢实施犯罪行为；再次刑罚还具有改造功能，是指刑罚具有改变犯罪人的价值观念和行为方式，使其成为社会有用之人的作用；最后刑罚具有安抚功能，是指国家通过对犯罪适用和执行刑罚，能够在一定程度上满足受害人及其家属要求惩罚罪犯的强烈报复愿望，可以平息或缓和给被害人以及社会其他成员造成的激愤情绪，使他们在心理上、精神上得到安抚。

根据《刑法》规定，刑罚分为主刑和附加刑。主刑的种类如下：①管制；②拘役；③有期徒刑；④无期徒刑；⑤死刑。附加刑的种类如下：①罚金；②剥夺政治权利；③没收财产。附加刑也可以独立适用。对于犯罪的外国人，可以独立适用或者附加适用驱逐出境。由于犯罪行为而使被害人遭受经济损失的，对犯罪分子除依法给予刑事处罚外，并应根据情况判处赔偿经济损失。承担民事赔偿责任的犯罪分子，同时被判处罚金，其财产不足以全部支付的，或者被判处没收财产的，应当先承担对被害人的民事赔偿责任。

对于犯罪情节轻微不需要判处刑罚的，可以免予刑事处罚，但是可以根据案件的不同情况，予以训诫或者责令具结悔过、赔礼道歉、赔偿损失，或者由主管部门予以行政处罚或者行政处分。因利用职业便利实施犯罪，或者实施违背职业要求的特定义务的犯罪被判处刑罚的，人民法院可以根据犯罪情况和预防再犯罪的需要，禁止其自刑罚执行完毕之日或者假释之日起从事相关职业，期限为3～5年。被禁止从事相关职业的人违反人民法院依照前款规定作出的决定的，由公安机关依法给予处罚；情节严重的，依照《刑法》第三百一十三条的规定定罪处罚。其他法律、行政法规对其从事相关职业另有禁止或者限制性规定的，从其规定。

（三）安全生产犯罪

为了制裁安全生产违法犯罪分子，《安全生产法》关于追究刑事责任的规定共十六条，如果违反了其中任何一条规定而构成犯罪的，都要依照《刑法》追究刑事责任。《刑法》有关安全生产犯罪的罪名主要有重大责任事故罪，强令、组织他人违章冒险作业罪，重大劳动安全事故罪，危险作业罪，大型群众性活动重大安全事故罪，不报、谎报安全事故罪，危险物品肇事罪，提供虚假证明文件罪以及国家工作人员职务犯罪等。依照《刑事诉讼法》的规定，追究刑事责任的执法主体是法定的司法机关，即按照各自的职责分工，分别由公安机关、检察机关和人民法院追究刑事责任，由人民法院依法作出最终的司法判决。

二、生产经营单位及其有关人员犯罪的刑事责任

（一）重大责任事故罪

《刑法》第一百三十四条第一款规定，在生产、作业中违反有关安全管理的规定，因而发生重大伤亡事故或者造成其他严重后果的，处三年以下有期徒刑或者拘役；情节特别恶劣的，处三年以上七年以下有期徒刑。

重大责任事故罪犯罪主体，包括对生产、作业负有组织、指挥或者管理职责的负责人、管理人员、实际控制人、投资人等人员，以及直接从事生产、作业的人员。

（二）强令、组织他人违章冒险作业罪

《刑法》第一百三十四条第二款规定，强令他人违章冒险作业，或者明知存在重大事故隐患而不排除，仍冒险组织作业，因而发生重大伤亡事故或者造成其他严重后果的，处五年以下有期徒刑或者拘役；情节特别恶劣的，处五年以上有期徒刑。

强令、组织他人违章冒险作业罪犯罪主体，包括对生产、作业负有组织、指挥或者管理职责的负责人、管理人员、实际控制人、投资人等人员。

（三）危险作业罪

《刑法》第一百三十四条之一规定，在生产、作业中违反有关安全管理的规定，有下列情形之一，具有发生重大伤亡事故或者其他严重后果的现实危险的，处一年以下有期徒刑、拘役或者管制：

（1）关闭、破坏直接关系生产安全的监控、报警、防护、救生设备、设施，或者篡改、隐瞒、销毁其相关数据、信息的。

（2）因存在重大事故隐患被依法责令停产停业、停止施工、停止使用有关设备、设施、场所或者立即采取排除危险的整改措施，而拒不执行的。

（3）涉及安全生产的事项未经依法批准或者许可，擅自从事矿山开采、金属冶炼、建筑施工，以及危险物品生产、经营、储存等高度危险的生产作业活动的。

应注意本罪以行为具有"现实危险性"作为构成要件，即行为人虽然实施了违反生产作业管理规定的行为，但如果没有发生重大伤亡事故或者造成其他严重后果的现实危险的，不构成犯罪。

（四）重大劳动安全事故罪

《刑法》第一百三十五条规定，安全生产设施或者安全生产条件不符合国家规定，因而发生重大伤亡事故或者造成其他严重后果的，对直接负责的主管人员和其他直接责任人员，处三年以下有期徒刑或者拘役；情节特别恶劣的，处三年以上七年以下有期徒刑。

直接负责的主管人员和其他直接责任人员，是指对安全生产设施或者安全生产条件不符合国家规定负有直接责任的生产经营单位负责人、管理人员、实际控制人、投资人，以及其他对安全生产设施或者安全生产条件负有管理、维护职责的人员。

（五）危险物品肇事罪

《刑法》第一百三十六条规定，违反爆炸性、易燃性、放射性、毒害性、腐蚀性物品的管理规定，在生产、储存、运输、使用中发生重大事故，造成严重后果的，处三年以下有期徒刑或者拘役；后果特别严重的，处三年以上七年以下有期徒刑。

（六）生产、销售不符合安全标准的产品罪

《刑法》第一百四十六条规定，生产不符合保障人身、财产安全的国家标准、行业标准的电器、压力容器、易燃易爆产品或者其他不符合保障人身、财产安全的国家标准、行业标准的产品，或者销售明知是以上不符合保障人身、财产安全的国家标准、行业标准的产品，造成严重后果的，处五年以下有期徒刑，并处销售金额百分之五十以上二倍以下罚金；后果特别严重的，处五年以上有期徒刑，并处销售金额百分之五十以上二倍以下罚金。

（七）消防责任事故罪

《刑法》第一百三十九条规定，违反消防管理法规，经消防监督机构通知采取改正措施而拒绝执行，造成严重后果的，对直接责任人员，处三年以下有期徒刑或者拘役；后果特别严重的，处三年以上七年以下有期徒刑。

（八）不报、谎报安全事故罪

《刑法》第一百三十九条之一规定，在安全事故发生后，负有报告职责的人员不报或者谎报事故情况，贻误事故抢救，情节严重的，处三年以下有期徒刑或者拘役；情节特别严重的，处三年以上七年以下有期徒刑。

负有报告职责的人员，是指负有组织、指挥或者管理职责的负责人、管理人员、实际控制人、投资人，以及其他负有报告职责的人员。

三、关于生产安全犯罪适用《刑法》的司法解释

为依法惩治危害生产安全犯罪，根据《刑法》有关规定，最高人民法院、最高人民检察院 2015 年 12 月 14 日公布了《最高人民法院　最高人民检察院关于办理危害生产安全刑事案件适用法律若干问题的解释》（简称《若干问题的解释》）。

《若干问题的解释》共 17 条，包括生产安全犯罪的犯罪主体、定罪标准、疑难问题的法律适用、国家工作人员职务犯罪的行为和刑事责任、刑事处罚和量刑情节等。因全国人民代表大会常务委员会于 2020 年 12 月 26 日通过《中华人民共和国刑法修正案（十一）》，对生产安全犯罪罪名等进一步优化。2022 年 9 月 19 日最高人民法院审判委员会第 1875 次会议、2022 年 10 月 25 日最高人民检察院第十三届检察委员会第一百零六次会议通过《最高人民法院　最高人民检察院关于办理危害生产安全刑事案件适用法律若干问题的解释（二）》（简称《若干问题的解释（二）》），对《中华人民共和国刑法修正案（十一）》涉及的有关内容进行了明确。

（一）《若干问题的解释》主要内容

1. 重大责任事故罪和重大劳动安全事故罪的定罪标准

《若干问题的解释》第六条第一款规定，实施刑法第一百三十四条第一款、第一百三十五条规定的行为，因而发生安全事故，具有下列情形之一的，应当认定为"造成严重后果"或者"发生重大伤亡事故或者造成其他严重后果"：

（1）造成死亡 1 人以上，或者重伤 3 人以上的。

（2）造成直接经济损失 100 万元以上的。

（3）造成其他严重后果或者重大安全事故的情形。

2. 疑难问题的法律适用依据

1）共同犯罪

《若干问题的解释》第九条规定，在安全事故发生后，与负有报告职责的人员串通，不报或者谎报事故情况，贻误事故抢救，情节严重的，依照刑法第一百三十九条之一的规定，以共犯论处。

2）数罪并罚

《若干问题的解释》第十二条规定，实施"采取弄虚作假、行贿等手段，故意逃避、阻挠负有安全监督管理职责的部门实施监督检查"的行为，同时构成刑法第三百八十九条规定的犯罪的，依照数罪并罚的规定处罚。

3. 国家机关工作人员职务犯罪

《若干问题的解释》第十五条规定，国家机关工作人员在履行安全监督管理职责时滥用职权、玩忽职守，致使公共财产、国家和人民利益遭受到重大损失的，或者徇私舞弊，对发现的刑事案件依法应当移交司法机关追究刑事责任而不移交，情节严重的，分别依照刑法第三百九十七条、第四百零二条的规定，以滥用职权罪、玩忽职守罪或者徇私舞弊不移交刑事案件罪定罪处罚。

4. 量刑情节的规定

《若干问题的解释》第七条第一款规定，实施刑法第一百三十四条第一款、第一百三十五条规定的行为，因而发生安全事故，具有下列情形之一的，对相关责任人员，处3年以上7年以下有期徒刑：

（1）造成死亡3人以上或者重伤10人以上，负事故主要责任的。

（2）造成直接经济损失500万元以上，负事故主要责任的。

（3）其他造成特别严重后果、情节特别恶劣或者后果特别严重的情形。

《若干问题的解释》第八条第一款规定，在安全事故发生后，负有报告职责的人员不报或者谎报事故情况，贻误事故抢救，具有下列情形之一的，应当认定为刑法第一百三十九条之一规定的"情节严重"：

（1）导致事故后果扩大，增加死亡1人以上，或者增加重伤3人以上，或者增加直接经济损失100万元以上的。

（2）实施下列行为之一，致使不能及时有效开展事故抢救的：

① 决定不报、迟报、谎报事故情况或者指使、串通有关人员不报、迟报、谎报事故情况的。

② 在事故抢救期间擅离职守或者逃匿的。

③ 伪造、破坏事故现场，或者转移、藏匿、毁灭遇难人员尸体，或者转移、藏匿受伤人员的。

④ 毁灭、伪造、隐匿与事故有关的图纸、记录、计算机数据等资料以及其他证据的。

（3）其他情节严重的情形。

《若干问题的解释》第八条第二款规定，具有下列情形之一的，应当认定为《刑法》第一百三十九条之一规定的"情节特别严重"：

① 导致事故后果扩大，增加死亡3人以上，或者增加重伤10人以上，或者增加直接经济损失500万元以上的。

② 采用暴力、胁迫、命令等方式阻止他人报告事故情况，导致事故后果扩大的。

③ 其他情节特别严重的情形。

（二）《若干问题的解释（二）》主要内容

1. "强令他人违章冒险作业""冒险组织作业"的认定

根据《若干问题的解释（二）》第一条第一款，明知存在事故隐患，继续作业存在危险，仍然违反有关安全管理的规定，有下列情形之一的，属于刑法第一百三十四条第二款规定的"强令他人违章冒险作业"：①以威逼、胁迫、恐吓等手段，强制他人违章作业的；②利用组织、指挥、管理职权，强制他人违章作业的；③其他强令他人违章冒险作业的情形。

根据《若干问题的解释（二）》第一条第二款，明知存在重大事故隐患，仍然违反有关安全管理的规定，不排除或者故意掩盖重大事故隐患，组织他人作业的，属于刑法第一百三十四条第二款规定的"冒险组织作业"。

2. 刑法中"重大事故隐患"和"危险物品"的认定

根据《若干问题的解释（二）》第四条，刑法第一百三十四条第二款和第一百三十四条之一第二项规定的"重大事故隐患"，依照法律、行政法规、部门规章、强制性标准以及有关行政规范性文件进行认定。刑法第一百三十四条之一第三项规定的"危险物品"，依照《安全生产法》第一百一十七条的规定确定。对于是否属于"重大事故隐患"或者"危险物品"难以确定的，可以依据司法鉴定机构出具的鉴定意见、地市级以上负有安全生产监督管理职责的部门或者其指定的机构出具的意见，结合其他证据综合审查，依法作出认定。

3. 危险作业罪的定罪量刑

根据《若干问题的解释（二）》第十条，有刑法第一百三十四条之一行为，积极配合公安机关或者负有安全生产监督管理职责的部门采取措施排除事故隐患，确有悔改表现，认罪认罚的，可以依法从宽处罚；犯罪情节轻微不需要判处刑罚的，可以不起诉或者免予刑事处罚；情节显著轻微危害不大的，不作为犯罪处理。根据第十一条，被不起诉或者免予刑事处罚，需要给予行政处罚、政务处分或者其他处分的，依法移送有关主管机关处理。

1.【单选题】生产经营单位的主要负责人未履行《安全生产法》规定的安全生产管理职责，导致发生生产安全事故的，给予撤职处分，构成犯罪的，依照刑法有关规定追究刑事责任；受刑事处罚或者撤职处分的，自刑罚执行完毕或者受处分之日起，（　　）不得担任任何生产经营单位的主要负责人；对重大、特别重大生产安全事故负有责任的，终身不得担任本行业生产经营单位的主要负责人。

A. 3 年内　　　　　　B. 5 年内　　　　　　C. 7 年内　　　　　　D. 10 年内

2.【单选题】依据《中华人民共和国刑法修正案（十一）》，在生产、作业中违反有关安全管理的规定，因存在重大事故隐患被依法责令停产停业、停止施工、停止使用有关设备、设施、场所或者立即采取排除危险的整改措施，而拒不执行，（　　），处一年以下有期徒刑、拘役或者管制。

A. 发生重大伤亡事故或者造成其他严重后果的

B. 情节严重的

C. 情节特别恶劣的

D. 具有发生重大伤亡事故或者其他严重后果的现实危险的

3.【单选题】某污水处理公司进行地下管道安装施工，项目经理王某违反安全管理规定安排工人作业，导致发生一起 2 人死亡事故，依据《刑法》及相关司法解释，王某的行为涉嫌构成（　　）。

A. 一般责任事故罪　　　　　　　　　　B. 重大劳动安全事故罪

C. 重大责任事故罪　　　　　　　　　　D. 强令违章冒险作业罪

4.【多选题】事故单位的责任人和对事故负有监管职责的人员在事故发生后弄虚作假，贻误事故抢救，应承担相应的法律责任。根据《刑法》及相关司法解释，关于不报、谎报安全事故罪犯罪情形，应当认定为情节特别严重的有（　　）。

A. 导致事故后果扩大增加死亡 3 人以上的

B. 导致事故后果扩大增加重伤 10 人以上的

C. 采用暴力、胁迫、命令等方式阻止他人报告事故情况，导致事故后果扩大的

D. 导致事故后果扩大增加死亡 2 人以下的

E. 导致事故后果扩大增加经济损失 500 万元以上的

📖参考答案

1. B 2. D 3. C 4. ABC

第七节 中华人民共和国劳动法

1994 年 7 月 5 日第八届全国人民代表大会常务委员会第八次会议通过《中华人民共和国劳动法》（简称《劳动法》），自 1995 年 1 月 1 日起施行。根据 2009 年 8 月 27 日第十一届全国人民代表大会常务委员会第十次会议《关于修改部分法律的决定》第一次修正；根据 2018 年 12 月 29 日第十三届全国人民代表大会常务委员会第七次会议《关于修改〈中华人民共和国劳动法〉等七部法律的决定》第二次修正。《劳动法》的立法目的是保护劳动者的合法权益，调整劳动关系，建立和维护适应社会主义市场经济的劳动制度，促进经济发展和社会进步。在中华人民共和国境内的企业、个体经济组织（统称用人单位）和与之形成劳动关系的劳动者，适用《劳动法》。国家机关、事业组织、社会团体和与之建立劳动合同关系的劳动者，依照《劳动法》执行。

一、劳动安全卫生的基本要求

（一）劳动者的权利

《劳动法》第三条规定，劳动者享有平等就业和选择职业的权利、取得劳动报酬的权利、休息休假的权利、获得劳动安全卫生保护的权利、接受职业技能培训的权利、享受社会保险和福利的权利、提请劳动争议处理的权利以及法律规定的其他劳动权利。劳动者对用人单位管理人员违章指挥、强令冒险作业，有权拒绝执行；对危害生命安全和身体健康的行为，有权提出批评、检举和控告。

劳动者有权依法参加和组织工会。工会代表和维护劳动者的合法权益，依法独立自主地开展活动。劳动者依照法律规定，通过职工大会、职工代表大会或者其他形式，参与民主管理或者就保护劳动者合法权益与用人单位进行平等协商。

（二）劳动者的义务

劳动者的义务主要包括：一是完成劳动任务；二是提高职业技能；三是执行劳动安全卫生规程；四是遵守劳动纪律和职业道德；五是从事特种作业的劳动者必须经过专门培训并取得特种作业资格。

（三）用人单位的劳动安全卫生义务

（1）用人单位必须建立、健全劳动安全卫生制度，严格执行国家劳动安全卫生规程和标准，对劳动者进行劳动安全卫生教育，防止劳动过程中的事故，减少职业危害。

（2）劳动安全卫生设施必须符合国家规定的标准。新建、改建、扩建工程的劳动安全卫生设施必须与主体工程同时设计、同时施工、同时投入生产和使用。

（3）用人单位必须为劳动者提供符合国家规定的劳动安全卫生条件和必要的劳动防护用品，对从事有职业危害作业的劳动者应当定期进行健康检查。

二、国家对女职工的特殊劳动保护

国家对女职工和未成年工实行特殊劳动保护：一是禁止安排女职工从事矿山井下、国家规定的第四级体力劳动强度的劳动和其他禁忌从事的劳动；二是不得安排女职工在经期从事高处、低温、冷水作业和国家规定的第三级体力劳动强度的劳动；三是不得安排女职工在怀孕期间从事国家规定的第三级体力劳动强度的劳动和孕期禁忌从事的劳动，对怀孕 7 个月以上的女职工，不得安排其延长工作时间和夜班劳动；四是不得安排女职工在哺乳未满 1 周岁的婴儿期间从事国家规定的第三级体力劳动强度的劳动和哺乳期禁忌从事的其他劳动，不得安排其延长工作时间和夜班劳动。此外，女职工生育享受不少于 90 天的产假。

三、国家对未成年工的特殊劳动保护

未成年工是指年满 16 周岁未满 18 周岁的劳动者。不得安排未成年工从事矿山井下、有毒有害、国家规定的第四级体力劳动强度的劳动和其他禁忌从事的劳动。用人单位应当对未成年工定期进行健康检查。

四、劳动安全卫生监督检查的规定

（一）劳动行政部门的监督检查

县级以上各级人民政府劳动行政部门依法对用人单位遵守劳动法律、法规的情况进行监督检查，对违反劳动法律、法规的行为有权制止，并责令改正。县级以上各级人民政府劳动行政部门监督检查人员执行公务，有权进入用人单位了解执行劳动法律、法规的情况，查阅必要的资料，并对劳动场所进行检查。县级以上各级人民政府劳动行政部门监督检查人员执行公务，必须出示证件，秉公执法并遵守有关规定。

（二）有关部门的监督

县级以上各级人民政府有关部门在各自职责范围内，对用人单位遵守劳动法律、法规的情况进行监督。

（三）工会的监督

各级工会依法维护劳动者的合法权益，对用人单位遵守劳动法律、法规的情况进行监督。任何组织和个人对于违反劳动法律、法规的行为有权检举和控告。

五、劳动安全卫生违法行为实施行政处罚的决定机关

（一）劳动安全卫生监督管理体制的改革

根据 1998 年全国人大批准的国务院机构改革方案，国务院决定将由原劳动部负责的全国安全生产综合监督管理职能，改由国家经济贸易委员会行使。2003 年，国务院又决定撤销国家经济贸易委员会，将其负责的全国安全生产综合监督管理职能，改由国家安全生产监督管理局行使。2005 年 2 月 23 日，国务院决定将国家安全生产监督管理局升格为

国家安全生产监督管理总局，由其负责全国安全生产综合监督管理职能。国家的安全生产监督管理体制改革和职责分工调整后，各级人民政府劳动行政部门不再负责安全生产综合监督管理工作，改由各级人民政府安全生产综合监督管理部门负责。2018 年 3 月国家机构改革方案公布，国家安全生产监督管理总局的职业安全健康监督管理职责整合至国家卫生健康委员会，而安全生产综合监管职责则归于应急管理部。

（二）劳动安全卫生监管和行政执法的机关

依照《安全生产法》和国务院的规定，现由县级以上人民政府负责安全生产监督管理的部门负责履行《劳动法》赋予劳动行政部门负责的劳动安全监督管理的职责，行使《劳动法》中有关劳动安全监督管理和行政执法的职权。依据《职业病防治法》和国务院的规定，劳动卫生职责由卫生行政主管部门负责。县级以上人民政府劳动行政部门依照法律和本级人民政府的规定，行使劳动安全卫生以外的其他劳动活动的监督管理和行政执法的职权。

1.【单选题】依据《劳动法》，关于劳动安全卫生，以下说法错误的是（　　）。

A. 用人单位必须建立、健全劳动安全卫生制度，严格执行国家劳动安全卫生规程和标准，对劳动者进行劳动安全卫生教育，防止劳动过程中的事故，减少职业危害

B. 劳动安全卫生设施必须符合省级地方标准

C. 用人单位必须为劳动者提供符合国家规定的劳动安全卫生条件和必要的劳动防护用品，对从事有职业危害作业的劳动者应当定期进行健康检查

D. 从事特种作业的劳动者必须经过专门培训并取得特种作业资格

2.【单选题】某非煤矿山企业新招聘一名女大学生孙某，孙某主动申请到最苦、最累的岗位上班。依据《劳动法》，该企业不能给孙某安排（　　）岗位。

A. 高处作业　　　　　　　　B. 低温、冷水作业

C. 矿山井下作业　　　　　　D. 夜班劳动

3.【单选题】依据《劳动法》，国家实行劳动者每日工作时间不超过八小时、平均每周工作时间不超过（　　）小时的工时制度。

A. 五十六　　　B. 四十八　　　C. 四十四　　　D. 四十

4.【多选题】依据《劳动法》，下列企业对女职工的工作安排，符合女职工特殊保护规定的是（　　）。

A. 某矿山企业临时安排女职工到井下工作 1 天

B. 某翻译公司安排已怀孕 3 个月的女职工本周每天加班 1 小时

C. 某医院安排女护士（孩子 5 个月大）值夜班

D. 某食品公司安排女职工在例假期间从事冷库搬运作业

E. 某钢铁公司安排女职工从事高温作业

参考答案

1. B　2. C　3. C　4. BE

第八节　中华人民共和国劳动合同法

2007年6月29日，第十届全国人民代表大会常务委员会第二十八次会议通过了《中华人民共和国劳动合同法》（简称《劳动合同法》），自2008年1月1日起施行。根据2012年12月28日第十一届全国人民代表大会常务委员会第三十次会议《关于修改〈中华人民共和国劳动合同法〉的决定》修正。《劳动合同法》是一部关系广大劳动者劳动权益的重要法律。《劳动合同法》的立法目的是完善劳动合同制度，明确劳动合同双方当事人的权利和义务，保护劳动者的合法权益，构建和发展和谐稳定的劳动关系。

一、《劳动合同法》的基础理论

（一）《劳动合同法》的适用范围

《劳动合同法》第二条规定，中华人民共和国境内的企业、个体经济组织、民办非企业单位等组织（以下称用人单位）与劳动者建立劳动关系，订立、履行、变更、解除或者终止劳动合同，适用本法。国家机关、事业单位、社会团体和与其建立劳动关系的劳动者，订立、履行、变更、解除或者终止劳动合同，依照本法执行。

《劳动合同法》在《劳动法》的基础上，扩大了适用范围，增加了民办非企业单位等组织作为用人单位，并且将事业单位聘用制工作人员也纳入本法调整范围。此外，《劳动合同法》还根据征求意见的情况和现实劳动关系的规定，对非全日制用工作了专门规定。

（二）协调劳动关系的三方机制

《劳动合同法》第五条规定，县级以上人民政府劳动行政部门会同工会和企业方面代表，建立健全协调劳动关系三方机制，共同研究解决有关劳动关系的重大问题。

协调劳动关系三方协商机制，也称劳动关系三方原则，根据国际劳工组织1976年第144号《三方协商促进实施国际劳工标准公约》的规定，三方机制是指政府（通常以劳动部门为代表）、雇主和工人之间，就制定和实施经济和社会政策而进行的所有交往和活动。即由政府、雇主组织和工会通过一定的组织机构和运作机制共同处理所涉及劳动关系的问题，如劳动立法、经济与社会政策的制定、就业和劳动条件、劳动争议处理以及对产业行为的规范与防范。

1. 三方机制的组成

三方机制应当由代表政府的劳动行政部门、代表职工的地方总工会和代表用人单位的企业代表组成，而且这三方的职能不能相互替代，各有侧重和相互独立，相互没有隶属关系。

2. 三方机制针对的问题

根据《工会法》和《劳动合同法》的规定，三方机制要解决的是有关劳动关系的重大问题，如劳动就业、劳动报酬、社会保险、职业培训、劳动争议、劳动安全卫生、工作时间和休息休假、集体合同和劳动合同等。

二、劳动合同的建立及相关权利义务

（一）劳动合同的建立与内容

1. 劳动合同的订立

用人单位自用工之日起即与劳动者建立劳动关系。用人单位应当建立职工名册备查。《劳动合同法》第八条规定，用人单位招用劳动者时，应当如实告知劳动者工作内容、工作条件、工作地点、职业危害、安全生产状况、劳动报酬，以及劳动者要求了解的其他情况；用人单位有权了解劳动者与劳动合同直接相关的基本情况，劳动者应当如实说明。

所谓劳动关系，是指劳动者与用人单位在实现劳动过程中建立的社会关系。《劳动合同法》将实际用工作为建立劳动关系的标准有其合理性，是劳动关系的应有之义，同时也有利于保护劳动者的合法权益。在劳动合同的订立过程中，有关用人单位的情况和具体劳动岗位等信息严重不对称，劳动者往往缺乏有效途径全面了解有关劳动合同的情况，同时，用人单位作为一个组织体，对其各项制度和劳动合同有关情况是非常清楚的。这种信息的不对称，导致劳动者很难公平地、平等自愿地订立劳动合同。为了平衡用人单位和劳动者信息不对称的地位，防止用人单位利用信息优势侵害劳动者合法权益，《劳动合同法》规定了用人单位如实告知的义务。

2. 劳动合同的内容

《劳动合同法》第十七条规定，劳动合同应当具备以下条款：

（1）用人单位的名称、住所和法定代表人或者主要负责人。

（2）劳动者的姓名、住址和居民身份证或者其他有效身份证件号码。

（3）劳动合同期限。

（4）工作内容和工作地点。

（5）工作时间和休息休假。

（6）劳动报酬。

（7）社会保险。

（8）劳动保护、劳动条件和职业危害防护。

（9）法律、法规规定应当纳入劳动合同的其他事项。

劳动合同除前款规定的必备条款外，用人单位与劳动者可以约定试用期、培训、保守秘密、补充保险和福利待遇等其他事项。

（二）试用期、服务期和竞业限制的约定

1. 用人单位享有依法约定试用期的权利

试用期是用人单位通过约定一定时间的试用来检验劳动者是否符合本单位特定工作岗位工作要求的制度。这对双方互相了解、双向选择，具有积极意义。在国际上，这也是劳动合同制度的普遍做法，试用期的长短根据工作岗位的需要不同，有长有短。同时，为了防止有些用人单位滥用试用期，《劳动合同法》第十九条规定，劳动合同期限 3 个月以上不满 1 年的，试用期不得超过 1 个月；劳动合同期限 1 年以上不满 3 年的，试用期不得超过 2 个月；3 年以上固定期限和无固定期限的劳动合同，试用期不得超过 6 个月。同一用人单位与同一劳动者只能约定一次试用期。以完成一定工作任务为期限的劳动合同或者劳

动合同期限不满3个月的，不得约定试用期。试用期包含在劳动合同期限内。劳动合同仅约定试用期的，试用期不成立，该期限为劳动合同期限。《劳动合同法》第二十条规定，劳动者在试用期的工资不得低于本单位相同岗位最低档工资或者劳动合同约定工资的百分之八十，并不得低于用人单位所在地的最低工资标准。

2. 用人单位享有依法约定服务期的权利

用人单位出资培训劳动者是现代企业的普遍做法，为了保障用人单位的合法权利，防止劳动者通过专门培训获得专业知识和技能后"跳槽"，使用人单位的期待利益落空，《劳动合同法》第二十二条规定，用人单位为劳动者提供专项培训费用，对其进行专业技术培训的，可以与该劳动者订立协议，约定服务期。劳动者违反服务期约定的，应当按照约定向用人单位支付违约金。违约金的数额不得超过用人单位提供的培训费用。用人单位要求劳动者支付的违约金不得超过服务期尚未履行部分所应分摊的培训费用。用人单位与劳动者约定服务期的，不影响按照正常的工资调整机制提高劳动者在服务期期间的劳动报酬。

3. 用人单位享有依法约定竞业限制的权利

竞业限制是在劳动关系结束后，要求劳动者（主要是高级管理人员和高级技术人员）在法定时间内不得与原单位同业竞争，继续保守原用人单位的商业秘密和与知识产权相关的保密事项。在现实生活中常有这样的情况：某一行业由于竞争激烈，劳动者特别是技术人员相对短缺，同业之间相互"挖人"的现象相当普遍，这种恶性竞争直接影响企业发展。商业秘密和与知识产权相关的保密事项关乎企业的竞争能力，有时甚至直接影响到企业的生存。我国法律一贯重视对知识产权和商业秘密的保护，公司法、反不正当竞争法都有相应的规定。

《劳动合同法》赋予了用人单位与劳动者约定竞业限制的权利，第二十三条规定，用人单位与劳动者可以在劳动合同中约定保守用人单位的商业秘密和与知识产权相关的保密事项。对负有保密义务的劳动者，用人单位可以在劳动合同或者保密协议中与劳动者约定竞业限制条款，并约定在解除或者终止劳动合同后，在竞业限制期限内按月给予劳动者经济补偿。劳动者违反竞业限制约定的，应当按照约定向用人单位支付违约金。

《劳动合同法》第二十四条规定，竞业限制的人员限于用人单位的高级管理人员、高级技术人员和其他负有保密义务的人员。竞业限制的范围、地域、期限由用人单位与劳动者约定，竞业限制的约定不得违反法律、法规的规定。在解除或者终止劳动合同后，负有保密义务的人员到与本单位生产或者经营同类产品、从事同类业务的有竞争关系的其他用人单位，或者自己开业生产或者经营同类产品、从事同类业务的竞业限制期限，不得超过2年。

三、劳动合同履行及相关权利义务

（一）劳动者的批评、检举和控告权利

《劳动合同法》第三十二条规定，劳动者拒绝用人单位管理人员违章指挥、强令冒险作业的，不视为违反劳动合同。劳动者对危害生命安全和身体健康的劳动条件，有权对用人单位提出批评、检举和控告。

（二）劳动者解除合同及获得经济补偿的权利

劳动者提前 30 日以书面形式通知用人单位，可以解除劳动合同。劳动者在试用期内提前 3 日通知用人单位，可以解除劳动合同。

《劳动合同法》第三十八条规定，用人单位有下列情形之一的，劳动者可以解除劳动合同：

（1）未按照劳动合同约定提供劳动保护或者劳动条件的。

（2）未及时足额支付劳动报酬的。

（3）未依法为劳动者缴纳社会保险费的。

（4）用人单位的规章制度违反法律、法规的规定，损害劳动者权益的。

（5）因本法第二十六条第一款规定的情形致使劳动合同无效的。

（6）法律、行政法规规定劳动者可以解除劳动合同的其他情形。

用人单位以暴力、威胁或者非法限制人身自由的手段强迫劳动者劳动的，或者用人单位违章指挥、强令冒险作业危及劳动者人身安全的，劳动者可以立即解除劳动合同，不需事先告知用人单位。

《劳动合同法》第四十六条规定，劳动者依照本法第三十八条规定解除劳动合同的，用人单位应当向劳动者支付经济补偿。

（三）用人单位依法解除劳动合同的权利

在保持劳动力市场的生机和活力的前提下，构建和谐稳定的劳动关系是《劳动合同法》的出发点。《劳动合同法》延续了《劳动法》的有关规定，在赋予劳动者依法解除劳动合同的权利的同时，也赋予用人单位依法解除劳动合同的权利。用人单位在以下情形下，可以解除劳动合同：与劳动者协商一致，可以解除劳动合同；劳动者有违法、违纪、违规行为的，可以解除劳动合同；用人单位可以依法进行经济性裁员；劳动者不能从事或者胜任工作的，或者劳动合同订立时依据的客观情况发生重大变化，致使劳动合同无法履行的，用人单位提前 30 日以书面形式通知劳动者本人或者额外支付劳动者 1 个月工资后，可以解除劳动合同。

（四）禁止用人单位单方解除劳动合同情形

根据《劳动合同法》第三十九条、第四十条、第四十一条的规定，出现法定情形时，用人单位可以单方解除劳动合同，但为保护一些特定群体劳动者的合法权益，规定在法定情形下，禁止用人单位根据《劳动合同法》第四十条、第四十一条的规定单方解除劳动合同。《劳动合同法》第四十二条规定，劳动者有下列两种情形之一的，用人单位不得依照本法第四十条、第四十一条的规定解除劳动合同，这两种情形均涉及职业病防治等方面的权利保护：

（1）从事接触职业病危害作业的劳动者未进行离岗前职业健康检查，或者疑似职业病病人在诊断或者医学观察期间的。受到职业病威胁的劳动者以及职业病人是社会弱势群体，非常需要国家的关怀和法律的保障，因此，《职业病防治法》的一个重要特点是以保护劳动者的合法权益为基本出发点，给予劳动者法律保障。

（2）在本单位患职业病或者因工负伤并被确认丧失或者部分丧失劳动能力的。职业病是劳动者在生产劳动及其职业活动中，接触职业性有害物质引起的疾病。因工负伤，顾名思义是因工作遭受事故伤害的情形。无论是职业病还是因工负伤，都与用人单位有关工作条件、安全制度或者劳动保护制度不尽完善有关，发生职业病或者因工负伤，用人单位作为用工组织者和直接受益者理应承担相应责任。同时，一旦发生职业病或者因工负伤，都可能造成劳动者丧失或者部分丧失劳动能力，如果此时允许用人单位解除劳动合同，将会给劳动者的医疗、生活等带来困难。因此《劳动合同法》规定在本单位患职业病或者因工负伤并被确认丧失或者部分丧失劳动能力的，用人单位不得解除劳动合同。职业病的认定，需要根据《职业病防治法》的有关规定，由专门医疗机构认定。

四、安全生产和职业病防治监督检查的主管机关和管理范围

（一）安全生产和职业病防治监督检查的主管机关

《劳动合同法》第七十三条规定，国务院劳动行政部门负责全国劳动合同制度实施的监督管理。县级以上地方人民政府劳动行政部门负责本行政区域内劳动合同制度实施的监督管理。县级以上各级人民政府劳动行政部门在劳动合同制度实施的监督管理工作中，应当听取工会、企业方面代表以及有关行业主管部门的意见。

劳动行政部门监督管理是指国务院劳动行政部门和县级以上人民政府的劳动行政部门以自己的名义，代表国家对劳动合同制度的实施进行监督管理的行政执法活动。劳动行政部门监督管理是一种专业性的行政执法，有着与其他部门和群众监督不同的作用，因此它是《劳动合同法》监督检查体系中最主要的一种。劳动行政部门监督管理具有以下 3 个特点：

（1）监督管理的主体是代表国家行使监督管理职权的劳动行政部门。

（2）劳动行政部门监督管理是一种执法行为，它是劳动行政部门代表国家意志所实施的具有强制性、执行性、单向性等特征的具体行政行为。

（3）劳动行政部门监督管理是一种行政法律行为。

另外，《劳动合同法》第七十六条规定，县级以上人民政府建设、卫生、安全生产监督管理等有关主管部门在各自职责范围内，对用人单位执行劳动合同制度的情况进行监督管理。

（二）安全生产和职业病防治监督检查的管理范围

《劳动合同法》第七十四条规定，县级以上地方人民政府劳动行政部门依法对下列实施劳动合同制度的情况进行监督检查：

（1）用人单位制定直接涉及劳动者切身利益的规章制度及其执行的情况。

（2）用人单位与劳动者订立和解除劳动合同的情况。

（3）劳务派遣单位和用工单位遵守劳务派遣有关规定的情况。

（4）用人单位遵守国家关于劳动者工作时间和休息休假规定的情况。

（5）用人单位支付劳动合同约定的劳动报酬和执行最低工资标准的情况。

（6）用人单位参加各项社会保险和缴纳社会保险费的情况。

（7）法律、法规规定的其他劳动监察事项。

劳动行政部门开展监督检查的方式主要有 3 种：

（1）经常性地进行监督检查。

（2）集中力量，进行突击性的监督检查。

（3）有针对性地对某些用人单位进行监督检查。

五、有关劳动合同违法行为应负的法律责任

为了保证劳动合同制度的顺利实施，切实维护劳动者的合法权益，《劳动合同法》规定了违反本法应承担的法律责任，主要有以下两个方面：

（一）用人单位违法行为的法律责任

1. 用人单位规章制度违法的法律责任

《劳动合同法》第八十条规定，用人单位直接涉及劳动者切身利益的规章制度违反法律、法规规定的，由劳动行政部门责令改正，给予警告；给劳动者造成损害的，应当承担赔偿责任。

2. 用人单位订立劳动合同违法的法律责任

（1）《劳动合同法》第八十一条规定，用人单位提供的劳动合同文本未载明本法规定的劳动合同必备条款或者用人单位未将劳动合同文本交付劳动者的，由劳动行政部门责令改正；给劳动者造成损害的，应当承担赔偿责任。

（2）《劳动合同法》第八十二条规定，用人单位自用工之日起超过 1 个月不满 1 年未与劳动者订立书面劳动合同的，应当向劳动者每月支付 2 倍的工资。用人单位违反规定不与劳动者订立无固定期限的劳动合同的，自应当订立无固定期限劳动合同之日起向劳动者每月支付 2 倍的工资。

（3）《劳动合同法》第八十三条规定，用人单位违反本法规定与劳动者约定试用期的，由劳动行政部门责令改正；违法约定的试用期已经履行的，由用人单位以劳动者试用期满月工资为标准，按已经履行的超过法定试用期的期间向劳动者支付赔偿金。

（4）《劳动合同法》第八十四条规定，用人单位违反本法规定，扣押劳动者居民身份证等证件的，由劳动行政部门责令限期退还劳动者本人，并依照有关法律规定给予处罚。用人单位违反本法规定，以担保或者其他名义向劳动者收取财物的，由劳动行政部门责令限期退还劳动者本人，并以每人 500 元以上 2000 元以下的标准处以罚款；给劳动者造成损害的，应当承担赔偿责任。

3. 用人单位违法履行劳动合同的法律责任

《劳动合同法》第八十五条规定，用人单位有下列情形之一的，由劳动行政部门责令限期支付劳动报酬、加班费或者经济补偿；劳动报酬低于当地最低工资标准的，应当支付其差额部分；逾期不支付的，责令用人单位按应支付金额 50% 以上 100% 以下的标准向劳动者加付赔偿金：

（1）未按照劳动合同的约定或者国家规定及时足额支付劳动者劳动报酬的。

（2）低于当地最低工资标准支付劳动者工资的。

（3）安排加班不支付加班费的。

（4）解除或者终止劳动合同，未依照本法规定向劳动者支付经济补偿的。

4. 用人单位违法解除和终止劳动合同的法律责任

（1）《劳动合同法》第八十七条规定，用人单位违反本法规定解除或者终止劳动合同

的，应当依照本法第四十七条规定的经济补偿标准的二倍向劳动者支付赔偿金。按照《劳动合同法》第四十七条的规定，经济补偿按劳动者在本单位工作的年限，每满 1 年支付 1 个月工资的标准向劳动者支付。6 个月以上不满 1 年的，按 1 年计算；不满 6 个月的，向劳动者支付半个月工资的经济补偿。劳动者月工资高于用人单位所在直辖市、设区的市级人民政府公布的本地区上年度职工月平均工资 3 倍的，向其支付经济补偿的标准按职工月平均工资 3 倍的数额支付，向其支付经济补偿的年限最高不超过 12 年。本条所称月工资是指劳动者在劳动合同解除或者终止前 12 个月的平均工资。

（2）《劳动合同法》第八十九条规定，用人单位违反本法规定未向劳动者出具解除或者终止劳动合同的书面证明，由劳动行政部门责令改正；给劳动者造成损害的，应当承担赔偿责任。

（3）《劳动合同法》第八十四条第三款规定，劳动者依法解除或者终止劳动合同，用人单位扣押劳动者档案或者其他物品的，依照前款规定处罚，即由劳动行政部门责令限期退还劳动者本人，并以每人 500 元以上 2000 元以下的标准处以罚款；给劳动者造成损害的，应当承担赔偿责任。

5. 用人单位侵害劳动者人身权益的法律责任

《劳动合同法》第八十八条规定，用人单位有下列情形之一的，依法给予行政处罚；构成犯罪的，依法追究刑事责任；给劳动者造成损害的，应当承担赔偿责任：

（1）以暴力、威胁或者非法限制人身自由的手段强迫劳动的。

（2）违章指挥或者强令冒险作业危及劳动者人身安全的。

（3）侮辱、体罚、殴打、非法搜查或者拘禁劳动者的。

（4）劳动条件恶劣、环境污染严重，给劳动者身心健康造成严重损害的。

6. 其他法律责任

（1）《劳动合同法》第九十一条规定，用人单位招用与其他用人单位尚未解除或者终止劳动合同的劳动者，给其他用人单位造成损失的，应当承担连带赔偿责任。

（2）《劳动合同法》第九十四条规定，个人承包经营者违反本法规定招用劳动者，给劳动者造成损害的，发包的组织与个人承包经营者承担连带赔偿责任。

（二）劳动者违反规定的法律责任

（1）《劳动合同法》第二十二条第二款规定，劳动者违反服务期约定的，应当按照约定向用人单位支付违约金。

（2）《劳动合同法》第二十三条规定，劳动者违反竞业限制约定的，应当按照约定向用人单位支付违约金。

（3）《劳动合同法》第九十条规定，劳动者违反本法规定解除劳动合同，或者违反劳动合同中约定的保密义务或者竞业限制，给用人单位造成损失的，应当承担赔偿责任。

1.【单选题】依据《劳动合同法》，用人单位以暴力、威胁或者非法限制人身自由的手段强迫劳动者劳动的，或者用人单位违章指挥、强令冒险作业危及劳动者人身安全的，劳动者（   ）。

A. 可以立即解除劳动合同，不需事先告知用人单位

B. 劳动者提前三十日以书面形式通知用人单位解除劳动合同

C. 劳动者提前三日以书面形式通知用人单位解除劳动合同

D. 可以和用人单位协议解除合同

2.【单选题】依据《劳动合同法》，用人单位与劳动者已建立劳动关系，未同时订立书面劳动合同的，应当自用工之日起（　　）内订立书面劳动合同。

　　A. 1 个月　　　　　B. 2 个月　　　　　C. 3 个月　　　　　D. 6 个月

3.【单选题】依据《劳动合同法》，用人单位自（　　）即与劳动者建立劳动关系。

A. 用工之日起

B. 与劳动者签订劳动合同之日起

C. 与劳动者签订劳动合同之次日起

D. 与劳动者签订劳动合同约定日期起

4.【多选题】某企业生产经营发生严重困难需要裁员。依据《劳动合同法》，下列情形中，用人单位不得解除或终止与劳动者订立的劳动合同的是（　　）。

A. 劳动者患病后，在规定的医疗期满后不能从事原工作，也不能从事另行安排的工作的

B. 从事接触职业病危害作业的劳动者，离岗前未进行职业健康检查的

C. 劳动者经过培训或者调整工作岗位，仍不能胜任工作的

D. 劳动者在本单位患职业病，康复后未丧失劳动能力的

E. 在本单位连续工作满十五年，且距法定退休年龄不足五年的

参考答案

1. A　2. A　3. A　4. BE

第九节　中华人民共和国职业病防治法

2001 年 10 月 27 日，第九届全国人民代表大会常务委员会第二十四次会议通过《中华人民共和国职业病防治法》（简称《职业病防治法》），自 2002 年 5 月 1 日起施行。根据 2018 年 12 月 29 日第十三届全国人民代表大会常务委员会第七次会议《关于修改〈中华人民共和国劳动法〉等七部法律的决定》第四次修正。该法是我国第一部关于职业病防治的法律，是体现政府管理职责、实现社会实质公平的一部法律。《职业病防治法》的立法目的是预防、控制和消除职业病危害，防治职业病，保护劳动者健康及其相关权益，促进经济社会发展。该法适用于中华人民共和国领域内的职业病防治活动。该法确立了职业病防治法律制度，为职业病防治提供了重要法律保障。

一、职业病的范围

依据《职业病防治法》第二条的规定，职业病是指企业、事业单位和个体经济组织等用人单位的劳动者在职业活动中，因接触粉尘、放射性物质和其他有毒、有害因素而引

起的疾病。职业病的分类和目录由国务院卫生行政部门会同国务院劳动保障行政部门制定、调整并公布。应当强调的是，考虑到随着我国经济社会发展，一些新的类型的用人单位如民办非企业单位不断增多，这些用人单位的职业病防治工作同样适用本法规定。《职业病防治法》所称的职业病，并非泛指的职业病，而是由法律作出界定的职业病。由法律授权国务院的卫生行政部门和劳动保障行政部门制定职业病目录，可以更确切地反映实际情况，根据现实的需要及时地进行调整，既有原则性，又有灵活性。

依据《职业病防治法》的规定，职业病危害是指对从事职业活动的劳动者可能导致职业病的各种危害。职业病危害因素包括职业活动中存在的各种有害的化学、物理、生物因素以及在作业过程中产生的其他职业有害因素。

二、职业病防治的基本方针、基本制度

《职业病防治法》的总则部分对职业病防治的基本方针、基本制度作出了规定。这些基本方针、基本制度主要有：

（一）预防为主、防治结合的基本方针

这是职业病防治工作必须坚持的基本方针。它是根据职业病可以预防，但是难治这个特点提出来的，是一个对劳动者健康负责的、积极的、主动的方针，是职业卫生工作长期经验的总结所证实应当采取的正确方针。预防可以减少职业病的发生，减轻职业病的危害程度，但是对已经引起的疾病仍要重视治疗，救治病人，减少痛苦，所以预防为主、防治结合是一个全面的方针，概括了职业病防治的基本要求。

（二）职业病防治工作机制

修正后的《职业病防治法》确立了用人单位负责、行政机关监管、行业自律、职工参与和社会监督工作机制。用人单位是职业病预防的首要责任主体，应当积极采取措施，为劳动者创造安全卫生的工作条件和工作环境。行政机关的监管是用人单位落实责任的重要外部监督力量。行业组织是行业自律性组织，要切实发挥好行业自律作用，推动职业病防治工作深入开展。职业病防治事关广大职工的切身利益，要保障和扩大广大职工参与职业病防治的积极性。接受社会监督是企业防治职业病的社会义务，既包括工会组织等职工组织的监督，也包括新闻媒体和社会舆论的监督。

（三）劳动者依法享有职业卫生保护的权利

这是劳动者的基本权利，也是制定《职业病防治法》的前提，或者说是这部法律产生的基础和最充足的理由。劳动者参与职业活动，创造社会财富，有理由要求其健康受到保护，从国家来说，保护劳动者的健康，让劳动者获得一个符合国家职业卫生标准和卫生要求的工作环境和条件，是合理的而且是必要的，有利于社会的发展进步，有利于保障各种合法的职业活动正常进行，因此制定《职业病防治法》，使劳动者享有职业卫生保护的权利，是这部法律的中心内容。

（四）实行用人单位职业病防治责任制

这是立法确立的职业病防治的一项基本的制度。它的核心是用人单位对职业病防治负有法定的责任。因为职业活动是以用人单位为基础组织的，用人单位对其职业活动有支配作用，在职业活动中创造出来的成果首先由用人单位来体现，而职业活动中职业病的危害

因素又是用人单位能控制的。所以，对于职业病的防治首先的责任应当由用人单位承担，并建立相应的制度，因而在《职业病防治法》中作出了如下规定：用人单位应当建立、健全职业病防治责任制，加强对职业病防治的管理，提高职业病防治水平，对本单位产生的职业病危害承担责任。这项规定不但确定了用人单位的责任，而且从法律上要求用人单位建立起健全的制度。

为进一步落实用人单位职业病防治主体责任，法律同时规定，用人单位的主要负责人对本单位的职业病防治工作全面负责。用人单位的主要负责人是指对用人单位经营决策活动享有最高权力的个人。在公司制企业中一般指公司的董事长，在合伙企业中一般是合伙执行人，在个人独资企业或者个体工商户中一般是企业或者个体工商户登记证书中载明的个人。

（五）依法参加工伤保险

依法参加工伤保险是职业病防治中保护劳动者的一项基本措施。工伤是劳动者由于工作原因受到事故伤害和职业病伤害的总称，将职业病列入工伤的直接理由就是劳动者是在用人单位中引致的疾病和蒙受的损害。将职业病纳入工伤保险，不仅有利于保障职业病病人的合法权益，同时也分担了用人单位的工伤风险，有利于生产经营的稳定。《职业病防治法》中规定应当加强对工伤保险的监督管理，确保劳动者依法享受工伤保险待遇。

（六）国家实行职业卫生监督制度

《职业病防治法》明确国家实行职业卫生监督制度，对职业卫生实施监督管理是国家管理职能的体现。职业病防治是职业卫生监督管理的重要组成部分，法律对有关监督管理的体制、原则、权限、程序、行为规则等都作出明确规定，具有权威性，对社会亦具有约束力。根据该法规定，我国的职业病防治监督管理体制实行县级以上人民政府卫生、安全生产监督管理、劳动保障部门的监督管理，与县级以上人民政府有关行政部门的监督管理相结合的体制。职业卫生监督包括职业病危害前期预防监督、劳动过程中防护与管理的监督、职业病诊断与职业病病人保障监督、职业卫生执法监督。

（七）加强社会监督

由于职业病危害在社会中许多地方都存在，在加强卫生行政部门监督管理的同时，还要依靠社会的力量，尤其是对分散存在于城乡各地的职业病危害的现象，更需要社会各界的监督，鼓励劳动者、知情者、主张社会公正的人进行检举和控告，对违法者施加压力，在社会力量的支持下加大查处力度，所以《职业病防治法》第十三条规定，任何单位和个人有权对违反本法的行为进行检举和控告。这项规定表明，防治职业病需要全社会的关注，也需要动员和支持社会公众热心地参与防治职业病活动，支持社会中的弱势群体，与损害劳动者健康的违法行为作斗争。

《职业病防治法》为鼓励社会监督也从另一个方面作出规定，给防治职业病成绩显著的单位和个人予以奖励。《职业病防治法》第十三条第二款规定，对防治职业病成绩显著的单位和个人，给予奖励。在法律中没有写明由谁奖励，但还是清楚地表明，这种奖励既应当是政府奖励，也应当是用人单位奖励，更不排除来自其他方面的奖励。

三、前期预防要求

（一）工作场所的职业卫生要求

《职业病防治法》第十五条规定，产生职业病危害的用人单位的设立除应当符合法律、行政法规规定的设立条件外，其工作场所还应当符合下列职业卫生要求：

（1）职业病危害因素的强度或者浓度符合国家职业卫生标准。

（2）有与职业病危害防护相适应的设施。

（3）生产布局合理，符合有害与无害作业分开的原则。

（4）有配套的更衣间、洗浴间、孕妇休息间等卫生设施。

（5）设备、工具、用具等设施符合保护劳动者生理、心理健康的要求。

（6）法律、行政法规和国务院卫生行政部门关于保护劳动者健康的其他要求。

（二）职业病危害项目申报

《职业病防治法》第十六条规定，国家建立职业病危害项目申报制度。用人单位工作场所存在职业病目录所列职业病的危害因素的，应当及时、如实向所在地卫生行政部门申报危害项目，接受监督。职业病危害因素分类目录由国务院卫生行政部门制定、调整并公布。职业病危害项目申报的具体办法由国务院卫生行政部门制定。

（三）建设项目职业病危害预评价

新建、扩建、改建建设项目和技术改造、技术引进项目（统称建设项目）可能产生职业病危害的，建设单位在可行性论证阶段应当进行职业病危害预评价。医疗机构建设项目可能产生放射性职业病危害的，建设单位应当向卫生行政部门提交放射性职业病危害预评价报告。卫生行政部门应当自收到预评价报告之日起 30 日内，作出审核决定并书面通知建设单位。未提交预评价报告或者预评价报告未经卫生行政部门审核同意的，不得开工建设。职业病危害预评价报告应当对建设项目可能产生的职业病危害因素及其对工作场所和劳动者健康的影响作出评价，确定危害类别和职业病防护措施。建设项目职业病危害分类管理办法由国务院卫生行政部门制定。

（四）职业病危害防护设施

建设项目的职业病防护设施所需费用应当纳入建设项目工程预算，并与主体工程同时设计，同时施工，同时投入生产和使用。建设项目的职业病防护设施设计应当符合国家职业卫生标准和卫生要求；其中，医疗机构放射性职业病危害严重的建设项目的防护设施设计，应当经卫生行政部门审查同意后，方可施工。

四、劳动过程中职业病的防护与管理

（一）用人单位职业病防治措施

《职业病防治法》第二十条规定，用人单位应当采取下列职业病防治管理措施：

（1）设置或者指定职业卫生管理机构或者组织，配备专职或者兼职的职业卫生管理人员，负责本单位的职业病防治工作。

（2）制定职业病防治计划和实施方案。

（3）建立、健全职业卫生管理制度和操作规程。

（4）建立、健全职业卫生档案和劳动者健康监护档案。

（5）建立、健全工作场所职业病危害因素监测及评价制度。

（6）建立、健全职业病危害事故应急救援预案。

（二）职业病防护资金投入

《职业病防治法》第二十一条规定，用人单位应当保障职业病防治所需的资金投入，不得挤占、挪用，并对因资金投入不足导致的后果承担责任。

（三）职业病防护设施和防护用品

《职业病防治法》第二十二条规定，用人单位必须采用有效的职业病防护设施，并为劳动者提供个人使用的职业病防护用品。用人单位为劳动者个人提供的职业病防护用品必须符合防治职业病的要求；不符合要求的，不得使用。

（四）用人单位职业病管理

1. 职业危害公告和警示

《职业病防治法》第二十四条规定，产生职业病危害的用人单位，应当在醒目位置设置公告栏，公布有关职业病防治的规章制度、操作规程、职业病危害事故应急救援措施和工作场所职业病危害因素检测结果。对产生严重职业病危害的作业岗位，应当在其醒目位置，设置警示标识和中文警示说明。警示说明应当载明产生职业病危害的种类、后果、预防以及应急救治措施等内容。

《职业病防治法》第二十五条规定，对可能发生急性职业损伤的有毒、有害工作场所，用人单位应当设置报警装置，配置现场急救用品、冲洗设备、应急撤离通道和必要的泄险区。对放射工作场所和放射性同位素的运输、贮存，用人单位必须配置防护设备和报警装置，保证接触放射线的工作人员佩戴个人剂量计。对职业病防护设备、应急救援设施和个人使用的职业病防护用品，用人单位应当进行经常性的维护、检修，定期检测其性能和效果，确保其处于正常状态，不得擅自拆除或者停止使用。

2. 职业病危害因素的监测、检测、评价及治理

《职业病防治法》第二十六条规定，用人单位应当实施由专人负责的职业病危害因素日常监测，并确保监测系统处于正常运行状态。用人单位应当按照国务院卫生行政部门的规定，定期对工作场所进行职业病危害因素检测、评价。检测、评价结果存入用人单位职业卫生档案，定期向所在地卫生行政部门报告并向劳动者公布。职业病危害因素检测、评价由依法设立的取得国务院卫生行政部门或者设区的市级以上地方人民政府卫生行政部门按照职责分工给予资质认可的职业卫生技术服务机构进行。职业卫生技术服务机构所作检测、评价应当客观、真实。发现工作场所职业病危害因素不符合国家职业卫生标准和卫生要求时，用人单位应当立即采取相应治理措施，仍然达不到国家职业卫生标准和卫生要求的，必须停止存在职业病危害因素的作业；职业病危害因素经治理后，符合国家职业卫生标准和卫生要求的，方可重新作业。

3. 向用人单位提供可能产生职业病危害的设备的规定要求

《职业病防治法》第二十八条规定，向用人单位提供可能产生职业病危害的设备的，应当提供中文说明书，并在设备的醒目位置设置警示标识和中文警示说明。警示说明应当载明设备性能、可能产生的职业病危害、安全操作和维护注意事项、职业病防护以及应急

救治措施等内容。

4. 向用人单位提供可能产生职业病危害的化学原料及放射性物质的物品的规定要求

《职业病防治法》第二十九条规定，向用人单位提供可能产生职业病危害的化学品、放射性同位素和含有放射性物质的材料的，应当提供中文说明书。说明书应当载明产品特性、主要成分、存在的有害因素、可能产生的危害后果、安全使用注意事项、职业病防护以及应急救治措施等内容。产品包装应当有醒目的警示标识和中文警示说明。贮存上述材料的场所应当在规定的部位设置危险物品标识或者放射性警示标识。国内首次使用或者首次进口与职业病危害有关的化学材料，使用单位或者进口单位按照国家规定经国务院有关部门批准后，应当向国务院卫生行政部门报送该化学材料的毒性鉴定以及经有关部门登记注册或者批准进口的文件等资料。进口放射性同位素、射线装置和含有放射性物质的物品的，按照国家有关规定办理。

5. 职业病危害如实告知

《职业病防治法》第三十三条规定，用人单位与劳动者订立劳动合同（含聘用合同，下同）时，应当将工作过程中可能产生的职业病危害及其后果、职业病防护措施和待遇等如实告知劳动者，并在劳动合同中写明，不得隐瞒或者欺骗。劳动者在已订立劳动合同期间因工作岗位或者工作内容变更，从事与所订立劳动合同中未告知的存在职业病危害的作业时，用人单位应当依照前款规定，向劳动者履行如实告知的义务，并协商变更原劳动合同相关条款。用人单位违反前两款规定的，劳动者有权拒绝从事存在职业病危害的作业，用人单位不得因此解除与劳动者所订立的劳动合同。

6. 职业卫生培训要求

《职业病防治法》第三十四条规定，用人单位的主要负责人和职业卫生管理人员应当接受职业卫生培训，遵守职业病防治法律、法规，依法组织本单位的职业病防治工作。用人单位应当对劳动者进行上岗前的职业卫生培训和在岗期间的定期职业卫生培训，普及职业卫生知识，督促劳动者遵守职业病防治法律、法规、规章和操作规程，指导劳动者正确使用职业病防护设备和个人使用的职业病防护用品。劳动者应当学习和掌握相关的职业卫生知识，增强职业病防范意识，遵守职业病防治法律、法规、规章和操作规程，正确使用、维护职业病防护设备和个人使用的职业病防护用品，发现职业病危害事故隐患应当及时报告。劳动者不履行前款规定义务的，用人单位应当对其进行教育。

7. 职业健康检查

《职业病防治法》第三十五条规定，对从事接触职业病危害的作业的劳动者，用人单位应当按照国务院卫生行政部门的规定组织上岗前、在岗期间和离岗时的职业健康检查，并将检查结果书面告知劳动者。职业健康检查费用由用人单位承担。

用人单位不得安排未经上岗前职业健康检查的劳动者从事接触职业病危害的作业；不得安排有职业禁忌的劳动者从事其所禁忌的作业；对在职业健康检查中发现有与所从事的职业相关的健康损害的劳动者，应当调离原工作岗位，并妥善安置；对未进行离岗前职业健康检查的劳动者不得解除或者终止与其订立的劳动合同。

职业健康检查应当由取得《医疗机构执业许可证》的医疗卫生机构承担。卫生行政部门应当加强对职业健康检查工作的规范管理，具体管理办法由国务院卫生行政部门制定。

8. 职业健康监护档案

《职业病防治法》第三十六条规定，用人单位应当为劳动者建立职业健康监护档案，并按照规定的期限妥善保存。职业健康监护档案应当包括劳动者的职业史、职业病危害接触史、职业健康检查结果和职业病诊疗等有关个人健康资料。劳动者离开用人单位时，有权索取本人职业健康监护档案复印件，用人单位应当如实、无偿提供，并在所提供的复印件上签章。

9. 急性职业病危害事故

《职业病防治法》第三十七条规定，发生或者可能发生急性职业病危害事故时，用人单位应当立即采取应急救援和控制措施，并及时报告所在地卫生行政部门和有关部门。卫生行政部门接到报告后，应当及时会同有关部门组织调查处理；必要时，可以采取临时控制措施。卫生行政部门应当组织做好医疗救治工作。对遭受或者可能遭受急性职业病危害的劳动者，用人单位应当及时组织救治、进行健康检查和医学观察，所需费用由用人单位承担。

10. 对未成年工和女职工劳动保护

《职业病防治法》第三十八条规定，用人单位不得安排未成年工从事接触职业病危害的作业；不得安排孕期、哺乳期的女职工从事对本人和胎儿、婴儿有危害的作业。

11. 据实列支职业病防治费用

《职业病防治法》第四十一条规定，用人单位按照职业病防治要求，用于预防和治理职业病危害、工作场所卫生检测、健康监护和职业卫生培训等费用，按照国家有关规定，在生产成本中据实列支。

（五）劳动者享有的职业卫生保护权利

《职业病防治法》第三十九条规定，劳动者享有下列职业卫生保护权利：

（1）获得职业卫生教育、培训。

（2）获得职业健康检查、职业病诊疗、康复等职业病防治服务。

（3）了解工作场所产生或者可能产生的职业病危害因素、危害后果和应当采取的职业病防护措施。

（4）要求用人单位提供符合防治职业病要求的职业病防护设施和个人使用的职业病防护用品，改善工作条件。

（5）对违反职业病防治法律、法规以及危及生命健康的行为提出批评、检举和控告。

（6）拒绝违章指挥和强令进行没有职业病防护措施的作业。

（7）参与用人单位职业卫生工作的民主管理，对职业病防治工作提出意见和建议。

用人单位应当保障劳动者行使前款所列权利。因劳动者依法行使正当权利而降低其工资、福利等待遇或者解除、终止与其订立的劳动合同的，其行为无效。

（六）工会组织的权利

《职业病防治法》第四十条规定，工会组织应当督促并协助用人单位开展职业卫生宣传教育和培训，有权对用人单位的职业病防治工作提出意见和建议，依法代表劳动者与用人单位签订劳动安全卫生专项集体合同，与用人单位就劳动者反映的有关职业病防治的问题进行协调并督促解决。工会组织对用人单位违反职业病防治法律、法规，侵犯劳动者合法权益的行为，有权要求纠正；产生严重职业病危害时，有权要求采取防护措施，或者向政府有关部门建议采取强制性措施；发生职业病危害事故时，有权参与事故调查处理；发现危及劳动者生命健康的情形时，有权向用人单位建议组织劳动者撤离危险现场，用人单位应当立即作出处理。

五、职业病诊断与职业病病人保障

（一）职业病诊断

1. 职业病诊断机构选择

职业病诊断应当由取得《医疗机构执业许可证》的医疗卫生机构承担。承担职业病诊断的医疗卫生机构不得拒绝劳动者进行职业病诊断的要求。劳动者可以在用人单位所在地、本人户籍所在地或者经常居住地依法承担职业病诊断的医疗卫生机构进行职业病诊断。

2. 职业病诊断因素与程序

职业病诊断，应当综合分析病人的职业史、职业病危害接触史和工作场所职业病危害因素情况、临床表现以及辅助检查结果等因素。没有证据否定职业病危害因素与病人临床表现之间的必然联系的，应当诊断为职业病。

职业病诊断证明书应当由参与诊断的取得职业病诊断资格的执业医师签署，并经承担职业病诊断的医疗卫生机构审核盖章。

3. 职业病诊断资料提供、调查及判定

用人单位应当如实提供职业病诊断、鉴定所需的劳动者职业史和职业病危害接触史、工作场所职业病危害因素检测结果等资料；卫生行政部门应当监督检查和督促用人单位提供上述资料；劳动者和有关机构也应当提供与职业病诊断、鉴定有关的资料。职业病诊断、鉴定机构需要了解工作场所职业病危害因素情况时，可以对工作场所进行现场调查，也可以向卫生行政部门提出，卫生行政部门应当在10日内组织现场调查。用人单位不得拒绝、阻挠。

职业病诊断、鉴定过程中，用人单位不提供工作场所职业病危害因素检测结果等资料的，诊断、鉴定机构应当结合劳动者的临床表现、辅助检查结果和劳动者的职业史、职业病危害接触史，并参考劳动者的自述、卫生行政部门提供的日常监督检查信息等，作出职业病诊断、鉴定结论。

劳动者对用人单位提供的工作场所职业病危害因素检测结果等资料有异议，或者因劳动者的用人单位解散、破产，无用人单位提供上述资料的，诊断、鉴定机构应当提请卫生行政部门进行调查，卫生行政部门应当自接到申请之日起30日内对存在异议的资料或者工作场所职业病危害因素情况作出判定；有关部门应当配合。

4. 职业病诊断、鉴定中相关争议处理

职业病诊断、鉴定过程中，在确认劳动者职业史、职业病危害接触史时，当事人对劳动关系、工种、工作岗位或者在岗时间有争议的，可以向当地的劳动人事争议仲裁委员会申请仲裁；接到申请的劳动人事争议仲裁委员会应当受理，并在30日内作出裁决。当事人在仲裁过程中对自己提出的主张，有责任提供证据。劳动者无法提供由用人单位掌握管理的与仲裁主张有关的证据的，仲裁庭应当要求用人单位在指定期限内提供；用人单位在指定期限内不提供的，应当承担不利后果。劳动者对仲裁裁决不服的，可以依法向人民法院提起诉讼。用人单位对仲裁裁决不服的，可以在职业病诊断、鉴定程序结束之日起 15 日内依法向人民法院提起诉讼；诉讼期间，劳动者的治疗费用按照职业病待遇规定的途径支付。

5. 职业病诊断异议处理

当事人对职业病诊断有异议的，可以向作出诊断的医疗卫生机构所在地地方人民政府卫生行政部门申请鉴定。职业病诊断争议由设区的市级以上地方人民政府卫生行政部门根据当事人的申请，组织职业病诊断鉴定委员会进行鉴定。当事人对设区的市级职业病诊断鉴定委员会的鉴定结论不服的，可以向省、自治区、直辖市人民政府卫生行政部门申请再鉴定。

职业病诊断鉴定委员会由相关专业的专家组成。职业病诊断鉴定委员会应当按照国务院卫生行政部门颁布的职业病诊断标准和职业病诊断、鉴定办法进行职业病诊断鉴定，向当事人出具职业病诊断鉴定书。职业病诊断、鉴定费用由用人单位承担。

职业病诊断鉴定委员会组成人员应当遵守职业道德，客观、公正地进行诊断鉴定，并承担相应的责任。职业病诊断鉴定委员会组成人员不得私下接触当事人，不得收受当事人的财物或者其他好处，与当事人有利害关系的，应当回避。

6. 职业病报告义务

用人单位和医疗卫生机构发现职业病病人或者疑似职业病病人时，应当及时向所在地卫生行政部门报告。确诊为职业病的，用人单位还应当向所在地劳动保障行政部门报告。接到报告的部门应当依法作出处理。

（二）职业病病人保障

1. 疑似职业病待遇

医疗卫生机构发现疑似职业病病人时，应当告知劳动者本人并及时通知用人单位。用人单位应当及时安排对疑似职业病病人进行诊断；在疑似职业病病人诊断或者医学观察期间，不得解除或者终止与其订立的劳动合同。疑似职业病病人在诊断、医学观察期间的费用，由用人单位承担。

2. 职业病待遇

用人单位应当保障职业病病人依法享受国家规定的职业病待遇。按照国家有关规定，安排职业病病人进行治疗、康复和定期检查。对不适宜继续从事原工作的职业病病人，应当调离原岗位，并妥善安置。对从事接触职业病危害的作业的劳动者，应当给予适当岗位津贴。职业病病人的诊疗、康复费用，伤残以及丧失劳动能力的职业病病人的社会保障，按照国家有关工伤保险的规定执行。

职业病病人除依法享有工伤保险外，依照有关民事法律，尚有获得赔偿的权利的，有权向用人单位提出赔偿要求。

3. 特殊情况保障

劳动者被诊断患有职业病，但用人单位没有依法参加工伤保险的，其医疗和生活保障由该用人单位承担。职业病病人变动工作单位，其依法享有的待遇不变。

用人单位在发生分立、合并、解散、破产等情形时，应当对从事接触职业病危害的作业的劳动者进行健康检查，并按照国家有关规定妥善安置职业病病人。

4. 医疗病人社会救助

用人单位已经不存在或者无法确认劳动关系的职业病病人，可以向地方人民政府医疗保障、民政部门申请医疗救助和生活等方面的救助。地方各级人民政府应当根据本地区的实际情况，采取其他措施，使前款规定的职业病病人获得医疗救治。

六、职业病防治监督检查

《职业病防治法》规定，县级以上人民政府职业卫生监督管理部门依照职业病防治法律、法规、国家职业卫生标准和卫生要求，依据职责划分，对职业病防治工作进行监督检查。

卫生行政部门履行监督检查职责时，有权采取下列措施：①进入被检查单位和职业病危害现场，了解情况，调查取证；②查阅或者复制与违反职业病防治法律、法规的行为有关的资料和采集样品；③责令违反职业病防治法律、法规的单位和个人停止违法行为。

发生职业病危害事故或者有证据证明危害状态可能导致职业病危害事故发生时，卫生行政部门可以采取下列临时控制措施：①责令暂停导致职业病危害事故的作业；②封存造成职业病危害事故或者可能导致职业病危害事故发生的材料和设备；③组织控制职业病危害事故现场。

在职业病危害事故或者危害状态得到有效控制后，卫生行政部门应当及时解除控制措施。

七、职业病防治违法行为应负的法律责任

（一）建设单位的法律责任

《职业病防治法》规定，建设单位未按照规定进行职业病危害预评价或者未按照规定对职业病防护设施进行职业病危害控制效果评价等违反本法规定行为的，由卫生行政部门给予警告，责令限期改正；逾期不改正的，处10万元以上50万元以下的罚款；情节严重的，责令停止产生职业病危害的作业，或者提请有关人民政府按照国务院规定的权限责令停建、关闭。

（二）用人单位的法律责任

《职业病防治法》规定，用人单位有未采取职业病防治管理措施，未按照规定组织劳动者进行职业卫生培训等违反本法规定的行为，由卫生行政部门分别给予警告、责令限期改正、罚款、责令停止产生职业病危害的作业，或者提请有关人民政府按照国务院规定的权限给予责令停建、关闭的行政处罚。对有直接责任的主管人员和其他直接责任人员，依法给予降级或者撤职的行政处分。

（三）职业卫生技术服务机构的法律责任

《职业病防治法》第八十条、第八十一条规定，职业卫生技术服务机构和医疗卫生机构有违反本法规定的行为，由卫生行政部门依据职责分工，分别给予责令立即停止违法行

为、给予警告，没收违法所得、取消其相应资格的行政处罚。对直接负责的主管人员和其他直接责任人员，依法给予降级、撤职或者开除的处分；构成犯罪的，依法追究刑事责任。

1.【单选题】依据《职业病防治法》，劳动者可以（　　）依法承担职业病诊断的医疗卫生机构进行职业病诊断。

A. 在用人单位所在地

B. 在本人户籍所在地

C. 在经常居住地

D. 在用人单位所在地、本人户籍所在地或者经常居住地

2.【单选题】依据《工伤保险条例》，职工发生事故伤害或者按照职业病防治法规定被诊断、鉴定为职业病，所在单位应当自事故伤害发生之日或者被诊断、鉴定为职业病之日起30日内，向统筹地区社会保险行政部门提出工伤认定申请。遇有特殊情况，经报社会保险行政部门同意，申请时限可以适当延长。用人单位未按规定提出工伤认定申请的，工伤职工或者其近亲属、工会组织在事故伤害发生之日或者被诊断、鉴定为职业病之日起（　　）内，可以直接向用人单位所在地统筹地区社会保险行政部门提出工伤认定申请。

A. 60 日　　　　　B. 90 日　　　　　C. 180 日　　　　　D. 1 年

3.【单选题】依据《职业病防治法》，对遭受或者可能遭受急性职业病危害的劳动者，用人单位应当及时组织救治、进行健康检查和医学观察，所需费用由（　　）承担。

A. 当地政府　　　　　　　　　　B. 当地社会保险部门

C. 用人单位　　　　　　　　　　D. 劳动者本人

4.【多选题】依据《职业病防治法》，下列关于产生职业病危害的用人单位工作场所的职业卫生要求的说法，正确的有（　　）。

A. 有与职业病危害防护相适应的设施

B. 有配套的更衣间、洗浴间、孕妇休息间

C. 职业病危害因素的强度或者浓度符合国家或者国际职业卫生标准

D. 生产布局合理，有害与无害作业分开

E. 设备、工具、用具等设施符合保护劳动者生理、心理健康的要求

参考答案

1. D　2. D　3. C　4. ABDE

第十节　中华人民共和国突发事件应对法

2007 年 8 月 30 日，第十届全国人民代表大会常务委员会第二十九次会议通过了《中华人民共和国突发事件应对法》（简称《突发事件应对法》），自 2007 年 11 月 1 日起施行，2024 年 6 月 28 日第十四届全国人民代表大会常务委员会第十次会议修订，自 2024 年

11 月 1 日施行。《突发事件应对法》是突发事件应对领域的基础性、综合性法律，这次全面修订，是应急管理法治建设进程中具有里程碑意义的一件大事，将为应急管理事业高质量发展提供有力法治保障。

《突发事件应对法》的立法目的是预防和减少突发事件的发生，控制、减轻和消除突发事件引起的严重社会危害，提高突发事件预防和应对能力，规范突发事件应对活动，保护人民生命财产安全，维护国家安全、公共安全、生态环境安全和社会秩序。这次全面修订《突发事件应对法》，涉及条文多，较大幅度对突发事件应对法律规范进行了完善，主要包括以下内容。

一、突发事件及其应对的分工

（一）突发事件的概念

《突发事件应对法》所指的突发事件，是指突然发生，造成或者可能造成严重社会危害，需要采取应急处置措施予以应对的自然灾害、事故灾难、公共卫生事件和社会安全事件。《突发事件应对法》所指的突发事件包含以下特征：

1. 具有明显的公共性或者社会性

"公共危机"是国家启动制定《突发事件应对法》的初衷。公共危机是指在公共领域内发生的危机，即危机事件对一个社会系统的基本价值和行为准则架构产生严重威胁，给公众的正常生活造成严重影响，其影响和涉及的主体具有社群性和大众性。公共危机事件会引起公众的高度关注；事件对公共利益产生较大消极负面影响，甚至严重破坏正常的社会秩序、危及社会基本价值；事件本身与公权之间发生直接联系，尤其是形成某种公法关系时，才能构成公共危机事件，如果不需要公权介入，一定群体能自行解决则不具有公共性。

2. 突发性和紧迫性

突发事件往往突如其来，如果不能及时采取应对措施，危机就会迅速扩大和升级，造成更大的危害和损害。

3. 危害性和破坏性

危害性与破坏性是突发事件的本质特征，一旦发生《突发事件应对法》所指的突发事件，将对生命财产、社会秩序、公共安全构成严重威胁，如应对不当就会造成生命财产的巨大损失或社会秩序的严重动荡。

4. 需要公权介入和社会力量

必须借助公权介入和社会力量才能解决《突发事件应对法》所指的公共突发事件。公权在突发事件应对过程中发挥着传导、组织、指挥、协调等功能，公权介入突发事件的应对，既是政府的职权，又是政府的职责。

（二）突发事件的分类与分级

《突发事件应对法》按照事件的性质、过程和机理的不同，将突发事件分为四类，即自然灾害、事故灾难、公共卫生事件和社会安全事件。其中事故灾难主要包括工矿商贸等生产经营单位的各类生产安全事故，交通运输、海上溢油、公共设施和设备、核事故，火灾和生态环境、网络安全、网络数据安全、信息安全事件等。

　　《突发事件应对法》按照社会危害程度、影响范围、突发事件性质、可控性、行业特点等因素，将突发自然灾害、事故灾难、公共卫生事件分为特别重大、重大、较大和一般四级。现行的有关法律、法规和规范性文件对突发事件的分类并不完全统一，法律、行政法规或者国务院另有规定的，从其规定。分级的目的是落实"分级负责"和"分级响应"的措施，同时也尊重了特殊行业管理的特殊性、专业性和灵活性。

（三）突发事件应对工作原则

　　（1）坚持和加强党对突发事件应对工作的全面领导。中国共产党领导是中国特色社会主义最本质的特征，是中国特色社会主义制度的最大优势，是实现中华民族伟大复兴的根本保证。实践证明，党的集中统一领导是战胜一切风险和突发事件的"定海神针"，党的领导核心作用是我们成功应对重大突发事件的关键所在。2024年修法增加规定，突发事件应对工作坚持中国共产党的领导，坚持以马克思列宁主义、毛泽东思想、邓小平理论、"三个代表"重要思想、科学发展观、习近平新时代中国特色社会主义思想为指导，建立健全集中统一、高效权威的中国特色突发事件应对工作领导体制，完善党委领导、政府负责、部门联动、军地联合、社会协同、公众参与、科技支撑、法治保障的治理体系，把坚持党的领导最高政治原则贯彻到突发事件应对工作全过程各方面。

　　（2）坚持人民至上。深入贯彻以人民为中心的发展思想，贯彻尊重和保障人权的宪法原则，切实保护人民群众生命财产安全。一是在总则中规定突发事件应对工作应当"坚持人民至上、生命至上""坚持依法科学应对，尊重和保障人权"。二是完善突发事件应对措施体现比例原则的规定，要求"有多种措施可供选择的，应当选择有利于最大程度地保护公民、法人和其他组织权益，且对他人权益损害和生态环境影响较小的措施，并根据情况变化及时调整，做到科学、精准、有效"。三是加强个人信息保护的相关内容，严格规范个人信息处理活动。四是充分保障社会各主体合法权益，增加规定国家在突发事件应对工作中应当对未成年人等群体给予特殊、优先保护；明确为受突发事件影响无人照料的无民事行为能力人和限制民事行为能力人提供及时有效帮助。五是规定对受突发事件影响的各类人群开展心理援助工作。

（四）突发事件信息报送和发布制度

　　为确保突发事件相关信息及时上传下达，2024年修法推动进一步畅通报送渠道、完善发布机制。一是建立健全网络直报和自动速报制度。二是加强应急通信系统、应急广播系统建设。三是明确规定报送、报告突发事件信息要做到及时、客观、真实，不得迟报、谎报、瞒报、漏报或者授意他人迟报、谎报、瞒报，不得阻碍他人报告信息。四是规定国家建立健全突发事件信息发布制度，有关人民政府和部门及时向社会公布突发事件相关信息和决定、命令、措施等信息；对于虚假或者不完整信息，应当及时发布准确的信息予以澄清。五是规定新闻采访报道制度，支持新闻媒体开展采访报道和舆论监督。新闻媒体采访报道突发事件应当及时、准确、客观、公正。

（五）应对突发事件时政府部门的分工

　　《突发事件应对法》第十七条规定，县级人民政府对本行政区域内突发事件的应对管理工作负责。突发事件发生后，发生地县级人民政府应当立即采取措施控制事态发展，组织开展应急救援和处置工作，并立即向上一级人民政府报告，必要时可以越级上报，具备条件的，应当进行网络直报或者自动速报。突发事件发生地县级人民政府不能消除或者不能有效控制突发事件引起的严重社会危害的，应当及时向上级人民政府报告。上级人民政府应当及时采取措施，统一领导应急处置工作。法律、行政法规规定由国务院有关部门对突发事件应对管理工作负责的，从其规定；地方人民政府应当积极配合并提供必要的支持。

第十八条规定，突发事件涉及两个以上行政区域的，其应对管理工作由有关行政区域共同的上一级人民政府负责，或者由各有关行政区域的上一级人民政府共同负责。共同负责的人民政府应当按照国家有关规定，建立信息共享和协调配合机制。根据共同应对突发事件的需要，地方人民政府之间可以建立协同应对机制。

第十九条规定，县级以上人民政府是突发事件应对管理工作的行政领导机关。国务院在总理领导下研究、决定和部署特别重大突发事件的应对工作；根据实际需要，设立国家突发事件应急指挥机构，负责突发事件应对工作；必要时，国务院可以派出工作组指导有关工作。县级以上地方人民政府设立由本级人民政府主要负责人、相关部门负责人、国家综合性消防救援队伍和驻当地中国人民解放军、中国人民武装警察部队有关负责人等组成的突发事件应急指挥机构，统一领导、协调本级人民政府各有关部门和下级人民政府开展突发事件应对工作；根据实际需要，设立相关类别突发事件应急指挥机构，组织、协调、指挥突发事件应对工作。

第二十条规定，突发事件应急指挥机构在突发事件应对过程中可以依法发布有关突发事件应对的决定、命令、措施。突发事件应急指挥机构发布的决定、命令、措施与设立它的人民政府发布的决定、命令、措施具有同等效力，法律责任由设立它的人民政府承担。

第二十一条规定，县级以上人民政府应急管理部门和卫生健康、公安等有关部门应当在各自职责范围内做好有关突发事件应对管理工作，并指导、协助下级人民政府及其相应部门做好有关突发事件的应对管理工作。

第二十二条规定，乡级人民政府、街道办事处应当明确专门工作力量，负责突发事件应对有关工作。居民委员会、村民委员会依法协助人民政府和有关部门做好突发事件应对工作。

二、管理与指挥体制

2024年修法增设专章，对管理与指挥体制作出系统规定。一是规定国家建立统一指挥、专常兼备、反应灵敏、上下联动的应急管理体制和综合协调、分类管理、分级负责、属地管理为主的工作体系。二是明确县级以上人民政府及其应急管理、卫生健康、公安等有关部门在突发事件应对中的职责。三是明确跨行政区域突发事件应对及协同应对机制。四是规定突发事件应急指挥机构的设立和人员组成，明确突发事件应急指挥机构在突发事件应对过程中发布的决定、命令、措施，与设立它的人民政府发布的决定、命令、措施具有同等效力，法律责任由设立它的人民政府承担。五是明确乡镇街道、村（居）委会以及武装力量等在突发事件应对工作中的职责，鼓励支持引导社会力量依法有序参与突发事件应对工作，进一步形成突发事件应对工作合力，提升全社会突发事件应对的整体水平。

三、预防与应急准备

《突发事件应对法》全面规定了突发事件预防与应急准备的基础性工作，主要包括：应急预案体系建设、应急培训开展、宣传及应急演练，各类救援队伍组建、物资储备、经费保障、通信保障，建设应急避难场所、建立健全监测预警制度，开展危险源调查、登记、风险评估，调处和化解易引发突发事件的基层矛盾纠纷等。有关企事业单位特别是高危行业企业、公共场所、公共交通工具及其他人群密集场所的管理单位、居民委员会、村民委员会应当积极配合、协助政府及有关部门做好预防与应急准备工作。

（一）建立健全应急预案体系

1. 应急预案体系

《突发事件应对法》规定国家建立健全突发事件应急预案体系。国家突发事件应急预案分为两个层次：一是国家级应急预案，包括突发事件总体应急预案、专项应急预案和部门应急预案并按国务院有关规定备案；二是地方各级人民政府和县级以上地方人民政府有关部门根据有关法律、法规、规章、上级人民政府及其有关部门的应急预案以及本地区、本部门的实际情况，制定相应的突发事件应急预案并按国务院有关规定备案。

此外，企事业单位也应根据有关法律法规制定应急预案；举办大型会展和文化体育等重大活动，主办单位也要制定应急预案。应急预案的制定、修订程序由国务院规定。应急预案制定单位应当根据实际情况和形势的变化，适时修订应急预案。

2. 应急预案的内容

《突发事件应对法》第二十八条规定，应急预案应当根据本法和其他有关法律、法规的规定，针对突发事件的性质、特点和可能造成的社会危害，具体规定突发事件应对管理工作的组织指挥体系与职责和突发事件的预防与预警机制、处置程序、应急保障措施以及事后恢复与重建措施等内容。应急预案制定机关应当广泛听取有关部门、单位、专家和社会各方面意见，增强应急预案的针对性和可操作性，并根据实际需要、情势变化、应急演练中发现的问题等及时对应急预案作出修订。应急预案的制定、修订、备案等工作程序和管理办法由国务院规定。

其中强化应急保障，为了加强应急物资、运输、能源保障，推动有关产业发展和场所建设，为突发事件应对工作提供坚实物质基础，2024年的修订作出规定：一是建立健全应急物资储备保障制度，县级以上地方人民政府根据需要，依法与有条件的企业签订协议，企业根据协议进行应急救援物资等的生产、供给；二是建立健全应急运输保障、能源应急保障等体系；三是加强应急避难场所的规划、建设和管理工作；四是发布警报，进入预警期后，对重要商品和服务市场情况加强监测，并与《价格法》等有关法律作了衔接规定。

（二）单位预防与应对突发事件的义务

1. 所有单位预防突发事件的义务

《突发事件应对法》第三十五条规定，所有单位应当建立健全安全管理制度，定期开展危险源辨识评估，制定安全防范措施；定期检查本单位各项安全防范措施的落实情况，及时消除事故隐患；掌握并及时处理本单位存在的可能引发社会安全事件的问题，防止矛盾激化和事态扩大；对本单位可能发生的突发事件和采取安全防范措施的情况，应当按照规定及时向所在地人民政府或者有关部门报告。

2. 高危行业企业预防突发事件的义务

《突发事件应对法》第三十六条规定，矿山、金属冶炼、建筑施工单位和易燃易爆物品、危险化学品、放射性物品等危险物品的生产、经营、运输、储存、使用单位，应当制定具体应急预案，配备必要的应急救援器材、设备和物资，并对生产经营场所、有危险物品的建筑物、构筑物及周边环境开展隐患排查，及时采取措施管控风险和消除隐患，防止发生突发事件。

高危行业企业所从事的生产经营等活动有特殊性，一旦发生事故，将对人民群众生命财产安全造成严重损害。高危企业必须本着高度负责的精神，严格执行相关法律、法规和标准的规定，建立健全严格的安全管理规章制度，设置必要的安全防范设施，提高从业人员的素质，编制有针对性的应急预案，组织力量排查隐患，采取可靠的安全保障措施，保证生产经营活动的安全进行。

3. 人员密集场所经营单位预防突发事件的义务

《突发事件应对法》第三十七条规定，公共交通工具、公共场所和其他人员密集场所的经营单位或者管理单位应当制定具体应急预案，为交通工具和有关场所配备报警装置和必要的应急救援设备、设施，注明其使用方法，并显著标明安全撤离的通道、路线，保证安全通道、出口的畅通。有关单位应当定期检测、维护其报警装置和应急救援设备、设施，使其处于良好状态，确保正常使用。

（三）应急能力建设

为了有效提高突发事件应对能力，为突发事件应对工作提供更坚实的制度支撑、人才保障和技术支持，2024 年修法作出规定：一是明确国家综合性消防救援队伍是应急救援的综合性常备骨干力量，增加基层应急救援队伍、社会力量建立的应急救援队伍的有关规定，并明确政府应当推动专业应急救援队伍与非专业应急救援队伍联合培训、联合演练，提高合成应急、协同应急的能力。二是规定应急预案的制定、完善、演练。制定应急预案应当广泛听取各方面意见，并根据实际需要、情势变化、应急演练中发现的问题等及时作出修订；人民政府、基层组织、企业事业单位、学校等应当分别面向社会公众、居民、村民、职工、学生及教职工开展应急宣传教育和应急演练。三是发挥科学技术在突发事件应对中的作用，在突发事件应对中加强现代技术手段的依法应用，加强应急科学和核心技术研究，加大应急管理人才和科技人才培养力度，不断提高突发事件应对能力。

四、监测与预警

加强监测和预警，不仅是应对突发事件本身的要求，也是政府管理目标的要求，政府管理的目的是使用较低的成本来预防，而不是花高额的成本来抢救和重建。

（一）突发事件信息的收集与报告

《突发事件应对法》第六十条规定，县级以上人民政府及其有关部门、专业机构应当通过多种途径收集突发事件信息。县级人民政府应当在居民委员会、村民委员会和有关单位建立专职或者兼职信息报告员制度。公民、法人或者其他组织发现发生突发事件，或者发现可能发生突发事件的异常情况，应当立即向所在地人民政府、有关主管部门或者指定的专业机构报告。接到报告的单位应当按照规定立即核实处理，对于不属于其职责的，应当立即移送相关单位核实处理。

第六十一条规定，地方各级人民政府应当按照国家有关规定向上级人民政府报送突发事件信息。县级以上人民政府有关主管部门应当向本级人民政府相关部门通报突发事件信息，并报告上级人民政府主管部门。专业机构、监测网点和信息报告员应当及时向所在地人民政府及其有关主管部门报告突发事件信息。有关单位和人员报送、报告突发事件信息，应当做到及时、客观、真实，不得迟报、谎报、瞒报、漏报，不得授意他人迟报、谎报、瞒报，不得阻碍他人报告。

（二）突发事件监测制度

《突发事件应对法》第五十八条规定，国家建立健全突发事件监测制度。县级以上人民政府及其有关部门应当根据自然灾害、事故灾难和公共卫生事件的种类和特点，建立健全基础信息数据库，完善监测网络，划分监测区域，确定监测点，明确监测项目，提供必要的设备、设施，配备专职或者兼职人员，对可能发生的突发事件进行监测。

2024 年的修订健全突发事件监测制度，对可能发生的突发事件进行监测，通过多种途径收集突发事件信息，对突发事件隐患和监测信息及时汇总、分析、评估、报告。

（三）突发事件预警

国家将自然灾害、事故灾难和公共卫生事件预警分为一级、二级、三级和四级，分别用红色、橙色、黄色和蓝色标示，一级为最高级别。不同的突发事件特点不同，预警级别标准也有区别，具有较强的专业性。《突发事件应对法》授权国务院或国务院确定的部门制定预警级别划分标准。

当可以预警的自然灾害、事故灾难或者公共卫生事件即将发生或者发生的可能性增大时，县级以上地方人民政府应当根据有关法律、行政法规和国务院规定的权限和程序，发布相应级别的警报，决定并宣布有关地区进入预警期，同时向上一级人民政府报告，必要时可以越级上报；具备条件的，应当进行网络直报或者自动速报；同时向当地驻军和可能受到危害的毗邻或者相关地区的人民政府通报。发布警报应当明确预警类别、级别、起始时间、可能影响的范围、警示事项、应当采取的措施、发布单位和发布时间等。

第六十五条规定，国家建立健全突发事件预警发布平台，按照有关规定及时、准确向社会发布突发事件预警信息。广播、电视、报刊以及网络服务提供者、电信运营商应当按照国家有关规定，建立突发事件预警信息快速发布通道，及时、准确、无偿播发或者刊载突发事件预警信息。公共场所和其他人员密集场所，应当指定专门人员负责突发事件预警信息接收和传播工作，做好相关设备、设施维护，确保突发事件预警信息及时、准确接收和传播。

1. 三级、四级警报后的措施

三级、四级警报是预警中级别相对较低的，三级、四级警报后，县级以上地方人民政府应当采取如下 5 种措施：一是启动应急预案；二是责令有关部门、专业机构、监测网点和负有特定职责的人员及时收集、报告有关信息，向社会公布反映突发事件信息的渠道，加强对突发事件发生、发展情况的监测、预报和预警工作；三是组织有关部门和机构、专业技术人员、有关专家学者，随时对突发事件信息进行分析评估，预测发生突发事件可能性的大小、影响范围和强度以及可能发生的突发事件的级别；四是定时向社会发布与公众有关的突发事件预测信息和分析评估结果，并对相关信息的报道工作进行管理；五是及时按照有关规定向社会发布可能受到突发事件危害的警告，宣传避免、减轻危害的常识，公布咨询或者求助电话等联络方式和渠道。

2. 一级、二级警报后的措施

一级、二级警报级别比较高，特别是一级警报，意味着应对突发事件进入最高警戒级别。县级以上人民政府除采取三级和四级警报后的措施之外，还要采取如下8种措施：一是责令应急救援队伍、负有特定职责的人员进入待命状态，并动员后备人员做好参加应急救援和处置工作的准备；二是调集应急救援所需物资、设备、工具，准备应急设施和应急避难、封闭隔离、紧急医疗救治等场所，并确保其处于良好状态、随时可以投入正常使用；三是加强对重点单位、重要部位和重要基础设施的安全保卫，维护社会治安秩序；四是采取必要措施，确保交通、通信、供水、排水、供电、供气、供热、医疗卫生、广播电视、气象等公共设施的安全和正常运行；五是及时向社会发布有关采取特定措施避免或者减轻危害的建议、劝告；六是转移、疏散或者撤离易受突发事件危害的人员并予以妥善安置，转移重要财产；七是关闭或者限制使用易受突发事件危害的场所，控制或者限制容易导致危害扩大的公共场所的活动；八是法律、法规、规章规定的其他必要的防范性、保护性措施。

五、应急处置与救援

突发事件发生后，必须在第一时间采取有力措施控制事态发展，开展应急救援工作。不同的突发事件发生之后，应当根据实际情况采取相应的应急处置措施，相关组织、单位、公民在应急处置中有相应的义务。

（一）应急响应制度

国家建立健全突发事件应急响应制度。突发事件的应急响应级别，按照突发事件的性质、特点、可能造成的危害程度和影响范围等因素分为一级、二级、三级和四级，一级为最高级别。突发事件应急响应级别划分标准由国务院或者国务院确定的部门制定。县级以上人民政府及其有关部门应当在突发事件应急预案中确定应急响应级别。

突发事件发生后，履行统一领导职责或者组织处置突发事件的人民政府应当针对其性质、特点、危害程度和影响范围等，立即启动应急响应，组织有关部门，调动应急救援队伍和社会力量，依照法律、法规、规章和应急预案的规定，采取应急处置措施，并向上级人民政府报告；必要时，可以设立现场指挥部，负责现场应急处置与救援，统一指挥进入突发事件现场的单位和个人。启动应急响应，应当明确响应事项、级别、预计期限、应急处置措施等。履行统一领导职责或者组织处置突发事件的人民政府，应当建立协调机制，提供需求信息，引导志愿服务组织和志愿者等社会力量及时有序参与应急处置与救援工作。

（二）应急处置措施

1. 应急处置措施的法定条件、主体和要求

突发事件发生之后，事件发生地人民政府有必要实施应急处置措施，有力组织并有序

开展各种抢险救援工作。应急处置措施的总体要求是保护公民的权利和应急处置的需要。应急处置措施是一种暂时的强制性行政应急措施，是一种行政行为。处置措施的法定条件是突发事件发生，实施的主体是履行统一领导职责或者组织处置突发事件的人民政府；具体要求是应当针对突发事件的性质、特点和危害程度；途径是组织有关部门，调动应急救援队伍和社会力量；依据是《突发事件应对法》的规定及有关法律、法规、规章和规定。

2. 自然灾害、事故灾难或者公共卫生事件发生后的应急处置措施

突发事件发生后，究竟采取哪些措施，应当视具体情况而定。《突发事件应对法》规定了 11 项措施：一是组织营救和救治受害人员，转移、疏散、撤离并妥善安置受到威胁的人员以及采取其他救助措施；二是迅速控制危险源，标明危险区域，封锁危险场所，划定警戒区，实行交通管制、限制人员流动、封闭管理以及其他控制措施；三是立即抢修被损坏的交通、通信、供水、排水、供电、供气、供热、医疗卫生、广播电视、气象等公共设施，向受到危害的人员提供避难场所和生活必需品，实施医疗救护和卫生防疫以及其他保障措施；四是禁止或者限制使用有关设备、设施，关闭或者限制使用有关场所，中止人员密集的活动或者可能导致危害扩大的生产经营活动以及采取其他保护措施；五是启用本级人民政府设置的财政预备费和储备的应急救援物资，必要时调用其他急需物资、设备、设施、工具；六是组织公民、法人和其他组织参加应急救援和处置工作，要求具有特定专长的人员提供服务；七是保障食品、饮用水、药品、燃料等基本生活必需品的供应；八是依法从严惩处囤积居奇、哄抬价格、牟取暴利、制假售假等扰乱市场秩序的行为，维护市场秩序；九是依法从严惩处哄抢财物、干扰破坏应急处置工作等扰乱社会秩序的行为，维护社会治安；十是开展生态环境应急监测，保护集中式饮用水水源地等环境敏感目标，控制和处置污染物；十一是采取防止发生次生、衍生事件的必要措施。

（三）应急救援

突发事件发生后，突发事件发生地的居民委员会、村民委员会和其他组织应当按照当地人民政府的决定、命令，进行宣传动员，组织群众开展自救与互救，协助维护社会秩序；情况紧急的，应当立即组织群众开展自救与互救等先期处置工作。

受到自然灾害危害或者发生事故灾难、公共卫生事件的单位，应当立即组织本单位应急救援队伍和工作人员营救受害人员，疏散、撤离、安置受到威胁的人员，控制危险源，标明危险区域，封锁危险场所，并采取其他防止危害扩大的必要措施，同时向所在地县级人民政府报告；对因本单位的问题引发的或者主体是本单位人员的社会安全事件，有关单位应当按照规定上报情况，并迅速派出负责人赶赴现场开展劝解、疏导工作。突发事件发生地的其他单位应当服从人民政府发布的决定、命令，配合人民政府采取的应急处置措施，做好本单位的应急救援工作，并积极组织人员参加所在地的应急救援和处置工作。

（四）心理健康体系建设

国家采取措施，加强心理健康服务体系和人才队伍建设，支持引导心理健康服务人员和社会工作者对受突发事件影响的各类人群开展心理健康教育、心理评估、心理疏导、心理危机干预、心理行为问题诊治等心理援助工作。

（五）信息数据制度

国家支持城乡社区组织健全应急工作机制，强化城乡社区综合服务设施和信息平台应

急功能，加强与突发事件信息系统数据共享，增强突发事件应急处置中保障群众基本生活和服务群众能力。

对个人信息予以保护的规定。县级以上人民政府及其有关部门根据突发事件应对工作需要，在履行法定职责所必需的范围和限度内，可以要求公民、法人和其他组织提供应急处置与救援需要的信息。公民、法人和其他组织应当予以提供，法律另有规定的除外。县级以上人民政府及其有关部门对获取的相关信息，应当严格保密，并依法保护公民的通信自由和通信秘密。在突发事件应急处置中，有关单位和个人因依照本法规定配合突发事件应对工作或者履行相关义务，需要获取他人个人信息的，应当依照法律规定的程序和方式取得并确保信息安全，不得非法收集、使用、加工、传输他人个人信息，不得非法买卖、提供或者公开他人个人信息。因依法履行突发事件应对工作职责或者义务获取的个人信息，只能用于突发事件应对，并在突发事件应对工作结束后予以销毁。确因依法作为证据使用或者调查评估需要留存或者延期销毁的，应当按照规定进行合法性、必要性、安全性评估，并采取相应保护和处理措施，严格依法使用。

六、事后恢复与重建

突发事件的威胁和危害得到控制或者消除后，履行统一领导职责或者组织处置突发事件的人民政府应当宣布解除应急响应，停止执行依照《突发事件应对法》规定采取的应急处置措施，同时采取或者继续实施必要措施，防止发生自然灾害、事故灾难、公共卫生事件的次生、衍生事件或者重新引发社会安全事件，组织受影响地区尽快恢复社会秩序。

七、法律责任

地方人民政府及县级以上人民政府有关部门及其工作人员、有关单位和个人违反《突发事件应对法》的规定，都应当承担法律责任。

（一）地方各级人民政府和县级以上各级人民政府有关部门法律责任

政府部门的违法行为主要包括：一是未按照规定采取预防措施，导致发生突发事件，或者未采取必要的防范措施，导致发生次生、衍生事件的；二是迟报、谎报、瞒报、漏报或者授意他人迟报、谎报、瞒报以及阻碍他人报告有关突发事件的信息，或者通报、报送、公布虚假信息，造成后果的；三是未按照规定及时发布突发事件警报、采取预警期的措施，导致损害发生的；四是未按照规定及时采取措施处置突发事件或者处置不当，造成后果的；五是违反法律规定采取应对措施，侵犯公民生命健康权益的；六是不服从上级人民政府对突发事件应急处置工作的统一领导、指挥和协调的；七是未及时组织开展生产自救、恢复重建等善后工作的；八是截留、挪用、私分或者变相私分应急救援资金、物资的；九是不及时归还征用的单位和个人的财产，或者对被征用财产的单位和个人不按照规定给予补偿的。有上述情形之一的，由有关机关综合考虑突发事件发生的原因、后果、应对处置情况、行为人过错等因素，对负有责任的领导人员和直接责任人员依法给予处分。

（二）有关单位法律责任

容易引发突发事件和容易受突发事件影响的生产经营单位和管理单位的违法行为主要包括：一是未按照规定采取预防措施，导致发生较大以上突发事件的；二是未及时消除已发现的可能引发突发事件的隐患，导致发生较大以上突发事件的；三是未做好应急物资储备和应急设备、设施日常维护、检测工作，导致发生较大以上突发事件或者突发事件危害扩大的；四是突发事件发生后，不及时组织开展应急救援工作，造成严重后果的。有上述情形之一的，由所在地履行统一领导职责的人民政府有关部门责令停产停业，暂扣或者吊销许可证件，并处五万元以上二十万元以下的罚款；情节特别严重的，并处二十万元以上一百万元以下的罚款。

1.【单选题】依据《突发事件应对法》，下列有关突发事件的说法中，错误的是（　　）。

A. 突发事件是指突然发生，造成或者可能造成严重社会危害，需要采取应急处置措施予以应对的事件

B. 突发事件包括自然灾害、事故灾难、公共卫生事件、社会安全事件和网络舆情事件

C. 按照社会危害程度、影响范围等因素，自然灾害、事故灾难、公共卫生事件分为特别重大、重大、较大和一般四级

D. 突发事件应对工作实行预防为主、预防与应急相结合的原则

2.【单选题】依据《突发事件应对法》，某突发事件涉及甲、乙县两个行政区域，其中涉及乙县行政区域范围较大，则此突发事件的应对工作应由（　　）负责。

A. 甲县人民政府　　　　　　　　B. 乙县人民政府

C. 甲县和乙县人民政府共同　　　D. 甲县、乙县共同的上一级人民政府

3.【单选题】依据《突发事件应对法》，国家建立健全突发事件预警制度。可以预警的自然灾害、事故灾难和公共卫生事件的预警级别，分为一级、二级、三级和四级，分别用红色、橙色、黄色和蓝色标示，一级为最高级别，其划分的依据不包括（　　）。

A. 突发事件发生的紧急程度　　　B. 突发事件的影响范围

C. 突发事件的发展势态　　　　　D. 突发事件可能造成的危害程度

4.【多选题】某矿区由于长期私挖滥采，为现生产煤矿遗留下重大水害隐患。近日该地区局部有雷雨天气，地方政府为防范矿井水害事故发生，发布了三级警报。根据《突发事件应对法》，警报发布后，地方政府应当采取的措施是（　　）。

A. 责令有关部门、专业机构和负有特定职责的人员收集、报告有关信息

B. 责令矿山应急救援队伍、负有特定职责的人员进入待命状态

C. 加强对重点煤矿、重要部位和重要基础设施的安全保卫

D. 转移、疏散或者撤离易受雷雨危害的煤矿人员并予以妥善安置

E. 及时发布警告、宣传减灾常识和公布咨询电话

参考答案

1. B　2. D　3. B　4. AE

第四章　安全生产行政法规

第一节　安全生产许可证条例

2004 年 1 月 13 日国务院令第 397 号公布《安全生产许可证条例》，自公布之日起施行。根据 2014 年 7 月 29 日《国务院关于修改部分行政法规的决定》第二次修订，对其部分条款进行了修改。《安全生产许可证条例》的立法目的是严格规范安全生产条件，进一步加强安全生产监督管理，防止和减少生产安全事故。这是我国第一部对煤矿企业、非煤矿山企业、建筑施工企业和危险化学品、烟花爆竹、民用爆炸物品生产企业实施安全生产行政许可的行政法规。这部行政法规通过确立安全生产许可制度，提高了安全生产准入门槛，加大了安全生产监管力度，同时填补了我国安全生产法律制度的一项空白。依条例公布时的安全生产法制环境来看，虽然条例所确立的安全生产许可制度是一项新的基本制度，但与其他有关安全生产的法律、法规仍然是互相衔接的，与正在实施的《安全生产法》的基本精神是一致的，是对安全生产法有关规定的具体化。近几年的实践表明，《安全生产许可证条例》的颁布施行，对于建立安全生产许可制度，依法规范企业的安全生产条件，强化安全生产监督管理，防止和减少生产安全事故，发挥着重要的制度保障作用。

2018 年国家机构改革，成立应急管理部，原安全生产监督管理部门职责由应急管理部门承接，2020 年成立国家矿山安全监察局，原国家煤矿安全监察局职责由国家矿山安全监察局承接，煤矿安全生产许可事项移交地方政府。相应《安全生产许可证条例》中事项也作调整。目前，正在修改《安全生产许可证条例》。

一、安全生产许可制度的适用范围

确立安全生产行政许可制度，是《安全生产许可证条例》的核心内容。国家对矿山企业、建筑施工企业和危险化学品、烟花爆竹、民用爆炸物品生产企业实行安全生产许可制度，是指这五类危险性较大的企业，必须依照法定条件、程序，向有关管理机关申请领取安全生产许可证，方可进行生产。凡是没有取得安全生产许可证的，一律不得从事相关生产活动。理解和把握安全生产许可制度，应当着重于以下 3 个方面：

（1）安全生产许可制度是一项专门的、统一的制度。这个制度是第一个专门针对安全生产条件而设立的行政许可，同时又是一个统一的制度，适用于矿山企业、建筑施工企业、危险化学品生产企业、烟花爆竹生产企业、民用爆炸物品生产企业等五类企业，与其他只适用于某一类企业的安全生产审批、许可事项不同。

（2）安全生产许可制度是一项带有市场准入性质的制度。企业要进行生产，就必须依法取得安全生产许可证。要取得安全生产许可证，就必须具备相应的安全生产条件。因此，这一制度实质上提高了企业从事生产活动的门槛，使不具备相应安全生产条件的企业不能进行生产，有利于从源头上防止和减少生产安全事故，真正实现安全生产。

（3）安全生产许可制度是一项新的基本制度。《煤炭法》《建设工程安全生产管理条例》《危险化学品安全管理条例》《民用爆炸物品安全管理条例》等现行有关安全生产的法律法规对矿山企业、建筑施工企业和危险化学品、烟花爆竹、民用爆炸物品生产企业应当具备的安全生产条件、资质已经规定了相应的审批、许可事项。如《煤炭法》第二十条规定，煤矿投入生产前，煤矿企业应当依照有关安全生产的法律、行政法规的规定取得安全生产许可证。未取得安全生产许可证的，不得从事煤炭生产。安全生产许可制度是为了严格规范安全生产条件，进一步加强安全生产监督管理，在现行有关安全生产的法律法规已有规定基础上新设立的一项基本制度，不是现行法律、法规已有规定的翻版，同时也并不取代有关安全生产法律、法规规定的审批、许可事项。将来修订有关安全生产法律法规时，可以统筹考虑安全生产许可制度与相关制度的衔接。

《安全生产许可证条例》的适用范围包括空间范围、时间范围和主体及其行为范围。

（一）空间范围

《安全生产许可证条例》的适用范围涵盖了在我国国家主权所涉及范围内从事的矿产资源开发、建筑施工和危险化学品、烟花爆竹、民用爆炸物品生产等活动。这里需要指出的是，除了在我国领土、领空范围内从事上述活动的企业以外，领水的范围既包括我国的内陆水域，又包括领海海域和其他海域；既包括领海毗连区，又包括200海里海洋专属经济区。在我国海域从事矿产资源尤其是石油、天然气等矿产资源开发的生产活动比较多，其中有关中国企业和中外合资、合作企业的安全生产活动，应当受《安全生产许可证条例》的调整，依法申请领取安全生产许可证。

（二）时间范围

依照国务院令第397号的决定，《安全生产许可证条例》自公布之日起施行。这就是说，它的生效时间自2004年1月13日起算。对于《安全生产许可证条例》公布生效之后新开办的矿山企业、建筑施工企业和危险化学品、烟花爆竹、民用爆炸物品生产企业来说，必须依法申请取得安全生产许可证；未取得安全生产许可证的，不得从事生产活动。另外，在该条例施行前，已经进行生产的企业，应当自该条例施行之日起1年内，按照规定申请办理安全生产许可证。

（三）主体及其行为范围

《安全生产许可证条例》对人的效力范围包括从事矿产资源开发、建筑施工和危险化学品、烟花爆竹、民用爆炸物品生产等活动的自然人，又包括法人和非企业法人单位。凡是在中华人民共和国领域内从事矿产资源开发、建筑施工和危险化学品、烟花爆竹、民用爆炸物品生产等活动的所有企业法人、非企业法人单位和中国人、外籍人、无国籍人，不论其是否领取安全生产许可证，不论其所有制性质和生产方式如何，都要遵守《安全生产许可证条例》的各项规定。

根据《安全生产许可证条例》的规定，安全生产许可证的发放范围具体包括五类企业：矿山企业、建筑施工企业和危险化学品、烟花爆竹、民用爆炸物品生产企业。

二、取得安全生产许可证的条件和程序

（一）取得安全生产许可证的条件

1. 三类企业

《安全生产许可证条例》将施行许可制度的企业分为六种：矿山企业分为煤矿企业和非煤矿山企业两种，危险物品生产企业分为危险化学品生产企业、烟花爆竹生产企业和民用爆炸物品生产企业三种，加上建筑施工企业共为六种。《安全生产许可证条例》规定上述三类六种生产（施工）企业必须具备法定的安全生产条件，依法申请领取安全生产许可证，方可从事生产建设活动。

2. 三类企业均应具备的基本安全生产条件

三类高危企业虽各有特点，但都具有危险性较大的共性。《安全生产许可证条例》第六条规定的企业应当具备的安全生产条件，不是高危生产企业应当具备的全部的安全生产条件，而是这些企业必须具备的共同的安全生产条件，即从有关安全生产法律、行政法规中概括出来的基本安全生产条件。这些安全生产条件好似"通用件"，对三类高危生产企业普遍适用。

《安全生产许可证条例》的立法目的就是要为高危生产企业设定最基本的、最低的安全生产条件，也就是安全生产准入的最低"门槛"。企业安全生产条件的全面改善固然需要较长的过程，规定基本安全生产条件就是为了提升高危生产企业的整体安全素质，不能因为有些企业不具备安全生产条件而降低要求。依法规定严格的安全生产条件将为企业安全生产设定具体标准和行为规则，迫使那些不具备基本安全生产条件的企业进行整改，在较短的时间内具备法定条件；对于那些根本无法具备基本安全生产条件的企业，必须淘汰或者取缔，不准其从事生产活动。

3. 基本安全生产条件需要细化为具体的、可操作的安全生产条件

《安全生产许可证条例》第六条规定，企业取得安全生产许可证，应当具备下列安全生产条件：

（1）建立、健全安全生产责任制，制定完备的安全生产规章制度和操作规程。

（2）安全投入符合安全生产要求。

（3）设置安全生产管理机构，配备专职安全生产管理人员。

（4）主要负责人和安全生产管理人员经考核合格。

（5）特种作业人员经有关业务主管部门考核合格，取得特种作业人员操作资格证书。

（6）从业人员经安全生产教育和培训合格。

（7）依法参加工伤保险，为从业人员缴纳保险费。

（8）厂房、作业场所和安全设施、设备、工艺符合有关安全生产法律、法规、标准和规程的要求。

（9）有职业危害防治措施，并为从业人员配备符合国家标准或者行业标准的劳动防

护用品。

（10）依法进行安全评价。

（11）有重大危险源检测、评估、监控措施和应急预案。

（12）有生产安全事故应急救援预案、应急救援组织或者应急救援人员，配备必要的应急救援器材、设备。

（13）法律、法规规定的其他条件。

《安全生产许可证条例》第六条第13项关于"法律、法规规定的其他条件"的规定，是指有关法律、法规对高危生产企业的安全生产条件另有规定的，应当从其规定，它可以将分散于相关法律、法规中的有关法律规范联结为一体，更具有可操作性，更能够体现特殊性。应当注意的是，"法律、法规规定的其他条件"并不只限于法律、法规的直接规定，还包括法律、法规规定必须具备的国家标准或者行业标准、安全规程和行业技术规范中设定的安全生产条件。譬如，《安全生产法》第二十条关于"生产经营单位应当具备本法和有关法律、行政法规和国家标准或者行业标准规定的安全生产条件"的规定，就已经涵盖了国家标准或者行业标准规定的安全生产条件。

（二）取得安全生产许可证的程序

1. 公开申请事项和要求

设定和实施安全生产许可，是一项面向全社会的行政管理活动。安全生产许可证颁发管理机关应当将有关申请领取安全生产许可证的时间、地点、机关和应当提交的文件、资料向社会公布，使申请人能够知道、了解有关申办事项及其具体要求，以便能够及时申请领取安全生产许可证。安全生产许可证颁发管理机关制定的安全生产许可证颁发管理的规章制度等具体规定应当公布。否则，不得作为实施行政许可的具体依据。

2. 企业应当依法提出申请

颁发安全生产许可证的前提，是企业必须依法向安全生产许可证颁发管理机关提出申请，即不申请不发证。

（1）新设立生产企业的申请。现行有关法律、行政法规对设立企业审批、领取工商营业执照和颁发许可证的时间、顺序等程序性规定不尽相同，暂时难以统一。依照《安全生产许可证条例》的规定，不论法律、行政法规关于高危生产企业领取有关证照的时间和程序如何规定以及是否相同，安全生产许可证必须在企业建成投产前提出申请；如不提出申请并未取得安全生产许可证，不得从事生产活动。

（2）企业必须依法向安全生产许可证颁发管理机关提出申请。企业具备了条例规定的安全生产条件，只能表明具备了从事生产的潜在安全资质，并不表示企业具备从事安全生产的当然资格，必须依法向安全生产许可证颁发管理机关申请领取安全生产许可证。根据《安全生产许可证条例》第三条、第四条、第五条的规定，安全生产监督管理部门负责非煤矿矿山企业和危险化学品、烟花爆竹生产企业安全生产许可证的颁发和管理，煤矿安全监察机构负责煤矿企业安全生产许可证的颁发和管理，建设主管部门负责建筑施工企业安全生产许可证的颁发和管理，民用爆炸物品行业主管部门负责民用爆炸物品生产企业安全生产许可证的颁发和管理。除此之外，其他任何单位和个人都无权受理安全生产许可证申请事宜。

（3）申请人应当提交相关文件、资料。依照《安全生产许可证条例》及其配套实施规章的规定，6 种高危生产企业申请办理安全生产许可证，都要向安全生产许可证颁发管理机关提交相关文件、资料。每种企业需要提交的相关文件、资料不尽相同，应由有关安全生产许可证颁发管理机关作出具体规定。申请人提交的相关文件、资料必须能够满足对安全生产条件审查的需要。

3. 受理申请及审查

接到申请人关于领取安全生产许可证的申请书、相关文件和资料后，安全生产许可证颁发管理机关应当决定是否受理和审查。审查工作分为两部分，一部分是形式审查，另一部分是实质性审查。

所谓形式审查，是指安全生产许可证颁发管理机关依法对申请人提交的申请文件、资料是否齐全、真实、合法，进行检查核实的工作。所谓实质审查，是申请人提交的文件、资料通过形式审查以后，安全生产许可证颁发管理机关认为有必要的，应当对申请文件、资料和企业的实际安全生产条件进行实地审查或者核实。譬如，需要对一些生产厂房、作业场所进行检查、审验；对一些安全设施、设备需要进行检测、检验或者试运行。这些审查工作不是在办公室里能够完成的，必须前往实地或者企业才能进行直接的审查或者核实。安全生产许可证颁发管理机关进行实质性审查的方式主要有 3 种：一是委派本机关的工作人员直接进行审查或者核实；二是委托其他行政机关代为进行审查或者核实；三是委托安全中介机构对一些专业技术性很强的设施、设备和工艺进行专门的检测、检验。

4. 决定

经审查或者核实后，安全生产许可证颁发管理机关可以依法作出两种决定：企业具备法定安全生产条件的，决定颁发安全生产许可证；不具备法定安全生产条件的，决定不予颁发安全生产许可证，书面通知企业并说明理由。关于审查发证的法定时限，《安全生产许可证条例》第七条规定，安全生产许可证颁发管理机关完成审查和发证工作的时限是自收到申请之日起 45 日之内。在实践中，如何计算安全生产许可证审查发证工作的法定时限，需要视不同情形加以确定：

（1）自安全生产许可证颁发管理机关收到申请人提交的相关文件、资料之日起，应当在 45 日内完成审查发证工作。45 日是指法定工作日，如遇法定节日、假日自动顺延，不连续计算。

（2）安全生产许可证颁发管理机关收到申请人提交的相关文件、资料后，经审查相关文件、资料认为其不符合法定要求，安全生产许可证颁发管理机关要求申请人予以补正的，完成安全生产许可证审查发证工作的法定时限，自申请人重新提交补正的相关文件、资料之日起计算。

（3）安全生产许可证颁发管理机关对申请人的实际安全生产条件进行审查或者核实后，认为不具备安全生产条件需要纠正的，申请人纠正后再次提请安全生产许可证颁发管理机关进行审查的，完成安全生产许可证审查发证工作的法定时限，自申请人再次提出申请之日起计算。

（4）在审查过程中，安全生产许可证颁发管理机关认为需要聘请专家或者安全中介机构进行专门的检测、检验的，完成安全生产许可证审查发证工作的法定时限自提交检测、检验报告之日起计算。

（5）审查发证工作中遇有不可抗力的情况，完成安全生产许可证审查发证工作的法定时限，自不可抗力的情况消失之日起计算。

5. 期限与延续

安全生产许可证有效期为3年，不设年检。在安全生产许可证有效期满后的延续问题上，行政法规规定了两种情形：

（1）有效期满的例行延续。《安全生产许可证条例》第九条第一款规定，安全生产许可证的有效期为3年。安全生产许可证有效期满需要延期的，企业应当于期满前3个月向原安全生产许可证颁发管理机关办理延期手续。企业办理安全生产许可证延期手续所需提供的文件、资料或者有关情况，由国务院安全生产监督管理部门、建设行政主管部门、国防科技工业主管部门和国家煤矿安全监察机构规定。

（2）有效期满的免审延续。《安全生产许可证条例》第九条第二款对严格遵守有关安全生产法律法规，安全生产状况良好、没有发生死亡事故的企业予以免审延期的特殊规定，目的是要鼓励企业自觉做好安全生产工作，不出生产安全事故。但有一点需要注意，符合该规定的企业虽然不需经过审查即可延续3年，但不是自动延期，应当在有效期满前向原安全生产许可证颁发管理机关提出延期的申请，经其同意后方可免审延续3年。

6. 补办与变更

《安全生产许可证条例》的配套规章中对安全生产许可证的补办与变更的情况作出了明确的规定。企业持有的安全生产许可证如遇损毁、丢失等情况，就需要向原安全生产许可证颁发管理机关申请补办。经过审核，应当重新颁发安全生产许可证。另外，已经取得安全生产许可证的企业的有关事项发生变化，也需要及时办理安全生产许可证变更手续。

7. 档案管理与公告

档案管理是安全生产许可证管理的一项重要内容。档案管理的主要目的是保证安全生产许可证管理的基本情况有据可查，规范安全生产许可证的颁发管理行为。为评价安全生产许可证颁发管理工作，监督检查有关工作人员依法履行职责，完善许可证制度提供基础。建立健全安全生产许可证档案管理制度，一是要建立、健全归档制度，保证及时、全面地将安全生产许可证申请、颁发及监督管理等有关情况存档入案；二是要加强对已归档材料的管理，强化日常监督检查，严格责任追究制度。

将安全生产许可证颁发的情况向社会公告，是行政许可工作公开透明的需要，是进行社会监督的需要。《安全生产许可证条例》第十条要求安全生产许可证颁发管理机关定期向社会公布企业取得安全生产许可证的情况。公布的具体形式可以多样但须规范，公布的时间由安全生产许可证颁发管理机关决定。

三、安全生产许可监督管理的规定

实行安全生产许可制度，必须建立相应的安全生产许可证颁发管理体制，确定安全生产许可证颁发管理的行政机关。鉴于煤矿企业、非煤矿矿山企业、建筑施工企业和危险化学品、烟花爆竹、民用爆炸物品生产企业的特点各不相同，负有安全生产监督管理职责的部门及其职责各不相同，这就决定了安全生产许可证的颁发管理机关不是一个而是多个。《安全生产许可证条例》从实际出发，根据不同情况规定了安全生产许可证颁发管理机关的级别及其权限。

（一）安全生产许可证发证机关的层级

《安全生产许可证条例》按照两级发证的原则规定了安全生产许可证的颁发机关，并对民用爆炸物品生产企业安全生产许可证的颁发机关作出了特殊的规定。

1. 两级发证

根据《行政许可法》规定，有权依法设定行政许可的只有国家和省、自治区、直辖市两级国家权力机关和行政机关，具有行政许可设定权的行政机关有权依法实施行政许可。为了使行政许可的设定机关与实施机关的层级相一致，避免两者之间因层级差别而影响安全生产许可制度的实施，《安全生产许可证条例》确定国务院与省、自治区、直辖市两级人民政府的负有安全生产监督管理职责的部门和建设主管部门为安全生产许可证的发证机关。

2. 一级发证

在两级发证的原则下，也要对特殊情况作出特别规定，民用爆炸物品生产企业安全生产许可证的发证机关就是特例。民用爆炸物品生产企业具有特殊性，不宜与其他高危生产企业等同。民用爆炸物品生产企业数量较少，发证和管理的工作量较小。《安全生产许可证条例》第五条规定，省、自治区、直辖市人民政府民用爆炸物品行业主管部门负责民用爆炸物品生产企业安全生产许可证的颁发和管理，并接受国务院民用爆炸物品行业主管部门的指导和监督。

（二）煤矿企业安全生产许可证的颁发和管理

1. 发证对象

《煤炭法》第二十条规定，煤矿投入生产前，煤矿企业应当依照有关安全生产的法律、行政法规的规定取得安全生产许可证。未取得安全生产许可证的，不得从事煤炭生产。《安全生产许可证条例》第七条第二款规定，煤矿企业应当以矿（井）为单位，依照本条例的规定取得安全生产许可证。

2. 发证机关

煤矿企业安全生产许可证颁发管理机关是相关煤矿安全监察机构。《安全生产许可证条例》规定，国家煤矿安全监察机构负责中央管理的煤矿企业安全生产许可证的颁发和管理。在省、自治区、直辖市设立的煤矿安全监察机构负责前款规定以外的其他煤矿企业安全生产许可证的颁发和管理，并接受国家煤矿安全监察机构的指导和监督。

国家未设直属煤矿安全监察机构的其他省、自治区、直辖市的煤矿企业安全生产许可证颁发管理机关，应当是《煤矿安全监察条例》授权的省、自治区、直辖市人民政府指定的部门，多数为省级安全生产监督管理局。在这些地方，省级安全生产监督管理局依法履行煤矿企业安全生产许可证颁发管理机关的全部职责。

（三）非煤矿矿山企业安全生产许可证的颁发和管理

1. 发证对象

非煤矿矿山企业的矿种和数量远远超过煤矿企业，情况比较复杂。从矿产资源赋存状态来看，非煤矿种包括固态、液态和气态 3 种。《安全生产许可证条例》第三条规定，国务院安全生产监督管理部门负责中央管理的非煤矿矿山企业安全生产许可证的颁发和管理。省、自治区、直辖市人民政府安全生产监督管理部门负责前款规定以外的非煤矿矿山企业安全生产许可证的颁发和管理。

2. 发证机关

绝大多数非煤矿矿山企业的生产作业场所比较固定，其安全生产许可证的发证机关也是两级，即国务院安全生产监督管理部门和省、自治区、直辖市人民政府安全生产监督管理部门。

（四）危险化学品和烟花爆竹生产企业安全生产许可证的颁发和管理

1. 发证对象

原国家安全生产监督管理局依照《危险化学品安全管理条例》授权制定公布的原《危险化学品目录》规定，纳入监督管理的危险化学品主要包括最终产品和中间产品是危险化学品的化学品。中间化学品是指危险化学品生产企业为满足生产的需要，生产一种或者多种产品作为下一个生产过程参与化学反应的原料。危险化学品生产企业包括两类，一类是最终产品是危险化学品的生产企业，另一类是中间产品是危险化学品的生产企业。后者虽然不直接生产危险化学品，但其中间产品可以作为其他产品的原料而具有易燃、易爆、腐蚀或者辐射等危险性。所以，也要将中间产品是危险化学品的生产企业纳入危险化学品生产企业安全生产许可证的发证对象范围内，加强监督管理。

2. 发证机关

依照《安全生产许可证条例》的规定，危险化学品和烟花爆竹生产企业安全生产许可证的发证机关分别是国务院和省、自治区、直辖市人民政府的安全生产监督管理部门。国务院安全生产监督管理部门负责中央管理的危险化学品和烟花爆竹生产企业安全生产许可证的颁发和管理，省、自治区、直辖市人民政府安全生产监督管理部门负责其他危险化学品、烟花爆竹生产企业安全生产许可证的颁发和管理。

（五）建筑施工企业安全生产许可证的颁发和管理

1. 发证对象

建筑施工企业数量众多，大小均有。承担建筑工程的施工单位中有总承包单位、专业承包单位和劳务分包单位，还包括一些规模较小的施工队。施工单位中有的是建筑施工企业法人，有的是非法人施工单位。依照《建筑法》和《建设工程安全生产管理条例》的规定，施工单位不论是否具有法人资格，都要取得相应等级的资质，并申请领取建筑施工许可证。鉴于建筑施工活动具有流动性大、独立作业的特点，除了将建筑施工企业作为安全生产许可证的发证对象外，也要考虑安全生产许可证与施工单位资质等级和施工许可证发证对象的一致性，对独立从事建筑施工活动的施工单位颁发安全生产许可证。

2. 发证机关

《安全生产许可证条例》第四条规定，省、自治区、直辖市人民政府建设主管部门负责建筑施工企业安全生产许可证的颁发和管理，并接受国务院建设主管部门的指导和监督。根据该条规定，建筑施工企业都要向省级建设主管部门申请领取安全生产许可证，而后再向工程所在地县级以上建设主管部门申请领取建筑施工许可证。

（六）民用爆炸物品生产企业安全生产许可证的颁发和管理

《安全生产许可证条例》第五条规定，省、自治区、直辖市人民政府民用爆炸物品行业主管部门负责民用爆炸物品生产企业安全生产许可证的颁发和管理，并接受国务院民用爆炸物品行业主管部门的指导和监督。

（七）中央管理企业安全生产许可证的颁发和管理

国务院特设的国有资产管理委员会，对关系国计民生的大型国有企业实行国有资产管理。原国家安全生产监督管理局对中央管理企业的安全生产进行监督管理。

1. 发证对象

中央管理企业的发证对象主要有3种：

（1）总公司（总厂）、集团公司。中央管理企业中资产最多的是国家投资设立的全资总公司、集团公司，亦称母公司，如中国中煤能源集团公司、中国石油天然气集团公司、中国海洋石油公司、中国石油化工集团公司、中国建筑工程总公司等。中央管理的总公司（总厂）、集团公司也要接受法律的规范和政府的监管，应当取得安全生产许可证。

（2）一级上市公司。全部由中央管理的总公司（总厂）、集团公司投资和控股的一级上市公司，是具有独立法人资格的生产企业。这种企业也应当依法申请领取安全生产许可证。

（3）中央管理的总公司（总厂）、集团公司全资或者控股的子公司和具有法人资格的企业。这种全部或者大部由国家投资的子公司和具有法人资格的企业是中央管理企业不可分割的组成部分，它们的生产活动是否安全，不仅关系企业经济效益的提高，而且关系国有资产的保值、增值。所以，中央管理的总公司（总厂）、集团公司全资或者控股的子公司和具有法人资格的企业应当依照《安全生产许可证条例》的规定，申请领取安全生产许可证。

2. 发证机关

依照《安全生产许可证条例》的规定，除了建筑施工企业、民用爆炸物品生产企业之外，其他中央管理企业安全生产许可证的发证机关都是两级。

（1）中央管理的总公司（总厂）、集团公司及其投资或者控股的一级上市公司，由国务院有关部门颁发安全生产许可证。不论这些企业在中华人民共和国境内的任何地方注册，均应依照《安全生产许可证条例》的规定，由国务院安全生产监督管理部门、国家煤矿安全监察机构按照各自的职责颁发安全生产许可证并进行监督管理。

（2）中央管理的总公司（总厂）、集团公司全资或者控股的子公司和具有法人资格的企业，由其所在地省级有关部门颁发安全生产许可证。根据《行政许可法》确定的效能与便民原则和《安全生产许可证条例》的规定，中央管理的总公司（总厂）、集团公司全资或者控股的子公司和具有法人资格的企业应以省级行政区域为限，不论在何地注册，均由所在地省级人民政府安全生产监督管理部门、省级建设主管部门和省级煤矿安全监察机构按照各自的职责，颁发安全生产许可证并进行监督管理。

（八）安全生产许可监督管理

1. 安全生产许可监督管理的对象

《安全生产许可证条例》规定国务院和省级人民政府有关主管部门负责安全生产许可

证的颁发和管理。《安全生产许可证条例》所称的管理，包含两个方面：一是对安全生产许可证的申请和颁发工作实施管理，二是对取得安全生产许可证企业的生产（建筑施工）活动的安全生产实施监督检查。

2. 安全生产许可证的申请和颁发工作实施管理的主要事项

（1）制定安全生产许可证颁发工作的规章制度和工作程序。

（2）受理安全生产许可的申请。

（3）对申请人的安全生产条件进行审查。

（4）决定安全生产许可证的颁发。

（5）规定安全生产许可证的式样或者制作安全生产许可证。

（6）建立安全生产许可证档案管理制度。

（7）公布企业取得安全生产许可证的情况。

（8）协调、解决安全生产许可证颁发工作的有关事项。

3. 对取得安全生产许可证企业的生产（建筑施工）活动的安全生产实施监督检查的主要事项

（1）监督检查企业取得安全生产许可证的情况。

（2）监督检查取得安全生产许可证的企业执行有关安全生产的法律、法规、规章和国家标准或者行业标准的情况。

（3）检查企业的安全生产条件和日常安全生产管理的情况。

（4）受理有关安全生产许可违法行为的举报。

（5）监督安全生产许可证颁发机关工作人员履行职责的情况。

四、安全生产许可违法行为应负的法律责任

《安全生产许可证条例》共有6条关于法律责任追究的规定，涵盖了对安全生产许可违法行为实施法律责任追究的原则、违法行为的界定、行政处罚和刑事处罚等方面的内容。

（一）法律责任追究的原则

《行政许可法》关于法律责任追究的原则是有过必罚、过罚相当。所谓有过必罚，是指许可人和被许可人不履行法定义务，就要承担相应的法律责任，受到法律制裁。所谓过罚相当，是指违法过错或者过失与应受的处罚相当，过大罚重，过小罚轻。《安全生产许可证条例》关于安全生产许可证颁发管理机关和高危生产企业各自的权力（权利）、义务与责任的规定，体现了"谁持证谁负责""谁发证谁处罚"的原则。

（二）安全生产许可违法行为的界定

依照《安全生产许可证条例》的规定，下列行为属于安全生产许可违法行为。

1. 安全生产许可证颁发管理机关工作人员的安全生产许可违法行为

这里所说的机关工作人员，是指负责颁发管理安全生产许可证的行政机关的领导人、有关内设机构的负责人、具体承办人员和负责监督管理的行政人员。《安全生产许可证条例》第十八条列举了安全生产许可证颁发管理机关工作人员的违法行为：

（1）向不符合本条例规定的安全生产条件的企业颁发安全生产许可证的。

（2）发现企业未依法取得安全生产许可证擅自从事生产活动，不依法处理的。

（3）发现取得安全生产许可证的企业不再具备本条例规定的安全生产条件，不依法处理的。

（4）接到对违反本条例规定行为的举报后，不及时处理的。

（5）在安全生产许可证颁发、管理和监督检查工作中，索取或者接受企业的财物，或者谋取其他利益的。

2. 企业的安全生产许可违法行为

制定《安全生产许可证条例》的目的之一，就是为了严格规范企业的安全生产条件和生产活动的安全。实施安全生产许可，不仅要规范、促使企业实现安全生产，也要查处安全生产许可违法行为的责任者。《安全生产许可证条例》规定实施处罚的违法行为包括：

（1）未取得安全生产许可证擅自进行生产的。这是一种无证非法生产的违法行为。依照《安全生产许可证条例》的规定，无证非法生产的违法行为有 3 种情况：一是从未申请领取安全生产许可证擅自生产的；二是申请领取安全生产许可证，但经审查不具备安全生产条件，不予颁发安全生产许可证擅自生产的；三是被暂扣或者吊销安全生产许可证擅自进行生产的。

（2）取得安全生产许可证后不再具备安全生产条件的。这是一种持证违法的行为。《安全生产许可证条例》第十四条第一款规定，企业取得安全生产许可证后，不得降低安全生产条件，并应当加强日常安全生产管理，接受安全生产许可证颁发管理机关的监督检查。持证企业在生产过程中降低安全生产条件，也都是违法的。

（3）安全生产许可证有效期满未办理延期手续，继续进行生产的。《安全生产许可证条例》第九条第一款规定，安全生产许可证的有效期为 3 年。安全生产许可证有效期满需要延期的，企业应当于期满前 3 个月向原安全生产许可证颁发管理机关办理延期手续。

不设安全生产许可证年检是为了方便企业，简化手续。但是安全生产许可证有效期满，仍要依法办理延期手续。逾期仍不办理延期手续继续生产的，以无证非法生产论处。

（4）转让、冒用安全生产许可证或者使用伪造安全生产许可证的。这是行政法规明令禁止的违法行为。安全生产许可证是企业具备安全生产条件、取得从事相应生产活动的权利的法定凭证。《安全生产许可证条例》第十三条规定，企业不得转让、冒用安全生产许可证或者使用伪造的安全生产许可证。

（三）行政处罚的种类和决定行政处罚的机关

1. 行政处罚的种类

《安全生产许可证条例》设定的行政处罚有责令停止生产、没收违法所得、罚款、暂扣和吊销安全生产许可证 5 种。关于没收违法所得和暂扣安全生产许可证两种行政处罚，在实施时需要特别注意。

（1）没收违法所得。《安全生产许可证条例》第十九条、第二十条、第二十一条和第二十二条都设定了没收违法所得的行政处罚。违法所得不仅指货币收入，也包括非法取得的财物或者资产，一律应当作为违法所得而予以没收。

（2）暂扣安全生产许可证。《安全生产许可证条例》第十四条规定应予暂扣安全生产许可证的行政处罚。在给予暂扣安全生产许可证的行政处罚后，企业不得继续进行生产，必须停产整改；经整改具备安全生产条件的，应当申请安全生产许可证颁发管理机关进行复查。复查后具备安全生产条件的，可以发还安全生产许可证。企业不进行整改或者经整改仍不具备安全生产条件的，可以决定吊销安全生产许可证。

2. 行政处罚的决定机关

安全生产许可证颁发管理的原则是"谁发证、谁管理、谁处罚"。发证权、管理权和处罚权三位一体，不可分离。《安全生产许可证条例》第二十三条规定，本条例规定的行政处罚，由安全生产许可证颁发管理机关决定。按照职责分工，有权对安全生产许可行为实施行政处罚的行政执法主体不是1个，而是4个。

（1）国务院和省级人民政府的安全生产监督管理部门，是对非煤矿山企业和危险化学品、烟花爆竹生产企业安全生产许可违法行为实施行政处罚的决定机关。

（2）国家煤矿安全监察机构和省级煤矿安全监察机构，是对煤矿企业安全生产许可违法行为实施行政处罚的决定机关。

（3）国务院和省级人民政府的建设主管部门，是对建筑施工企业安全生产许可违法行为实施行政处罚的决定机关。

（4）省、自治区、直辖市人民政府民用爆炸物品行业主管部门，是对民用爆炸物品生产企业安全生产许可违法行为实施行政处罚的决定机关。

（四）刑事处罚

刑事处罚是追究安全生产许可违法行为的法律责任的主要方式。《安全生产许可证条例》规定适用刑事处罚的违法行为，主要有：

（1）安全生产许可证颁发管理机关工作人员构成职务犯罪的。

（2）企业未取得安全生产许可证擅自进行生产、造成重大生产安全事故或者其他严重后果，有关人员构成犯罪的。

（3）企业安全生产许可证有效期满逾期不办理延期手续，继续进行生产，有关人员构成犯罪的。

（4）企业转让、冒用安全生产许可证或者使用伪造的安全生产许可证，有关人员构成犯罪的。

（5）《安全生产许可证条例》施行前已经进行生产的企业逾期不办理安全生产许可证，或者经审查不具备安全生产条件，未取得安全生产许可证，继续进行生产，有关人员构成犯罪的。

1.【单选题】依据《安全生产许可证条例》，国家对矿山企业、（   ）企业和危险化学品、烟花爆竹、民用爆炸物品生产企业实行安全生产许可制度。

A. 建筑施工　　　　B. 船舶修造　　　　C. 金属冶炼　　　　D. 运输

2.【单选题】依据《安全生产许可证条例》，企业在安全生产许可证有效期内，严格遵守有关安全生产的法律法规，未发生死亡事故，安全生产许可证有效期届满时，经原安全生产许可证颁发管理机关同意，不再审查，安全生产许可证有效期延期（   ）年。

A. 1　　　　　　　　B. 2　　　　　　　　C. 3　　　　　　　　D. 4

3.【单选题】依据《安全生产许可证条例》，对转让安全生产许可证的，安全生产许可证颁发管理机关应当作出的行政处罚中，不包含（　　）。

A. 没收违法所得　　　　　　　　　B. 罚款

C. 吊销安全生产许可证　　　　　　D. 通报批评

4.【多选题】安全生产许可证制度是保证生产经营单位安全生产的一项重要制度，根据《安全生产许可证条例》，下列企业中应当申请安全生产许可证的有（　　）。

A. 煤矿企业　　　　　　　　　　　B. 金属冶炼企业

C. 道路运输企业　　　　　　　　　D. 非煤矿矿山企业

E. 建筑施工企业

参考答案

1. A　2. C　3. D　4. ADE

第二节　生产安全事故应急条例

党中央、国务院历来高度重视安全生产工作。近年来生产安全事故起数和死亡人数大幅减少，但依然稳中有忧、稳中有险。其中由于盲目施救、处置不当，导致事故扩大，以及死亡人数增加的事故时有发生，亟须进行统一和规范。为了解决生产安全事故应急工作中存在的突出问题，提高生产安全事故应急工作的科学化、规范化和法治化水平，2019年2月17日，国务院令第708号公布《生产安全事故应急条例》（简称《条例》），自2019年4月1日起施行。《条例》共五章，三十五条，对生产安全事故应急工作体制、应急准备、应急救援等作了规定。

一、《条例》的适用范围

（1）《条例》是《安全生产法》和《突发事件应对法》的配套行政法规。《条例》第一条规定，为了规范生产安全事故应急工作，保障人民群众生命和财产安全，根据《中华人民共和国安全生产法》和《中华人民共和国突发事件应对法》，制定本条例。《安全生产法》是安全生产领域的综合性法规，确立了安全生产的基本准则和基本制度，生产安全事故应急工作是安全生产的重要内容，法律也设有生产安全事故的应急救援与调查处理一章，对有关应急救援作出规定。《突发事件应对法》是我国应急工作的法律基础，它确立了突发事件应急工作的法律原则和法律制度。

（2）《条例》是生产安全事故应急工作的行为规范。《条例》第二条规定，本条例适用于生产安全事故应急工作；法律、行政法规另有规定的，适用其规定。这里包括两方面内容。

一是普遍适用原则。《条例》明确是规范生产安全事故应急工作的普遍规定，所有生产安全事故应急工作都要遵守本条例的规定。根据《安全生产法》和《生产安全事故报告和调查处理条例》，生产安全事故是指生产经营活动中发生的造成人身伤亡或者直接经济损失的事故，分四个等级。二是例外适用原则。法律、行政法规对生产安全事故应急工作另有规定的，适用其规定，不适用《条例》，这是《条例》与其他法律、行政法规的衔接性规定。按照下位法服从上位法的原则，法律已对生产安全事故应急工作作出规定的，适用其法律的规定，这些法律有《安全生产法》《突发事件应对法》等。按照特殊法优于一般法的原则，《条例》是国务院制定颁布的行政法规，是规范生产安全事故应急工作的一般规定，其他行政法规对生产安全事故应急工作另有规定的，适用其行政法规的规定。例如《危险化学品安全管理条例》对危险化学品事故应急预案有规定，这些行政法规还有《电力安全事故应急处置和调查处理条例》《铁路交通事故应急救援和调查处理条例》等。

（3）《条例》是科研机构、学校、医院等单位的安全事故应急工作的重要参照。按照参照适用原则，《条例》第三十四条规定，储存、使用易燃易爆物品、危险化学品等危险物品的科研机构、学校、医院等单位的安全事故应急工作，参照本条例有关规定执行。根据生产安全事故的范围，科研机构、学校、医院等单位发生的安全事故，不属于生产安全事故。但是，现实中这类单位储存、使用易燃易爆物品、危险化学品等危险物品，存在较大的风险，极易发生事故，也需要应急工作。故《条例》作出了参照执行规定，弥补了法规空缺。

二、《条例》明确了生产安全事故应急工作的体制

为了加强和规范生产安全事故应急工作，《条例》第三条、第四条从政府、企业两个层面5个方面明确了相应的职责，理清了工作机制：

一是明确生产安全事故应急工作由县级以上人民政府统一领导、分级负责。《条例》第三条第一款规定，国务院统一领导全国的生产安全事故应急工作，县级以上地方人民政府统一领导本行政区域内的生产安全事故应急工作。生产安全事故应急工作涉及两个以上行政区域的，由有关行政区域共同的上一级人民政府负责，或者由各有关行政区域的上一级人民政府共同负责。根据上述规定，假如两个县属于同一市管辖的，则由该市政府负责；假如两个县分别属于不同市管辖的，则由不同市共同负责。

二是明确政府有关部门按照各自职责负责有关行业、领域的生产安全事故应急工作。《条例》第三条第二款规定，县级以上人民政府应急管理部门和其他对有关行业、领域的安全生产工作实施监督管理的部门（统称负有安全生产监督管理职责的部门）在各自职责范围内，做好有关行业、领域的生产安全事故应急工作。生产安全事故应急工作是安全生产的重要内容，按照"管行业必须管安全、管业务必须管安全、管生产经营必须管安全"的原则，政府应急管理部门和其他负责安全生产监督管理职责的部门在各自职责范围内，分别做好有关生产安全事故应急工作，各负其责。

三是明确应急管理部门对生产安全事故应急工作负有统筹职责。《条例》第三条第三款规定，县级以上人民政府应急管理部门指导、协调本级人民政府其他负有安全生产监督管理职责的部门和下级人民政府的生产安全事故应急工作。应急管理部门作为安全生产工作的综合部门，对安全生产工作负责综合监督管理职责，同样对同级政府其他部门和下级政府的生产安全事故应急工作负有指导、协调职责。

四是明确乡镇等政府和派出机关协助做好生产安全事故应急工作。《条例》第三条第

四款规定，乡、镇人民政府以及街道办事处等地方人民政府派出机关应当协助上级人民政府有关部门依法履行生产安全事故应急工作职责。这与《安全生产法》类似，乡、镇人民政府以及街道办事处等地方人民政府派出机关仅是作好协助工作。

五是明确生产经营单位是本单位生产安全事故应急工作的责任主体，主要负责人全面负责。《条例》第四条规定，生产经营单位应当加强生产安全事故应急工作，建立、健全生产安全事故应急工作责任制，其主要负责人对本单位的生产安全事故应急工作全面负责。贯彻落实《安全生产法》的规定，强调管安全生产工作，必须管应急工作。

三、《条例》强化了生产安全事故的应急准备

应急准备是整个应急工作的前提。《突发事件应对法》对有关应急准备作出了很多规定，《安全生产法》对有关应急预案和应急队伍、物资配备也作出了相应规定。在此基础上，结合生产安全事故应急工作的实际需要，《条例》设立专章，共12条，从预案编制、预案备案、预案演练、队伍建设、值班制度、人员培训、物资储备、信息系统8个方面进行规范。

（一）规范应急预案的编制

一是明确县级以上政府及部门要制定生产安全事故预案，并向社会公布。《条例》第五条规定，县级以上人民政府及其负有安全生产监督管理职责的部门和乡、镇人民政府以及街道办事处等地方人民政府派出机关，应当针对可能发生的生产安全事故的特点和危害，进行风险辨识和评估，制定相应的生产安全事故应急救援预案，并依法向社会公布。按照预案对象的不同，预案的种类也不同，各级政府要制定相应的政府预案，有关部门要制定不同的事故预案，有生产安全事故专项综合应急预案，也有危险化学品事故、尾矿库事故、特种设备事故等部门应急预案等。

二是明确生产经营单位要制定生产安全事故预案，并向从业人员公布。《条例》第五条规定，生产经营单位应当针对本单位可能发生的生产安全事故的特点和危害，进行风险辨识和评估，制定相应的生产安全事故应急救援预案，并向本单位从业人员公布。各单位生产经营活动情况不同，面临的风险也不同，有的生产经营单位仅存有单一风险，有的生产经营单位存有多种风险。因此，生产经营单位要针对自身可能发生的生产安全事故的种类、特点和危害程度等因素，进行风险辨识和评估，制定面对多种灾害的综合性应急预案，或者面对单一灾害的专项应急预案，或者简单的现场处置方案。

三是明确了预案编制的依据和内容。《条例》第六条规定，生产安全事故应急救援预案应当符合有关法律、法规、规章和标准的规定，具有科学性、针对性和可操作性，明确规定应急组织体系、职责分工以及应急救援程序和措施。根据规定，生产安全事故应急预案编制不仅要符合法律、法规的要求，还要符合规章和标准的要求，特别是增加标准的规定，其目的就是要增强应急预案的科学性、针对性和可操作性。

四是规范了应急预案的修订。实践中，很多政府及部门、生产经营单位编制的生产安全事故应急预案往往多年不修订。为此，《条例》第六条规定，有下列情形之一的，生产安全事故应急救援预案制定单位应当及时修订相关预案：①制定预案所依据的法律、法规、规章、标准发生重大变化；②应急指挥机构及其职责发生调整；③安全生产面临的风

险发生重大变化；④重要应急资源发生重大变化；⑤在预案演练或者应急救援中发现需要修订预案的重大问题；⑥其他应当修订的情形。出现上述情况的，有关政府及部门、生产经营单位等预案制定部门应当及时修订相应的应急预案。

（二）规范预案的备案

预案备案是加强应急管理的重要内容。《条例》从政府部门应急预案和生产经营单位应急预案两个方面对备案作出规定：

一是政府部门的应急预案向本级人民政府备案。《条例》第七条规定，县级以上人民政府负有安全生产监督管理职责的部门应当将其制定的生产安全事故应急救援预案报送本级人民政府备案。

二是高危生产经营单位和人员密集场所经营单位的应急预案向政府有关部门备案，并依法向社会公布。《条例》第七条规定，易燃易爆物品、危险化学品等危险物品的生产、经营、储存、运输单位，矿山、金属冶炼、城市轨道交通运营、建筑施工单位，以及宾馆、商场、娱乐场所、旅游景区等人员密集场所经营单位，应当将其制定的生产安全事故应急救援预案按照国家有关规定报送县级以上人民政府负有安全生产监督管理职责的部门备案，并依法向社会公布。这里与《条例》第五条规定有所不同，生产经营单位制定的应急救援预案要向从业人员公布，但是，高危生产经营单位和人员密集场所经营单位的应急预案要依法向社会公布，要求更严。

（三）规范预案的演练

应急预案进行演练是保证应急预案有效性的重要手段。《条例》从三方面对应急预案演练作出规定：

一是政府及部门应急预案必须至少每2年组织1次演练。实践中，很多部门的应急预案从编制完成以来，因各种因素和原因，没有组织过一次演练，形同虚设。为此，《条例》第八条规定，县级以上地方人民政府以及县级以上人民政府负有安全生产监督管理职责的部门，乡、镇人民政府以及街道办事处等地方人民政府派出机关，应当至少每2年组织1次生产安全事故应急救援预案演练。

二是高危生产经营单位和人员密集场所经营单位必须至少每半年组织1次演练。《条例》第八条规定，易燃易爆物品、危险化学品等危险物品的生产、经营、储存、运输单位，矿山、金属冶炼、城市轨道交通运营、建筑施工单位，以及宾馆、商场、娱乐场所、旅游景区等人员密集场所经营单位，应当至少每半年组织1次生产安全事故应急救援预案演练，并将演练情况报送所在地县级以上地方人民政府负有安全生产监督管理职责的部门。根据规定，演练必须每半年至少1次，也可以针对不同的事故，每半年组织2次及以上演练，由高危生产经营单位和人员密集场所经营单位根据实际情况确定。演练结束后，高危生产经营单位和人员密集场所经营单位应当将演练情况报送所在地县级以上地方人民政府负有安全生产监督管理职责的部门，这是法定义务。

三是规定了政府部门对高危生产经营单位和人员密集场所经营单位演练的监督。对演练的监督，是保证演练取得效果的重要手段和措施。《条例》第八条规定，县级以上地方人民政府负有安全生产监督管理职责的部门应当对本行政区域内前款规定的重点生产经营单位的生产安全事故应急救援预案演练进行抽查；发现演练不符合要求的，应当责令限期改正。这里讲的抽查，是一种事后监督方式。

（四）强化应急救援队伍能力建设

为了加强应急救援队伍建设，提高应急救援人员素质。《条例》从以下7个方面进行了规范：

一是明确政府应急救援队伍建设。政府及有关部门建立的综合和专职应急救援队伍，是参与生产安全事故应急救援工作的主要力量。为了避免应急救援队伍的重复建设，《条例》第九条从建设规划和队伍建设两个方面作出了规定：第一是规定各级人民政府对应急救援队伍建设进行统筹，明确县级以上人民政府应当加强对生产安全事故应急救援队伍建设的统一规划、组织和指导。第二是规定有关部门可以单独建立，也可以共同建立应急救援队伍，明确县级以上人民政府负有安全生产监督管理职责的部门根据生产安全事故应急工作的实际需要，在重点行业、领域单独建立或者依托有条件的生产经营单位、社会组织共同建立应急救援队伍。

二是明确社会化救援队伍建设。实践中，部分生产经营单位自己建立了专门的应急救援队伍，除了满足自身救援工作外，更多从事社会化救援服务；还有一些专门从事应急救援工作的社会组织，其本身性质也各不相同，有企业性质的，也有事业单位性质的等。这些社会救援力量，也是我国应急救援工作的重要支持。为了发挥这些救援力量的作用，《条例》第九规定，国家鼓励和支持生产经营单位和其他社会力量建立提供社会化应急救援服务的应急救援队伍。

三是明确高危生产经营单位和人员密集场所经营单位应急救援队伍建设。《条例》第十条规定，易燃易爆物品、危险化学品等危险物品的生产、经营、储存、运输单位，矿山、金属冶炼、城市轨道交通运营、建筑施工单位，以及宾馆、商场、娱乐场所、旅游景区等人员密集场所经营单位，应当建立应急救援队伍；其中，小型企业或者微型企业等规模较小的生产经营单位，可以不建立应急救援队伍，但应当指定兼职的应急救援人员，并且可以与邻近的应急救援队伍签订应急救援协议。

四是明确产业聚集区可以联合建立应急救援队伍。实践中，工业园区、开发区等区域内，特别是化工园区内，高危生产经营单位较多，每个单位都建立应急救援队伍，既浪费资源，也无必要。为此，《条例》第十条规定，工业园区、开发区等产业聚集区域内的生产经营单位，可以联合建立应急救援队伍。

五是明确应急救援人员素质和培训。应急救援人员从事的工作特殊，需要面对火灾、水害、尘毒等各种类型风险，专业性极强，必须具有较高的素质和技能。为此，《条例》第十一条从两个方面作出规定，第一是对专业知识、技能素质提出要求，明确应急救援队伍的应急救援人员应当具备必要的专业知识、技能、身体素质和心理素质。第二是对培训提出要求，必须经过培训合格方可参加应急救援工作，明确应急救援队伍建立单位或者兼职应急救援人员所在单位应当按照国家有关规定对应急救援人员进行培训；应急救援人员经培训合格后，方可参加应急救援工作。

六是明确应急救援队伍的训练。应急救援队伍必须经常训练，方可提高应急救援能力。为此，《条例》第十一条规定，应急救援队伍应当配备必要的应急救援装备和物资，并定期组织训练。

七是明确了应急队伍的统筹管理。应急救援队伍的统筹管理和信息化，是调动各方面应急救援力量，提高整体应急救援能力的重要手段。为此，《条例》第十二条从两个方面作出规定，第一是规定生产经营单位建立的应急救援队伍要向政府部门报告，明确生产经营单位应当及时将本单位应急救援队伍建立情况按照国家有关规定报送县级以上人民政府负有安全生产监督管理职责的部门，并依法向社会公布。第二是规定政府有关部门建立的应急救援队伍要向本级政府报告，便于统筹管理，明确县级以上人民政府负有安全生产监督管理职责的部门应当定期将本行业、本领域的应急救援队伍建立情况报送本级人民政府，并依法向社会公布。

（五）规范物资储备要求

为了强化生产安全事故应急物资储备，保障应急工作的需要，《条例》第十三条从两个方面作出规定：一是政府应急物资储备的要求，明确县级以上地方人民政府应当根据本行政区域内可能发生的生产安全事故的特点和危害，储备必要的应急救援装备和物资，并及时更新和补充。二是高危生产经营单位以及人员密集场所经营单位的储备要求，明确易燃易爆物品、危险化学品等危险物品的生产、经营、储存、运输单位，矿山、金属冶炼、城市轨道交通运营、建筑施工单位，以及宾馆、商场、娱乐场所、旅游景区等人员密集场所经营单位，应当根据本单位可能发生的生产安全事故的特点和危害，配备必要的灭火、排水、通风以及危险物品稀释、掩埋、收集等应急救援器材、设备和物资，并进行经常性维护、保养，保证正常运转。

（六）规范应急值班制度

为了保证应急工作的开展，及时联络相关人员和应急救援队伍，以及易燃易爆等高危物品应急救援的技术支撑，《条例》第十四条从两个方面作出规定：一是要求三类单位建立应急值班制度，配备应急值班人员。明确下列单位应当建立应急值班制度，配备应急值班人员：①县级以上人民政府及其负有安全生产监督管理职责的部门；②危险物品的生产、经营、储存、运输单位以及矿山、金属冶炼、城市轨道交通运营、建筑施工单位；③应急救援队伍。二是要求易燃易爆等高危物品单位成立应急处置技术组，24小时值班。明确规模较大、危险性较高的易燃易爆物品、危险化学品等危险物品的生产、经营、储存、运输单位应当成立应急处置技术组，实行24小时应急值班。

（七）规范从业人员的应急培训

《安全生产法》对生产经营单位从业人员的安全生产教育和培训提出了要求。实践中，生产经营单位往往忽视从业人员应急能力的提高，导致发生事故后，从业人员不知、不会逃生，不具备基本的应急知识。为了提高从业人员的应急能力，《条例》第十五条规定，生产经营单位应当对从业人员进行应急教育和培训，保证从业人员具备必要的应急知识，掌握风险防范技能和事故应急措施。生产经营单位必须按照规定加强对业人员的应急教育和培训，切实提高从业人员的应急能力；违反规定的，将予以处罚。

（八）强化应急救援的信息化建设

应急救援的信息化，是保障应急救援有效的重要手段。应急救援队伍、人员、物资、预案等信息必须实现共享、互通。《条例》第十六条从两个方面作出了规定：一是建立统一的生产安全事故应急救援信息系统，明确国务院负有安全生产监督管理职责的部门应当按照国家有关规定建立生产安全事故应急救援信息系统，并采取有效措施，实现数据互联互通、信息共享。二是规定生产安全事故应急救援信息系统与日常监管结合，实现"互联网＋监督"服务。明确生产经营单位可以通过生产安全事故应急救援信息系统办理生产安全事故应急救援预案备案手续，报送应急救援预案演练情况和应急救援队伍建设情况；但依法需要保密的除外。

四、《条例》规范了生产安全事故的应急救援

实践中，生产安全事故发生后，事故现场存在救援机制不够完善、救援程序不够明确、救援指挥不够科学等问题，尤其是在一些基层生产经营单位，违章指挥、盲目施救现象时有发生。为了规范生产安全事故应急救援工作，在《安全生产法》《突发事件应对法》已有规定的基础上，结合近年来应急救援的实践，《条例》从以下 10 个方面进行了规范。

（一）规范生产经营单位的初期处置行为

发生事故后，生产经营单位是第一救援力量，必须进行初期处置，避免事态扩大。为此，《条例》第十七条规定，发生生产安全事故后，生产经营单位应当立即启动生产安全事故应急救援预案，采取下列一项或者多项应急救援措施，并按照国家有关规定报告事故情况。这些措施有：①迅速控制危险源，组织抢救遇险人员；②根据事故危害程度，组织现场人员撤离或者采取可能的应急措施后撤离；③及时通知可能受到事故影响的单位和人员；④采取必要措施，防止事故危害扩大和次生、衍生灾害发生；⑤根据需要请求邻近的应急救援队伍参加救援，并向参加救援的应急救援队伍提供相关技术资料、信息和处置方法；⑥维护事故现场秩序，保护事故现场和相关证据；⑦法律、法规规定的其他应急救援措施。

针对上述措施，生产经营单位可以根据应急处置的需要，采取其中一项应急措施，或者采取多项应急措施。如果没有规定，还可以采取《突发事件应对法》《安全生产法》等法律、行政法规、地方性法规规定的其他应急救援措施。不得采取没有法律、法规规定的措施。

（二）规范政府的应急救援程序

有关地方人民政府及其部门接到生产安全事故报告后，应当按照国家有关规定上报事故情况，立即启动应急响应，开展应急救援工作。为此，《条例》第十八条从 4 个方面作出规定：一是按照国家有关规定上报事故情况。二是启动相应的生产安全事故应急救援预案。三是按照应急救援预案的规定采取下列一项或者多项应急救援措施，这些措施有：①组织抢救遇险人员，救治受伤人员，研判事故发展趋势以及可能造成的危害；②通知可能受到事故影响的单位和人员，隔离事故现场，划定警戒区域，疏散受到威胁的人员，实施交通管制；③采取必要措施，防止事故危害扩大和次生、衍生灾害发生，避免或者减少事故对环境造成的危害；④依法发布调用和征用应急资源的决定；⑤依法向应急救援队伍下达救援命令；⑥维护事故现场秩序，组织安抚遇险人员和遇险遇难人员亲属；⑦依法发布有关事故情况和应急救援工作的信息；⑧法律、法规规定的其他应急救援措施。四是有关地方人民政府不能有效控制生产安全事故的，应当及时向上级人民政府报告。上级人民

政府应当及时采取措施，统一指挥应急救援。

（三）设立现场救援指挥部

实践中，如果事故相对简单，应急救援工作比较快，政府或者有关部门很容易处理。但是，如果事故比较复杂，往往救援工作就很难，救援队伍、人员、政府领导和专家等较多，救援方案难以统一和确定。这种情况下，亟须有一个权威机构来统一指挥救援工作。针对这些情况，《条例》规定可以设立现场指挥部，实行总指挥负责制。《条例》从两个方面进行规定：一是可以设立现场指挥部。第二十条规定，发生生产安全事故后，有关人民政府认为有必要的，可以设立由本级人民政府及其有关部门负责人、应急救援专家、应急救援队伍负责人、事故发生单位负责人等人员组成的应急救援现场指挥部，并指定现场指挥部总指挥。二是实行总指挥负责制。第二十一条规定，现场指挥部实行总指挥负责制，按照本级人民政府的授权组织制定并实施生产安全事故现场应急救援方案，协调、指挥有关单位和个人参加现场应急救援。参加生产安全事故现场应急救援的单位和个人应当服从现场指挥部的统一指挥。总指挥的职责有两项：第一是根据本级人民政府的授权，组织制定并实施生产安全事故现场应急救援方案。第二是协调、指挥有关单位和个人参加现场应急救援。参加生产安全事故现场应急救援的单位和个人应当服从现场指挥部的统一指挥。

（四）设置应急救援中止和终止

实践中，在应急救援过程中，因社会影响等原因，往往救援工作难以停止，导致盲目施救。为此，《条例》第二十二条对应急救援中止作出了规定，明确，在生产安全事故应急救援过程中，发现可能直接危及应急救援人员生命安全的紧急情况时，现场指挥部或者统一指挥应急救援的人民政府应当立即采取相应措施消除隐患，降低或者化解风险，必要时可以暂时撤离应急救援人员。

实践中，应急救援工作什么时候结束，没有具体规定。为此，《条例》第二十五条规定，生产安全事故的威胁和危害得到控制或者消除后，有关人民政府应当决定停止执行依照本条例和有关法律、法规采取的全部或者部分应急救援措施。根据规定，生产安全事故的威胁和危害得到控制或者消除后，可以全部或者部分终止应急救援工作。

（五）设立必须履行救援命令或者救援请求的规定

《条例》第十九条规定，应急救援队伍接到有关人民政府及其部门的救援命令或者签有应急救援协议的生产经营单位的救援请求后，应当立即参加生产安全事故应急救援。根据规定，一是应急救援队伍接到有关人民政府及其部门的救援命令，必须立即参加生产安全事故应急救援；二是应急救援队伍接到签有应急救援协议的生产经营单位的救援请求后，应当立即参加生产安全事故应急救援。

（六）规范通信等保障的要求

在《安全生产法》《突发事件应对法》总体规定的基础上，《条例》第二十三条明确规定，生产安全事故发生地人民政府应当为应急救援人员提供必需的后勤保障，并组织通信、交通运输、医疗卫生、气象、水文、地质、电力、供水等单位协助应急救援。根据规定，事故发生后，事故发生地人民政府应当为应急救援人员提供必需的后勤保障，并组织相关单位协助应急救援。

（七）规定可以调用和征用财产的情形

为了保障应急救援工作的进行，《突发事件应对法》对征用和调用作出了规定。同样，生产安全事故发生后，政府及部门需依法进行征用或者调用。为此，《条例》第二十六条规定，有关人民政府及其部门根据生产安全事故应急救援需要依法调用和征用的财产，在使用完毕或者应急救援结束后，应当及时归还。财产被调用、征用或者调用、征用后毁损、灭失的，有关人民政府及其部门应当按照国家有关规定给予补偿。这是法定的行为，可以征用或者调用财产，但必须是应急救援工作的需要。根据规定，因应急救援工作的需要，有关人民政府及其部门可以征用或者调用企业、事业单位、其他组织或者个人的财产，但是，在使用完毕或者应急救援结束后，应当及时归还；财产被调用、征用或者调用、征用后毁损、灭失的，应当按照国家有关规定给予补偿。

（八）规范应急救援评估

应急救援评估是整体应急工作的重要环节，其目的是评估应急救援工作的有效性，为修订应急预案提供依据和为后续应急救援工作提供经验。《条例》从两个方面作出了规定：

一是规定了应急救援资料和证据的收集。《条例》第二十四条规定，现场指挥部或者统一指挥生产安全事故应急救援的人民政府及其有关部门应当完整、准确地记录应急救援的重要事项，妥善保存相关原始资料和证据。已成立现场指挥部的，由现场指挥部负责应急救援有关资料和证据的收集工作；没有成立现场指挥部的，由统一指挥生产安全事故应急救援的人民政府及其有关部门负责应急救援有关资料和证据的收集工作。

二是事故调查组负责事故评估。《条例》第二十七条规定，按照国家有关规定成立的生产安全事故调查组应当对应急救援工作进行评估，并在事故调查报告中作出评估结论。事故救援工作结束后，现场指挥部或者统一指挥生产安全事故应急救援的人民政府及其有关部门可能已经解散，事故调查组将成立。这时，现场指挥部或者统一指挥生产安全事故应急救援的人民政府及其有关部门应当将保存的有关应急救援资料或者证据移送给成立的事故调查组，由事故调查组进行评估，并纳入事故调查报告。

（九）明确应急救援费用由事故责任单位承担

生产经营单位是本单位安全生产的责任主体，应当遵守有关安全生产的法律、法规、规章和标准等规定，建立健全安全生产责任制，加强安全管理，完善安全生产条件，防止和减少事故。为了落实生产经营单位的主体责任，明确有关方责任，并借鉴国外的做法，《条例》第十九条规定，应急救援队伍根据救援命令参加生产安全事故应急救援所耗费用，由事故责任单位承担；事故责任单位无力承担的，由有关人民政府协调解决。需要说明的是，事故救援费用原则上由事故责任单位承担。

（十）明确救治和抚恤以及烈士评定的要求

为了保障应急救援人员的安全，《条例》对救治和抚恤以及烈士评定等作出了衔接规定。《条例》第二十八条规定，县级以上地方人民政府应当按照国家有关规定，对在生产安全事故应急救援中伤亡的人员及时给予救治和抚恤；符合烈士评定条件的，按照国家有关规定评定为烈士。在现有国家规定中，《工伤保险条例》对有关救治和抚恤作出了相应规定，《烈士褒扬条例》对评定烈士的条件等作出了规定。

五、法律责任

在法律责任部分，《条例》对生产经营单位、有关人员等多种违法行为进行制裁，并与《安全生产法》《突发事件应对法》等法律进行了衔接：

（1）明确了有关政府及部门和有关人员违法行为的制裁。《条例》第二十九条规定，地方各级人民政府和街道办事处等地方人民政府派出机关以及县级以上人民政府有关部门违反本条例规定的，由其上级行政机关责令改正；情节严重的，对直接负责的主管人员和其他直接责任人员依法给予处分。

（2）明确了生产经营单位未制定应急预案等违法行为的处罚。《条例》第三十条规定，生产经营单位未制定生产安全事故应急救援预案、未定期组织应急救援预案演练、未对从业人员进行应急教育和培训，生产经营单位的主要负责人在本单位发生生产安全事故时不立即组织抢救的，由县级以上人民政府负有安全生产监督管理职责的部门依照《中华人民共和国安全生产法》有关规定追究法律责任。

（3）明确了生产经营单位未对应急救援器材、设备和物资进行经常性维护、保养等违法行为的处罚。《条例》第三十一条规定，生产经营单位未对应急救援器材、设备和物资进行经常性维护、保养，导致发生严重生产安全事故或者生产安全事故危害扩大，或者在本单位发生生产安全事故后未立即采取相应的应急救援措施，造成严重后果的，由县级以上人民政府负有安全生产监督管理职责的部门依照《中华人民共和国突发事件应对法》有关规定追究法律责任。

（4）明确了生产经营单位未将生产安全事故应急救援预案报送备案、未建立应急值班制度或者配备应急值班人员的违法行为的处罚。《条例》第三十二条规定，生产经营单位未将生产安全事故应急救援预案报送备案、未建立应急值班制度或者配备应急值班人员的，由县级以上人民政府负有安全生产监督管理职责的部门责令限期改正；逾期未改正的，处3万元以上5万元以下的罚款，对直接负责的主管人员和其他直接责任人员处1万元以上2万元以下的罚款。

（5）明确有关单位和人员违反治安管理行为的处罚。《条例》第三十三条规定，违反本条例规定，构成违反治安管理行为的，由公安机关依法给予处罚；构成犯罪的，依法追究刑事责任。

1.【单选题】依据《生产安全事故应急条例》，易燃易爆物品、危险化学品等危险物品的生产、经营、储存、运输单位，矿山、金属冶炼、城市轨道交通运营、建筑施工单位，以及宾馆、商场、娱乐场所、旅游景区等人员密集场所经营单位，应当至少（　　）组织1次生产安全事故应急救援预案演练，并将演练情况报送所在地县级以上地方人民政府负有安全生产监督管理职责的部门。

　A. 每月　　　　　B. 每季度　　　　　C. 每半年　　　　　D. 每年

2.【单选题】依据《生产安全事故应急条例》，生产安全事故应急工作涉及两个以上行政区域的，（　　）。

A. 协商决定由其中一个行政区域负责

B. 若协商不成，由上一级人民政府指定其中一个行政区域负责

C. 涉及的行政区域共同负责

D. 有关行政区域共同的上一级人民政府负责，或者由各有关行政区域的上一级人民政府共同负责

3.【单选题】依据《生产安全事故应急条例》，县级以上人民政府负有安全生产监督管理职责的部门根据生产安全事故应急工作的实际需要，在重点行业、领域单独建立或者依托有条件的生产经营单位、社会组织共同建立（　　）。

A. 应急救援预案　　B. 应急救援队伍　　C. 应急救援制度　　D. 应急救援力量

4.【单选题】依据《生产安全事故应急条例》，（　　）统一领导全国的生产安全事故应急工作。

A. 党中央

B. 国务院

C. 国务院公安部门

D. 国务院应急管理部门

5.【单选题】依据《生产安全事故应急条例》，县级以上地方人民政府负有安全生产监督管理职责的部门应当对本行政区域内人员密集场所经营单位等重点生产经营单位的生产安全事故应急救援预案演练进行（　　）。

A. 指导　　　　B. 监督　　　　C. 抽查　　　　D. 考核

6.【单选题】依据《生产安全事故应急条例》，生产经营单位应当对从业人员进行应急教育和培训，保证从业人员具备必要的应急知识，掌握（　　）和事故应急措施。

A. 风险防范技能　　B. 应急处置技能　　C. 安全操作技能　　D. 应急逃生能力

7.【单选题】依据《生产安全事故应急条例》，下列说法错误的是（　　）。

A. 应急救援队伍的应急救援人员应当具备必要的专业知识、技能、身体素质和心理素质

B. 应急救援队伍应当配备必要的应急救援装备和物资，并定期组织训练

C. 县级以上人民政府及其负有安全生产监督管理职责的部门应当建立应急值班制度，配备应急值班人员

D. 生产经营单位应当及时将本单位应急救援队伍建立情况按照国家有关规定报送县级以上人民政府，并依法向社会公布

8.【单选题】某省甲市乙县和丙市丁县的交界处发生矿山体滑坡，造成乙县和丁县的村民住宅被冲垮、20人被埋压，调查发现，矿山体滑坡因乙县某采石场违规放炮采石导致。根据《生产安全事故应急条例》，负责此次矿山体滑坡事故应急工作的是（　　）。

A. 甲市和丙市人民政府

B. 省应急管理部门

C. 乙县人民政府

D. 乙县和丁县人民政府

9.【单选题】某大型危险化学品生产集团公司成立了由专职救援人员组成的应急救援队伍，集团公司下属子公司建立了兼职专业应急救援队伍。集团公司所在地的市应急管理部门依托该集团公司建立了应急救援队伍。根据《生产安全事故应急条例》，关于应急救援队伍建设的说法，正确的是（　　）。

A. 该集团公司设立的应急救援队伍符合法律规定

B. 该集团公司各子公司必须建立应急救援队伍

C. 市应急管理部门依托集团公司建立应急救援队伍不符合法律规定

D. 该集团公司应急救援队伍建设情况无须报送有关部门

10.【单选题】依据《生产安全事故应急条例》，下列关于生产经营单位应急救援工作的说法，正确的是（　　）。

A. 易燃易爆物品、危险化学品等危险物品的生产、经营、储存、运输单位，应当建立应急救援队伍

B. 小型商场或者微型宾馆等规模较小的生产经营单位，可以不建立应急救援队伍，但应当指定专职的应急救援人员

C. 生产经营单位应当建立应急救援队伍，其中，小型企业或者微型企业等规模较小的生产经营单位，可以不建立应急救援队伍

D. 工业园区、开发区等产业聚集区域内的生产经营单位，可以联合建立应急救援队伍

11.【多选题】依据《生产安全事故应急条例》，国家（　　）生产经营单位和其他社会力量建立提供社会化应急救援服务的应急救援队伍

A. 禁止　　　　　　　　　　B. 许可

C. 鼓励　　　　　　　　　　D. 支持

E. 奖励

12.【多选题】依据《生产安全事故应急条例》，生产经营单位下列（　　）情形由县级以上人民政府负有安全生产监督管理职责的部门依照《中华人民共和国安全生产法》有关规定追究法律责任。

A. 生产经营单位未定期组织应急救援预案演练

B. 生产经营单位未对从业人员进行应急教育和培训

C. 生产经营单位的主要负责人在本单位发生生产安全事故时不立即组织抢救

D. 生产经营单位未对应急救援器材、设备和物资进行经常性维护、保养，导致发生严重生产安全事故或者生产安全事故危害扩大

E. 生产经营单位在本单位发生生产安全事故后未立即采取相应的应急救援措施，造成严重后果

13.【多选题】依据《生产安全事故应急条例》，生产安全事故应急救援预案应当符合有关法律、法规、规章和标准的规定，具有（　　），明确规定应急组织体系、职责分工以及应急救援程序和措施。

A. 规范性　　　　　　　　　B. 科学性

C. 实用性　　　　　　　　　D. 针对性

E. 可操作性

14.【多选题】某集团公司在下属煤矿圆满完成井下水害事故应急救援预案演练任务，成功解救被困人员。根据《生产安全事故应急条例》，关于生产安全事故应急救援预案演练的说法，正确的有（　　）。

A. 本次演练应当邀请煤矿所在地应急管理部门的人员参加

B. 该煤矿应当至少每年组织 1 次生产安全事故应急救援预案演练

C. 本次演练情况应当报送该煤矿所在地设区的市级人民政府

D. 本次演练情况应当报送该煤矿所在地县级以上地方人民政府负有安全生产监督管理职责的部门

E. 该煤矿所在地负有安全生产监督管理职责的部门发现本次演练不符合要求的，应当责令限期改正

15.【多选题】生产经营单位根据本单位生产安全事故的特点和危害，配备相应的应急物资和装备，并加强应急值守，对于迅速应对突发事故，减少事故损失具有重要意义。根据《生产安全事故应急条例》，关于应急救援装备储备和应急值守的说法，正确的有（　　　）。

A. 某县应急管理局应当建立应急值班制度，实行工作人员应急值班

B. 某服装企业应当设立应急救援物资储备仓库，并实行台账管理

C. 某化工厂应当储备灭火、通风等应急救援器材，并保证正常运转

D. 某冶金企业应当成立应急处置技术组，实行 24 小时应急值班

E. 某矿矿山救护队应当建立应急值班制度，遇事故险情时随时待命

参考答案

1. C　2. D　3. B　4. B　5. C　6. A　7. D　8. A　9. A　10. D　11. CD　12. ABC　13. BDE　14. DE　15. ACE

第三节　生产安全事故报告和调查处理条例

2007 年 4 月 9 日国务院令第 493 号公布《生产安全事故报告和调查处理条例》，自 2007 年 6 月 1 日起施行。《生产安全事故报告和调查处理条例》是我国第一部全面规范事故报告和调查处理的基本法规。《生产安全事故报告和调查处理条例》的立法目的是规范生产安全事故的报告和调查处理，落实生产安全事故责任追究制度，防止和减少生产安全事故。

一、事故报告和调查处理的基本规定

（一）《生产安全事故报告和调查处理条例》的适用范围

《生产安全事故报告和调查处理条例》从 5 个方面对其适用范围作出了规定：

（1）普遍适用。《生产安全事故报告和调查处理条例》第二条规定，生产经营活动中发生的造成人身伤亡或者直接经济损失的生产安全事故的报告和调查处理，适用本条例。这样规定确立了《生产安全事故报告和调查处理条例》在各类事故报告和调查处理立法中的主法地位，具有普遍约束力。鉴于《生产安全事故报告和调查处理条例》是《安全生产法》的配套行政法规，因此其适用的空间范围、主体范围和行为范围与上位法是一致的，即适用于在中华人民共和国领域内的生产经营单位从事生产经营活动中发生的造成人身伤亡或者直接经济损失的事故的报告和调查处理，但排除适用的除外。

（2）衔接适用。《生产安全事故报告和调查处理条例》第四十五条规定，特别重大事故以下等级事故的报告和调查处理，有关法律、行政法规或者国务院另有规定的，依照其规定。为了体现某些事故的报告和调查处理工作的特殊性，并与相关法律、行政法规相衔接，在保证国家行使对各类特别重大事故调查处理的最高行政权和普遍适用《生产安全事故报告和调查处理条例》关于事故报告、调查和处理程序的基本规定的前提下，允许一些特殊行业依照有关法律、行政法规和国务院的特别规定报告和调查处理重大事故、较大事故和一般事故，譬如水上交通事故、煤矿事故等。

（3）选择适用。《生产安全事故报告和调查处理条例》第四十四条第一款规定，没有造成人员伤亡，但是社会影响恶劣的事故，国务院或者有关地方人民政府认为需要调查处理的，依照本条例的有关规定执行。在实践中也有一些没有造成人员伤亡或者人员伤亡达不到相应等级、但是社会影响恶劣的事故。这类事故是否需要调查处理，其选择决定权属于国务院和有关地方人民政府。如果决定调查处理的，由有关人民政府依照《生产安全事故报告和调查处理条例》关于该级人民政府组织事故调查处理的规定执行。

（4）参照适用。《生产安全事故报告和调查处理条例》第四十四条第二款规定，国家机关、事业单位、人民团体发生的事故的报告和调查处理，参照本条例执行。各类事故中也有一些发生在国家机关、事业单位和人民团体等社会组织，这些事故发生单位虽不同于生产经营单位，但也会造成人身伤亡、直接经济损失或者恶劣的社会影响，具有危害性和违法性，应当依法报告和调查处理。《生产安全事故报告和调查处理条例》关于该类事故参照适用的规定，有利于解决国家机关、事业单位、人民团体发生事故的报告和调查处理无法可依的问题。

（5）排除适用。《生产安全事故报告和调查处理条例》第二条规定，环境污染事故、核设施事故、国防科研生产事故的报告和调查处理不适用本条例。鉴于上述事故的报告和调查处理非常特殊，并且国家已有相关法律规定，所以《生产安全事故报告和调查处理条例》对其作出了排除适用的规定。

（二）生产安全事故分级

《生产安全事故报告和调查处理条例》以人员伤亡（包括急性工业中毒）、直接经济损失和社会影响等对生产安全事故进行分级。

1. 通用的事故分级的规定

《生产安全事故报告和调查处理条例》将生产安全事故分为下列四个等级：

（1）特别重大事故，是指一次造成30人以上死亡，或者100人以上重伤（包括急性工业中毒，下同），或者1亿元以上直接经济损失的事故。

（2）重大事故，是指一次造成10人以上30人以下死亡，或者50人以上100人以下重伤，或者5000万元以上1亿元以下直接经济损失的事故。

（3）较大事故，是指一次造成3人以上10人以下死亡，或者10人以上50人以下重伤，或者1000万元以上5000万元以下直接经济损失的事故。

（4）一般事故，是指一次造成3人以下死亡，或者10人以下重伤，或者1000万元以下直接经济损失的事故。

上述规定中的"以上"含本数，"以下"不含本数。

2. 特殊的事故分级的规定

（1）补充分级。除了对事故分级的一般性规定之外，考虑到某些行业事故分级的特点，《生产安全事故报告和调查处理条例》第三条第二款规定，国务院安全生产监督管理部门可以会同国务院有关部门，制定事故等级划分的补充性规定。

（2）社会影响恶劣事故。《生产安全事故报告和调查处理条例》第四十四条关于社会影响恶劣事故报告和调查处理的规定没有明确其事故等级，在实践中可以根据影响大小和危害程度，比照相应等级的事故进行调查处理。

二、生产安全事故报告的规定

（一）报告事故是政府和企业的法定义务和责任

虽然有关地方人民政府及其职能部门和事故发生单位在事故报告和调查处理工作中的法律地位不同，各自的义务和责任有所不同，但其报告事故的法定义务和责任是共同的。作为监管主体，政府及其职能部门的义务和责任主要是及时掌握传递报送事故信息，组织事故应急救援和调查处理；不履行法定职责的，要承担相应的法律责任。作为生产经营主体，事故发生单位的义务和责任主要是及时、如实报告其事故情况，组织自救，配合和接受事故调查，否则要承担相应的法律责任。

（二）事故报告主体

要做到及时报告事故情况，必须明确法定的事故报告主体（义务人）。事故报告主体不履行法定报告义务，将受到法律责任追究。《生产安全事故报告和调查处理条例》明确的负有事故报告义务的主体主要有5种：

（1）事故发生单位现场人员。从事生产经营作业的从业人员或者其他相关人员，只要发现发生了事故，应当立即报告本单位负责人。

（2）事故单位负责人。事故发生单位主要负责人或者有关负责人接到事故报告后，必须依照《生产安全事故报告和调查处理条例》的规定向有关政府职能部门报告。

（3）有关政府职能部门。县级以上人民政府安全生产综合监督管理部门、负有安全生产监督管理职责的有关部门负有报告事故情况的义务。

（4）有关地方人民政府。不论是哪一级地方人民政府的哪一个有关部门，接到事故报告后都要按照程序向本级人民政府报告。有关地方人民政府负有向上级人民政府报告事故情况的义务。

（5）其他报告义务人。

（三）事故报告对象

发生事故后，作为不同的事故报告主体应当履行各自的报告义务。因此，向谁报告，即事故报告的对象必须明确。

（1）事故发生单位的报告对象。发生事故后，现场有关人员应当立即向本单位负责人（包括主要负责人或者有关负责人）报告。单位负责人接到报告后，应当立即报告事故发生地县级以上人民政府安全生产综合监督管理部门。对于有关人民政府设有负责监管事故发生单位的行业主管部门的，事故发生单位除了向安全生产综合监督管理部门报告外，还要向负有安全生产监督管理职责的有关部门报告。

（2）县级以上人民政府职能部门的报告对象。按照逐级报告的程序，县级以上人民政府安全生产综合监督管理部门、负有安全生产监督管理职责的有关部门接到事故发生单位的报告后，其报告对象有两个，一是上一级人民政府安全生产综合监督管理部门、负有安全生产监督管理职责的有关部门，二是本级人民政府。

（四）事故通知对象

为了便于组织事故调查和开展善后工作，《生产安全事故报告和调查处理条例》除了规定事故报告主体之外，还规定了安全生产综合监督管理部门、负有安全生产监督管理职责的有关部门接到事故报告后，应当通知同级公安机关、劳动保障部门、工会和人民检察院。

（五）事故报告的程序

（1）事故发生单位向政府职能部门报告。《生产安全事故报告和调查处理条例》第九条规定，事故发生后，事故现场有关人员应当立即向本单位负责人报告；单位负责人接到报告后，应当于 1 小时内向事故发生地县级以上人民政府安全生产监督管理部门和负有安全生产监督管理职责的有关部门报告。

（2）政府部门报告的程序：

① 特别重大事故、重大事故逐级上报至国务院安全生产监督管理部门和负有安全生产监督管理职责的有关部门。

② 较大事故逐级上报至省、自治区、直辖市人民政府安全生产监督管理部门和负有安全生产监督管理职责的有关部门。

③ 一般事故逐级上报至设区的市级人民政府安全生产监督管理部门和负有安全生产监督管理职责的有关部门。

安全生产监督管理部门和负有安全生产监督管理职责的有关部门依照上述规定上报事故情况，应当同时报告本级人民政府。国务院安全生产监督管理部门和负有安全生产监督管理职责的有关部门以及省级人民政府接到发生特别重大事故、重大事故的报告后，应当立即报告国务院。

（3）越级报告：

① 事故发生单位越级报告。情况紧急时，事故现场有关人员可以直接向事故发生地县级以上人民政府安全生产监督管理部门和负有安全生产监督管理职责的有关部门报告。

② 安全生产监管部门和有关部门越级报告。必要时，安全生产监督管理部门和负有安全生产监督管理职责的有关部门可以越级上报事故情况。

（4）事故续报、补报。事故报告后出现新情况，事故发生单位和安全生产监督管理部门和负有安全生产监督管理职责的有关部门应当及时续报。自事故发生之日起 30 日内（道路交通事故、火灾事故自发生之日起 7 日内），事故造成的伤亡人数发生变化的，事故发生单位和安全生产监督管理部门和负有安全生产监督管理职责的有关部门应当及时补报。

（六）事故报告内容

《生产安全事故报告和调查处理条例》第十二条规定，报告事故应当包括下列内容：

（1）事故发生单位概况。

（2）事故发生的时间、地点以及事故现场情况。

（3）事故的简要经过。

（4）事故已经造成或者可能造成的伤亡人数（包括下落不明的人数）和初步估计的直接经济损失。

（5）已经采取的措施。

（6）其他应当报告的情况。

（七）事故报告时限

为了提高事故报告速度，及时组织现场救援，《生产安全事故报告和调查处理条例》对事故发生单位、县级以上人民政府安全生产监督管理部门和负有安全生产监督管理职责的有关部门报告事故情况的时限分别作出了规定。

（1）事故发生单位事故报告的时限。从事故发生单位负责人接到事故报告时起算，该单位向政府职能部门报告的时限是1小时。

（2）政府职能部门事故报告的时限。县级以上人民政府安全生产监督管理部门和负有安全生产监督管理职责的有关部门向上一级人民政府安全生产监督管理部门和负有安全生产监督管理职责的有关部门逐级报告事故的时限，是每级上报的时间不得超过2小时。安全生产监督管理部门和负有安全生产监督管理职责的有关部门逐级上报事故情况的同时，应当报告本级人民政府。

（3）法定事故报告时限的界定。《生产安全事故报告和调查处理条例》关于事故报告的法定时限，从事故发生单位发现事故发生和有关人民政府职能部门接到事故报告时起算。超过法定时限且没有正当理由报告事故情况的，为迟报事故并承担相应法律责任。但是遇有不可抗力的情况并有证据证明的除外。譬如，因通信中断、交通阻断或者其他自然原因致使事故信息等情况不能按时报送的，其报告时限可以适当延长。

自事故发生之日起30日内，事故造成的伤亡人数发生变化的，应当及时补报。道路交通事故、火灾事故自发生之日起7日内，事故造成的伤亡人数发生变化的，应当及时补报。

（八）事故应急救援

（1）《生产安全事故报告和调查处理条例》第十四条规定，事故发生单位负责人接到事故报告后，应当立即启动事故应急预案，或者采取有效措施，组织抢救，防止事故扩大，减少人员伤亡和财产损失。该条规定对事故发生单位提出了3项要求：一是主要负责人或者有关负责必须立即启动本单位的事故应急预案或者采取有效措施，发出事故信息，组织有关人员，调动救援物资，进入事故应急状态。二是主要负责人和相关人员要立即赶赴事故现场，组织抢险救灾。三是尽最大努力防止事故扩大，全力抢救受害人员，最大限度地减少人员伤亡和财产损失。

（2）《生产安全事故报告和调查处理条例》第十五条规定，事故发生地有关地方人民政府、安全生产监督管理部门和负有安全生产监督管理职责的有关部门接到事故报告后，其负责人应当立即赶赴事故现场，组织事故救援。强调了地方人民政府及其有关部门在事故应急救援工作中的法定职责，其目的在于加强各级人民政府对事故应急救援工作的领导，健全企业自救与政府救援相结合的事故应急救援体系，建立快速、高效的应急救援工作机制，提供完善、可靠的应急救援保障，有效实施事故应急救援。

（九）　事故现场保护

（1）事故现场的保护。《生产安全事故报告和调查处理条例》第十六条规定，事故发生后，有关单位和人员应当妥善保护事故现场以及相关证据，任何人不得破坏事故现场、毁灭相关证据。这里明确了两个问题：一是保护事故现场以及相关证据是有关单位和人员的法定义务。所谓"有关单位和人员"是事故现场履行保护义务的主体，既包括在事故现场的事故发生单位及其有关人员，也包括在事故现场的有关地方人民政府安全生产监管部门、负有安全生产监管职责的有关部门、事故应急救援组织等单位及其有关人员。只要是在事故现场的单位和人员，都有妥善保护现场和相关证据的义务。二是禁止破坏事故现场、毁灭有关证据。不论是过失还是故意，有关单位和人员均不得破坏事故现场、毁灭相关证据。

（2）现场物件的保护。有时为了便于抢险救灾，需要改变事故现场某些物件的状态。《生产安全事故报告和调查处理条例》第十六条第二款规定，在采取相应措施的前提下，因抢救人员、防止事故扩大以及疏通交通等原因，需要移动事故现场物件的，应当作出标记，绘制现场简图并作出书面记录，妥善保护现场重要痕迹、物证。

（十）　事故犯罪嫌疑人的控制

一些企业发生事故后，有的犯罪嫌疑人为逃避法律制裁，销毁、隐匿证据或者逃匿，给事故调查处理带来困难。为了加强对事故犯罪嫌疑人的控制，保证事故调查处理工作的顺利进行，《生产安全事故报告和调查处理条例》第十七条规定，事故发生地公安机关根据事故的情况，对涉嫌犯罪的，应当依法立案侦查，采取强制措施和侦查措施。犯罪嫌疑人逃匿的，公安机关应当迅速追捕归案。

（十一）　事故举报

有些事故发生后，相关地方人民政府及其安全生产监督管理部门和负有安全生产监督管理职责的有关部门没有发现发生事故或者没有接到事故发生单位的报告，这就需要依靠社会监督，发动群众报告和举报事故情况，各级人民政府负有安全生产监督管理职责的部门应当建立相关工作制度，受理举报并查处安全生产违法行为。《生产安全事故报告和调查处理条例》第十八条规定，安全生产监督管理部门和负有安全生产监督管理职责的有关部门应当建立值班制度，并向社会公布值班电话，受理事故报告和举报。

三、生产安全事故报告和调查处理违法行为应负的法律责任

（一）　实施法律制裁的规定

追究事故责任者的法律责任，必须正确、适当地适用法律，既不能放纵责任者，也不能殃及无辜。《生产安全事故报告和调查处理条例》有关实施法律制裁的规定，主要涉及4个问题。

1.法律制裁的责任方式

《生产安全事故报告和调查处理条例》明确了对事故责任者实施法律制裁的责任方式，有行政责任和刑事责任两种，两种责任方式可以单独适用或者并用：

（1）行政责任。《生产安全事故报告和调查处理条例》规定应当实施责任追究的行政

责任主体包括行政主体和企业主体两类，责任主体不同则责任追究的规定也不同。行政主体包括对事故负有责任的有关地方人民政府、安全生产监管部门和有关部门及其工作人员。企业主体包括事故发生单位及其有关人员。两类主体因违反国家行政管理法律、法规的规定而应当承担的法律责任是行政责任。

（2）刑事责任。《生产安全事故报告和调查处理条例》规定对事故责任者中构成刑事犯罪的，依法追究刑事责任。刑事责任主体也包括行政主体和企业主体两类。两类主体有关人员的违法行为触犯《刑法》关于安全生产犯罪规定的，应当承担相应的刑事责任。

2. 事故责任主体的违法行为

《生产安全事故报告和调查处理条例》按照责任主体的不同，对其应予追究法律责任的违法行为，分别作出了界定：

（1）事故发生单位的违法行为。存在《生产安全事故报告和调查处理条例》第三十六条规定的行为之一的，对事故发生单位处 100 万元以上 500 万元以下的罚款。存在第三十七条规定的事故发生单位对事故发生有责任的，根据事故发生的等级给予不同金额的行政处罚。

（2）事故发生单位有关人员的违法行为。《生产安全事故报告和调查处理条例》重点对事故发生单位主要负责人的三类十种违法行为作出了界定：第一类有第三十五条列举的三种违法行为；第二类有第三十六条列举的六种违法行为；第三类有第三十七条列举的未履行法定安全生产管理职责的违法行为。

事故发生单位的直接负责的主管人员、其他直接责任人员有第三十六条列举的六种违法行为之一的，也要追究责任。

（3）行政机关工作人员的违法行为。《生产安全事故报告和调查处理条例》对有关地方人民政府、安全生产监管部门和负有安全生产监督管理职责的有关部门等行政机关工作人员的三类七种违法行为也作出了界定：第一类有第三十九条列举的四种违法行为；第二类有第四十一条列举的事故调查人员的两种违法行为；第三类有第四十二条列举的故意拖延或者拒绝落实经批复的对事故责任人的处理意见的违法行为。

（4）中介机构及其相关人员的违法行为。《生产安全事故报告和调查处理条例》第四十条第二款对因中介机构及其相关人员出具虚假证明造成事故的违法行为，设定了行政处罚。

3. 行政处罚种类、幅度的设定

《生产安全事故报告和调查处理条例》对负有行政责任的事故责任者，设定了资格罚、财产罚和治安管理处罚 3 种行政处罚，旨在强化安全准入监管和加大事故违法"成本"：

（1）资格罚。这是指行政机关依法停止、吊销、撤销行政责任主体从事相关活动的许可、资格的行政处罚。《生产安全事故报告和调查处理条例》第四十条规定的对事故发生负有责任的事故发生单位、有关人员和提供虚假证明的中介机构及其相关人员的资格罚，应当依照有关安全生产法律、法规的规定处罚。这不仅是指依照某个或者几个法律、法规实施处罚，凡是有关法律、法规对生产经营单位、中介机构及其相关责任人员有资格罚的规定的，都可以实施处罚。

（2）财产罚。这是指行政机关依法处以行政责任主体缴纳一定数额的罚款的行政处罚。《生产安全事故报告和调查处理条例》规定实施财产罚的企业主体，不以其所有制不同而有所区分。凡是依法应当给予财产罚的，不论事故发生单位的所有制和管理体制有何不同，都要对该单位及其有关人员处以罚款。

（3）治安管理处罚。为了配合事故报告、救援和调查处理工作，维护事故现场秩序和社会公共安全，《生产安全事故报告和调查处理条例》第三十六条对实施 6 种违法行为中构成违反治安管理行为的，规定由公安机关依照《治安管理处罚法》给予治安管理处罚。

4. 行政处罚的实施

鉴于现行法律、行政法规中有关财产罚、行政处罚种类、幅度和决定机关的规定不尽相同，为了与其衔接，《生产安全事故报告和调查处理条例》在行政处罚实施问题上，既对实施财产罚作出了一般规定，又对某些特殊问题作出了特别规定：

（1）关于财产罚的一般规定。《生产安全事故报告和调查处理条例》第四十三条第一款规定，本条例规定的罚款的行政处罚，由安全生产监督管理部门决定。至于由哪一级安全生产监督管理部门决定，应当依照《生产安全事故报告和调查处理条例》的上位法《安全生产法》第一百一十五条的规定，由应急管理部门和其他负有安全生产监督管理职责的部门按照职责分工决定。

（2）关于行政处罚种类、幅度和决定机关的特别规定。按照特别法优于一般法的法律适用原则，《生产安全事故报告和调查处理条例》第四十三条第二款规定，法律、行政法规对行政处罚种类、幅度和决定机关另有规定的，依照其规定。该款规定仅限于国家法即法律、行政法规对负有责任的事故发生单位及其有关人员实施行政处罚有特别规定的。地方性法规或者地方政府规章对此另有规定或者没有规定的，应当适用法律、行政法规的规定。具体而言，法律、行政法规设定的行政处罚种类超出《生产安全事故报告和调查处理条例》规定的，可以依法作出资格罚、财产罚以外的其他种类的行政处罚；处以罚款的幅度与《生产安全事故报告和调查处理条例》规定不同的，可以依照特别法规定的幅度处以罚款；对行政执法主体另有规定的，应由特别法授权的行政机关实施行政处罚。

（二）具体追究法律责任的形式

1. 事故发生单位主要负责人违反事故抢救及报告规定的法律责任

依据《生产安全事故报告和调查处理条例》第三十五条规定，事故发生单位主要负责人有下列行为之一的，处上一年年收入 40% 至 80% 的罚款；属于国家工作人员的，并依法给予处分；构成犯罪的，依法追究刑事责任：

（1）不立即组织事故抢救的。

（2）迟报或者漏报事故的。

（3）在事故调查处理期间擅离职守的。

2. 事故发生单位及有关人员违反事故报告和调查规定的法律责任

依据《生产安全事故报告和调查处理条例》第三十六条规定，事故发生单位及其有关人员有下列行为之一的，对事故发生单位处 100 万元以上 500 万元以下的罚款；对主要负责人、直接负责的主管人员和其他直接责任人员处上一年年收入 60% 至 100% 的罚款；

属于国家工作人员的，并依法给予处分；构成违反治安管理行为的，由公安机关依法给予治安管理处罚；构成犯罪的，依法追究刑事责任：

（1）谎报或者瞒报事故的。

（2）伪造或者故意破坏事故现场的。

（3）转移、隐匿资金、财产，或者销毁有关证据、资料的。

（4）拒绝接受调查或者拒绝提供有关情况和资料的。

（5）在事故调查中作伪证或者指使他人作伪证的。

（6）事故发生后逃匿的。

3. 事故发生单位的法律责任

依据《生产安全事故报告和调查处理条例》第三十七条规定，事故发生单位对事故发生负有责任的，依照下列规定处以罚款：

（1）发生一般事故的，处 10 万元以上 20 万元以下的罚款。

（2）发生较大事故的，处 20 万元以上 50 万元以下的罚款。

（3）发生重大事故的，处 50 万元以上 200 万元以下的罚款。

（4）发生特别重大事故的，处 200 万元以上 500 万元以下的罚款。

4. 事故发生单位主要负责人未履行职责的法律责任

依据《生产安全事故报告和调查处理条例》第三十八条规定，事故发生单位主要负责人未依法履行安全生产管理职责，导致事故发生的，依照下列规定处以罚款；属于国家工作人员的，并依法给予处分；构成犯罪的，依法追究刑事责任：

（1）发生一般事故的，处上一年年收入 30% 的罚款。

（2）发生较大事故的，处上一年年收入 40% 的罚款。

（3）发生重大事故的，处上一年年收入 60% 的罚款。

（4）发生特别重大事故的，处上一年年收入 80% 的罚款。

5. 政府、有关部门及工作人员违反事故调查处理规定的法律责任

依据《生产安全事故报告和调查处理条例》第三十九条规定，有关地方人民政府、安全生产监督管理部门和负有安全生产监督管理职责的有关部门有下列行为之一的，对直接负责的主管人员和其他直接责任人员依法给予处分；构成犯罪的，依法追究刑事责任：

（1）不立即组织事故抢救的。

（2）迟报、漏报、谎报或者瞒报事故的。

（3）阻碍、干涉事故调查工作的。

（4）在事故调查中作伪证或者指使他人作伪证的。

6. 事故发生单位、中介机构有关资质的处罚

依据《生产安全事故报告和调查处理条例》第四十条规定，事故发生单位对事故发生负有责任的，由有关部门依法暂扣或者吊销其有关证照；对事故发生单位负有事故责任的有关人员，依法暂停或者撤销其与安全生产有关的执业资格、岗位证书；事故发生单位主要负责人受到刑事处罚或者撤职处分的，自刑罚执行完毕或者受处分之日起，5 年内不得担任任何生产经营单位的主要负责人。

为发生事故单位提供虚假证明的中介机构，由有关部门依法暂扣或者吊销其有关证照

及其相关人员的执业资格；构成犯罪的，依法追究刑事责任。

7. 事故调查人员违反规定的法律责任

依据《生产安全事故报告和调查处理条例》第四十一条规定，参与事故调查的人员在事故调查中有下列行为之一的，依法给予处分；构成犯罪的，依法追究刑事责任：

（1）对事故调查工作不负责任，致使事故调查工作有重大疏漏的。

（2）包庇、袒护负有事故责任的人员或者借机打击报复的。

1.【单选题】某鞋类制造企业发生苯中毒生产安全事故，当场造成2人死亡，3人重伤，其中1人在事故发生后第8天抢救无效死亡，依据《生产安全事故报告和调查处理条例》，该事故属于（　　）。

　　A. 一般事故　　　　B. 较大事故　　　　C. 重大事故　　　　D. 特别重大事故

2.【单选题】依据《生产安全事故报告和调查处理条例》，事故发生后，事故现场有关人员应当立即向本单位负责人报告；单位负责人接到报告后，应当于（　　）内向事故发生地县级以上人民政府安全生产监督管理部门和负有安全生产监督管理职责的有关部门报告。

　　A. 1 小时　　　　　B. 2 小时　　　　　C. 12 小时　　　　　D. 24 小时

3.【单选题】依据《生产安全事故报告和调查处理条例》，事故发生单位主要负责人有（　　）行为的，处上一年年收入40%至80%的罚款；属于国家工作人员的，并依法给予处分；构成犯罪的，依法追究刑事责任。

　　A. 迟报或者漏报事故的

　　B. 谎报或者瞒报事故的

　　C. 伪造或者故意破坏事故现场的

　　D. 转移、隐匿资金、财产，或者销毁有关证据、资料的

4.【单选题】依据《生产安全事故报告和调查处理条例》，除道路交通事故、火灾事故外，自事故发生之日起（　　）内，事故造成的伤亡人数发生变化的，应当及时补报。

　　A. 7 日　　　　　　B. 15 日　　　　　　C. 30 日　　　　　　D. 45 日

5.【单选题】依据《生产安全事故报告和调查处理条例》，事故发生单位应向有关部门报告事故，下列（　　）不是应当报告的内容。

　　A. 事故发生单位概况

　　B. 事故发生的时间、地点以及事故现场情况

　　C. 事故的简要经过

　　D. 事故发生的原因

6.【单选题】依据《生产安全事故报告和调查处理条例》，重大事故由事故发生地（　　）负责调查。

　　A. 省级人民政府　　　　　　　　　B. 省应急管理部门

　　C. 设区的市级人民政府　　　　　　D. 设区的市应急管理部门

7.【单选题】依据《浙江省生产安全事故报告和调查处理规定》，安全生产监督管理

部门和负有安全生产监督管理职责的有关部门接到事故报告后，应当依照《生产安全事故报告和调查处理条例》的规定，逐级上报事故情况，同时报告本级人民政府，并通知同级公安机关、（　　）、工会和人民检察院。

    A. 人力资源和社会保障部门　　　　　　B. 法院

    C. 监察机关　　　　　　　　　　　　　D. 行业主管部门

8.【单选题】某生产经营单位发生一起生产安全事故，事故导致1人死亡，10人职业病，直接经济损失900万元，依据《生产安全事故报告和调查处理条例》，这是一起（　　）。

    A. 一般事故　　　　B. 较大事故　　　　C. 重大事故　　　　D. 特别重大事故

9.【单选题】依据《生产安全事故报告和调查处理条例》，未造成人员伤亡的一般事故，县级人民政府可以委托事故发生单位组织事故调查组进行调查。事故调查组应当自事故发生之日起（　　）日内提交事故调查报告。

    A. 30　　　　　　　B. 60　　　　　　　C. 90　　　　　　　D. 120

10.【单选题】依据《生产安全事故报告和调查处理条例》，下列不属于特别重大事故的是（　　）。

    A. 造成30人以上死亡的事故　　　　　　B. 造成100人以上重伤的事故

    C. 造成50人以上急性工业中毒的事故　　D. 造成1亿元以上直接经济损失的事故

11.【多选题】某危险化学品仓储公司因动火作业引发火灾，造成10人当场死亡、5人受伤，其中员工宋某被严重烧伤。事故发生后，现场管理人员杜某立即报告单位负责人赵某，并按动消防警报。赵某在接报后向县应急管理部门报告。宋某经医院救治无效，10日后死亡。根据《生产安全事故报告和调查处理条例》，关于本次事故报告的说法，正确的有（　　）。

    A. 赵某应当在得知火灾发生后2个小时内向县应急管理部门报告

    B. 宋某死亡后公司应当及时向县应急管理部门补报

    C. 县应急管理部门接到报告后应当在2小时内向上级应急管理部门报告

    D. 杜某可以直接向县应急管理部门报告

    E. 县应急管理部门应当逐级上报至应急管理部

12.【多选题】根据《生产安全事故报告和调查处理条例》，下列生产安全事故等级的判定中，正确的有（　　）。

    A. 某建筑公司发生坍塌事故，造成1000万元经济损失，属于较大事故

    B. 某煤矿发生透水事故，造成12人死亡，属于重大事故

    C. 某市政公司发生中毒窒息事故，造成58人重伤，属于较大事故

    D. 某化工厂发生爆炸事故，造成35人死亡，属于特别重大事故

    E. 某制衣厂发生火灾，造成3人死亡，属于较大事故

13.【多选题】根据《生产安全事故报告和调查处理条例》，属于较大生产安全事故的有（　　）。

    A. 甲企业发生的造成15人重伤、3000万元直接经济损失的事故

    B. 丁企业发生的造成5人重伤、6000万元直接经济损失的事故

C. 乙企业发生的造成 3 人死亡的事故

D. 丙企业发生的造成 10 人急性工业中毒的事故

E. 戊企业发生的造成 3 人死亡、60 人重伤的事故

14.【多选题】依据《生产安全事故报告和调查处理条例》，下列情形属于较大事故的有（　　）。

A. 造成 2 人死亡，1500 万元直接经济损失

B. 造成 13 人工业中毒，300 万元直接经济损失

C. 造成 5 人重伤，5500 万元直接经济损失

D. 造成 1 人死亡，15 人重伤

E. 造成 2 人死亡，9 人重伤

15.【多选题】某日 9 时，某建设工地发生事故，现场安全员立即将事故情况向施工企业负责人报告，企业负责人立即组织人员前往现场营救。事故造成 7 人当场死亡，3 人受伤送医院治疗。次日 7 时施工企业负责人向当地县应急管理局报告事故情况，3 天后 1人因救治无效死亡。依据《生产安全事故报告和调查处理条例》，下列关于该起事故报告的说法中，正确的有（　　）。

A. 现场安全员只向企业负责人报告，未及时向当地应急管理局报告，属违法行为

B. 企业负责人在事故发生后 22 小时向当地应急管理局报告事故情况，属于迟报

C. 企业负责人还应该向建设主管部门报告

D. 因死亡人数增加 1 人，企业应当及时向当地县应急管理局和建设主管部门补报

E. 当地县应急管理局应当向上一级应急管理部门报告

参考答案

1. B　2. A　3. A　4. C　5. D　6. A　7. A　8. A　9. B　10. C　11. CD
12. BDE　13. ACD　14. AD　15. BCDE

第四节　工伤保险条例

2003 年 4 月 27 日，国务院令第 375 号公布《工伤保险条例》，自 2004 年 1 月 1 日起施行。2010 年 12 月 20 日，国务院令第 586 号公布了新修订的《工伤保险条例》，自 2011年 1 月 1 日起施行。《工伤保险条例》的立法目的是保障因工作遭受事故伤害或者患职业病的职工获得医疗救治和经济补偿，促进工伤预防和职业康复，分散用人单位的工伤风险。

一、工伤保险的适用范围

（一）工伤保险的特点

1. 具有补偿性

工伤保险是法定的强制性社会保险，是通过对受害人实施医疗救治和给予必要的经济补偿以保障其经济权利的补救措施。从根本上说，它是由政府监管、社保机构经办的社会

保障制度。

2. 权利主体

享有工伤保险权利的主体只限于用人单位的职工或者雇工，其他人不能享有这项权利。如果在单位发生生产安全事故时对职工或者雇工以及其他人造成伤害，只有本单位的职工或者雇工可以得到工伤保险补偿，而受到事故伤害的其他人则不能享有这项权利。所以，工伤保险补偿权利的权利主体是特定的。

3. 义务和责任主体

依照《安全生产法》和《工伤保险条例》的规定，生产经营单位和用人单位有为从业人员办理工伤保险、缴纳保险费的义务，这就确定了生产经营单位和用人单位是工伤保险的义务和责任主体。不履行这项义务，就要承担相应的法律责任。

4. 保险补偿的原则

按照国际惯例和我国立法，工伤保险补偿实行"无责任补偿"，即无过错补偿的原则，这是基于职业风险理论确立的。这种理论从最大限度地保护职工权益出发，认为职业伤害不可避免，职工无法抗拒，不能以受害人是否负有责任来决定是否补偿，只要因公受到伤害就应补偿。基于这种理论，工伤保险不强调造成工伤的原因、过错及其责任，只要确认职工在法定情形下发生工伤，就依法享有获得经济补偿的权利。

5. 补偿风险的承担

按照无责任补偿原则，工伤补偿风险的第一承担者本应是企业或者业主，但是工伤保险是以社会共济方式确定补偿风险承担者的，因此不需要企业或者业主直接负责补偿，而是将补偿风险转由社保机构承担，由社保机构负责支付工伤保险补偿金。只要企业或者业主依法足额缴纳了工伤保险费，那么工伤补偿的责任就要由社保机构承担。工伤保险实际上是一种转移工伤补偿的风险和责任的社会共济方式。

（二）工伤保险的一般适用范围

依据《工伤保险条例》第二条规定，中华人民共和国境内的企业、事业单位、社会团体、民办非企业单位、基金会、律师事务所、会计师事务所等组织和有雇工的个体工商户（统称用人单位）应当依照本条例规定参加工伤保险，为本单位全部职工或者雇工（统称职工）缴纳工伤保险费。中华人民共和国境内的企业、事业单位、社会团体、民办非企业单位、基金会、律师事务所、会计师事务所等组织的职工和个体工商户的雇工，均有依照本条例的规定享受工伤保险待遇的权利。

依据《工伤保险条例》第六十六条规定，无营业执照或者未经依法登记、备案的单位以及被依法吊销营业执照或者撤销登记、备案的单位的职工受到事故伤害或者患职业病的，由该单位向伤残职工或者死亡职工的近亲属给予一次性赔偿，赔偿标准不得低于本条例规定的工伤保险待遇；用人单位不得使用童工，用人单位使用童工造成童工伤残、死亡的，由该单位向童工或者童工的近亲属给予一次性赔偿，赔偿标准不得低于本条例规定的工伤保险待遇。

上述规定的伤残职工或者死亡职工的近亲属就赔偿数额与单位发生争议的，以及上述规定的童工或者童工的近亲属就赔偿数额与单位发生争议的，按照处理劳动争议的有关规定处理。

（三）工伤保险的特殊适用范围

依据《工伤保险条例》第六十五条规定，公务员和参照公务员法管理的事业单位、社会团体的工作人员因工作遭受事故伤害或者患职业病的，由所在单位支付费用。

二、缴纳工伤保险费的规定

（一）确定费率的原则

依据《工伤保险条例》的规定，工伤保险费根据以支定收、收支平衡的原则，确定费率。工伤保险实行用人单位缴纳保险费的方式，建立工伤保险社会统筹基金。工伤保险费的缴费方式与养老、医疗、失业保险不同，特别是与基本医疗保险的"以收定支"原则有明显的区别。以支定收、收支平衡，即以一个周期内的工伤保险基金的支付额度确定征缴的额度。以成本为基础的保险费征缴可以提高工伤保险机构的承付能力。

（二）费率的制定

依据《工伤保险条例》的规定，国家根据不同行业的工伤风险程度确定行业的差别费率，并根据工伤保险费使用、工伤发生率等情况在每个行业内确定若干费率档次。行业差别费率及行业内费率档次由国务院社会保险行政部门制定，报国务院批准后公布施行。

统筹地区经办机构根据用人单位工伤保险费使用、工伤发生率等情况，适用所属行业内相应的费率档次确定单位缴费费率。

国务院社会保险行政部门应当定期了解全国各统筹地区工伤保险基金收支情况，及时提出调整行业差别费率及行业内费率档次的方案，报国务院批准后公布施行。

（三）工伤保险费的缴纳

依据《工伤保险条例》的规定，用人单位应当按时缴纳工伤保险费。职工个人不缴纳工伤保险费。用人单位缴纳工伤保险费的数额为本单位职工工资总额乘以单位缴费费率之积。

对难以按照工资总额缴纳工伤保险费的行业，其缴纳工伤保险费的具体方式，由国务院社会保险行政部门规定。

工资总额是指用人单位直接支付给本单位全部职工的劳动报酬总额。

本人工资是指工伤职工因工作遭受事故伤害或者患职业病前12个月平均月缴费工资。本人工资高于统筹地区职工平均工资300%的，按照统筹地区职工平均工资的300%计算；本人工资低于统筹地区职工平均工资60%的，按照统筹地区职工平均工资的60%计算。

三、工伤保险基金的使用

依据《工伤保险条例》的规定，工伤保险基金存入社会保障基金财政专户，用于《工伤保险条例》规定的工伤保险待遇，劳动能力鉴定，工伤预防的宣传、培训等费用，以及法律、法规规定的用于工伤保险的其他费用的支付。

工伤预防费用的提取比例、使用和管理的具体办法，由国务院社会保险行政部门会同国务院财政、卫生行政、安全生产监督管理等部门规定。

任何单位或者个人不得将工伤保险基金用于投资运营、兴建或者改建办公场所、发放奖金，或者挪作其他用途。

工伤保险基金应当留有一定比例的储备金，用于统筹地区重大事故的工伤保险待遇支付；储备金不足支付的，由统筹地区的人民政府垫付。储备金占基金总额的具体比例和储备金的使用办法，由省、自治区、直辖市人民政府规定。

四、工伤和劳动能力鉴定的规定

（一）工伤范围

依据《工伤保险条例》第十四条规定，职工有下列情形之一的，应当认定为工伤：

（1）在工作时间和工作场所内，因工作原因受到事故伤害的。

（2）工作时间前后在工作场所内，从事与工作有关的预备性或者收尾性工作受到事故伤害的。

（3）在工作时间和工作场所内，因履行工作职责受到暴力等意外伤害的。

（4）患职业病的。

（5）因工外出期间，由于工作原因受到伤害或者发生事故下落不明的。

（6）在上下班途中，受到非本人主要责任的交通事故或者城市轨道交通、客运轮渡、火车事故伤害的。

（7）法律、行政法规规定应当认定为工伤的其他情形。

（二）视同工伤

依据《工伤保险条例》第十五条规定，职工有下列情形之一的，视同工伤：

（1）在工作时间和工作岗位，突发疾病死亡或者在48小时之内经抢救无效死亡的。

（2）在抢险救灾等维护国家利益和公共利益活动中受到伤害的。

（3）职工原在军队服役，因战、因工负伤致残，已取得革命伤残军人证，到用人单位后旧伤复发的。

职工有上述第一项、第二项情形的，按照《工伤保险条例》的有关规定享受工伤保险待遇；职工有上述第三项情形的，按照《工伤保险条例》的有关规定享受除一次性伤残补助金以外的工伤保险待遇。

《工伤保险条例》规定，故意犯罪、醉酒或者吸毒、自残或者自杀等情形，不得认定为工伤或者视同工伤。

（三）工伤认定

1. 工伤保险申请时限、时效和申请责任

依据《工伤保险条例》第十七条规定，职工发生事故伤害或者按照职业病防治法规定被诊断、鉴定为职业病，所在单位应当自事故伤害发生之日或者被诊断、鉴定为职业病之日起30日内，向统筹地区社会保险行政部门提出工伤认定申请。遇有特殊情况，经报社会保险行政部门同意，申请时限可以适当延长。

用人单位未按上述规定提出工伤认定申请的，工伤职工或者其近亲属、工会组织在事故伤害发生之日或者被诊断、鉴定为职业病之日起1年内，可以直接向用人单位所在地统筹地区社会保险行政部门提出工伤认定申请。

按照上述规定应当由省级社会保险行政部门进行工伤认定的事项，根据属地原则由用人单位所在地的设区的市级社会保险行政部门办理。

用人单位未在上述规定的时限内提交工伤认定申请，在此期间发生符合本条例规定的工伤待遇等有关费用由该用人单位负担。

2. 工伤认定申请材料

依据《工伤保险条例》第十八条规定，提出工伤认定申请，应当提交工伤认定申请表、与用人单位存在劳动关系（包括事实劳动关系）的证明材料、医疗诊断证明或者职业病诊断证明（鉴定）书等材料。

工伤认定申请表应当包括事故发生的时间、地点、原因以及职工伤害程度等基本情况。

工伤认定申请人提供材料不完整的，社会保险行政部门应当一次性书面告知工伤认定申请人需要补正的全部材料。申请人按照书面告知要求补正材料后，社会保险行政部门应当受理。

3. 工伤认定程序

依据《工伤保险条例》第十九条规定，社会保险行政部门受理工伤认定申请后，根据审核需要可以对事故伤害进行调查核实，用人单位、职工、工会组织、医疗机构以及有关部门应当予以协助。职业病诊断和诊断争议的鉴定，依照职业病防治法的有关规定执行。对依法取得职业病诊断证明书或者职业病诊断鉴定书的，社会保险行政部门不再进行调查核实。

职工或者其近亲属认为是工伤，用人单位不认为是工伤的，由用人单位承担举证责任。

依据《工伤保险条例》第二十条规定，社会保险行政部门应当自受理工伤认定申请之日起 60 日内作出工伤认定的决定，并书面通知申请工伤认定的职工或者其近亲属和该职工所在单位。

社会保险行政部门对受理的事实清楚、权利义务明确的工伤认定申请，应当在 15 日内作出工伤认定的决定。

作出工伤认定决定需要以司法机关或者有关行政主管部门的结论为依据的，在司法机关或者有关行政主管部门尚未作出结论期间，作出工伤认定决定的时限中止。

社会保险行政部门工作人员与工伤认定申请人有利害关系的，应当回避。

（四）劳动能力鉴定

依据《工伤保险条例》的规定，职工发生工伤，经治疗伤情相对稳定后存在残疾、影响劳动能力的，应当进行劳动能力鉴定。劳动能力鉴定是指劳动功能障碍程度和生活自理障碍程度的等级鉴定。劳动功能障碍分为十个伤残等级，最重的为一级，最轻的为十级。生活自理障碍分为三个等级：生活完全不能自理、生活大部分不能自理和生活部分不能自理。

劳动能力鉴定由用人单位、工伤职工或者其近亲属向设区的市级劳动能力鉴定委员会提出申请，并提供工伤认定决定和职工工伤医疗的有关资料。省、自治区、直辖市劳动能力鉴定委员会和设区的市级劳动能力鉴定委员会分别由省、自治区、直辖市和设区的市级社会保险行政部门、卫生行政部门、工会组织、经办机构代表以及用人单位代表组成。

劳动能力鉴定委员会建立医疗卫生专家库。列入专家库的医疗卫生专业技术人员应当具备下列条件：

(1) 具有医疗卫生高级专业技术职务任职资格。

(2) 掌握劳动能力鉴定的相关知识。

(3) 具有良好的职业品德。

设区的市级劳动能力鉴定委员会收到劳动能力鉴定申请后，应当从其建立的医疗卫生专家库中随机抽取 3 名或者 5 名相关专家组成专家组，由专家组提出鉴定意见。设区的市级劳动能力鉴定委员会根据专家组的鉴定意见作出工伤职工劳动能力鉴定结论；必要时，可以委托具备资格的医疗机构协助进行有关的诊断。

设区的市级劳动能力鉴定委员会应当自收到劳动能力鉴定申请之日起 60 日内作出劳动能力鉴定结论，必要时，作出劳动能力鉴定结论的期限可以延长 30 日。劳动能力鉴定结论应当及时送达申请鉴定的单位和个人。

申请鉴定的单位或者个人对设区的市级劳动能力鉴定委员会作出的鉴定结论不服的，可以在收到该鉴定结论之日起 15 日内向省、自治区、直辖市劳动能力鉴定委员会提出再次鉴定申请。省、自治区、直辖市劳动能力鉴定委员会作出的劳动能力鉴定结论为最终结论。

劳动能力鉴定工作应当客观、公正。劳动能力鉴定委员会组成人员或者参加鉴定的专家与当事人有利害关系的，应当回避。

自劳动能力鉴定结论作出之日起 1 年后，工伤职工或者其近亲属、所在单位或者经办机构认为伤残情况发生变化的，可以申请劳动能力复查鉴定。

五、工伤保险待遇的规定

(一) 工伤医疗补偿

依据《工伤保险条例》的规定，职工因工作遭受事故伤害或者患职业病进行治疗，享受工伤医疗待遇。职工治疗工伤应当在签订服务协议的医疗机构就医，情况紧急时可以先到就近的医疗机构急救。治疗工伤所需费用符合工伤保险诊疗项目目录、工伤保险药品目录、工伤保险住院服务标准的，从工伤保险基金支付。工伤保险诊疗项目目录、工伤保险药品目录、工伤保险住院服务标准，由国务院社会保险行政部门会同国务院卫生行政部门、食品药品监督管理部门等部门规定。

职工住院治疗工伤的伙食补助费，以及经医疗机构出具证明，报经办机构同意，工伤职工到统筹地区以外就医所需的交通、食宿费用从工伤保险基金支付，基金支付的具体标准由统筹地区人民政府规定。

工伤职工治疗非工伤引发的疾病，不享受工伤医疗待遇，按照基本医疗保险办法处理。

工伤职工到签订服务协议的医疗机构进行工伤康复的费用，符合规定的，从工伤保险基金支付。

社会保险行政部门作出认定为工伤的决定后发生行政复议、行政诉讼的，行政复议和行政诉讼期间不停止支付工伤职工治疗工伤的医疗费用。

工伤职工因日常生活或者就业需要，经劳动能力鉴定委员会确认，可以安装假肢、矫形器、假眼、假牙和配置轮椅等辅助器具，所需费用按照国家规定的标准从工伤保险基金支付。

（二）停工期间的福利

依据《工伤保险条例》的规定，职工因工作遭受事故伤害或者患职业病需要暂停工作接受工伤医疗的，在停工留薪期内，原工资福利待遇不变，由所在单位按月支付。

停工留薪期一般不超过 12 个月。伤情严重或者情况特殊，经设区的市级劳动能力鉴定委员会确认，可以适当延长，但延长不得超过 12 个月。工伤职工评定伤残等级后，停发原待遇，按照有关规定享受伤残待遇。工伤职工在停工留薪期满后仍需治疗的，继续享受工伤医疗待遇。生活不能自理的工伤职工在停工留薪期需要护理的，由所在单位负责。

（三）护理费

依据《工伤保险条例》的规定，工伤职工已经评定伤残等级并经劳动能力鉴定委员会确认需要生活护理的，从工伤保险基金按月支付生活护理费。生活护理费按照生活完全不能自理、生活大部分不能自理或者生活部分不能自理 3 个不同等级支付，其标准分别为统筹地区上年度职工月平均工资的 50%、40% 或者 30%。

（四）一级至四级伤残的待遇

依据《工伤保险条例》的规定，职工因工致残被鉴定为一级至四级伤残的，保留劳动关系，退出工作岗位，享受以下待遇：

（1）从工伤保险基金按伤残等级支付一次性伤残补助金，标准为：一级伤残为 27 个月的本人工资，二级伤残为 25 个月的本人工资，三级伤残为 23 个月的本人工资，四级伤残为 21 个月的本人工资。

（2）从工伤保险基金按月支付伤残津贴，标准为：一级伤残为本人工资的 90%，二级伤残为本人工资的 85%，三级伤残为本人工资的 80%，四级伤残为本人工资的 75%。伤残津贴实际金额低于当地最低工资标准的，由工伤保险基金补足差额。

（3）工伤职工达到退休年龄并办理退休手续后，停发伤残津贴，按照国家有关规定享受基本养老保险待遇。基本养老保险待遇低于伤残津贴的，由工伤保险基金补足差额。

职工因工致残被鉴定为一级至四级伤残的，由用人单位和职工个人以伤残津贴为基数，缴纳基本医疗保险费。

（五）五级至六级伤残的待遇

依据《工伤保险条例》的规定，职工因工致残被鉴定为五级、六级伤残的，享受以下待遇：

（1）从工伤保险基金按伤残等级支付一次性伤残补助金，标准为：五级伤残为 18 个月的本人工资，六级伤残为 16 个月的本人工资。

（2）保留与用人单位的劳动关系，由用人单位安排适当工作。难以安排工作的，由用人单位按月发给伤残津贴，标准为：五级伤残为本人工资的 70%，六级伤残为本人工资的 60%，并由用人单位按照规定为其缴纳应缴纳的各项社会保险费。伤残津贴实际金额低于当地最低工资标准的，由用人单位补足差额。

经工伤职工本人提出，该职工可以与用人单位解除或者终止劳动关系，由工伤保险基金支付一次性工伤医疗补助金，由用人单位支付一次性伤残就业补助金。一次性工伤医疗补助金和一次性伤残就业补助金的具体标准由省、自治区、直辖市人民政府规定。

（六）七级至十级伤残的待遇

依据《工伤保险条例》的规定，职工因工致残被鉴定为七级至十级伤残的，享受以下待遇：

（1）从工伤保险基金按伤残等级支付一次性伤残补助金，标准为：七级伤残为 13 个月的本人工资，八级伤残为 11 个月的本人工资，九级伤残为 9 个月的本人工资，十级伤残为 7 个月的本人工资。

（2）劳动、聘用合同期满终止，或者职工本人提出解除劳动、聘用合同的，由工伤保险基金支付一次性工伤医疗补助金，由用人单位支付一次性伤残就业补助金。一次性工伤医疗补助金和一次性伤残就业补助金的具体标准由省、自治区、直辖市人民政府规定。

（七）职工死亡的待遇

依据《工伤保险条例》的规定，职工因工死亡，其近亲属按照下列规定从工伤保险基金领取丧葬补助金、供养亲属抚恤金和一次性工亡补助金：

（1）丧葬补助金为 6 个月的统筹地区上年度职工月平均工资。

（2）供养亲属抚恤金按照职工本人工资的一定比例发给由因工死亡职工生前提供主要生活来源、无劳动能力的亲属。标准为：配偶每月 40%，其他亲属每人每月 30%，孤寡老人或者孤儿每人每月在上述标准的基础上增加 10%。核定的各供养亲属的抚恤金之和不应高于因工死亡职工生前的工资。供养亲属的具体范围由国务院社会保险行政部门规定。

（3）一次性工亡补助金标准为上一年度全国城镇居民人均可支配收入的 20 倍。

伤残职工在停工留薪期内因工伤导致死亡的，其近亲属享受本条第一款规定的待遇。一级至四级伤残职工在停工留薪期满后死亡的，其近亲属可以享受本条第一款第（1）项、第（2）项规定的待遇。

（八）职工因工外出期间发生事故或者在抢险救灾中下落不明的待遇

依据《工伤保险条例》的规定，职工因工外出期间发生事故或者在抢险救灾中下落不明的，从事故发生当月起 3 个月内照发工资，从第 4 个月起停发工资，由工伤保险基金向其供养亲属按月支付供养亲属抚恤金。生活有困难的，可以预支一次性工亡补助金的50%。职工被人民法院宣告死亡的，按照《工伤保险条例》第三十九条职工因工死亡的规定处理。

（九）停止享受工伤保险待遇

《工伤保险条例》第四十二条规定，工伤职工有下列情形之一的，停止享受工伤保险待遇：

（1）丧失享受待遇条件的。

（2）拒不接受劳动能力鉴定的。

（3）拒绝治疗的。

（十）用人单位分立、合并、转让后的工伤保险责任

依据《工伤保险条例》的规定，用人单位分立、合并、转让的，承继单位应当承担原用人单位的工伤保险责任；原用人单位已经参加工伤保险的，承继单位应当到当地经办机构办理工伤保险变更登记。

用人单位实行承包经营的，工伤保险责任由职工劳动关系所在单位承担。

职工被借调期间受到工伤事故伤害的，由原用人单位承担工伤保险责任，但原用人单位与借调单位可以约定补偿办法。

企业破产的，在破产清算时依法拨付应当由单位支付的工伤保险待遇费用。

（十一）出境工作的待遇

依据《工伤保险条例》的规定，职工被派遣出境工作，依据前往国家或者地区的法律应当参加当地工伤保险的，参加当地工伤保险，其国内工伤保险关系中止；不能参加当地工伤保险的，其国内工伤保险关系不中止。

六、申请行政复议或者提起行政诉讼的规定

依据《工伤保险条例》的规定，有下列情形之一的，有关单位或者个人可以依法申请行政复议，也可以依法向人民法院提起行政诉讼：

（1）申请工伤认定的职工或者其近亲属、该职工所在单位对工伤认定申请不予受理的决定不服的。

（2）申请工伤认定的职工或者其近亲属、该职工所在单位对工伤认定结论不服的。

（3）用人单位对经办机构确定的单位缴费费率不服的。

（4）签订服务协议的医疗机构、辅助器具配置机构认为经办机构未履行有关协议或者规定的。

（5）工伤职工或者其近亲属对经办机构核定的工伤保险待遇有异议的。

七、工伤保险违法行为应负的法律责任

（一）挪用工伤保险基金的法律责任

依据《工伤保险条例》的规定，单位或者个人违反《工伤保险条例》有关规定，挪用工伤保险基金构成犯罪的，依法追究刑事责任；尚不构成犯罪的，依法给予处分或者纪律处分。被挪用的基金由社会保险行政部门追回，并入工伤保险基金；没收的违法所得依法上缴国库。

（二）社会保险行政部门工作人员的法律责任

依据《工伤保险条例》的规定，社会保险行政部门工作人员存在无正当理由不受理工伤认定申请，或者弄虚作假将不符合工伤条件的人员认定为工伤职工的；未妥善保管申请工伤认定的证据材料，致使有关证据灭失的和收受当事人财物等违法行为的，依法给予处分；情节严重构成犯罪的，依法追究刑事责任。

（三）经办机构的法律责任

依据《工伤保险条例》的规定，工伤保险经办机构有未按规定保存用人单位缴费和职工享受工伤保险待遇情况记录的、不按规定核定工伤保险待遇的和收受当事人财物等违法行为的，由社会保险行政部门责令改正，对直接负责的主管人员和其他责任人员依法给予纪律处分；情节严重，构成犯罪的，依法追究刑事责任；造成当事人经济损失的，由经办机构依法承担赔偿责任。

（四）骗取工伤保险待遇或者工伤保险基金的法律责任

依据《工伤保险条例》的规定，用人单位、工伤职工或者其近亲属骗取工伤保险待遇，医疗机构、辅助器具配置机构骗取工伤保险基金支出的，由社会保险行政部门责令退还，处骗取金额 2 倍以上 5 倍以下的罚款；情节严重，构成犯罪的，依法追究刑事责任。

（五）用人单位的法律责任

依据《工伤保险条例》的规定，用人单位依照本条例规定应当参加工伤保险而未参加的，由社会保险行政部门责令限期参加，补缴应当缴纳的工伤保险费，并自欠缴之日起，按日加收万分之五的滞纳金；逾期仍不缴纳的，处欠缴数额 1 倍以上 3 倍以下的罚款。

依照《工伤保险条例》规定应当参加工伤保险而未参加工伤保险的用人单位职工发生工伤的，由该用人单位按照《工伤保险条例》规定的工伤保险待遇项目和标准支付费用。

用人单位参加工伤保险并补缴应当缴纳的工伤保险费、滞纳金后，由工伤保险基金和用人单位依照《工伤保险条例》的规定支付新发生的费用。

依据《工伤保险条例》的规定，用人单位违反本条例相关规定，拒不协助社会保险行政部门对事故进行调查核实的，由社会保险行政部门责令改正，处 2000 元以上 2 万元以下的罚款。

（六）从事劳动能力鉴定的组织或者个人的法律责任

从事劳动能力鉴定的组织或者个人有下列情形之一的，由社会保险行政部门责令改正，处 2000 元以上 1 万元以下的罚款；情节严重，构成犯罪的，依法追究刑事责任：

（1）提供虚假鉴定意见的。

（2）提供虚假诊断证明的。

（3）收受当事人财物的。

1.【单选题】依据《工伤保险条例》，以下说法正确的是（　　）。

A. 工伤保险费由用人单位和职工按照一定比例缴纳

B. 工伤保险属于可自由选择的险种，由用人单位依据自身情况决定是否缴纳

C. 在上下班途中受到机动车事故伤害的应当认定为工伤

D. 在工作时间和工作岗位，突发疾病死亡或者在 48 小时之内经抢救无效死亡的视同工伤

2.【单选题】依据《工伤保险条例》，职工发生事故伤害或者按照职业病防治法规定被诊断、鉴定为职业病，所在单位应当自事故伤害发生之日或者被诊断、鉴定为职业病之日起 30 日内，向统筹地区社会保险行政部门提出工伤认定申请。遇有特殊情况，经报社会保险行政部门同意，申请时限可以适当延长。用人单位未按规定提出工伤认定申请的，工伤职工或者其近亲属、工会组织在事故伤害发生之日或者被诊断、鉴定为职业病之日起（　　）内，可以直接向用人单位所在地统筹地区社会保险行政部门提出工伤认定申请。

A. 60 日　　　　　　B. 90 日　　　　　　C. 180 日　　　　　　D. 1 年

3.【单选题】依据《工伤保险条例》，职工或者其近亲属认为是工伤，用人单位不认为是工伤的，由（　　）承担举证责任。

A. 工伤职工或其近亲属　　　　　　B. 用人单位

C. 社会保险行政部门　　　　　　　D. 应急管理部门

4.【单选题】依据《工伤保险条例》，下列情形中，应当认定为工伤的是（　　）。

A. 职工因工外出期间，由于工作原因受到伤害的

B. 职工在抢险救灾等维护国家利益、公共利益活动中受到伤害的

C. 职工在上班途中，因闯红灯导致发生交通事故，受到伤害的

D. 职工原在军队服役，因战、因公负伤致残，已取得革命伤残军人证，到用人单位后旧伤复发的

5.【单选题】依据《工伤保险条例》，在工作时间和工作岗位，突发疾病死亡或者在（　　）之内经抢救无效死亡的，应当视同工伤。

A. 24 小时　　　　B. 36 小时　　　　C. 48 小时　　　　D. 72 小时

6.【单选题】依据《工伤保险条例》，下列说法中错误的是（　　）。

A. 社会保险行政部门等部门制定工伤保险的政策、标准，应当征求工会组织的意见

B. 社会保险行政部门等部门制定工伤保险的政策、标准，应当征求用人单位代表的意见

C. 工伤保险费根据以支定收、收支平衡的原则，确定费率

D. 工伤保险费由用人单位、职工个人分担

7.【单选题】依据《工伤保险条例》，下列说法错误的是（　　）。

A. 在工作时间和工作场所内，因工作原因受到事故伤害的，应当认定为工伤

B. 工作时间前后在工作场所内，从事与工作有关的预备性工作受到事故伤害的，应当认定为工伤

C. 工作时间前后在工作场所内，从事与工作有关的收尾性工作受到事故伤害的，应当认定为工伤

D. 在工作时间和工作岗位，突发疾病在 72 小时之内经抢救无效死亡的，应当认定为工伤

8.【单选题】李某于 2020 年 10 月 15 日因工受伤，直到 2020 年 12 月 31 日，李某所在单位一直未按规定给李某办理工伤认定申请。依据《工伤保险条例》，李某及其近亲属、工会组织可以在（　　）之前，直接向李某单位所在地统筹地区社会保险行政部门提出工伤认定申请。

A. 2021 年 1 月 15 日　　　　　　B. 2021 年 4 月 15 日

C. 2021 年 10 月 15 日　　　　　D. 2022 年 10 月 15 日

9.【单选题】某单位发生车辆伤害事故，导致某员工受伤，经过鉴定，该员工为二级伤残，依据《工伤保险条例》，对该员工一次性伤残补助金的标准是（　　）。

A. 25 个月的本人工资　　　　　　B. 23 个月的本人工资

C. 21 个月的本人工资　　　　　　D. 18 个月的本人工资

10.【单选题】某企业职工孙某发生事故，认定为工伤，经治疗伤情相对稳定后留下

残疾，影响劳动能力。根据《工伤保险条例》，关于劳动能力鉴定的说法，正确的是（   ）。

A. 生活自理障碍分为两个等级：生活完全不能自理、生活部分不能自理

B. 对孙某劳动能力鉴定的专家组，应当从专家库中随机抽取 7 名专家组成

C. 劳动功能障碍分为十个伤残等级，最重的为一级，最轻的为十级

D. 自劳动能力鉴定结论作出之日起半年后，孙某认为伤残情况发生变化，可以申请劳动能力复查

11.【多选题】2019 年 7 月，张某出差外地，在开会期间突发疾病送往医院，紧急抢救 20 小时后死亡，张某所在单位认为张某不构成工伤，没有在规定期限内提出工伤认定申请，而张某的近亲属认为张某构成工伤，根据《工伤保险条例》，关于张某工伤认定和赔偿的说法，正确的有（   ）。

A. 张某在出差期间突发疾病死亡，不认定为工伤

B. 张某近亲属应承担张某构成工伤的举证责任

C. 张某近亲属可从工伤保险基金领取丧葬补助金，供养亲属抚恤金和一次性工伤补助金

D. 张某近亲属可在张某死亡之日起两年内向社会保险行政部提出工伤认定申请

E. 张某的丧葬补助金为六个月的统筹地上年度职工月平均工资

12.【多选题】依据《工伤保险条例》，下列应当认定为工伤的情形有（   ）。

A. 某职工违章操作机床，造成右臂骨折

B. 某职工外出参加会议期间，在宾馆内洗澡时滑倒，造成腿骨骨折

C. 某职工在上班途中，受到非本人主要责任的交通事故伤害

D. 某职工在下班后清理机床时，机床意外启动造成职工受伤

E. 某职工在易燃作业场所内吸烟，导致火灾，本人受伤

13.【多选题】依据《工伤保险条例》，下列情形中，应当被认定为工伤的有（   ）。

A. 员工在工作时间和工作场所内，因工作原因受到事故伤害

B. 员工在上班途中，受到因他人负主要责任的交通事故伤害

C. 员工在工作时间和工作岗位，突发心脏病死亡

D. 员工因公外出期间，由于工作原因受到伤害

E. 员工在工作时间和工作场所内，因饮酒导致操作不当而受伤

14.【多选题】根据《工伤保险条例》，工伤申请和认定应当符合有关规定，这些规定有（   ）。

A. 所在单位应在事故伤害发生之日或被诊断、鉴定为职业病之日起 60 天内，向社会保险行政部门提出工伤认定申请

B. 社会保险行政部门应当自受理工伤认定申请之日起 60 天内做出工伤认定决定

C. 社会保险行政部门对受理的事实清楚、权利义务明确的工伤认定申请，应当在 15 天内做出工伤认定决定

D. 职工认为是工伤，用人单位不认为是工伤的，由职工承担举证责任

E. 对依法取得职业病诊断证明或者职业病诊断鉴定证书的，社会保险行政部门不再进行调查核实

15.【多选题】小李下班后顺路去菜市场买菜，买完菜在回家路上被一辆闯红灯的小汽车撞伤住院，之后，小李与工作单位因此事故伤害是否可以认定工伤的问题产生纠纷。依据《工伤保险条例》，下列关于小李工伤认定的说法，正确的有（　　　）。

A. 小李在下班途中受到非本人主要责任的交通事故伤害，应当认定为工伤

B. 小李下班后顺路去菜市场买菜，不属于上下班途中受到伤害，不能认定工伤

C. 若小李认为是工伤，工作单位不认为是工伤，应当由工作单位承担举证责任

D. 工作单位不提出工伤认定申请，小李可在伤害发生之日起 1 年内直接向工作单位所在地的社会保险行政部门提出工伤认定申请

E. 提出工伤认定申请，应当提交工伤认定申请表，小李与工作单位存在劳动关系的证明材料、医疗诊断证明等

参考答案

1. D　2. D　3. B　4. A　5. C　6. D　7. D　8. C　9. A　10. C　11. CE
12. ABCD　13. ABD　14. BCE　15. ACDE

第五节　煤矿安全生产条例

2024 年 1 月 24 日国务院令第 774 号公布《煤矿安全生产条例》，自 2024 年 5 月 1 日起施行。《煤矿安全监察条例》《国务院关于预防煤矿生产安全事故的特别规定》同时废止。制定《煤矿安全生产条例》，旨在加强煤矿安全生产工作，防止和减少煤矿生产安全事故，保障人民群众生命财产安全。

一、《煤矿安全生产条例》的适用范围

法律的适用范围，也称法律的效力范围，包括法律的时间效力，即法律从什么时候开始发生效力和什么时候失效；法律的空间效力，即法律适用的地域范围；法律对人、事的效力，即法律对什么人、行为适用。《煤矿安全生产条例》的适用范围包括空间范围、时间范围和主体及其行为范围。

（一）空间范围

一般讲，法律的地域效力范围的普遍原则，适用于制定它的机关所管辖的全部领域。《煤矿安全生产条例》作为国务院制定颁布的行政法规，其效力自然在我国境内。《煤矿安全生产条例》第二条规定，在中华人民共和国领域和中华人民共和国管辖的其他海域内的煤矿安全生产，适用本条例。这里讲的领域，是指主权国家的领陆、领水和领空。领陆是指主权国家疆界以内的陆地；领水是指疆界以内或与陆地疆界邻接的一定宽度的水域，包括江河、湖泊、内水、领海；领空是指领陆和领水之上的空间。内水是指我国领海基线向内陆一侧的所有海域，是构成国家领水的组成部分，即包括一国的海湾、海峡、海港、河口湾，测算领海的基线与海岸之间的海域，被陆地所包围或通过狭窄水道连接海洋

的海域。根据我国宪法、香港特别行政区基本法和澳门特别行政区基本法的规定，除两个基本法附件上规定的特别行政区适用的全国法律外，其他法律不适用于特别行政区。故《煤矿安全生产条例》不适用香港特别行政区和澳门特别行政区。

（二）时间范围

《煤矿安全生产条例》第七十六条规定，本条例自 2024 年 5 月 1 日起施行。《煤矿安全监察条例》和《国务院关于预防煤矿生产安全事故的特别规定》同时废止。因此，本条例的时间效力为自 2024 年 5 月 1 日起。

（三）主体范围

（1）一切从事煤矿建设项目的建设、施工、监理和煤矿生产作业的单位或个人。这里的"单位"，可以是我国的法人和其他组织，也可以是外国企业以及其他组织；"个人"既可以是中国公民个人，也可以是外国人。

（2）对煤矿建设项目的建设、施工、监理和煤矿生产作业的单位或个人的安全生产活动实施监管监察的县级以上人民政府及其负有煤矿安全生产监督管理职责的部门、矿山安全监察机构。

（3）承担煤矿安全评价、认证、检测、检验等职责的煤矿安全生产技术服务机构和对其实施监督管理的县级以上地方人民政府负有煤矿安全生产监督管理职责的部门。

二、煤矿安全监管监察体制

为了适应煤炭工业管理体制改革的需要，借鉴国外的成功经验，进一步从体制上、组织上加强煤矿安全监督管理，1999 年 12 月 30 日，国务院批准《煤矿安全监察管理体制改革实施方案》（国办发〔1999〕104 号），决定实行垂直管理的煤矿安全监察体制，设立国家煤矿安全监察局，负责全国煤矿安全监察工作。在河北、山西等 20 个主要产煤的省（自治区、直辖市）设立煤矿安全监察局，均为国家煤矿安全监察局的直属机构，在69 个大中型煤矿矿区设立煤矿安全监察办事处，作为省（自治区、直辖市）煤矿安全监察局的派出机构。为了进一步完善煤矿安全监督管理体制，2004 年 11 月 4 日，国务院办公厅发布《国务院办公厅关于完善煤矿安全监察体制的意见》（国办发〔2004〕79 号），确定了国家监察、地方监管职责，明确了"国家监察、地方监管、企业负责"的煤矿安全工作格局。在湖北、广东、广西、青海、福建 5 省（自治区）增设煤矿安全监察局。将煤矿安全监察办事处更名为区域性监察分局。2020 年，《中共中央办公厅 国务院办公厅关于印发〈国家矿山安全监察局职能配置、内设机构和人员编制规定〉的通知》，按照党中央决策部署，国家煤矿安全监察局更名为国家矿山安全监察局。设在地方的 27 个煤矿安全监察局相应更名为矿山安全监察局，由国家矿山安全监察局领导管理。矿山安全监察实施垂直管理体系，形成了"国家监察、地方监管、企业负责"的矿山安全监管监察体制，并在《煤矿安全生产条例》中予以明确。

（一）国家监察

国家实行煤矿安全监察制度。国家监察是指国家矿山安全监察机构及其设在地方的矿山安全监察机构代表国家对煤矿安全生产工作实施监察。《煤矿安全生产条例》第三条规定，煤矿安全生产工作实行管行业必须管安全、管业务必须管安全、管生产经营必须管安全，按照国家监察、地方监管、企业负责，强化和落实安全生产责任。第七条规定，国家实行煤矿安全监察制度。国家矿山安全监察机构及其设在地方的矿山安全监察机构负责煤矿安全监察工作，依法对地方人民政府煤矿安全生产监督管理工作进行监督检查。

（二）地方监管

地方监管是指县级以上地方人民政府及有关部门对煤矿安全生产工作实施监督管理。《煤矿安全生产条例》第五条规定，县级以上人民政府应当加强对煤矿安全生产工作的领导，建立健全工作协调机制，支持、督促各有关部门依法履行煤矿安全生产工作职责，及时协调、解决煤矿安全生产工作中的重大问题。第六条规定，县级以上人民政府负有煤矿安全生产监督管理职责的部门对煤矿安全生产实施监督管理，其他有关部门按照职责分工依法履行煤矿安全生产相关职责。《煤矿安全生产条例》第三章煤矿安全生产监督管理，专门对县级以上地方人民政府及有关部门履行煤矿安全生产地方监管工作作出了明确规定。

（三）企业负责

煤矿企业是安全生产工作责任主体，应当对本企业安全生产负责。《安全生产法》等法律法规对企业的安全生产作出了明确规定，《煤矿安全生产条例》第四条规定，煤矿企业应当履行安全生产主体责任，加强安全生产管理，建立健全并落实全员安全生产责任制和安全生产规章制度，加大对安全生产资金、物资、技术、人员的投入保障力度，改善安全生产条件，加强安全生产标准化、信息化建设，构建安全风险分级管控和隐患排查治理双重预防机制，健全风险防范化解机制，提高安全生产水平，确保安全生产。煤矿企业主要负责人（含实际控制人，下同）是本企业安全生产第一责任人，对本企业安全生产工作全面负责。其他负责人对职责范围内的安全生产工作负责。《煤矿安全生产条例》第二章煤矿企业的安全生产责任，对煤矿企业及有关人员履行安全生产职责作出了详细规定。

在市场经济条件下，煤矿企业作为市场主体，独立参与经济活动，并获得相应的经济效益，当然，一旦发生生产安全事故，也必须承担相应的法律责任。煤矿企业只有安全生产，才能获得更多利益，才能保障广大人民群众的生命安全和财产安全。煤矿企业对本企业的安全生产承担主体责任，不仅是法定义务，也符合本企业利益。煤矿企业必须切实加强安全生产管理，建立健全并落实从主要负责人到作业人员的全员安全生产责任制，加大对安全生产资金、物资、人员的投入保障力度，改善安全生产条件。煤矿企业必须加强安全生产标准化建设，牢固树立科技兴安的理念，利用信息化手段，加强对本企业重大危险源、重大风险场所的监测、监控。建立风险分级监控和事故隐患排查治理网络，利用信息化实施在线安全管理。煤矿企业必须严格落实双重预防机制，健全风险防范化解机制。

煤矿企业主要负责人作为本企业的"一把手"，是本企业安全生产的第一责任人，要统筹本企业的经济发展和安全生产工作，依照《煤矿安全生产条例》和《安全生产法》等有关法律法规的规定，依法履行法定职责，对本企业安全生产工作全面负责。其他负责人要按照"管生产必须管安全、管经营必须管安全、管业务必须管安全"和"一岗双责"的要求，对职责范围内的安全生产工作负责。安全生产管理人员要依法履行职责，加强现场安全生产检查，做好本企业安全生产工作的"守护神"。从业人员必须经培训合格方可上岗作业，严格落实岗位安全责任，及时报告发现的事故隐患或者其他不安全因素。

三、煤矿企业的安全生产责任

《安全生产法》作为一部安全生产的综合法、基础法，对包括煤矿企业在内的所有生产经营单位的安全生产责任作出了规定。《矿山安全法》《煤炭法》《安全生产许可证条例》等法律、行政法规也对煤矿企业的安全生产责任作出了规定。在上述的基础上，《煤矿安全生产条例》作为一部全方位规范煤矿安全生产工作的行政法规，对煤矿企业的安全生产责任作出了规定。《煤矿安全生产条例》既与现行的《安全生产法》《矿山安全法》《煤炭法》《安全生产许可证条例》进行了衔接，也对煤矿企业的安全生产责任进行了补充和完善。煤矿企业必须遵守《安全生产法》《矿山安全法》《煤炭法》《安全生产许可证条例》等有关安全生产法律法规和《煤矿安全生产条例》的规定，履行法定的安全生产责任，确保安全生产。

根据《煤矿安全生产条例》，煤矿企业要履行下列安全生产责任：

（1）煤矿企业应当遵守执行法律法规和规程标准。

这是对煤矿企业作出的基本义务规定。《煤矿安全生产条例》第十三条规定，煤矿企业应当遵守有关安全生产的法律法规以及煤矿安全规程，执行保障安全生产的国家标准或者行业标准。《煤矿安全生产条例》是专门针对煤矿安全生产工作制定的行政法规。除此以外，《安全生产法》《矿山安全法》《煤炭法》《安全生产许可证条例》等法律、行政法规也都对煤矿安全生产作出了相应规定。目前，现行的《煤矿安全规程》以部门规章公布，是专门针对煤矿企业安全生产制定的具体规定。国家标准或者行业标准是保障煤矿企业安全生产的重要规则。《安全生产法》明确规定生产经营单位必须执行依法制定的保障安全生产的国家标准或者行业标准。国家标准的代号是 GB，行业标准的代号有 AQ、MT、NB、KA 等。如《爆破安全规程》（GB 6722）、《煤矿瓦斯抽采基本指标》（GB 41022）、《煤矿瓦斯抽放规范》（AQ 1027）等。对于上述规定，煤矿企业都必须严格遵守和执行。

（2）煤矿建设工程项目安全设施设计应当经主管部门审查合格。

为了保证新建、改建、扩建煤矿工程项目（统称煤矿建设项目）投入生产或者使用后的安全，煤矿建设项目安全设施设计至关重要。为此，《煤矿安全生产条例》第十四条规定，新建、改建、扩建煤矿工程项目的建设单位应当委托具有建设工程设计企业资质的设计单位进行安全设施设计。安全设施设计应当包括煤矿水、火、瓦斯、冲击地压、煤尘、顶板等主要灾害的防治措施，符合国家标准或者行业标准的要求，并报省、自治区、直辖市人民政府负有煤矿安全生产监督管理职责的部门审查。安全设施设计需要作重大变更的，应当报原审查部门重新审查，不得先施工后报批、边施工边修改。

（3）煤矿建设项目的建设单位应当对煤矿建设项目安全管理负总责。

煤矿建设项目涉及建设、设计、施工、监理等多个主体，为了加强建设项目的安全管理，保证施工质量，防范事故发生，明确建设单位对建设项目安全管理负总责十分必要。为此，《煤矿安全生产条例》第十五条规定，煤矿建设项目的建设单位应当对参与煤矿建设项目的设计、施工、监理等单位进行统一协调管理，对煤矿建设项目安全管理负总责。施工单位应当按照批准的安全设施设计施工，不得擅自变更设计内容。

（4）煤矿建设项目的建设单位应当对煤矿建设项目组织验收。

为了保证煤矿建设项目的安全质量，《煤矿安全生产条例》第十六条规定，煤矿建设项目竣工投入生产或者使用前，应当由建设单位负责组织对安全设施进行验收，并对验收结果负责；经验收合格后，方可投入生产和使用。

（5）煤矿企业应当依法取得安全生产许可证。

根据《行政许可法》，直接涉及国家安全、公共安全、经济宏观调控、生态环境保护以及直接关系人身健康、生命财产安全等特定活动，需要按照法定条件予以批准的事项可以设定行政许可。《安全生产许可证条例》规定，国家对矿山企业、建筑施工企业和危险化学品、烟花爆竹、民用爆炸物品生产企业实行安全生产许可制度。为了与《安全生产许可证条例》衔接，《煤矿安全生产条例》第十七条规定，煤矿企业进行生产，应当依照《安全生产许可证条例》的规定取得安全生产许可证。未取得安全生产许可证的，不得生产。这是一项带有现场准入的制度。煤矿企业要进行生产，就必须具备相应的安全生产条件，依法取得安全生产许可证。这项制度实质上提高了煤矿企业从事生产活动的"门槛"，使不具备相应安全生产条件的企业不能进行生产，有利于从源头上防止和减少生产安全事故，实现安全生产。

（6）煤矿企业主要负责人应当依法履行职责。

煤矿企业的主要负责人是保障本企业安全生产的关键，是安全生产第一责任人，对本企业的安全生产全面负责。煤矿企业主要负责人，是指对煤矿企业的生产经营活动负有组织、决策、指挥职责的人，具有3个特征：①享有本企业生产经营活动包括安全生产事项的最终决定权；②具有实际领导、指挥本企业日常生产经营活动的能力；③能够承担本企业安全生产工作全面领导责任。主要负责人可以是有限责任公司、股份有限公司的董事长、总经理或者个人经营的投资人，也可以是其他经济组织形式的经理、矿长（含实际控制人）等人员，具体主要负责人是谁，应当根据企业的具体情况确定。为此，《煤矿安全生产条例》第十八条规定，煤矿企业主要负责人对本企业安全生产工作负有下列职责：①建立健全并落实全员安全生产责任制，加强安全生产标准化建设；②组织制定并实施安全生产规章制度和作业规程、操作规程；③组织制定并实施安全生产教育和培训计划；④保证安全生产投入的有效实施；⑤组织建立并落实安全风险分级管控和隐患排查治理双重预防工作机制，督促、检查安全生产工作，及时消除事故隐患；⑥组织制定并实施生产安全事故应急救援预案；⑦及时、如实报告煤矿生产安全事故。

（7）煤矿企业应当设立安全生产管理机构和配备专职安全生产管理人员并依法履行职责。

煤矿开采除小部分工作以外，主要是在井下作业。井下作业条件差、作业场所狭小、阴暗、潮湿、多变，生产环节多、过程复杂，现场管理难度大，导致事故的因素多。此外，井下作业受到各种灾害，包括顶板、瓦斯、水、火、煤尘、冲击地压、煤（岩）与瓦斯（二氧化碳）突出等严重威胁。一旦发生事故，不仅影响企业自身的安全，而且影响周围人群的安全，社会影响力大。因此，煤矿企业必须设置专门的安全生产管理机构，并配备相应数量的专职安全生产管理人员，对煤矿企业的安全生产工作进行经常性检查，及时督促处理检查中发现的安全生产问题，及时监督排查事故隐患，提出改进安全生产工作建议等。《煤矿安全生产条例》第十九条第一款规定，煤矿企业应当设置安全生产管理机构并配备专职安全生产管理人员。安全生产管理机构和安全生产管理人员负有下列安全生产职责：①组织或者参与拟订安全生产规章制度、作业规程、操作规程和生产安全事故应急救援预案；②组织或者参与安全生产教育和培训，如实记录安全生产教育和培训情况；③组织开展安全生产法律法规宣传教育；④组织开展安全风险辨识评估，督促落实重大安全风险管控措施；⑤制止和纠正违章指挥、强令冒险作业、违反规程的行为，发现威胁安全的紧急情况时，有权要求立即停止危险区域内的作业，撤出作业人员；⑥检查安全生产状况，及时排查事故隐患，对事故隐患排查治理情况进行统计分析，提出改进安全生产管理的建议；⑦组织或者参与应急救援演练；⑧督促落实安全生产整改措施。

（8）煤矿企业应当设立主要技术负责人并加强技术管理。

煤矿井下作业受到各种灾害的威胁，稍不注意，就可能发生生产安全事故。因此，如何防范和治理各种灾害，是安全生产工作的重中之重。这些都是技术工作，需要通过技术手段和方法，涉及技术管理工作，因此，《煤矿安全生产条例》第十九条第二款规定，煤矿企业应当配备主要技术负责人，建立健全并落实技术管理体系。

（9）煤矿企业从业人员应当依法履行职责。

煤矿企业从业人员既是安全生产的保护者，也是安全生产的参与者，从业人员的工作直接关系到本企业的安全生产。为此，《煤矿安全生产条例》第二十条第一款规定，煤矿企业从业人员负有下列安全生产职责：①遵守煤矿企业安全生产规章制度和作业规程、操作规程，严格落实岗位安全责任；②参加安全生产教育和培训，掌握本职工作所需的安全生产知识，提高安全生产技能，增强事故预防和应急处理能力；③及时报告发现的事故隐患或者其他不安全因素。

为了强化外部监督，杜绝违章指挥和强令冒险作业行为的发生，《煤矿安全生产条例》第二十条第二款规定：对违章指挥和强令冒险作业的行为，煤矿企业从业人员有权拒绝并向县级以上地方人民政府负有煤矿安全生产监督管理职责的部门、所在地矿山安全监察机构报告。县级以上人民政府负有煤矿安全生产监督管理职责的部门、国家矿山安全监察机构及其设在地方的矿山安全监察机构接到报告后，应当立即制止这种行为，拒不执行的，依法实施行政处罚，构成犯罪的，依法移送公安机关，依法追究刑事责任。

拒绝违章指挥和强令冒险作业权是从业人员安全生产的基本权利，《劳动法》《安全生产法》《劳动合同法》等法律对此作出明确规定，并加以保护。《煤矿安全生产条例》第二十条第三款再次明确规定，煤矿企业不得因从业人员拒绝违章指挥或者强令冒险作业而降低其工资、福利等待遇，无正当理由调整工作岗位，或者解除与其订立的劳动合同。煤矿企业违反此规定的，将依法追究法律责任。

（10）煤矿企业主要负责人和安全生产管理人员应当经考核合格。

煤矿企业主要负责人是搞好安全生产工作的关键，是本单位安全生产第一责任者，负有组织、领导本企业的安全生产管理工作，并承担保证本企业安全生产的全面责任。安全生产管理人员是煤矿企业专门负责安全生产管理的职业人员，是国家有关安全生产法律、法规、方针、政策在本企业的具体贯彻执行者，是本企业安全生产规章制度、作业规程具体落实者，是企业安全生产的"保护神"。主要负责人和安全生产管理人员知识水平的高低、工作责任心的强弱，对企业的安全生产起着重要作用。为此，《煤矿企业安全生产条例》第二十一条第一款规定，煤矿企业主要负责人和安全生产管理人员应当通过安全生产知识和管理能力考核，并持续保持相应水平和能力。

（11）煤矿企业从业人员和特种作业人员应当经培训合格后持证上岗。

对从业人员进行安全生产教育和培训，控制人的不安全行为，对防止和减少生产安全事故极其重要。生产教育和培训是安全生产管理工作的重要组成部分，是实现安全生产的基础性工作，直接关系到煤矿企业的安全生产水平状况。煤矿企业特种作业人员所从事的岗位，一般危险性都较大，如瓦斯检查员、安全检查员等。特种作业人员的工作好坏直接关系着煤矿企业的安全生产，对煤矿企业的安全生产起着举足轻重的作用。为此，《煤矿安全生产条例》第二十一条第二款规定，煤矿企业从业人员经安全生产教育和培训合格，方可上岗作业。煤矿企业特种作业人员应当按照国家有关规定经专门的安全技术培训和考核合格，并取得相应资格。

（12）煤矿企业应当配备专职矿长等领导和专业技术人员。

煤矿是独立的生产单位，负责煤炭从井下到地面的产出工作，具有复杂的采煤、掘井、机电、运输、通风等系统。煤矿还面临瓦斯、水、火、尘、煤（岩）与瓦斯（二氧化碳）突出、冲击地压、地热等各种灾害，需预防和治理各种灾害。煤矿生产是一个系统工程，需要各方面的人力资源，且人员性质和专业特点差别较大。为此，《煤矿安全生产条例》第二十二条第一款规定，煤矿企业应当为煤矿分别配备专职矿长、总工程师，分管安全、生产、机电的副矿长以及专业技术人员。

（13）煤（岩）与瓦斯（二氧化碳）突出等灾害复杂煤矿应当设立专门机构并配备专职副总工程师。

对于煤（岩）与瓦斯（二氧化碳）突出、高瓦斯、冲击地压、煤层容易自燃、水文地质类型复杂和极复杂的煤矿，必须根据灾害特点配备相应的专门防治机构，并配备专职副总工程师。为此，《煤矿安全生产条例》第二十二条第二款规定，对煤（岩）与瓦斯（二氧化碳）突出、高瓦斯、冲击地压、煤层容易自燃、水文地质类型复杂和极复杂的煤矿，还应当设立相应的专门防治机构，配备专职副总工程师。这里讲的专职副总工程师，是指专门负责特殊领域灾害防治工作技术负责人，对这一领域的技术负责，同时服从煤矿总工程师领导，对煤矿总工程师负责。

（14）煤矿企业领导应当带班下井。

煤矿企业的主要负责人和领导班子成员（简称领导）责任重大，必须掌握安全生产情况，特别是掌握井下的作业情况和安全生产情况，按照职责做好相应的生产经营工作。实践中，有些领导长期不下井，根本不了解井下生产作业和安全生产情况，盲目指挥生产作业，最终导致事故。2010年《国务院关于进一步加强企业安全生产工作的通知》明确要求，强化生产过程管理的领导责任，企业主要负责人和领导班子成员要轮流现场带班。为此，《煤矿安全生产条例》第二十三条规定，煤矿企业应当按照国家有关规定建立健全领导带班制度并严格考核。井工煤矿企业的负责人和生产经营管理人员应当轮流带班下井，并建立下井登记档案。

（15）煤矿企业应当为从业人员提供符合规定的劳动防护用品。

劳动防护用品主要是指劳动者生产过程中为免遭或者减轻事故伤害和职业危害所配备

的防护装备，是保护从业人员安全健康所采取的必要的辅助措施，从某种意义上说，它是从业人员防止职业伤害的最后一道措施。为此，《煤矿安全生产条例》第二十四条第一款规定，煤矿企业应当为从业人员提供符合国家标准或者行业标准的劳动防护用品，并监督、教育从业人员按照使用规则佩戴、使用。

（16）煤矿井下实行限员、法定工作时间和不得使用劳务派遣用工等特殊管理。

煤矿井下生产系统复杂，存在瓦斯等多种灾害，从业人员过多，一旦发生生产安全事故，事故救援难度较大。此外，井下作业对从业人员的素质要求高，劳务派遣用工的流动性大，难以适应井下工作的需要。还有，井下作业条件艰苦，往往从地面到井下工作地点的线路较长，从业人员劳动强度大。因此，《煤矿安全生产条例》第二十四条第二款规定，煤矿井下作业人员实行安全限员制度。煤矿企业应当依法制定井下工作时间管理制度。煤矿井下工作岗位不得使用劳务派遣用工。

（17）煤矿企业应当加强安全设备管理。

国家对安全设备作出的严格的规定，从设计、制造、安装、使用、检测、维修、改造直到报废，都制定了严格的国家标准、行业标准。在我国，由于各种安全设备的不合格以及使用过程中的不当，导致的煤矿生产安全事故不少。为此，《煤矿安全生产条例》第二十五条第一款规定，煤矿企业使用的安全设备的设计、制造、安装、使用、检测、维修、改造和报废，应当符合国家标准或者行业标准。

此外，安全设备在使用过程中可能出现各类问题。因此，使用安全设备的煤矿企业必须对其进行经常性维护、保养，并定期检测，保证安全设备的安全、可靠和正常运转，发挥保证安全的作用。为了加强煤矿企业对安全设备的管理，《煤矿安全生产条例》第二十五条第二款规定，煤矿企业应当建立安全设备台账和追溯、管理制度，对安全设备进行经常性维护、保养并定期检测，保证正常运转，对安全设备购置、入库、使用、维护、保养、检测、维修、改造、报废等进行全流程记录并存档。

再次，国家对严重危及生产安全的设备、工艺实行淘汰制度，实行目录管理。这是一条禁止性规定。严重危及生产安全设备、工艺，是指不符合安全生产条件，极有可能导致生产安全事故，致使人民群众生命安全和财产遭受重大损失的设备、工艺。为此，《煤矿安全生产条例》第二十五条第三款规定，煤矿企业不得使用应当淘汰的危及生产安全的设备、工艺，具体目录由国家矿山安全监察机构制定并公布。

（18）煤矿的采煤等主要生产系统和防瓦斯等安全设施，应当符合煤矿安全规程和国家标准或者行业标准规定的管理和技术要求。

煤矿生产是一个复杂的系统工程，采煤、掘进、机电、运输、通风、排水等生产系统是常见的、主要的，要维持煤矿生产活动，就得确保这类生产系统安全。此外，煤矿有多种灾害，这就需要采取相应的安全措施，防瓦斯、防煤（岩）与瓦斯（二氧化碳）突出、防冲击地压、防火、防水、防尘、防热害、监控与通讯等安全设施必不可少。为此，《煤矿安全生产条例》第二十六条第一款规定，煤矿的采煤、掘进、机电、运输、通风、排水、排土等主要生产系统和防瓦斯、防煤（岩）与瓦斯（二氧化碳）突出、防冲击地压、防火、防治水、防尘、防热害、防滑坡、监控与通讯等安全设施，应当符合煤矿安全规程和国家标准或者行业标准规定的管理和技术要求。

（19）煤矿企业不得关闭、破坏安全保护系统。

煤矿生产是高危行业，具有极大危险性。煤矿企业保障安全生产的监控、报警、防护、救援设备、设施，构成了完整的安全防护系统。为了保障煤矿企业的安全生产，《煤矿安全生产条例》第二十六条第二款规定，煤矿企业及其有关人员不得关闭、破坏直接关系生产安全的监控、报警、防护、救生设备、设施，或者篡改、隐瞒、销毁其相关数据、信息，不得以任何方式影响其正常使用。

（20）井工煤矿应当有符合规定的安全出口和相关系统，并进行危险性鉴定。

井工煤矿作业是地下开采作业，从业人员都在井下进行作业，这就需要相应的安全出口和独立的通风系统、安全监控系统等。此外，煤矿井下存在瓦斯等各种灾害，需根据鉴定结果采取不同的预防和治理方式。为此，《煤矿安全生产条例》第二十七条第一款规定，井工煤矿应当有符合煤矿安全规程和国家标准或者行业标准规定的安全出口、独立通风系统、安全监控系统、防尘供水系统、防灭火系统、供配电系统、运送人员装置和反映煤矿实际情况的图纸，并按照规定进行瓦斯等级、冲击地压、煤层自燃倾向性和煤尘爆炸性鉴定。

（21）井工煤矿应当按照瓦斯等级选用相应的煤矿许用炸药和电雷管，并按照规定爆破作业。

煤矿井下存在瓦斯，井下使用的炸药和电雷管与地面通常使用的炸药和电雷管不同，要求有更高的安全性。瓦斯等级不同，要求的安全性等级也不同，当然爆破工作也需要特殊要求。为此，《煤矿安全生产条例》第二十七条第二款规定，井工煤矿应当按矿井瓦斯等级选用相应的煤矿许用炸药和电雷管，爆破工作由专职爆破工承担。这里讲的爆破工作由专职爆破工担任，是指依据《民用爆炸物品安全管理条例》，爆破作业人员应当经设区的市级人民政府公安机关考核合格，取得《爆破作业人员许可证》后，方可从事爆破作业。

（22）煤矿企业应当对露天煤矿进行边坡稳定性评价。

露天煤矿采场及排土场边坡不稳，极有可能存在滑坡、塌方等威胁周围重要构（建）筑物安全。为此，《煤矿安全生产条例》第二十八条第一款规定，露天煤矿的采场及排土场边坡与重要建筑物、构筑物之间应当留有足够的安全距离。

影响露天煤矿安全生产的重要因素之一就是采场及排土场的边坡稳定。如2023年2月22日内蒙古自治区某煤业公司的事故，造成53人死亡。为了汲取事故教训，防止事故发生，《煤矿安全生产条例》第二十八条第二款规定，煤矿企业应当定期对露天煤矿进行边坡稳定性评价，评价范围应当涵盖露天煤矿所有边坡。达不到边坡稳定要求时，应当修改采矿设计或者采取安全措施，同时加强边坡监测工作。

（23）煤矿企业应当制定生产安全事故应急救援预案并定期组织演练。

煤矿企业作为安全生产责任主体，结合本企业实际制定生产安全事故应急救援预案，对于第一时间对生产安全事故作出应对，最大限度降低人员伤亡、财产损失具有重要现实意义，《安全生产法》《生产安全事故应急条例》作出了明确规定。为了加强煤矿企业应急工作，《煤矿安全生产条例》第二十九条第一款规定，煤矿企业应当依法制定生产安全事故应急救援预案，与所在地县级以上地方人民政府组织制定的生产安全事故应急救援预案相衔接，并定期组织演练。

（24）煤矿企业应当设立专职救护队。

煤矿生产风险高、危害大，极易发生生产安全事故。因此，煤矿企业必须有救护队为其服务，一旦发生生产安全事故，救护队能够迅速、有效地投入抢救工作，防止事故进一步扩大，最大限度地减少人员伤亡和财产损失。当然，所有煤矿都设有专职救护队是最好的，但实际上难度较大。因此，《煤矿安全生产条例》第二十九条第二款规定，煤矿企业应当设立专职救护队；不具备设立专职救护队条件的，应当设立兼职救护队，并与邻近的专职救护队签订救护协议。发生事故时，专职救护队应当在规定时间内到达煤矿开展救援。

（25）煤矿企业不得超层、越界开采。

煤矿企业必须在规定范围进行开采，这是煤炭资源管理的客观要求。根据《矿产资源法》《矿产资源法实施细则》《矿产资源开采登记管理办法》，开采矿产资源必须依法申请，经批准取得采矿权，并办理登记。为此，《煤矿安全生产条例》第三十条第一款规定，煤矿企业应当在依法确定的开采范围内进行生产，不得超层、越界开采。

（26）煤矿企业不得擅自开采保安煤柱，不得采用可能危及相邻煤矿生产安全的决水、爆破、贯通巷道等危险方法。

煤矿企业在采矿作业中，既要保障本企业自身的安全，也不得影响相邻煤矿的正常生产作业活动。为此，《煤矿安全生产条例》第三十条第二款规定，采矿作业不得擅自开采保安煤柱，不得采用可能危及相邻煤矿生产安全的决水、爆破、贯通巷道等危险方法。

（27）煤矿企业应当按照核定生产能力进行生产。

煤矿企业从煤矿建设工程开始，根据采矿许可证划定的开采范围、矿产储量、服务年限等因素，合理确定设计生产能力，并按照这个能力进行设计、开拓、采区等部署。投入生产后，煤矿企业应当按照核定生产能力进行生产。实践中，因煤矿企业违反规定，超能力、超强度或者超定员组织生产，最终导致事故发生。为此，《煤矿安全生产条例》第三十一条第一款规定，煤矿企业不得超能力、超强度或者超定员组织生产。正常生产煤矿因地质、生产技术条件、采煤方法或者工艺等发生变化导致生产能力发生较大变化的，应当依法重新核定其生产能力。

同时，为了防止地方政府及部门强迫要求煤矿企业在超能力、超强度或者超定员等不具备安全生产条件下进行生产，《煤矿安全生产条例》第三十一条第二款规定，县级以上地方人民政府及其有关部门不得要求不具备安全生产条件的煤矿企业进行生产。县级以上地方人民政府及其有关部门违反本规定的，将依法追究政府及部门有关人员的法律责任。

（28）煤矿企业应当编制年度灾害预防和处理计划。

因煤炭地层赋存的特殊性，煤矿企业存在瓦斯、水、火、煤尘、煤（岩）与瓦斯（二氧化碳）突出、冲击地压等多种灾害。煤矿企业应当对本企业存在的各种灾害类型实施分类治理，同时，对每种灾害委托技术服务机构进行鉴定或者评估，根据鉴定或者评估结果，按照灾害程度的不同实施分级治理。为此，《煤矿安全生产条例》第三十二条规定，煤矿企业应当按照煤矿灾害程度和类型实施灾害治理，编制年度灾害预防和处理计划，并根据具体情况及时修改。

（29）有煤（岩）与瓦斯（二氧化碳）突出等特殊危险的煤矿企业应当编制专项设计。

为了灾害的预防，保证开采过程的安全生产，《煤矿安全生产条例》第三十三条规定，煤矿开采有下列情形之一的，应当编制专项设计：①有煤（岩）与瓦斯（二氧化碳）突出的；②有冲击地压危险的；③开采需要保护的建筑物、水体、铁路下压煤或者主要井巷留设煤柱的；④水文地质类型复杂、极复杂或者周边有老窑采空区的；⑤开采容易自燃和自燃煤层的；⑥其他需要编制专项设计的。

（30）在煤矿进行石门揭煤等危险作业时，应当采取专门安全技术措施并安排专门人员进行现场安全管理。

煤矿井下从事石门揭煤、探放水等危险作业有非常强的特殊性、专业性。从事这类危险作业具有很大的不确定性，稍不注意，就可能发生事故，必须要有专门的安全技术措施。为此，《煤矿安全生产条例》第三十四条规定，在煤矿进行石门揭煤、探放水、巷道贯通、清理煤仓、强制放顶、火区密闭和启封、动火以及国家矿山安全监察机构规定的其他危险作业，应当采取专门安全技术措施，并安排专门人员进行现场安全管理。

（31）煤矿企业应当建立安全风险分级管控和事故隐患排查治理双重预防机制。

加强煤矿企业安全风险分级管控，是从源头防范化解安全风险的重要基础。风险辨识、评估和分级管控是国内外企业管理的先进经验和成功做法。为此，《煤矿安全生产条例》第三十五条第一款规定，煤矿企业应当建立安全风险分级管控制度，开展安全风险辨识评估，按照安全风险分级采取相应的管控措施。

隐患是造成事故的根源，隐患不除、事故不断。事故预防的关键就是及时排查治理隐患，将事故隐患消灭在萌芽状态。为了彻底消除事故隐患，《煤矿安全生产条例》第三十五条第二款规定，煤矿企业应当建立健全事故隐患排查治理制度，采取技术、管理措施，及时发现并消除事故隐患。事故隐患排查治理情况应当如实记录，并定期向从业人员通报。重大事故隐患排查治理情况的书面报告经煤矿企业负责人签字后，每季度报县级以上地方人民政府负有煤矿安全生产监督管理职责的部门和所在地矿山安全监察机构。

同时，为了加强煤矿的安全管理，《煤矿安全生产条例》第三十五条第三款规定，煤矿企业应当加强对所属煤矿的安全管理，定期对所属煤矿进行安全检查。

（32）煤矿企业应当及时消除重大事故隐患。

煤矿企业发现属于重大事故隐患情形的，应当立即停止受影响区域生产、建设，并及时消除事故隐患。为此，《煤矿安全生产条例》第三十六条规定，煤矿企业有下列情形之一的，属于重大事故隐患，应当立即停止受影响区域生产、建设，并及时消除事故隐患：①超能力、超强度或者超定员组织生产的；②瓦斯超限作业的；③煤（岩）与瓦斯（二氧化碳）突出矿井未按照规定实施防突措施的；④煤（岩）与瓦斯（二氧化碳）突出矿井、高瓦斯矿井未按照规定建立瓦斯抽采系统，或者系统不能正常运行的；⑤通风系统不完善、不可靠的；⑥超层、越界开采的；⑦有严重水患，未采取有效措施的；⑧有冲击地压危险，未采取有效措施的；⑨自然发火严重，未采取有效措施的；⑩使用应当淘汰的危及生产安全的设备、工艺的；⑪未按照规定建立监控与通讯系统，或者系统不能正常运行的；⑫露天煤矿边坡角大于设计最大值或者边坡发生严重变形，未采取有效措施的；⑬未按照规定采用双回路供电系统的；⑭新建煤矿边建设边生产，煤矿改扩建期间，在改扩建的区域生产，或者在其他区域的生产超出设计规定的范围和规模的；⑮实行整体承包生产经营后，未重新取得或者及时变更安全生产许可证而从事生产，或者承包方再次转包，以及将井下采掘工作面和井巷维修作业外包的；⑯改制、合并、分立期间，未明确安全生产责任人和安全生产管理机构，或者在完成改制、合并、分立后，未重新取得或者及时变更安全生产许可证等的；⑰有其他重大事故隐患的。

（33）煤矿企业及其有关人员应当配合负有煤矿安全生产监督管理职责的部门、国家矿山安全监察机构及其设在地方的矿山安全监察机构依法进行的监督检查。

县级以上人民政府负有煤矿安全生产监督管理职责的部门、国家矿山安全监察机构及其设在地方的矿山安全监察机构依法履行对煤矿企业的监督检查职责，是代表国家执行公务的行为，具有强制性。煤矿企业及其有关人员必须接受依法进行的监督检查，同时必须提供相应的便利条件，予以积极配合，这样，才能保证监督检查的顺利进行，取得良好的效果。为此，《煤矿安全生产条例》第三十七条第一款规定，煤矿企业及其有关人员对县级以上人民政府负有煤矿安全生产监督管理职责的部门、国家矿山安全监察机构及其设在地方的矿山安全监察机构依法履行职责，应当予以配合，按照要求如实提供有关情况，不得隐瞒或者拒绝、阻挠。

（34）煤矿企业对负有煤矿安全生产监督管理职责的部门、国家矿山安全监察机构及其设在地方的矿山安全监察机构依法检查时发现的事故隐患，应当及时整改并报告。

为了确保事故隐患整改完成，确保事故隐患整改形成闭环管理，对事故隐患整改结果进行报告是必要的。为此，《煤矿安全生产条例》第三十七条第二款规定，对县级以上人民政府负有煤矿安全生产监督管理职责的部门、国家矿山安全监察机构及其设在地方的矿山安全监察机构查处的事故隐患，煤矿企业应当立即进行整改，并按照要求报告整改结果。

（35）煤矿企业应当足额安排安全生产费用等资金。

关于安全生产费用等资金投入，《安全生产法》第二十三条规定，生产经营单位应当具备的安全生产条件所必需的资金投入，由生产经营单位的决策机构、主要负责人或者个人经营的投资人予以保证，并对由于安全生产所必需的资金投入不足导致的后果承担责任。有关生产经营单位应当按照规定提取和使用安全生产费用，专门用于改善安全生产条件。安全生产费用在成本中据实列支。安全生产费用提取、使用和监督管理的具体办法由国务院财政部门会同国务院应急管理部门征求国务院有关部门意见后制定。为了加强煤矿安全生产，《煤矿安全生产条例》第三十八条规定，煤矿企业应当及时足额安排安全生产费用等资金，确保符合安全生产要求。煤矿企业的决策机构、主要负责人对由于安全生产所必需的资金投入不足导致的后果承担责任。

（36）发生煤矿生产安全事故后，煤矿企业应当迅速组织抢救，并按照规定向政府有关部门和矿山安全监察机构报告。

发生煤矿生产安全事故后，煤矿企业及其负责人应当根据事故的性质，按照对应的应急救援预案的要求组织抢救，并向政府有关部门和矿山安全监察机构报告。《煤矿安全生产条例》第五十九条第一款规定，发生煤矿生产安全事故后，煤矿企业及其负责人应当迅速采取有效措施组织抢救，并依照《生产安全事故报告和调查处理条例》的规定立即如实向当地应急管理部门、负有煤矿安全生产监督管理职责的部门和所在地矿山安全监察机构报告。

四、法律责任

（一）未依法取得安全生产许可证等擅自进行煤矿生产的责任

《煤矿安全生产条例》第六十一条规定，未依法取得安全生产许可证等擅自进行煤矿生产的，应当责令立即停止生产，没收违法所得和开采出的煤炭以及采掘设备；违法所得在 10 万元以上的，并处违法所得 2 倍以上 5 倍以下的罚款；没有违法所得或者违法所得不足 10 万元的，并处 10 万元以上 20 万元以下的罚款。关闭的煤矿企业擅自恢复生产的，依照前款规定予以处罚。

（二）煤矿企业存在重大事故隐患仍然进行生产的责任

《煤矿安全生产条例》第六十四条规定，对存在重大事故隐患仍然进行生产的煤矿企业，责令停产整顿，明确整顿的内容、时间等具体要求，并处 50 万元以上 200 万元以下的罚款；对煤矿企业主要负责人处 3 万元以上 15 万元以下的罚款。

（三）超层越界开采或者采取危险方法开采的责任

《煤矿安全生产条例》第六十五条规定，煤矿企业超越依法确定的开采范围采矿的，依照有关法律法规的规定予以处理。擅自开采保安煤柱或者采用可能危及相邻煤矿生产安全的决水、爆破、贯通巷道等危险方法进行采矿作业的，责令立即停止作业，没收违法所得；违法所得在 10 万元以上的，并处违法所得 2 倍以上 5 倍以下的罚款；没有违法所得或者违法所得不足 10 万元的，并处 10 万元以上 20 万元以下的罚款；造成损失的，依法承担赔偿责任。

（四）煤矿企业违法行为的责任

根据《煤矿安全生产条例》第六十二条、第六十三条、第六十六条的规定，煤矿企业有下列 17 种行为的，将追究其法律责任：

（1）未按照规定设置安全生产管理机构并配备安全生产管理人员的。

（2）主要负责人和安全生产管理人员未按照规定经考核合格并持续保持相应水平和能力的。

（3）未按照规定进行安全生产教育和培训，未按照规定如实告知有关的安全生产事项，或者未如实记录安全生产教育和培训情况的。

（4）特种作业人员未按照规定经专门的安全作业培训并取得相应资格，上岗作业的。

（5）进行危险作业，未采取专门安全技术措施并安排专门人员进行现场安全管理的。

（6）未按照规定建立并落实安全风险分级管控制度和事故隐患排查治理制度的，或者重大事故隐患排查治理情况未按照规定报告的。

（7）未按照规定制定生产安全事故应急救援预案或者未定期组织演练的。

（8）未按照规定制定并落实全员安全生产责任制和领导带班等安全生产规章制度的。

（9）未按照规定为煤矿配备矿长等人员和机构，或者未按照规定设立救护队的。

（10）煤矿的主要生产系统、安全设施不符合煤矿安全规程和国家标准或者行业标准规定的。

（11）未按照规定编制专项设计的。

（12）井工煤矿未按照规定进行瓦斯等级、冲击地压、煤层自燃倾向性和煤尘爆炸性鉴定的。

（13）露天煤矿的采场及排土场边坡与重要建筑物、构筑物之间安全距离不符合规定的，或者未按照规定保持露天煤矿边坡稳定的。

（14）违章指挥或者强令冒险作业、违反规程的。

（15）违反《煤矿安全生产条例》第三十七条第一款规定，隐瞒存在的事故隐患以及其他安全问题的。

（16）违反《煤矿安全生产条例》第四十四条第一款规定，擅自启封或者使用被查封、扣押的设施、设备、器材的。

（17）有其他拒绝、阻碍监督检查行为的。

（五）煤矿企业予以关闭的条件

根据《煤矿安全生产条例》第七十条第一款规定，煤矿企业存在下列情形之一的，应当提请县级以上地方人民政府予以关闭：

（1）未依法取得安全生产许可证等擅自进行生产的。

（2）3个月内2次或者2次以上发现有重大事故隐患仍然进行生产的。

（3）经地方人民政府组织的专家论证在现有技术条件下难以有效防治重大灾害的。

（4）有《中华人民共和国安全生产法》规定的应当提请关闭的其他情形。

（六）煤矿企业予以关闭的要求

根据《煤矿安全生产条例》第七十条第二款规定，有关地方人民政府作出予以关闭的决定，应当立即组织实施。关闭煤矿应当达到下列要求：

（1）依照法律法规有关规定吊销、注销相关证照。

（2）停止供应并妥善处理民用爆炸物品。

（3）停止供电，拆除矿井生产设备、供电、通信线路。

（4）封闭、填实矿井井筒，平整井口场地，恢复地貌。

（5）妥善处理劳动关系，依法依规支付经济补偿、工伤保险待遇，组织离岗时职业健康检查，偿还拖欠工资，补缴欠缴的社会保险费。

（6）设立标识牌。

（7）报送、移交相关报告、图纸和资料等。

（8）有关法律法规规定的其他要求。

（七）发生煤矿生产安全事故的处罚

发生煤矿生产安全事故的，依照《安全生产法》对煤矿企业及主要负责人、相关人员实施处罚；构成犯罪的，依法追究刑事责任。

（八）煤矿安全监管监察机构违法行为处罚

地方各级人民政府、县级以上人民政府负有煤矿安全生产监督管理职责的部门和其他有关部门、国家矿山安全监察机构及其设在地方的矿山安全监察机构有违法行为的，对负有责任的领导人员和直接责任人员依法给予处分；构成犯罪的，依法追究刑事责任。

1.【单选题】煤矿企业安全生产风险高，必须强化和落实安全生产责任。根据《煤矿安全生产条例》，关于煤矿企业安全生产责任的说法，正确的是（　　）。

A. 新建煤矿项目投入生产前，应当经负有煤矿安全生产监督管理职责的部门对其安全设施验收合格

B. 煤矿安全生产管理人员发现威胁安全的紧急情况时，有权要求立即停止危险区域内的作业并撤出作业人员

C. 煤矿从业人员应当经过安全生产教育和培训，持续保持相应水平和能力，经考核合格后持安全合格证上岗作业

D. 煤矿井下工作岗位使用劳务派遣用工的，应当落实安全作业限员制度，劳务派遣用工不得超过规定数量

2.【多选题】根据《煤矿安全生产条例》，下列应判定为煤矿重大事故隐患情形的有（　　）。

A. 高瓦斯矿井未建立瓦斯抽采系统或系统不能正常运行

B. 监控与通讯系统不能正常运行

C. 井下作业人员未随身携带自救器

D. 未按照规定采用双回路供电系统

E. 未按规定开展隐蔽致灾因素普查治理

参考答案

1. B　2. ABD

第六节　建设工程安全生产管理条例

2003 年 11 月 24 日国务院第 393 号令公布《建设工程安全生产管理条例》，自 2004 年 2 月 1 日起施行。《建设工程安全生产管理条例》的立法目的是加强建设工程安全生产监督管理，保障人民群众生命和财产安全。

建设行业是国民经济的支柱产业之一，在国民经济中举足轻重。随着我国经济建设的快速发展，固定资产投资水平不断提高，工程建设规模扩大到工业、民用、交通和城市基础设施等各个方面。与其他行业相比，建筑行业属于高危行业，建筑施工范围遍及各个行业、地区，对工程质量和安全的要求很高。建筑工程多属地下、地面、高空作业，面临着固有和不可预见的危险因素和灾害威胁，因此建筑施工事故多发，事故起数和死亡人数仅次于采矿业。

建筑工程安全存在的主要问题：一是工程建设各方的安全责任不明确。建设单位、勘察单位、设计单位、施工单位、工程监理单位以及设备租赁单位、拆装单位各自的安全生产责任不明确、不具体，缺乏法律规范。二是安全投入不足。一些建筑施工单位挤扣、减少安全资金，降低成本，必要的安全设备、设施、器材、工具、用品不齐全，陈旧落后，

安全性能低，不能及时维修、保养、更新。三是安全责任制和规章制度不明确、不健全、不落实，管理混乱。四是建筑事故应急救援制度不完善。一些建筑施工单位没有制定应急预案，没有应急组织和器材。要改变建筑工程安全的被动局面，有必要制定相关法规，依法加强监督管理。《建设工程安全生产管理条例》确立了参与建设活动的各主体方、相关方严格的、明确的安全生产责任制度及其法律责任追究制度。

一、建设单位的安全责任

（一）规定建设单位安全责任的必要性

（1）建设单位是建筑工程的投资主体，在建筑活动中居于主导地位，作为业主和甲方，建设单位有权选择勘察、设计、施工、工程监理的单位，可以自行选购施工所需的主要建筑材料，检查工程质量、控制进度、监督工程款使用，对施工的各个环节实行综合管理。

（2）因建设单位的市场行为不规范所造成的事故居多，必须依法规范。有的建设单位为降低工程造价，不择手段地追求利润最大化，在招投标中压价，将工程发包价压低于成本价。为降低成本，向勘察、设计和监理单位提出违法要求，强令改变勘察设计；对安全措施费不认可，拒付安全生产合理费用，安全投入低；强令施工单位压缩工期，偷工减料，搞"豆腐渣工程"；将工程交给不具备资质和安全条件的单位或者个人施工或者拆除。因此，必须依法规范建设单位的安全责任。《建设工程安全生产管理条例》针对建设单位的不规范行为作出了严格的规定。

（二）建设单位应当如实向施工单位提供有关施工资料

作为负责建设工程整体工作的一方，提供真实、准确、完整的建设工程各个环节所需的基础资料是建设单位的基本义务。《建设工程安全生产管理条例》第六条规定，建设单位应当向施工单位提供施工现场及毗邻区域内供水、排水、供电、供气、供热、通信、广播电视等地下管线资料，气象和水文观测资料，相邻建筑物和构筑物、地下工程的有关资料，并保证资料的真实、准确、完整。这里强调了 4 个方面内容：一是施工资料的真实性，不得伪造、篡改。二是施工资料的科学性，必须经过科学论证，数据准确。三是施工资料的完整性，必须齐全，能够满足施工需要。四是有关部门和单位应当协助提供施工资料，不得推诿。

（三）建设单位不得向有关单位提出非法要求，不得压缩合同工期

《建设工程安全生产管理条例》第七条规定，建设单位不得对勘察、设计、施工、工程监理等单位提出不符合建设工程安全生产法律、法规和强制性标准规定的要求，不得要求压缩合同的工期。

（1）遵守建设工程安全生产法律、法规和安全标准，是建设单位的法定义务。进行建筑活动，必须严格遵守法定的安全生产条件，依法进行建设施工。违法从事建设工程建设，将要承担法律责任。

（2）要求勘察、设计、施工、工程监理等单位违法从事有关活动，必然会给建设工程带来重大结构性的事故隐患和施工中的事故隐患，容易造成事故。建设单位不得为了盲目赶工期，简化工序，粗制滥造，或者留下建设工程事故隐患。

（3）压缩合同工期必然带来事故隐患，必须禁止。压缩工期是建设单位为了早发挥效益，迫使施工单位增加人力、物力，损害承包方利益，其结果是赶工期、简化工序和违规操作，诱发很多事故，或者留下了结构性事故隐患。确定合理工期是保证建设施工安全和质量的重要措施。合理工期应经双方充分论证、协商一致确定，具有法律效力。要采用科学合理的施工工艺、管理方法和工期定额，保证施工质量和安全。

（四）必须保证必要的安全投入

《建设工程安全生产管理条例》第八条规定，建设单位在编制工程概算时，应当确定建设工程安全作业环境及安全施工措施所需要费用。

这是对《安全生产法》第二十三条规定的具体落实。《安全生产法》第二十三条规定，生产经营单位应当具备的安全生产条件所必需的资金投入，由生产经营单位的决策机构、主要负责人或者个人经营的投资人予以保证，并对由于安全生产所必需的资金投入不足导致的后果承担责任。要保证建设施工安全，必须要有相应的资金投入。安全投入不足的直接结果，必然是降低工程造价，不具备安全生产条件，甚至导致建设施工事故的发生。安全作业环境及施工措施所需费用应由建设单位承担，有两点原因：一是安全作业环境及施工措施所需费用是保证建设工程安全和质量的重要条件，该项费用已纳入工程总造价，应由建设单位支付。二是建设工程产品单一、体积庞大、露天生产、高处作业、环境多变、作业危险复杂，要保证安全生产，必须有大量的资金投入，应由建设单位支付。安全作业环境和施工措施所需费用应当符合《建设施工安全检查标准》的要求，建设单位应当据此承担安全施工措施费用，不得随意降低费用标准。

工程概算是指在初步设计阶段，根据初步设计的图纸、概算定额或概算指标、费用定额及其他有关文件，概略计算的拟建工程费用。在住房和城乡建设部颁布的《建筑施工安全检查标准》中，规定了保证安全生产、文明施工和作业环境的项目。这一标准对安全防护、临时用电、生活设施等的建设标准以及对现场围挡、场地硬化、医疗救助等提出了明确要求。

（五）不得明示或者暗示施工单位购买不符合安全要求的设备、设施、器材和用具

《安全生产法》第三十八条规定，国家对严重危及生产安全的工艺、设备实行淘汰制度。生产经营单位不得使用应当淘汰的危及生产安全的工艺、设备。《建设工程安全生产管理条例》第九条进一步规定，建设单位不得明示或者暗示施工单位购买、租赁、使用不符合安全施工要求的安全防护用具、机械设备、施工机具及配件、消防设施和器材。

为了确保工程质量和施工安全，施工单位应当严格按照勘察设计文件、施工工艺和施工规范的要求选用符合国家质量标准、卫生标准和环保标准的安全防护用具、机械设备、施工机具及配件、消防设施和器材。但实践中，由于受利益驱动，建设单位干预施工单位，违反国家规定使用不符合要求的安全防护用具、机械设备、施工机具及配件、消防设施和器材，是导致生产安全事故发生的重要原因之一。施工单位购买不安全的设备、设施、器材和用具，对施工安全和建筑物安全构成极大威胁。为此，《建设工程安全生产管理条例》严禁建设单位明示或者暗示施工单位购买不符合安全要求的设备、设施、器材和用具，并规定了相应的法律责任。

（六）开工前报送有关安全施工措施的资料

《建设工程安全生产管理条例》第十条规定，建设单位在申请领取施工许可证时，应当提供建设工程有关安全施工措施的资料。依法批准开工报告的建设工程，建设单位应当自开工报告批准之日起 15 日内，将保证安全施工的措施报送建设工程所在地的县级以上地方人民政府建设行政主管部门或者其他有关部门备案。

建设单位在申请领取施工许可证前，应当提供下列安全施工措施的资料：

（1）施工现场总平面布置图。

（2）临时设施规划方案和已搭建情况。

（3）施工现场安全防护设施（防护网、棚）搭设（设置）计划。

（4）施工进度计划，安全措施费用计划。

（5）施工组织设计（方案、措施）。

（6）拟进入现场使用的起重机械设备（塔式起重机、物料提升机、外用电梯）的型号、数量。

（7）工程项目负责人、安全管理人员和特种作业人员持证上岗情况。

（8）建设单位安全监督人员和工程监理人员的花名册。

编制安全施工措施应当注重以下 3 个方面的要求：一是及时性，要在工程开工前编制。考虑到各项安全措施实施前要有一个充裕的准备时间，而且在施工过程中还会随着工程的变化等不断更新完善，应当在工程开工前完成编制。二是要有针对性，不同的建设工程对安全生产的要求也会不同，安全措施必须针对工程的特点、施工方法、场地环境、施工条件等具体情况以及有关安全生产的法律法规和强制性标准、技术规范等要求制定，消除施工中的事故隐患，保证施工安全。三是真实有效性，安全施工措施资料不得伪造、编造。建设单位在申请领取施工许可证时，所报送的安全施工措施资料应当真实、有效，能够反映建设工程的安全生产准备情况、达到的条件和施工实施阶段的具体措施。必要时，建设行政主管部门收到资料后，应当尽快派员到现场进行实地勘察。

根据《建筑法》第七条的规定，并不是所有的建设工程都需要领取施工许可证，按照国务院规定的权限和程序批准开工报告的建筑工程，不再领取施工许可证。对于不领取施工许可证的建设工程，为了加强对建设工程安全生产的监督管理，建设单位应当将保证安全施工的措施报送政府有关行政主管部门备案。备案的有关注意事项如下：

（1）备案的时间要求：自开工报告批准之日起 15 日内。

（2）报送备案的内容：保证安全施工的措施，具体要求与申请领取施工许可证的要求相同。

（3）报送的部门：建设行政主管部门或者其他有关部门。其他有关部门是指水利、交通、铁路等专业部门，相关的专业建设工程的保证安全施工的措施应当报送相关的专业部门备案。

（七）关于拆除工程的特殊规定

过去较长时期内，有关建设法律、法规主要是对新建、改建和扩建等工程建设作出了规范，对拆除施工单位的安全要求不够明确，这就导致拆除工程安全没有纳入法律规范，比较混乱，从事拆除工程活动的单位中有的无资质和无技术力量，拆除工程事故频发。为了规范拆除工程安全，《建设工程安全生产管理条例》第十一条规定，建设单位应当将拆除工程发包给具有相应资质等级的施工单位。

《建筑法》第五十条明确规定，房屋拆除应当由具备保证安全条件的建筑施工单位承担，由建筑施工单位负责人对安全负责。为了进一步规范拆除工程市场秩序，提高拆除工程的技术保证水平，避免发生安全事故，《建设工程安全生产管理条例》规定，建设单位应当将拆除工程发包给具有相应资质等级的施工单位。实施爆破作业的，应当遵守国家有关民用爆炸物品管理的规定。

建设单位应当在拆除工程施工 15 日前，将下列资料报送建设工程所在地县级以上地方人民政府建设行政主管部门或者其他有关部门备案：

（1）施工单位资质等级证明。

（2）拟拆除建筑物、构筑物及可能危及毗邻建筑的说明。

（3）拆除施工组织方案。

（4）堆放、清除废弃物的措施。

依照《民用爆炸物品安全管理条例》的规定，在城市、风景名胜区和重要工程设施附近实施爆破作业的，应当向爆破作业所在地设区的市级人民政府公安机关提出申请，提交《爆破作业单位许可证》和具有相应资质的安全评估企业出具的爆破设计、施工方案评估报告。受理申请的公安机关应当自受理申请之日起 20 日内对提交的有关材料进行审查，对符合条件的，作出批准的决定，对不符合条件的，作出不予批准的决定，并书面向申请人说明理由。

二、勘察、设计及工程监理等单位的安全责任

建设工程具有投资规模大、建设周期长、生产环节多、参与主体多等特点。安全生产是贯穿于工程建设的勘察、设计、工程监理及其他有关单位的活动。勘察单位的勘察文件是设计和施工的基础材料和重要依据，勘察文件的质量又直接关系到设计工程质量和安全性能。设计单位的设计文件质量又关系到施工安全操作、安全防护以及作业人员和建设工程的主体结构安全。工程监理单位是保证建设工程安全生产的重要一方，对保证施工单位作业人员的安全起着重要的作用。施工机械设备生产、租赁、安装以及检验检测机构等与工程建设有关的其他单位是否依法从事相关活动，直接影响到建设工程安全。

（一）勘察单位的安全责任

建设工程勘察是指根据工程要求，查明、分析、评价建设场地的地质地理环境特征和岩土工程条件，编制建设工程勘察文件的活动。

（1）勘察单位的注册资本、专业技术人员、技术装备和业绩应当符合规定。依据《建设工程勘察设计资质管理规定》取得相应等级资质证书后，在许可范围内从事勘察活动。

（2）勘察必须满足工程强制性标准的要求。工程建设强制性标准是指工程建设标准中，直接涉及人民生命财产安全、人身健康、环境保护和其他公共利益的、必须强制执行的条款。只有满足工程强制性标准，才能满足工程对安全、质量、卫生、环保等多方面的要求，因此必须严格执行。如房屋建筑部分的工程建设强制性标准主要由建筑设计、建筑

防火、建筑设备、勘察和地质基础、结构设计、房屋抗震设计、结构鉴定和加固、施工质量和安全 8 个方面的相关标准组成。

（3）勘察单位提供的勘察文件应当真实、准确，满足安全生产的要求。工程勘察就是要通过测量、测绘、观察、调查、钻探、试验、测试、鉴定、分析资料和综合评价等工作查明场地的地形、地貌、地质、岩型、地质构造、地下水条件和各种自然或者人工地质现象，并提出基础、边坡等工程设计准则和工程施工的指导意见，提出解决岩土工程问题的建议，进行必要的岩土工程治理。

工程勘察应当按照勘察阶段要求，正确反映工程地质条件，提出岩土工程评价，为设计、施工提供依据。因此编制的勘察文件应当客观反映建设场地的地质、地理环境特征和岩土工程条件。勘察单位对提供的勘察成果的真实性和准确性负责。

（4）勘察单位应当严格执行操作规程，采取措施保证各类管线、设施和周边建筑物、构筑物的安全。一是勘察单位应当按照国家有关规定，制定勘察操作规程和勘察钻机、精探车、经纬仪等设备和检测仪器的安全操作规程并严格遵守，防止生产安全事故的发生。二是勘察单位应当采取措施，保证现场各类管线、设施和周边建筑物、构筑物的安全。

（二）设计单位的安全责任

建设工程设计，是指根据建设工程的要求，对建设工程所需的技术、经济、资源、环境等条件进行综合分析、论证，编制建设工程设计文件的活动。

（1）设计单位必须依据《建设工程勘察设计资质管理规定》取得相应的等级资质证书，在许可范围内承揽设计业务。

（2）设计单位必须依法和标准进行设计，保证设计质量和施工安全。

（3）设计单位应当考虑施工安全操作和防护需要，对涉及施工安全的重点部位和环节在设计文件中注明，并对防范生产安全事故提出指导意见。

《建筑法》第三十七条规定，建筑工程设计应当符合按照国家规定制定的建筑安全规程和技术规范，保证工程的安全性能。下列涉及施工安全的重点部位和环节应当在设计文件中注明，施工单位作业前，设计单位应当就设计意图、设计文件向施工单位作出说明和技术交底，并对防范生产安全事故提出指导意见：①地下管线的防护，地下管线的种类和具体位置、地下管线的安全保护措施；②外电防护，外电与建筑物的距离、外电电压、应采用的防护措施、设置防护设施施工时应注意的安全作业事项、施工作业中的安全注意事项等；③深基坑工程，基坑侧壁选用的安全系数、护壁、支护结构选型、地下水控制方法及验算、承载能力极限状态和正常状态的设计计算和验算、支护结构计算和验算、质量检测及施工监控要求、采取的方式方法、安全防护设施的设置以及安全作业注意事项等；④对于特殊结构的混凝土模板支护，设计单位应当提供模板支撑系统结构图及计算书。

（4）采用新结构、新材料、新工艺的建设工程以及特殊结构的工程，设计单位应当提出保障施工作业人员安全和预防生产安全事故的措施建议。

（5）设计单位和注册建筑师等注册执业人员应当对其设计负责。

按照"谁设计谁负责"的原则，设计单位和注册建筑师等注册执业人员应当对其设计质量负责。《建筑法》第七十三条规定，建筑设计单位不按照建筑工程质量、安全标准进行设计的，责令改正，处以罚款；造成工程质量事故的，责令停业整顿，降低资质等级或者吊销资质证书，没收违法所得，并处罚款；造成损失的，承担赔偿责任；构成犯罪的，依法追究刑事责任。我国目前对设计行业已经实行了建筑师和结构工程师的个人执业注册制度，注册建筑师、注册结构工程师必须在规定的执业范围内对本人负责的建设工程设计质量负责。《建设工程质量管理条例》对注册职业人员应承担的设计质量和安全的法律责任作出了明确规定。

（三）工程监理单位的安全责任

工程监理是工程监理单位受建设单位的委托，依据法律、法规及有关的技术标准、设计文件和建设工程承包合同、委托监理合同，代表建设单位对承包单位在施工质量、建设工期、建设资金使用等方面实施监督管理的活动。

（1）工程监理单位应当审查施工组织设计中的安全技术措施或者专项施工方案是否符合工程建设强制性标准。

（2）工程监理单位在实施监理过程中，发现事故隐患的，应当要求施工单位整改；情节严重的，应当要求施工单位停止施工，并及时报告建设单位。施工单位拒不整改或者不停止施工的，工程监理单位应当及时向有关主管部门报告。

（3）工程监理单位和监理工程师应当按照法律、法规和工程建设强制性标准实施监理，对建设工程安全生产承担监理责任。

（四）有关单位的安全责任

1. 提供机械设备和配件的单位的安全责任

为建设工程提供机械设备和配件的单位，应当按照安全施工的要求配备齐全有效的保险、限位等安全设施和装置。一是向施工单位提供安全可靠的起重机械、挖掘机械、土方铲运机械、凿岩机械、基础及凿井机械、钢筋混凝土机械、筑路机械以及其他施工机械设备。二是应当依照国家有关法律、法规和安全技术规范进行有关机械设备和配件的生产经营活动。机械设备和配件的生产制造单位应当严格按照国家标准进行生产，保证产品的质量和安全。三是施工机械的安全保护装置应当符合国家和行业有关技术标准和规范的要求。配件的生产与制造应当符合设计要求，并保证质量和安全性能可靠。在施工过程中，严禁拆除机械设备上的自动控制机构、力矩限位器等安全装置，不得拆除监测、指示、仪表、警报器等自动报警、信号装置。为建设工程提供机械设备和配件的单位，应当对其提供的施工机械设备和配件等产品的质量和安全性能负责，对因产品质量造成生产安全事故的，应当承担相应的法律责任。

2. 出租单位的安全责任

一是出租机械设备、施工机具及配件，应当具有生产（制造）许可证、产品合格证。二是应当对出租的机械设备、施工机具及配件的安全性能进行检测，在签订租赁协议时，应当出具检测合格证明。三是禁止出租检测不合格的机械设备、施工机具及配件。

3. 现场安装、拆卸施工起重机械设施单位的安全责任

一是在施工现场安装、拆卸施工起重机械和整体提升脚手架、模板等自升式架设设施，必须由具有相应的资质的单位承担。二是安装、拆卸起重机械和整体提升脚手架、模板等自升式架设设施，应当编制拆装方案、制定安全施工措施，并由专业技术人员现场监督。三是施工起重机械和整体提升脚手架、模板等自升式架设设施安装完毕后，安

装单位应当自检，出具自检合格证明，并向施工单位进行安全使用说明，办理验收手续并签字。

《建设工程安全生产管理条例》规定，施工起重机械和整体提升脚手架、模板等自升式架设设施的使用达到国家规定的检验检测期限的，必须经具有专业资质的检验检测机构检测。经检测不合格的，不得继续使用。检验检测机构对检测合格的施工起重机械和整体提升脚手架、模板等自升式架设设施，应当出具安全合格证明文件，并对检测结果负责。

三、施工单位的安全责任

施工单位是工程建设活动中的重要主体之一，在施工安全中居于核心地位，是绝大部分生产安全事故的直接责任方。《建设工程安全生产管理条例》对施工单位的市场准入、施工单位的安全生产行为规范和安全生产条件以及施工单位主要负责人、项目负责人、安全管理人员和作业人员的安全责任，作出了明确的规定。

（一）施工单位的安全资质

《建筑法》第二十六条规定，承包建筑工程的单位应当持有依法取得的资质证书，并在其资质等级许可的业务范围内承揽工程。禁止建筑施工企业超越本企业资质等级许可的业务范围或者以任何形式用其他建筑施工企业的名义承揽工程。禁止建筑施工企业以任何形式允许其他单位或者个人使用本企业的资质证书、营业执照，以本企业的名义承揽工程。建筑法律的有关规定确立的建筑市场准入制度，为施工单位的安全资质设定了法律规范。

《建筑法》第十二条规定了从事建筑活动的建筑施工企业应当具备的条件，具体包括：有符合国家规定的注册资本；有与其从事的建筑活动相适应的具有法定执业资格的专业技术人员；有从事相关建筑活动所应有的技术装备；法律、行政法规规定的其他条件。此外《安全生产法》第二十条规定，生产经营单位应当具备本法和有关法律、行政法规和国家标准或者行业标准规定的安全生产条件；不具备安全生产条件的，不得从事生产经营活动。结合两部法律规定，施工单位要想取得相应的资质证书，除具备《建筑法》规定的注册资本、专业技术人员和技术装备外，还必须具备基本的安全生产条件，包括建立健全安全生产管理机构、配备专职安全管理人员、特种作业人员按国家规定取得特种作业操作资格证书、制定生产安全事故应急救援预案等。

（二）主要负责人和项目负责人的安全施工责任

施工单位主要负责人和项目负责人的安全素质直接关系到施工安全，必须将其应负的施工安全责任法律化。

1. 施工单位主要负责人的安全责任

根据《安全生产法》第二十一条有关生产经营单位主要负责人安全责任的规定，结合建设施工的实际，《建设工程安全生产管理条例》第二十一条第一款规定，施工单位主要负责人依法对本单位的安全生产工作全面负责。其主要职责包括：

（1）建立健全安全生产责任制。

（2）建立健全安全生产教育培训制度。

（3）制定安全生产规章制度和操作规程。

（4）保证本单位安全生产条件所需资金的投入。

（5）对所承担的建设工程进行定期和专项安全检查，并做好安全检查记录。

2. 项目负责人的安全责任

施工单位的项目负责人即项目经理，在施工活动中具有非常重要的地位，代表施工企业法定代表人对项目组织实施中劳动力的调配、资金的使用、建筑材料的购进等行使决策权。因此，施工单位的项目负责人应当对建设工程项目施工安全负全面责任，是本项目安全生产的第一责任人。为了加强对项目负责人安全资格的管理，明确其安全生产职责，《建设工程安全生产管理条例》第二十一条第二款规定，施工单位的项目负责人应当由取得相应执业资格的人员担任，对建设工程项目的安全施工负责，其职责主要包括：

（1）落实安全生产责任制。

（2）落实安全生产规章制度和操作规程。

（3）确保安全生产费用的有效使用。

（4）根据工程的特点组织制定安全施工措施，消除安全事故隐患。

（5）及时、如实报告生产安全事故。

（三）安全生产管理机构和安全生产管理人员的配置

《安全生产法》第二十四条第一款规定，矿山、金属冶炼、建筑施工、运输单位和危险物品的生产、经营、储存、装卸单位，应当设置安全生产管理机构或者配备专职安全生产管理人员。依据《建设工程安全生产管理条例》第二十三条的规定，施工单位应当设立安全生产管理机构，配备专职安全生产管理人员。所谓安全生产管理机构是指建筑施工企业设置的负责安全生产管理工作的独立职能部门。所谓专职安全生产管理人员是指经建设主管部门或者其他有关部门安全生产考核合格，取得安全生产考核合格证书，并在建筑施工企业及其项目从事安全生产管理工作的专职人员。

专职安全生产管理人员的主要职责包括：

（1）负责对安全生产进行现场监督检查。

（2）发现安全事故隐患，及时向项目负责人和安全生产管理机构报告。

（3）对于违章指挥、违章操作的，应当立即制止。

专职安全生产管理人员的配备办法由国务院建设行政主管部门会同国务院其他有关部门制定。根据住房和城乡建设部《建筑施工企业安全生产管理机构设置及专职安全生产管理人员配备办法》的要求，总承包单位配备项目专职安全生产管理人员应当满足下列要求：①建筑工程、装修工程按照建筑面积配备：1万平方米以下的工程不少于1人；1万~5万平方米的工程不少于2人；5万平方米及以上的工程不少于3人，且按专业配备专职安全生产管理人员；②土木工程、线路管道、设备安装工程按照工程合同价配备：5000万元以下的工程不少于1人；5000万~1亿元的工程不少于2人；1亿元及以上的工程不少于3人，且按专业配备专职安全生产管理人员。分包单位配备项目专职安全生产管理人员应当满足下列要求：①专业承包单位应当配置至少1人，并根据所承担的分部分项工程的工程量和施工危险程度增加；②劳务分包单位施工人员在50人以下的，应当配备

1 名专职安全生产管理人员；50～200 人的，应当配备 2 名专职安全生产管理人员；200 人及以上的，应当配备 3 名及以上专职安全生产管理人员，并根据所承担的分部分项工程施工危险实际情况增加，不得少于工程施工人员总人数的 5‰。

（四）总承包单位与分包单位的安全管理

施工总承包，是指发包单位将建设工程的施工任务，包括土建施工和有关设施、设备安装调试的施工任务，全部发包给一家具备相应的施工总承包资质条件的承包单位，由该施工总承包单位对全过程向建设单位负责，直到工程竣工，向建设单位交付符合设计要求和合同约定的建设工程的承包方式。实行施工总承包的，施工现场由总承包单位全面统一负责，包括工程质量、建设工期、造价控制、施工组织等，由此，施工现场的安全生产也应当由施工总承包单位负责。根据《建筑法》第二十九条的规定，施工总承包的，建筑工程主体结构的施工必须由总承包单位自行完成。

总承包单位依法将建设工程分包给其他单位的，分包合同中应当明确各自的安全生产方面的权利、义务。总承包单位和分包单位对分包工程的安全生产承担连带责任。分包单位应当服从总承包单位的安全生产管理，分包单位不服从管理导致生产安全事故的，由分包单位承担主要责任。

（五）特种作业人员的资格管理

建设施工特种作业人员直接从事建设施工特种作业，具有较大的危险性。他们的安全素质和安全技能直接关系到施工安全。明确建设施工特种作业人员的范围，严格安全资格管理，十分必要。《安全生产法》第三十条规定，生产经营单位的特种作业人员必须按照国家有关规定经专门的安全作业培训，取得相应资格，方可上岗作业。《建设工程安全生产管理条例》第二十五条规定，垂直运输机械作业人员、安装拆卸工、爆破作业人员、起重信号工、登高架设作业人员等特种作业人员，必须按照国家有关规定经过专门的安全作业培训，并取得特种作业操作资格证书后，方可上岗作业。

（六）安全警示标志和危险部位的安全防护措施

《安全生产法》第三十五条规定，生产经营单位应当在有较大危险因素的生产经营场所和有关设施、设备上，设置明显的安全警示标志。施工单位应当在施工现场入口、起重机械、临时用电设施、脚手架、出入通道口、楼梯口、电梯井口、孔洞口、桥梁口、隧道口、基坑边沿、爆破物及有害危险气体、液体的存放处等危险部位，设置明显的安全警示标志。安全警示标志必须符合国家标准。施工单位应当根据不同施工阶段和周围环境及季节、气候的变化，在施工现场采取相应的安全施工措施。施工现场暂时停止施工的，施工单位应当做好现场防护，所需费用由责任方承担，或者按照合同约定执行。

（七）施工现场的安全管理

施工现场的安全管理工作量大、涉及面广，需要全面加强。《建设工程安全生产管理条例》第三十条至第三十五条规定的施工现场的安全管理包括下列内容：

（1）毗邻建筑物、构筑物和地下管线和现场围栏的安全管理。

（2）现场消防安全管理。

（3）保障施工人员的人身安全。

（4）施工人员的安全生产权利与义务。

（5）施工现场安全防护用具、机械设备、施工机具和配件的管理。

（6）起重机械、脚手架、模板等设施的验收、检验和备案。

（八）人身意外伤害保险

《建筑法》第四十八条规定，建筑施工企业应当依法为职工参加工伤保险缴纳工伤保险费。鼓励企业为从事危险作业的职工办理意外伤害保险，支付保险费。《建设工程安全生产管理条例》第三十八条规定，施工单位应当为施工现场从事危险作业的人员办理意外伤害保险。意外伤害保险费由施工单位支付。实行施工总承包的，由总承包单位支付意外伤害保险费。意外伤害保险期限自建设工程开工之日起至竣工验收合格止。建筑法律、行政法规关于人身意外伤害保险的规定，包括 4 个方面的内容：一是意外伤害保险是法定的强制性保险。该项保险不论施工单位是否愿意、经济状况好坏、工程造价多少，必须投保。二是意外伤害保险的投保人是施工单位。三是意外伤害保险的被保险人或者受益人是从事危险作业的职工。四是意外伤害保险期限与建设工程工期相同。

四、建设工程安全生产监督管理的规定

（一）建筑施工安全生产的监督管理职责划分

建设施工遍及各行各业，有关法律、行政法规对建设施工安全监督管理作出了不同的规定。《建设工程安全生产管理条例》对建设施工安全综合监督管理和专项监督管理分别作出了规定。

1. 建设施工的综合监督管理

《建设工程安全生产管理条例》第三十九条规定，国务院负责安全生产监督管理的部门依照《中华人民共和国安全生产法》的规定，对全国建设工程安全生产工作实施综合监督管理。县级以上地方人民政府负责安全生产监督管理的部门依照《中华人民共和国安全生产法》的规定，对本行政区域内建设工程安全生产工作实施综合监督管理。

2. 建设施工的专项监督管理

《建设工程安全生产管理条例》第四十条规定，国务院建设行政主管部门对全国的建设工程安全生产实施监督管理。国务院铁路、交通、水利等有关部门按照国务院规定的职责分工，负责有关专业建设工程安全生产的监督管理。县级以上地方人民政府建设行政主管部门对本行政区域内的建设工程安全生产实施监督管理。县级以上地方人民政府交通、水利等有关部门在各自的职责范围内，负责本行政区域内的专业建设工程安全生产的监督管理。

（二）建设施工许可

《建设工程安全生产管理条例》第四十二条规定，建设行政主管部门在审核发放施工许可证时，应当对建设工程是否有安全施工措施进行审查，对没有安全施工措施的，不得颁发施工许可证。建设行政主管部门或者其他有关部门对建设工程是否有安全施工措施进行审查时，不得收取费用。

（三）日常监督检查措施

《建设工程安全生产管理条例》第四十三条规定，县级以上人民政府负有建设工程安全生产监督管理职责的部门在各自的职责范围内履行安全监督检查职责时，有权采取下列

措施：

（1）要求被检查单位提供有关建设工程安全生产的文件和资料。

（2）进入被检查单位施工现场进行检查。

（3）纠正施工中违反安全生产要求的行为。

（4）对检查中发现的安全事故隐患，责令立即排除；重大安全事故隐患排除前或者排除过程中无法保证安全的，责令从危险区域内撤出作业人员或者暂时停止施工。

五、建设工程安全生产违法行为应负的法律责任

（一）责任主体

依照《建设工程安全生产管理条例》的规定，建设工程安全生产违法行为的责任主体包括：

（1）建设行政主管部门或者其他有关部门的工作人员。

（2）建设工程的各方主体及其有关人员。

（3）施工单位的主要负责人、项目负责人。

（4）勘察、设计、施工、监理单位的直接责任人员。

（5）注册执业人员。

（二）行政处罚种类

依照《建设工程安全生产管理条例》，对建设工程安全生产违法行为的责任主体实施的行政处罚包括：

（1）警告。

（2）责令限期改正。

（3）责令停业整顿。

（4）罚款。

（5）降低资质等级。

（6）吊销资质证书。

（三）行政处罚的实施

根据现行职责分工，对建设工程安全生产违法行为实施行政处罚的决定机关不是一个而是多个，因此，必须明确有关行政处罚的执法主体。为了保证行政处罚的有效实施，《建设工程安全生产管理条例》第六十八条规定，本条例规定的行政处罚，由建设行政主管部门或者其他有关部门依照法定职权决定。违反消防安全管理规定的行为，由公安消防机构依法处罚。有关法律、行政法规对建设工程安全生产违法行为的行政处罚决定机关另有规定的，从其规定。

1.【单选题】以下（　　）做法符合《建设工程安全生产管理条例》要求。

A. 为了追赶工程进度，建设单位压缩合同约定的工期

B. 设计单位可以按照行业推荐性标准进行设计

C. 工程监理单位应当审查施工组织设计中的安全技术措施或者专项施工方案是否符

合工程建设强制性标准

　　D. 施工单位的项目负责人无资格要求

　　2.【单选题】依据《建设工程安全生产管理条例》，施工单位的主要负责人、项目负责人、专职安全生产管理人员应当经（　　）或者其他有关部门考核合格后方可任职。

　　A. 建设行政主管部门　　　　　　　　B. 应急管理部门

　　C. 工商管理部门　　　　　　　　　　D. 市场监督管理部门

　　3.【单选题】依据《建设工程安全生产管理条例》，依法批准开工报告的建设工程，建设单位应当自开工报告批准之日起（　　）内，将保证安全施工的措施报送建设工程所在地的县级以上地方人民政府建设行政主管部门或者其他有关部门备案。

　　A. 10 日　　　　　　B. 15 日　　　　　　C. 20 日　　　　　　D. 30 日

　　4.【多选题】某建设工程由甲公司作为施工总承包单位，乙、丙、丁公司为分包单位，根据《建设工程安全生产管理条例》，关于事故应急救援和调查处理的说法，正确的有（　　）。

　　A. 该建设工程的深基坑、地下暗挖工程需要组织专家论证的，由甲公司组织

　　B. 该建设工程发生生产安全事故，应由甲公司组织乙、丙、丁公司共同向应急管理部门、建设行政主管部门或者其他有关部门报告

　　C. 该建设工程办理意外伤害保险的，由甲、乙、丙公司分别支付意外伤害保险费

　　D. 甲公司应当统一组织编制建设工程生产安全事故应急救援预案，甲公司和乙、丙、丁公司按照应急救援预案，各自建立应急救援组织或者配备应急救援人员、救援器材、设备，并定期组织演练

　　E. 该建设工程主体结构的施工必须由甲公司完成，钢结构可以分包给乙、丙、丁公司

　　✎ 参考答案

　　1. C　2. A　3. B　4. ADE

第七节　危险化学品安全管理条例

　　2011 年 3 月 2 日国务院令第 591 号公布了修订的《危险化学品安全管理条例》，自2011 年 12 月 1 日起施行。2013 年 12 月 4 日国务院第 32 次常务会议通过《国务院关于修改部分行政法规的决定》，对其部分条款进行了修改。《危险化学品安全管理条例》的立法目的是加强危险化学品的安全管理，预防和减少危险化学品事故，保证人民群众生命财产安全，保护环境。

一、危险化学品安全管理的基本规定

（一）危险化学品的范围

　　《危险化学品安全管理条例》第三条规定，本条例所称危险化学品，是指具有毒害、腐蚀、爆炸、燃烧、助燃等性质，对人体、设施、环境具有危害的剧毒化学品和其他化学

品。危险化学品目录，由国务院安全生产监督管理部门会同国务院工业和信息化、公安、环境保护、卫生、质量监督检验检疫、交通运输、铁路、民用航空、农业主管部门，根据化学品危险特性的鉴别和分类标准确定、公布，并适时调整。

（二）《危险化学品安全管理条例》的适用范围

1. 适用范围

《危险化学品安全管理条例》第二条规定，危险化学品生产、储存、使用、经营和运输的安全管理，适用本条例。废弃危险化学品的处置，依照有关环境保护的法律、行政法规和国家有关规定执行。第九十八条规定，危险化学品的进出口管理，依照有关对外贸易的法律、行政法规、规章的规定执行；进口的危险化学品的储存、使用、经营、运输的安全管理，依照本条例的规定执行。

《危险化学品安全管理条例》适用的主体范围为中华人民共和国境内一切从事危险化学品生产、储存、使用、经营、运输的自然人、法人和其他组织。即国有企业、事业单位、集体所有制的企业、股份制企业、中外合资经营企业、中外合作经营企业、外资企业、合伙企业、个人独资企业、自然人等，不论其经济性质如何，规模大小，还是自然人，只要从事生产、储存、使用、经营、运输危险化学品的活动，都必须遵守《危险化学品安全管理条例》的各项规定。

2. 排除适用

《危险化学品安全管理条例》第九十七条规定，监控化学品、属于危险化学品的药品和农药的安全管理，依照本条例的规定执行；法律、行政法规另有规定的，依照其规定。

民用爆炸物品、烟花爆竹、放射性物品、核能物质以及用于国防科研生产的危险化学品的安全管理，不适用本条例。

法律、行政法规对燃气的安全管理另有规定的，依照其规定。

危险化学品容器属于特种设备的，其安全管理依照有关特种设备安全的法律、行政法规的规定执行。

（三）危险化学品单位的安全责任

依据《危险化学品安全管理条例》的规定，危险化学品安全管理，应当坚持安全第一、预防为主、综合治理的方针，强化和落实企业的主体责任。

生产、储存、使用、经营、运输危险化学品的单位（统称危险化学品单位）的主要负责人对本单位的危险化学品安全管理工作全面负责。

危险化学品单位应当具备法律、行政法规规定和国家标准、行业标准要求的安全条件，建立、健全安全管理规章制度和岗位安全责任制度，对从业人员进行安全教育、法制教育和岗位技术培训。从业人员应当接受教育和培训，考核合格后上岗作业；对有资格要求的岗位，应当配备依法取得相应资格的人员。

任何单位和个人不得生产、经营、使用国家禁止生产、经营、使用的危险化学品。

国家对危险化学品的使用有限制性规定的，任何单位和个人不得违反限制性规定使用危险化学品。

（四）危险化学品监督管理部门的职责

依照《危险化学品安全管理条例》第六条的规定，对危险化学品的生产、储存、使用、经营、运输实施安全监督管理的有关部门（统称负有危险化学品安全监督管理职责的部门），依照下列规定履行职责：

（1）安全生产监督管理部门负责危险化学品安全监督管理综合工作，组织确定、公布、调整危险化学品目录，对新建、改建、扩建生产、储存危险化学品（包括使用长输管道输送危险化学品，下同）的建设项目进行安全条件审查，核发危险化学品安全生产许可证、危险化学品安全使用许可证和危险化学品经营许可证，并负责危险化学品登记工作。

（2）公安机关负责危险化学品的公共安全管理，核发剧毒化学品购买许可证、剧毒化学品道路运输通行证，并负责危险化学品运输车辆的道路交通安全管理。

（3）质量监督检验检疫部门负责核发危险化学品及其包装物、容器（不包括储存危险化学品的固定式大型储罐，下同）生产企业的工业产品生产许可证，并依法对其产品质量实施监督，负责对进出口危险化学品及其包装实施检验。

（4）环境保护主管部门负责废弃危险化学品处置的监督管理，组织危险化学品的环境危害性鉴定和环境风险程度评估，确定实施重点环境管理的危险化学品，负责危险化学品环境管理登记和新化学物质环境管理登记；依照职责分工调查相关危险化学品环境污染事故和生态破坏事件，负责危险化学品事故现场的应急环境监测。

（5）交通运输主管部门负责危险化学品道路运输、水路运输的许可以及运输工具的安全管理，对危险化学品水路运输安全实施监督，负责危险化学品道路运输企业、水路运输企业驾驶人员、船员、装卸管理人员、押运人员、申报人员、集装箱装箱现场检查员的资格认定。

（6）铁路监管部门负责危险化学品铁路运输及其运输工具的安全管理。

（7）民用航空主管部门负责危险化学品航空运输以及航空运输企业及其运输工具的安全管理。

（8）卫生主管部门负责危险化学品毒性鉴定的管理，负责组织、协调危险化学品事故受伤人员的医疗卫生救援工作。

（9）工商行政管理部门依据有关部门的许可证件，核发危险化学品生产、储存、经营、运输企业营业执照，查处危险化学品经营企业违法采购危险化学品的行为。

（10）邮政管理部门负责依法查处寄递危险化学品的行为。

（五）危险化学品安全监督管理部门的监督检查权

依据《危险化学品安全管理条例》第七条的规定，负有危险化学品安全监督管理职责的部门依法进行监督检查，可以采取下列5项措施：

（1）进入危险化学品作业场所实施现场检查，向有关单位和人员了解情况，查阅、复制有关文件、资料。

（2）发现危险化学品事故隐患，责令立即消除或者限期消除。

（3）对不符合法律、行政法规、规章规定或者国家标准、行业标准要求的设施、设备、装置、器材、运输工具，责令立即停止使用。

（4）经本部门主要负责人批准，查封违法生产、储存、使用、经营危险化学品的场所，扣押违法生产、储存、使用、经营、运输的危险化学品以及用于违法生产、使用、运输危险化学品的原材料、设备、运输工具。

（5）发现影响危险化学品安全的违法行为，当场予以纠正或者责令限期改正。

负有危险化学品安全监督管理职责的部门依法进行监督检查，监督检查人员不得少于2人，并应当出示执法证件；有关单位和个人对依法进行的监督检查应当予以配合，不得拒绝、阻碍。

（六）危险化学品安全监管的协调机制

依据《危险化学品安全管理条例》第八条的规定，县级以上人民政府应当建立危险化学品安全监督管理工作协调机制，支持、督促负有危险化学品安全监督管理职责的部门依法履行职责，协调、解决危险化学品安全监督管理工作中的重大问题。

负有危险化学品安全监督管理职责的部门应当相互配合、密切协作，依法加强对危险化学品的安全监督管理。

（七）对违反危险化学品安全管理行为的举报

依据《危险化学品安全管理条例》第九条的规定，任何单位和个人对违反本条例规定的行为，有权向负有危险化学品安全监督管理职责的部门举报。负有危险化学品安全监督管理职责的部门接到举报，应当及时依法处理；对不属于本部门职责的，应当及时移送有关部门处理。

（八）国家鼓励采取新技术、新工艺、新设备

依据《危险化学品安全管理条例》第十条的规定，国家鼓励危险化学品生产企业和使用危险化学品从事生产的企业采用有利于提高安全保障水平的先进技术、工艺、设备以及自动控制系统，鼓励对危险化学品实行专门储存、统一配送、集中销售。

二、危险化学品生产、储存安全管理的规定

（一）生产、储存的规划

依据《危险化学品安全管理条例》第十一条的规定，国家对危险化学品的生产、储存实行统筹规划、合理布局。

国务院工业和信息化主管部门以及国务院其他有关部门依据各自职责，负责危险化学品生产、储存的行业规划和布局。

地方人民政府组织编制城乡规划，应当根据本地区的实际情况，按照确保安全的原则，规划适当区域专门用于危险化学品的生产、储存。

（二）新建、改建、扩建生产、储存建设项目的安全条件审查

依据《危险化学品安全管理条例》第十二条的规定，新建、改建、扩建生产、储存危险化学品的建设项目（简称建设项目），应当由安全生产监督管理部门进行安全条件审查。

建设单位应当对建设项目进行安全条件论证，委托具备国家规定的资质条件的机构对建设项目进行安全评价，并将安全条件论证和安全评价的情况报告建设项目所在地设区的市级以上人民政府安全生产监督管理部门；安全生产监督管理部门应当自收到报告之日起45日内作出审查决定，并书面通知建设单位。

新建、改建、扩建储存、装卸危险化学品的港口建设项目，由港口行政管理部门按照

国务院交通运输主管部门的规定进行安全条件审查。

（三）生产、储存危险化学品单位管道的安全标志及检查

依据《危险化学品安全管理条例》第十三条的规定，生产、储存危险化学品的单位，应当对其铺设的危险化学品管道设置明显标志，并对危险化学品管道定期检查、检测。

进行可能危及危险化学品管道安全的施工作业，施工单位应当在开工的7日前书面通知管道所属单位，并与管道所属单位共同制定应急预案，采取相应的安全防护措施。管道所属单位应当指派专门人员到现场进行管道安全保护指导。

（四）生产危险化学品单位依法取得相应许可证

依据《危险化学品安全管理条例》第十四条的规定，危险化学品生产企业进行生产前，应当依照《安全生产许可证条例》的规定，取得危险化学品安全生产许可证。

生产列入国家实行生产许可证制度的工业产品目录的危险化学品的企业，应当依照《中华人民共和国工业产品生产许可证管理条例》的规定，取得工业产品生产许可证。

负责颁发危险化学品安全生产许可证、工业产品生产许可证的部门，应当将其颁发许可证的情况及时向同级工业和信息化主管部门、环境保护主管部门和公安机关通报。

（五）化学品安全技术说明书

依据《危险化学品安全管理条例》第十五条的规定，危险化学品生产企业应当提供与其生产的危险化学品相符的化学品安全技术说明书，并在危险化学品包装（包括外包装件）上粘贴或者拴挂与包装内危险化学品相符的化学品安全标签。化学品安全技术说明书和化学品安全标签所载明的内容应当符合国家标准的要求。

危险化学品生产企业发现其生产的危险化学品有新的危险特性的，应当立即公告，并及时修订其化学品安全技术说明书和化学品安全标签。

（六）生产实施重点环境管理的危险化学品的环境要求

依据《危险化学品安全管理条例》第十六条的规定，生产实施重点环境管理的危险化学品的企业，应当按照国务院环境保护主管部门的规定，将该危险化学品向环境中释放等相关信息向环境保护主管部门报告。环境保护主管部门可以根据情况采取相应的环境风险控制措施。

（七）危险化学品包装物、容器的安全管理

依据《危险化学品安全管理条例》的规定，危险化学品的包装应当符合法律、行政法规、规章的规定以及国家标准、行业标准的要求。危险化学品包装物、容器的材质以及危险化学品包装的型式、规格、方法和单件质量（重量），应当与所包装的危险化学品的性质和用途相适应。

生产列入国家实行生产许可证制度的工业产品目录的危险化学品包装物、容器的企业，应当依照《中华人民共和国工业产品生产许可证管理条例》的规定，取得工业产品生产许可证；其生产的危险化学品包装物、容器经国务院质量监督检验检疫部门认定的检验机构检验合格，方可出厂销售。

运输危险化学品的船舶及其配载的容器，应当按照国家船舶检验规范进行生产，并经海事管理机构认定的船舶检验机构检验合格，方可投入使用。

对重复使用的危险化学品包装物、容器，使用单位在重复使用前应当进行检查；发现存在安全隐患的，应当维修或者更换。使用单位应当对检查情况作出记录，记录的保存期限不得少于 2 年。

（八）生产装置和储存设施的选址

依据《危险化学品安全管理条例》第十九条的规定，危险化学品生产装置或者储存数量构成重大危险源的危险化学品储存设施（运输工具加油站、加气站除外），与下列场所、设施、区域的距离应当符合国家有关规定：

（1）居住区以及商业中心、公园等人员密集场所。

（2）学校、医院、影剧院、体育场（馆）等公共设施。

（3）饮用水源、水厂以及水源保护区。

（4）车站、码头（依法经许可从事危险化学品装卸作业的除外）、机场以及通信干线、通信枢纽、铁路线路、道路交通干线、水路交通干线、地铁风亭以及地铁站出入口。

（5）基本农田保护区、基本草原、畜禽遗传资源保护区、畜禽规模化养殖场（养殖小区）、渔业水域以及种子、种畜禽、水产苗种生产基地。

（6）河流、湖泊、风景名胜区、自然保护区。

（7）军事禁区、军事管理区。

（8）法律、行政法规规定的其他场所、设施、区域。

已建的危险化学品生产装置或者储存数量构成重大危险源的危险化学品储存设施不符合前款规定的，由所在地设区的市级人民政府安全生产监督管理部门会同有关部门监督其所属单位在规定期限内进行整改；需要转产、停产、搬迁、关闭的，由本级人民政府决定并组织实施。

储存数量构成重大危险源的危险化学品储存设施的选址，应当避开地震活动断层和容易发生洪灾、地质灾害的区域。

（九）生产、储存危险化学品单位安全设备设施的设置

依据《危险化学品安全管理条例》第二十条、第二十一条的规定，生产、储存危险化学品的单位，应当根据其生产、储存的危险化学品的种类和危险特性，在作业场所设置相应的监测、监控、通风、防晒、调温、防火、灭火、防爆、泄压、防毒、中和、防潮、防雷、防静电、防腐、防泄漏以及防护围堤或者隔离操作等安全设施、设备，并按照国家标准、行业标准或者国家有关规定对安全设施、设备进行经常性维护、保养，保证安全设施、设备的正常使用。

生产、储存危险化学品的单位，应当在其作业场所和安全设施、设备上设置明显的安全警示标志。生产、储存危险化学品的单位，应当在其作业场所设置通信、报警装置，并保证处于适用状态。

（十）生产、储存危险化学品的安全评价

依据《危险化学品安全管理条例》第二十二条的规定，生产、储存危险化学品的企业，应当委托具备国家规定的资质条件的机构，对本企业的安全生产条件每 3 年进行一次安全评价，提出安全评价报告。安全评价报告的内容应当包括对安全生产条件存在的问题进行整改的方案。

生产、储存危险化学品的企业，应当将安全评价报告以及整改方案的落实情况报所在地县级人民政府安全生产监督管理部门备案。在港区内储存危险化学品的企业，应当将安全评价报告以及整改方案的落实情况报港口行政管理部门备案。

（十一） 生产、储存剧毒化学品和易制爆危险化学品的专项管理

依据《危险化学品安全管理条例》第二十三条的规定，生产、储存剧毒化学品或者国务院公安部门规定的可用于制造爆炸物品的危险化学品（简称易制爆危险化学品）的单位，应当如实记录其生产、储存的剧毒化学品、易制爆危险化学品的数量、流向，并采取必要的安全防范措施，防止剧毒化学品、易制爆危险化学品丢失或者被盗；发现剧毒化学品、易制爆危险化学品丢失或者被盗的，应当立即向当地公安机关报告。生产、储存剧毒化学品、易制爆危险化学品的单位，应当设置治安保卫机构，配备专职治安保卫人员。

（十二） 危险化学品仓库的安全管理

依据《危险化学品安全管理条例》第二十四条、第二十五条、第二十六条的规定，生产、储存危险化学品的仓库应当遵循下列规定：

（1） 危险化学品应当储存在专用仓库、专用场地或者专用储存室（统称专用仓库）内，并由专人负责管理；剧毒化学品以及储存数量构成重大危险源的其他危险化学品，应当在专用仓库内单独存放，并实行双人收发、双人保管制度。

（2） 危险化学品的储存方式、方法以及储存数量应当符合国家标准或者国家有关规定。

（3） 储存危险化学品的单位应当建立危险化学品出入库核查、登记制度。

（4） 对剧毒化学品以及储存数量构成重大危险源的其他危险化学品，储存单位应当将其储存数量、储存地点以及管理人员的情况，报所在地县级人民政府安全生产监督管理部门（在港区内储存的，报港口行政管理部门）和公安机关备案。

（5） 危险化学品专用仓库应当符合国家标准、行业标准的要求，并设置明显的标志。储存剧毒化学品、易制爆危险化学品的专用仓库，应当按照国家有关规定设置相应的技术防范设施。

（6） 储存危险化学品的单位应当对其危险化学品专用仓库的安全设施、设备定期进行检测、检验。

（十三） 危险化学品单位转产、停产、停业或者解散的安全管理

依据《危险化学品安全管理条例》第二十七条的规定，生产、储存危险化学品的单位转产、停产、停业或者解散的，应当采取有效措施，及时、妥善处置其危险化学品生产装置、储存设施以及库存的危险化学品，不得丢弃危险化学品；处置方案应当报所在地县级人民政府安全生产监督管理部门、工业和信息化主管部门、环境保护主管部门和公安机关备案。安全生产监督管理部门应当会同环境保护主管部门和公安机关对处置情况进行监督检查，发现未依照规定处置的，应当责令其立即处置。

三、危险化学品使用的安全管理规定

（一） 使用危险化学品的单位基本安全要求

依据《危险化学品安全管理条例》第二十八条、第三十二条的规定，使用危险化学

品的单位应当遵循下列要求：

（1）使用危险化学品的单位，其使用条件（包括工艺）应当符合法律、行政法规的规定和国家标准、行业标准的要求，并根据所使用的危险化学品的种类、危险特性以及使用量和使用方式，建立、健全使用危险化学品的安全管理规章制度和安全操作规程，保证危险化学品的安全使用。

（2）使用实施重点环境管理的危险化学品从事生产的企业，应当按照国务院环境保护主管部门的规定，将该危险化学品向环境中释放等相关信息向环境保护主管部门报告。

（3）使用危险化学品的单位，应当遵守《危险化学品安全管理条例》第二十条关于安全设备设施设置的规定。

（4）使用危险化学品的单位，应当遵守《危险化学品安全管理条例》第二十一条关于在其作业场所设置通信、报警的规定。

（5）使用危险化学品的单位，应当遵守《危险化学品安全管理条例》第二十三条第一款关于生产、储存剧毒化学品和易制爆危险化学品的专项管理规定。

（6）使用危险化学品的单位，应当遵守《危险化学品安全管理条例》第二十七条关于生产、储存危险化学品单位的转产、停产、停业或者解散的规定。

（7）使用危险化学品从事生产的企业，应当遵守《危险化学品安全管理条例》第二十二条关于生产、储存危险化学品企业的安全评价的规定。

（二）安全使用许可证

依据《危险化学品安全管理条例》第二十九条的规定，使用危险化学品从事生产并且使用量达到规定数量的化工企业（属于危险化学品生产企业的除外，下同），应当依照本条例的规定取得危险化学品安全使用许可证。

1. 安全条件

依据《危险化学品安全管理条例》第三十条的规定，申请危险化学品安全使用许可证的化工企业，除应当符合本条例第二十八条的规定外，还应当具备下列条件：

（1）有与所使用的危险化学品相适应的专业技术人员。

（2）有安全管理机构和专职安全管理人员。

（3）有符合国家规定的危险化学品事故应急预案和必要的应急救援器材、设备。

（4）依法进行了安全评价。

2. 申办程序

依据《危险化学品安全管理条例》第三十一条的规定，申请危险化学品安全使用许可证的化工企业，应当向所在地设区的市级人民政府安全生产监督管理部门提出申请，并提交其符合申办规定条件的证明材料。设区的市级人民政府安全生产监督管理部门应当依法进行审查，自收到证明材料之日起45日内作出批准或者不予批准的决定。予以批准的，颁发危险化学品安全使用许可证；不予批准的，书面通知申请人并说明理由。

（三）安全使用许可证的信息共享

依据《危险化学品安全管理条例》第三十一条第二款的规定，安全生产监督管理部门应当将其颁发危险化学品安全使用许可证的情况及时向同级环境保护主管部门和公安机关通报。

四、危险化学品经营的安全管理规定

（一）经营许可证

依据《危险化学品安全管理条例》的规定，国家对危险化学品经营（包括仓储经营，下同）实行许可制度。未经许可，任何单位和个人不得经营危险化学品。

依法设立的危险化学品生产企业在其厂区范围内销售本企业生产的危险化学品，不需要取得危险化学品经营许可。

依据《中华人民共和国港口法》的规定取得港口经营许可证的港口经营人，在港区内从事危险化学品仓储经营，不需要取得危险化学品经营许可。

申请人持危险化学品经营许可证向工商行政管理部门办理登记手续后，方可从事危险化学品经营活动。法律、行政法规或者国务院规定经营危险化学品还需要经其他有关部门许可的，申请人向工商行政管理部门办理登记手续时还应当持相应的许可证件。

1. 安全条件

依据《危险化学品安全管理条例》第三十四条的规定，从事危险化学品经营的企业应当具备下列条件：

（1）有符合国家标准、行业标准的经营场所，储存危险化学品的，还应当有符合国家标准、行业标准的储存设施。

（2）从业人员经过专业技术培训并经考核合格。

（3）有健全的安全管理规章制度。

（4）有专职安全管理人员。

（5）有符合国家规定的危险化学品事故应急预案和必要的应急救援器材、设备。

（6）法律、法规规定的其他条件。

2. 申办程序

依据《危险化学品安全管理条例》第三十五条的规定，从事剧毒化学品、易制爆危险化学品经营的企业，应当向所在地设区的市级人民政府安全生产监督管理部门提出申请，从事其他危险化学品经营的企业，应当向所在地县级人民政府安全生产监督管理部门提出申请（有储存设施的，应当向所在地设区的市级人民政府安全生产监督管理部门提出申请）。申请人应当提交其符合申办规定条件的证明材料。

设区的市级人民政府安全生产监督管理部门或者县级人民政府安全生产监督管理部门应当依法进行审查，并对申请人的经营场所、储存设施进行现场核查，自收到证明材料之日起30日内作出批准或者不予批准的决定。予以批准的，颁发危险化学品经营许可证；不予批准的，书面通知申请人并说明理由。

（二）经营许可证的信息共享

依据《危险化学品安全管理条例》第三十五条的规定，设区的市级人民政府安全生产监督管理部门和县级人民政府安全生产监督管理部门应当将其颁发危险化学品经营许可证的情况及时向同级环境保护主管部门和公安机关通报。

（三）危险化学品经营企业的安全管理

依据《危险化学品安全管理条例》第三十六条、第三十七条的规定，危险化学品经

营企业应当遵守以下规定：

（1）危险化学品经营企业储存危险化学品的，应当遵守《危险化学品安全管理条例》第二章关于储存危险化学品的规定。

（2）危险化学品商店内只能存放民用小包装的危险化学品。

（3）危险化学品经营企业不得向未经许可从事危险化学品生产、经营活动的企业采购危险化学品，不得经营没有化学品安全技术说明书或者化学品安全标签的危险化学品。

（四）剧毒化学品购买许可证的规定

1. 申办条件

依据《危险化学品安全管理条例》的规定，申请取得剧毒化学品购买许可证，申请人应当向所在地县级人民政府公安机关提交下列材料：

（1）营业执照或者法人证书（登记证书）的复印件。

（2）拟购买的剧毒化学品品种、数量的说明。

（3）购买剧毒化学品用途的说明。

（4）经办人的身份证明。

2. 申办程序

县级人民政府公安机关应当自收到申办条件规定的材料之日起3日内，作出批准或者不予批准的决定。予以批准的，颁发剧毒化学品购买许可证；不予批准的，书面通知申请人并说明理由。

（五）购买剧毒化学品、易制爆危险化学品的安全规定

依据《危险化学品安全管理条例》的规定，对购买剧毒化学品、易制爆危险化学品作出如下规定：

（1）依法取得危险化学品安全生产许可证、危险化学品安全使用许可证、危险化学品经营许可证的企业，凭相应的许可证件购买剧毒化学品、易制爆危险化学品。民用爆炸物品生产企业凭民用爆炸物品生产许可证购买易制爆危险化学品。

（2）除依法取得危险化学品安全生产许可证、危险化学品安全使用许可证、危险化学品经营许可证的企业、民用爆炸物品生产企业以外，其他单位购买剧毒化学品的，应当向所在地县级人民政府公安机关申请取得剧毒化学品购买许可证；购买易制爆危险化学品的，应当持本单位出具的合法用途说明。

（3）个人不得购买剧毒化学品（属于剧毒化学品的农药除外）和易制爆危险化学品。

（六）销售剧毒化学品、易制爆危险化学品的安全规定

依据《危险化学品安全管理条例》的规定，对销售剧毒化学品、易制爆危险化学品作出如下规定：

（1）危险化学品生产企业、经营企业销售剧毒化学品、易制爆危险化学品，应当查验《危险化学品安全管理条例》第三十八条第一款、第二款规定的相关许可证件或者证明文件，不得向不具有相关许可证件或者证明文件的单位销售剧毒化学品、易制爆危险化学品。对持剧毒化学品购买许可证购买剧毒化学品的，应当按照许可证载明的品种、数量销售。

（2）禁止向个人销售剧毒化学品（属于剧毒化学品的农药除外）和易制爆危险化

学品。

（3）危险化学品生产企业、经营企业销售剧毒化学品、易制爆危险化学品，应当如实记录购买单位的名称、地址、经办人的姓名、身份证号码以及所购买的剧毒化学品、易制爆危险化学品的品种、数量、用途。销售记录以及经办人的身份证明复印件、相关许可证件复印件或者证明文件的保存期限不得少于 1 年。

（4）剧毒化学品、易制爆危险化学品的销售企业、购买单位应当在销售、购买后 5 日内，将所销售、购买的剧毒化学品、易制爆危险化学品的品种、数量以及流向信息报所在地县级人民政府公安机关备案，并输入计算机系统。

（七）出借、转让其购买的剧毒化学品、易制爆危险化学品的禁止规定

依据《危险化学品安全管理条例》的规定，使用剧毒化学品、易制爆危险化学品的单位不得出借、转让其购买的剧毒化学品、易制爆危险化学品；因转产、停产、搬迁、关闭等确需转让的，应当向具有本条例第三十八条第一款、第二款规定的相关许可证件或者证明文件的单位转让，并在转让后将有关情况及时向所在地县级人民政府公安机关报告。

五、危险化学品运输的安全管理规定

（一）道路、水路运输的资质和资格

1. 企业资质

依据《危险化学品安全管理条例》的规定，从事危险化学品道路运输、水路运输的，应当分别依照有关道路运输、水路运输的法律、行政法规的规定，取得危险货物道路运输许可、危险货物水路运输许可，并向工商行政管理部门办理登记手续。

危险化学品道路运输企业、水路运输企业应当配备专职安全管理人员。

2. 人员资格

依据《危险化学品安全管理条例》的规定，危险化学品道路运输企业、水路运输企业的驾驶人员、船员、装卸管理人员、押运人员、申报人员、集装箱装箱现场检查员应当经交通运输主管部门考核合格，取得从业资格。

（二）装卸的安全管理

依据《危险化学品安全管理条例》的规定，危险化学品的装卸作业应当遵守安全作业标准、规程和制度，并在装卸管理人员的现场指挥或者监控下进行。水路运输危险化学品的集装箱装箱作业应当在集装箱装箱现场检查员的指挥或者监控下进行，并符合积载、隔离的规范和要求；装箱作业完毕后，集装箱装箱现场检查员应当签署装箱证明书。

（三）道路运输途中的安全管理

依据《危险化学品安全管理条例》的规定，危险化学品运输途中应当遵守下列规定：

（1）运输危险化学品，应当根据危险化学品的危险特性采取相应的安全防护措施，并配备必要的防护用品和应急救援器材。

（2）用于运输危险化学品的槽罐以及其他容器应当封口严密，能够防止危险化学品在运输过程中因温度、湿度或者压力的变化发生渗漏、洒漏；槽罐以及其他容器的溢流和泄压装置应当设置准确、起闭灵活。

（3）运输危险化学品的驾驶人员、船员、装卸管理人员、押运人员、申报人员、集

装箱装箱现场检查员，应当了解所运输的危险化学品的危险特性及其包装物、容器的使用要求和出现危险情况时的应急处置方法。

（4）通过道路运输危险化学品的，托运人应当委托依法取得危险货物道路运输许可的企业承运。

（5）通过道路运输危险化学品的，应当按照运输车辆的核定载质量装载危险化学品，不得超载。

（6）危险化学品运输车辆应当符合国家标准要求的安全技术条件，并按照国家有关规定定期进行安全技术检验。

（7）危险化学品运输车辆应当悬挂或者喷涂符合国家标准要求的警示标志。

（8）通过道路运输危险化学品的，应当配备押运人员，并保证所运输的危险化学品处于押运人员的监控之下。

（9）运输危险化学品途中因住宿或者发生影响正常运输的情况，需要较长时间停车的，驾驶人员、押运人员应当采取相应的安全防范措施；运输剧毒化学品或者易制爆危险化学品的，还应当向当地公安机关报告。

（10）未经公安机关批准，运输危险化学品的车辆不得进入危险化学品运输车辆限制通行的区域。危险化学品运输车辆限制通行的区域由县级人民政府公安机关划定，并设置明显的标志。

（四）剧毒化学品道路运输通行证的规定

依据《危险化学品安全管理条例》的规定，通过道路运输剧毒化学品的，托运人应当向运输始发地或者目的地县级人民政府公安机关申请剧毒化学品道路运输通行证。

1. 申办条件

申请剧毒化学品道路运输通行证，托运人应当向县级人民政府公安机关提交下列材料：

（1）拟运输的剧毒化学品品种、数量的说明。

（2）运输始发地、目的地、运输时间和运输路线的说明。

（3）承运人取得危险货物道路运输许可、运输车辆取得营运证以及驾驶人员、押运人员取得上岗资格的证明文件。

（4）《危险化学品安全管理条例》第三十八条第一款、第二款规定的购买剧毒化学品的相关许可证件，或者海关出具的进出口证明文件。

2. 申办程序

县级人民政府公安机关应当自收到申办条件规定的材料之日起 7 日内，作出批准或者不予批准的决定。予以批准的，颁发剧毒化学品道路运输通行证；不予批准的，书面通知申请人并说明理由。

（五）剧毒化学品、易制爆危险化学品丢失、被盗、被抢的安全管理

依据《危险化学品安全管理条例》的规定，剧毒化学品、易制爆危险化学品在道路运输途中丢失、被盗、被抢或者出现流散、泄漏等情况的，驾驶人员、押运人员应当立即采取相应的警示措施和安全措施，并向当地公安机关报告。公安机关接到报告后，应当根据实际情况立即向安全生产监督管理部门、环境保护主管部门、卫生主管部门通报。有关部门应当采取必要的应急处置措施。

（六）内河运输剧毒化学品和其他危险化学品的禁止规定

依据《危险化学品安全管理条例》的规定，禁止通过内河封闭水域运输剧毒化学品以及国家规定禁止通过内河运输的其他危险化学品。

内河封闭水域以外的内河水域，禁止运输国家规定禁止通过内河运输的剧毒化学品以及其他危险化学品。

禁止通过内河运输的剧毒化学品以及其他危险化学品的范围，由国务院交通运输主管部门会同国务院环境保护主管部门、工业和信息化主管部门、安全生产监督管理部门，根据危险化学品的危险特性、危险化学品对人体和水环境的危害程度以及消除危害后果的难易程度等因素规定并公布。

（七）水路运输的安全管理

依据《危险化学品安全管理条例》的规定，水路运输危险化学品应当遵守下列规定：

（1）通过水路运输危险化学品的，应当遵守法律、行政法规以及国务院交通运输主管部门关于危险货物水路运输安全的规定。

（2）海事管理机构应当根据危险化学品的种类和危险特性，确定船舶运输危险化学品的相关安全运输条件。拟交付船舶运输的化学品的相关安全运输条件不明确的，货物所有人或者代理人应当委托相关技术机构进行评估，明确相关安全运输条件并经海事管理机构确认后，方可交付船舶运输。

（3）通过内河运输危险化学品，应当由依法取得危险货物水路运输许可的水路运输企业承运，其他单位和个人不得承运。托运人应当委托依法取得危险货物水路运输许可的水路运输企业承运，不得委托其他单位和个人承运。

（4）通过内河运输危险化学品，应当使用依法取得危险货物适装证书的运输船舶。水路运输企业应当针对所运输的危险化学品的危险特性，制定运输船舶危险化学品事故应急救援预案，并为运输船舶配备充足、有效的应急救援器材和设备。

（5）通过内河运输危险化学品的船舶，其所有人或者经营人应当取得船舶污染损害责任保险证书或者财务担保证明。船舶污染损害责任保险证书或者财务担保证明的副本应当随船携带。

（6）通过内河运输危险化学品，危险化学品包装物的材质、形式、强度以及包装方法应当符合水路运输危险化学品包装规范的要求。国务院交通运输主管部门对单船运输的危险化学品数量有限制性规定的，承运人应当按照规定安排运输数量。

（7）用于危险化学品运输作业的内河码头、泊位应当符合国家有关安全规范，与饮用水取水口保持国家规定的距离。有关管理单位应当制定码头、泊位危险化学品事故应急预案，并为码头、泊位配备充足、有效的应急救援器材和设备。用于危险化学品运输作业的内河码头、泊位，经交通运输主管部门按照国家有关规定验收合格后方可投入使用。

（8）船舶载运危险化学品进出内河港口，应当将危险化学品的名称、危险特性、包装以及进出港时间等事项，事先报告海事管理机构。海事管理机构接到报告后，应当在国务院交通运输主管部门规定的时间内作出是否同意的决定，通知报告人，同时通报港口行政管理部门。定船舶、定航线、定货种的船舶可以定期报告。

（9）在内河港口内进行危险化学品的装卸、过驳作业，应当将危险化学品的名称、危险特性、包装和作业的时间、地点等事项报告港口行政管理部门。港口行政管理部门接到报告后，应当在国务院交通运输主管部门规定的时间内作出是否同意的决定，通知报告人，同时通报海事管理机构。

（10）载运危险化学品的船舶在内河航行，通过过船建筑物的，应当提前向交通运输主管部门申报，并接受交通运输主管部门的管理。

（11）载运危险化学品的船舶在内河航行、装卸或者停泊，应当悬挂专用的警示标志，按照规定显示专用信号。

（12）载运危险化学品的船舶在内河航行，按照国务院交通运输主管部门的规定需要引航的，应当申请引航。

（13）载运危险化学品的船舶在内河航行，应当遵守法律、行政法规和国家其他有关饮用水水源保护的规定。内河航道发展规划应当与依法经批准的饮用水水源保护区划定方案相协调。

（八）托运人的责任

依据《危险化学品安全管理条例》的规定，托运危险化学品的，托运人应当向承运人说明所托运的危险化学品的种类、数量、危险特性以及发生危险情况的应急处置措施，并按照国家有关规定对所托运的危险化学品妥善包装，在外包装上设置相应的标志。

运输危险化学品需要添加抑制剂或者稳定剂的，托运人应当添加，并将有关情况告知承运人。

托运人不得在托运的普通货物中夹带危险化学品，不得将危险化学品匿报或者谎报为普通货物托运。

任何单位和个人不得交寄危险化学品或者在邮件、快件内夹带危险化学品，不得将危险化学品匿报或者谎报为普通物品交寄。

六、危险化学品登记与事故应急救援

（一）危险化学品登记管理

依据《危险化学品安全管理条例》的规定，国家实行危险化学品登记制度，为危险化学品安全管理以及危险化学品事故预防和应急救援提供技术、信息支持。

危险化学品生产企业、进口企业，应当向国务院安全生产监督管理部门负责危险化学品登记的机构（简称危险化学品登记机构）办理危险化学品登记。

危险化学品登记包括下列内容：

（1）分类和标签信息。

（2）物理、化学性质。

（3）主要用途。

（4）危险特性。

（5）储存、使用、运输的安全要求。

（6）出现危险情况的应急处置措施。

对同一企业生产、进口的同一品种的危险化学品，不进行重复登记。危险化学品生产企业、进口企业发现其生产、进口的危险化学品有新的危险特性的，应当及时向危险化学品登记机构办理登记内容变更手续。

（二）危险化学品事故应急预案

依据《危险化学品安全管理条例》的规定，县级以上地方人民政府安全生产监督管理部门应当会同工业和信息化、环境保护、公安、卫生、交通运输、铁路、质量监督检验检疫等部门，根据本地区实际情况，制定危险化学品事故应急预案，报本级人民政府批准。

危险化学品单位应当制定本单位危险化学品事故应急预案，配备应急救援人员和必要的应急救援器材、设备，并定期组织应急救援演练。

危险化学品单位应当将其危险化学品事故应急预案报所在地设区的市级人民政府安全生产监督管理部门备案。

（三）危险化学品事故应急救援

依据《危险化学品安全管理条例》的规定，发生危险化学品事故，事故单位主要负责人应当立即按照本单位危险化学品应急预案组织救援，并向当地安全生产监督管理部门和环境保护、公安、卫生主管部门报告；道路运输、水路运输过程中发生危险化学品事故的，驾驶人员、船员或者押运人员还应当向事故发生地交通运输主管部门报告。

发生危险化学品事故，有关地方人民政府应当立即组织安全生产监督管理、环境保护、公安、卫生、交通运输等有关部门，按照本地区危险化学品事故应急预案组织实施救援，不得拖延、推诿。

有关地方人民政府及其有关部门应当按照下列规定，采取必要的应急处置措施，减少事故损失，防止事故蔓延、扩大：

（1）立即组织营救和救治受害人员，疏散、撤离或者采取其他措施保护危害区域内的其他人员。

（2）迅速控制危害源，测定危险化学品的性质、事故的危害区域及危害程度。

（3）针对事故对人体、动植物、土壤、水源、大气造成的现实危害和可能产生的危害，迅速采取封闭、隔离、洗消等措施。

（4）对危险化学品事故造成的环境污染和生态破坏状况进行监测、评估，并采取相应的环境污染治理和生态修复措施。

有关危险化学品单位应当为危险化学品事故应急救援提供技术指导和必要的协助。

七、法律责任

（一）生产、经营、使用国家禁止生产、经营、使用的危险化学品的处罚

依据《危险化学品安全管理条例》第七十五条的规定，生产、经营、使用国家禁止生产、经营、使用的危险化学品的，由安全生产监督管理部门责令停止生产、经营、使用活动，处 20 万元以上 50 万元以下的罚款，有违法所得的，没收违法所得；构成犯罪的，依法追究刑事责任。

有上述规定行为的，安全生产监督管理部门还应当责令其对所生产、经营、使用的危险化学品进行无害化处理。

违反国家关于危险化学品使用的限制性规定使用危险化学品的，由安全生产监督管理部门责令停止生产、经营、使用活动，处 20 万元以上 50 万元以下的罚款，有违法所得的，没收违法所得；构成犯罪的，依法追究刑事责任。

（二）新建、改建、扩建生产、储存危险化学品的建设项目违反安全审查的处罚

依据《危险化学品安全管理条例》第七十六条的规定，未经安全条件审查，新建、改建、扩建生产、储存危险化学品的建设项目的，由安全生产监督管理部门责令停止建设，限期改正；逾期不改正的，处 50 万元以上 100 万元以下的罚款；构成犯罪的，依法追究刑事责任。

未经安全条件审查，新建、改建、扩建储存、装卸危险化学品的港口建设项目的，由港口行政管理部门依照前款规定予以处罚。

（三）违反有关安全许可规定的处罚

依据《危险化学品安全管理条例》第七十七条的规定，未依法取得危险化学品安全生产许可证从事危险化学品生产，或者未依法取得工业产品生产许可证从事危险化学品及其包装物、容器生产的，分别依照《安全生产许可证条例》《中华人民共和国工业产品生产许可证管理条例》的规定处罚。

违反本条例规定，化工企业未取得危险化学品安全使用许可证，使用危险化学品从事生产的，由安全生产监督管理部门责令限期改正，处 10 万元以上 20 万元以下的罚款；逾期不改正的，责令停产整顿。

违反本条例规定，未取得危险化学品经营许可证从事危险化学品经营的，由安全生产监督管理部门责令停止经营活动，没收违法经营的危险化学品以及违法所得，并处 10 万元以上 20 万元以下的罚款；构成犯罪的，依法追究刑事责任。

（四）危险化学品单位违反有关安全管理的处罚

依据《危险化学品安全管理条例》第七十八条的规定，有下列情形之一的，由安全生产监督管理部门责令改正，可以处 5 万元以下的罚款；拒不改正的，处 5 万元以上 10 万元以下的罚款；情节严重的，责令停产停业整顿：

（1）生产、储存危险化学品的单位未对其铺设的危险化学品管道设置明显的标志，或者未对危险化学品管道定期检查、检测的。

（2）进行可能危及危险化学品管道安全的施工作业，施工单位未按照规定书面通知管道所属单位，或者未与管道所属单位共同制定应急预案、采取相应的安全防护措施，或者管道所属单位未指派专门人员到现场进行管道安全保护指导的。

（3）危险化学品生产企业未提供化学品安全技术说明书，或者未在包装（包括外包装件）上粘贴、拴挂化学品安全标签的。

（4）危险化学品生产企业提供的化学品安全技术说明书与其生产的危险化学品不相符，或者在包装（包括外包装件）粘贴、拴挂的化学品安全标签与包装内危险化学品不相符，或者化学品安全技术说明书、化学品安全标签所载明的内容不符合国家标准要求的。

（5）危险化学品生产企业发现其生产的危险化学品有新的危险特性不立即公告，或者不及时修订其化学品安全技术说明书和化学品安全标签的。

（6）危险化学品经营企业经营没有化学品安全技术说明书和化学品安全标签的危险化学品的。

（7）危险化学品包装物、容器的材质以及包装的型式、规格、方法和单件质量（重量）与所包装的危险化学品的性质和用途不相适应的。

（8）生产、储存危险化学品的单位未在作业场所和安全设施、设备上设置明显的安全警示标志，或者未在作业场所设置通信、报警装置的。

（9）危险化学品专用仓库未设专人负责管理，或者对储存的剧毒化学品以及储存数量构成重大危险源的其他危险化学品未实行双人收发、双人保管制度的。

（10）储存危险化学品的单位未建立危险化学品出入库核查、登记制度的。

（11）危险化学品专用仓库未设置明显标志的。

（12）危险化学品生产企业、进口企业不办理危险化学品登记，或者发现其生产、进口的危险化学品有新的危险特性不办理危险化学品登记内容变更手续的。

从事危险化学品仓储经营的港口经营人有前款规定情形的，由港口行政管理部门依照前款规定予以处罚。储存剧毒化学品、易制爆危险化学品的专用仓库未按照国家有关规定设置相应的技术防范设施的，由公安机关依照前款规定予以处罚。

生产、储存剧毒化学品、易制爆危险化学品的单位未设置治安保卫机构、配备专职治安保卫人员的，依照《企业事业单位内部治安保卫条例》的规定处罚。

（五）危险化学品包装物、容器违反检验规定的处罚

依据《危险化学品安全管理条例》第七十九条的规定，危险化学品包装物、容器生产企业销售未经检验或者经检验不合格的危险化学品包装物、容器的，由质量监督检验检疫部门责令改正，处 10 万元以上 20 万元以下的罚款，有违法所得的，没收违法所得；拒不改正的，责令停产停业整顿；构成犯罪的，依法追究刑事责任。

将未经检验合格的运输危险化学品的船舶及其配载的容器投入使用的，由海事管理机构依照前款规定予以处罚。

（六）生产、储存、使用危险化学品的单位违反有关安全管理规定的处罚

依据《危险化学品安全管理条例》第八十条的规定，生产、储存、使用危险化学品的单位有下列情形之一的，由安全生产监督管理部门责令改正，处 5 万元以上 10 万元以下的罚款；拒不改正的，责令停产停业整顿直至由原发证机关吊销其相关许可证件，并由工商行政管理部门责令其办理经营范围变更登记或者吊销其营业执照；有关责任人员构成犯罪的，依法追究刑事责任：

（1）对重复使用的危险化学品包装物、容器，在重复使用前不进行检查的。

（2）未根据其生产、储存的危险化学品的种类和危险特性，在作业场所设置相关安全设施、设备，或者未按照国家标准、行业标准或者国家有关规定对安全设施、设备进行经常性维护、保养的。

（3）未依照本条例规定对其安全生产条件定期进行安全评价的。

（4）未将危险化学品储存在专用仓库内，或者未将剧毒化学品以及储存数量构成重大危险源的其他危险化学品在专用仓库内单独存放的。

（5）危险化学品的储存方式、方法或者储存数量不符合国家标准或者国家有关规定的。

(6) 危险化学品专用仓库不符合国家标准、行业标准的要求的。

(7) 未对危险化学品专用仓库的安全设施、设备定期进行检测、检验的。

从事危险化学品仓储经营的港口经营人有前款规定情形的，由港口行政管理部门依照前款规定予以处罚。

（七）生产、储存、使用剧毒化学品、易制爆危险化学品的单位违反有关规定的处罚

依据《危险化学品安全管理条例》第八十一条的规定，有下列情形之一的，由公安机关责令改正，可以处 1 万元以下的罚款；拒不改正的，处 1 万元以上 5 万元以下的罚款：

(1) 生产、储存、使用剧毒化学品、易制爆危险化学品的单位不如实记录生产、储存、使用的剧毒化学品、易制爆危险化学品的数量、流向的。

(2) 生产、储存、使用剧毒化学品、易制爆危险化学品的单位发现剧毒化学品、易制爆危险化学品丢失或者被盗，不立即向公安机关报告的。

(3) 储存剧毒化学品的单位未将剧毒化学品的储存数量、储存地点以及管理人员的情况报所在地县级人民政府公安机关备案的。

(4) 危险化学品生产企业、经营企业不如实记录剧毒化学品、易制爆危险化学品购买单位的名称、地址、经办人的姓名、身份证号码以及所购买的剧毒化学品、易制爆危险化学品的品种、数量、用途，或者保存销售记录和相关材料的时间少于 1 年的。

(5) 剧毒化学品、易制爆危险化学品的销售企业、购买单位未在规定的时限内将所销售、购买的剧毒化学品、易制爆危险化学品的品种、数量以及流向信息报所在地县级人民政府公安机关备案的。

(6) 使用剧毒化学品、易制爆危险化学品的单位依照本条例规定转让其购买的剧毒化学品、易制爆危险化学品，未将有关情况向所在地县级人民政府公安机关报告的。

生产、储存危险化学品的企业或者使用危险化学品从事生产的企业未按照本条例规定将安全评价报告以及整改方案的落实情况报安全生产监督管理部门或者港口行政管理部门备案，或者储存危险化学品的单位未将其剧毒化学品以及储存数量构成重大危险源的其他危险化学品的储存数量、储存地点以及管理人员的情况报安全生产监督管理部门或者港口行政管理部门备案的，分别由安全生产监督管理部门或者港口行政管理部门依照前款规定予以处罚。

生产实施重点环境管理的危险化学品的企业或者使用实施重点环境管理的危险化学品从事生产的企业未按照规定将相关信息向环境保护主管部门报告的，由环境保护主管部门依照本条第一款的规定予以处罚。

（八）违反有关转产、停产、停业或者解散规定的处罚

依据《危险化学品安全管理条例》第八十二条的规定，生产、储存、使用危险化学品的单位转产、停产、停业或者解散，未采取有效措施及时、妥善处置其危险化学品生产装置、储存设施以及库存的危险化学品，或者丢弃危险化学品的，由安全生产监督管理部门责令改正，处 5 万元以上 10 万元以下的罚款；构成犯罪的，依法追究刑事责任。

生产、储存、使用危险化学品的单位转产、停产、停业或者解散，未依照本条例规定将其危险化学品生产装置、储存设施以及库存危险化学品的处置方案报有关部门备案的，分别由有关部门责令改正，可以处 1 万元以下的罚款；拒不改正的，处 1 万元以上 5 万元以下的罚款。

（九）危险化学品经营企业违反采购规定的处罚

依据《危险化学品安全管理条例》第八十三条的规定，危险化学品经营企业向未经许可违法从事危险化学品生产、经营活动的企业采购危险化学品的，由工商行政管理部门责令改正，处 10 万元以上 20 万元以下的罚款；拒不改正的，责令停业整顿直至由原发证机关吊销其危险化学品经营许可证，并由工商行政管理部门责令其办理经营范围变更登记或者吊销其营业执照。

（十）违反规定销售剧毒化学品、易制爆危险化学品的处罚

依据《危险化学品安全管理条例》第八十四条的规定，危险化学品生产企业、经营企业有下列情形之一的，由安全生产监督管理部门责令改正，没收违法所得，并处 10 万元以上 20 万元以下的罚款；拒不改正的，责令停产停业整顿直至吊销其危险化学品安全生产许可证、危险化学品经营许可证，并由工商行政管理部门责令其办理经营范围变更登记或者吊销其营业执照：

（1）向不具有本条例第三十八条第一款、第二款规定的相关许可证件或者证明文件的单位销售剧毒化学品、易制爆危险化学品的。

（2）不按照剧毒化学品购买许可证载明的品种、数量销售剧毒化学品的。

（3）向个人销售剧毒化学品（属于剧毒化学品的农药除外）、易制爆危险化学品的。

不具有本条例第三十八条第一款、第二款规定的相关许可证件或者证明文件的单位购买剧毒化学品、易制爆危险化学品，或者个人购买剧毒化学品（属于剧毒化学品的农药除外）、易制爆危险化学品的，由公安机关没收所购买的剧毒化学品、易制爆危险化学品，可以并处 5000 元以下的罚款。

使用剧毒化学品、易制爆危险化学品的单位出借或者向不具有本条例第三十八条第一款、第二款规定的相关许可证件的单位转让其购买的剧毒化学品、易制爆危险化学品，或者向个人转让其购买的剧毒化学品（属于剧毒化学品的农药除外）、易制爆危险化学品的，由公安机关责令改正，处 10 万元以上 20 万元以下的罚款；拒不改正的，责令停产停业整顿。

（十一）违反道路、水路运输规定的处罚

依据《危险化学品安全管理条例》的规定，未依法取得危险货物道路运输许可、危险货物水路运输许可，从事危险化学品道路运输、水路运输的，分别依照有关道路运输、水路运输的法律、行政法规的规定处罚。

（1）有下列情形之一的，由交通运输主管部门责令改正，处 5 万元以上 10 万元以下的罚款；拒不改正的，责令停产停业整顿；构成犯罪的，依法追究刑事责任：

① 危险化学品道路运输企业、水路运输企业的驾驶人员、船员、装卸管理人员、押运人员、申报人员、集装箱装箱现场检查员未取得从业资格上岗作业的。

② 运输危险化学品，未根据危险化学品的危险特性采取相应的安全防护措施，或者未配备必要的防护用品和应急救援器材的。

③ 使用未依法取得危险货物适装证书的船舶，通过内河运输危险化学品的。

④ 通过内河运输危险化学品的承运人违反国务院交通运输主管部门对单船运输的危险化学品数量的限制性规定运输危险化学品的。

⑤ 用于危险化学品运输作业的内河码头、泊位不符合国家有关安全规范，或者未与饮用水取水口保持国家规定的安全距离，或者未经交通运输主管部门验收合格投入使用的。

⑥ 托运人不向承运人说明所托运的危险化学品的种类、数量、危险特性以及发生危险情况的应急处置措施，或者未按照国家有关规定对所托运的危险化学品妥善包装并在外包装上设置相应标志的。

⑦ 运输危险化学品需要添加抑制剂或者稳定剂，托运人未添加或者未将有关情况告知承运人的。

（2）有下列情形之一的，由交通运输主管部门责令改正，处10万元以上20万元以下的罚款，有违法所得的，没收违法所得；拒不改正的，责令停产停业整顿；构成犯罪的，依法追究刑事责任：

① 委托未依法取得危险货物道路运输许可、危险货物水路运输许可的企业承运危险化学品的。

② 通过内河封闭水域运输剧毒化学品以及国家规定禁止通过内河运输的其他危险化学品的。

③ 通过内河运输国家规定禁止通过内河运输的剧毒化学品以及其他危险化学品的。

④ 在托运的普通货物中夹带危险化学品，或者将危险化学品谎报或者匿报为普通货物托运的。

在邮件、快件内夹带危险化学品，或者将危险化学品谎报为普通物品交寄的，依法给予治安管理处罚；构成犯罪的，依法追究刑事责任。

邮政企业、快递企业收寄危险化学品的，依照《中华人民共和国邮政法》的规定处罚。

（3）有下列情形之一的，由公安机关责令改正，处5万元以上10万元以下的罚款；构成违反治安管理行为的，依法给予治安管理处罚；构成犯罪的，依法追究刑事责任：

① 超过运输车辆的核定载质量装载危险化学品的。

② 使用安全技术条件不符合国家标准要求的车辆运输危险化学品的。

③ 运输危险化学品的车辆未经公安机关批准进入危险化学品运输车辆限制通行的区域的。

④ 未取得剧毒化学品道路运输通行证，通过道路运输剧毒化学品的。

（4）有下列情形之一的，由公安机关责令改正，处1万元以上5万元以下的罚款；构成违反治安管理行为的，依法给予治安管理处罚：

① 危险化学品运输车辆未悬挂或者喷涂警示标志，或者悬挂或者喷涂的警示标志不符合国家标准要求的。

② 通过道路运输危险化学品，不配备押运人员的。

③ 运输剧毒化学品或者易制爆危险化学品途中需要较长时间停车，驾驶人员、押运

人员不向当地公安机关报告的。

④ 剧毒化学品、易制爆危险化学品在道路运输途中丢失、被盗、被抢或者发生流散、泄漏等情况，驾驶人员、押运人员不采取必要的警示措施和安全措施，或者不向当地公安机关报告的。

（5）有下列情形之一的，由交通运输主管部门责令改正，可以处 1 万元以下的罚款；拒不改正的，处 1 万元以上 5 万元以下的罚款：

① 危险化学品道路运输企业、水路运输企业未配备专职安全管理人员的。

② 用于危险化学品运输作业的内河码头、泊位的管理单位未制定码头、泊位危险化学品事故应急救援预案，或者未为码头、泊位配备充足、有效的应急救援器材和设备的。

（十二）违反有关许可管理的处罚

依据《危险化学品安全管理条例》第九十三条的规定，伪造、变造或者出租、出借、转让危险化学品安全生产许可证、工业产品生产许可证，或者使用伪造、变造的危险化学品安全生产许可证、工业产品生产许可证的，分别依照《安全生产许可证条例》《中华人民共和国工业产品生产许可证管理条例》的规定处罚。

伪造、变造或者出租、出借、转让本条例规定的其他许可证，或者使用伪造、变造的本条例规定的其他许可证的，分别由相关许可证的颁发管理机关处 10 万元以上 20 万元以下的罚款，有违法所得的，没收违法所得；构成违反治安管理行为的，依法给予治安管理处罚；构成犯罪的，依法追究刑事责任。

（十三）危险化学品安全监督管理部门及其工作人员渎职、失职的法律责任

依据《危险化学品安全管理条例》第九十六条的规定，负有危险化学品安全监督管理职责的部门的工作人员，在危险化学品安全监督管理工作中滥用职权、玩忽职守、徇私舞弊，构成犯罪的，依法追究刑事责任；尚不构成犯罪的，依法给予处分。

1.【单选题】依据《危险化学品安全管理条例》，剧毒化学品购买许可证由（　　）核发。

A. 应急管理部门　　　　　　　　　B. 公安机关

C. 质量监督检验检疫部门　　　　　D. 环境保护部门

2.【单选题】依据《危险化学品安全管理条例》，危险化学品生产企业应当提供与其生产的危险化学品相符的（　　），并在危险化学品包装（包括外包装件）上粘贴或者挂挂与包装内危险化学品相符的化学品安全标签。

A. 安全警示标志　　　　　　　　　B. 化学品安全技术说明书

C. 安全风险告知牌　　　　　　　　D. 安全警示标语

3.【单选题】依据《危险化学品安全管理条例》，对危险化学品的储存，下列说法错误的是（　　）。

A. 储存危险化学品的单位，应当在其作业场所和安全设施、设备上设置明显的安全警示标志

B. 储存危险化学品的企业，应当委托具备国家规定的资质条件的机构，对本企业的安全生产条件每5年进行一次安全评价，提出安全评价报告

C. 危险化学品应当储存在专用仓库、专用场地或者专用储存室内，并由专人负责管理

D. 储存危险化学品的单位应当建立危险化学品出入库核查、登记制度

4.【多选题】依据《危险化学品安全管理条例》，负有危险化学品安全监督管理职责的部门依法进行监督检查时，可以采取的措施包括（　　）。

A. 发现危险化学品事故隐患，责令立即消除并处以罚款

B. 进入危险化学品作业场所实施现场检查，了解情况并查阅、复制有关文件

C. 扣押违法生产、储存、使用、经营、运输的危险化学品

D. 查封违法生产、储存、使用、经营危险化学品的场所

E. 对未依法整改重大事故隐患的危险化学品生产企业实施关闭

参考答案

1. B　2. B　3. B　4. BCD

第八节　烟花爆竹安全管理条例

为了加强烟花爆竹生产安全的管理和监督，防止和减少烟花爆竹事故，2006年1月21日国务院公布了《烟花爆竹安全管理条例》，自公布之日起施行。2016年2月6日，国务院令第666号对《烟花爆竹安全管理条例》进行修订，自公布之日起施行。

一、烟花爆竹安全管理的基本规定

（一）烟花爆竹的范围

《烟花爆竹安全管理条例》第二条规定，烟花爆竹的生产、经营、运输和燃放，适用本条例。本条例所称烟花爆竹，是指烟花爆竹制品和用于生产烟花爆竹的民用黑火药、烟火药、引火线等物品。

（二）资质许可

《烟花爆竹安全管理条例》第三条规定，国家对烟花爆竹的生产、经营、运输和举办焰火晚会以及其他大型焰火燃放活动，实行许可证制度。未经许可，任何单位或者个人不得生产、经营、运输烟花爆竹，不得举办焰火晚会以及其他大型焰火燃放活动。

（三）烟花爆竹安全管理的政府部门及职责

依据《烟花爆竹安全管理条例》的规定，安全生产监督管理部门负责烟花爆竹的安全生产监督管理；公安部门负责烟花爆竹的公共安全管理；质量监督检验部门负责烟花爆竹的质量监督和进出口检验。

公安部门、安全生产监督管理部门、质量监督检验部门、工商行政管理部门应当按照职责分工，组织查处非法生产、经营、储存、运输、邮寄烟花爆竹以及非法燃放烟花爆竹的行为。

（四）主要负责人的责任

依据《烟花爆竹安全管理条例》的规定，烟花爆竹生产、经营、运输企业和焰火晚会以及其他大型焰火燃放活动主办单位的主要负责人，对本单位的烟花爆竹安全工作负责。

烟花爆竹生产、经营、运输企业和焰火晚会以及其他大型焰火燃放活动主办单位应当建立健全安全责任制，制定各项安全管理制度和操作规程，并对从业人员定期进行安全教育、法制教育和岗位技术培训。

二、烟花爆竹生产安全的规定

（一）烟花爆竹生产企业应当具备的安全生产条件

烟花爆竹生产企业应当具备以下条件：

（1）符合当地产业结构规划。

（2）基本建设项目经过批准。

（3）选址符合城乡规划，并与周边建筑、设施保持必要的安全距离。

（4）厂房和仓库的设计、结构和材料以及防火、防爆、防雷、防静电等安全设备、设施符合国家有关标准和规范。

（5）生产设备、工艺符合安全标准。

（6）产品品种、规格、质量符合国家标准。

（7）有健全的安全生产责任制。

（8）有安全生产管理机构和专职安全生产管理人员。

（9）依法进行了安全评价。

（10）有事故应急救援预案、应急救援组织和应急救援人员，配备必要的应急救援器材、设备。

（11）法律、法规规定的其他条件。

（二）烟花爆竹安全生产许可证

依据《烟花爆竹安全管理条例》的规定，生产烟花爆竹的企业，应当在投入生产前向所在地设区的市人民政府安全生产监督管理部门提出安全审查申请，并提交能够证明符合本条例第八条规定条件的有关材料。设区的市人民政府安全生产监督管理部门应当自收到材料之日起20日内提出安全审查初步意见，报省、自治区、直辖市人民政府安全生产监督管理部门审查。省、自治区、直辖市人民政府安全生产监督管理部门应当自受理申请之日起45日内进行安全审查，对符合条件的，核发《烟花爆竹安全生产许可证》；对不符合条件的，应当说明理由。

生产烟花爆竹的企业，持《烟花爆竹安全生产许可证》到工商行政管理部门办理登记手续后，方可从事烟花爆竹生产活动。

生产烟花爆竹的企业为扩大生产能力进行基本建设或者技术改造的，应当依照《烟花爆竹安全管理条例》的规定申请办理安全生产许可证。

（三）从业人员的安全资格

依据《烟花爆竹安全管理条例》的要求，生产烟花爆竹的企业，应当对生产作业人员进行安全生产知识教育，对从事药物混合、造粒、筛选、装药、筑药、压药、切引、搬运等危险工序的作业人员进行专业技术培训。从事危险工序的作业人员经设区的市人民政府安全生产监督管理部门考核合格，方可上岗作业。

（四）安全管理

依据《烟花爆竹安全管理条例》的规定，生产烟花爆竹的企业，应当按照安全生产许可证核定的产品种类进行生产，生产工序和生产作业应当执行有关国家标准和行业标准。

生产烟花爆竹使用的原料，应当符合国家标准的规定。生产烟花爆竹使用的原料，国家标准有用量限制的，不得超过规定的用量。不得使用国家标准规定禁止使用或者禁忌配伍的物质生产烟花爆竹。

生产烟花爆竹的企业，应当按照国家标准的规定，在烟花爆竹产品上标注燃放说明，并在烟花爆竹包装物上印制易燃易爆危险物品警示标志。

生产烟花爆竹的企业，应当对黑火药、烟火药、引火线的保管采取必要的安全技术措施，建立购买、领用、销售登记制度，防止黑火药、烟火药、引火线丢失。黑火药、烟火药、引火线丢失的，企业应当立即向当地安全生产监督管理部门和公安部门报告。

（五）规章制度

烟花爆竹生产企业应当建立健全安全责任制，制定各项安全管理制度和操作规程。

三、烟花爆竹经营安全的规定

（一）烟花爆竹的批发和零售

《烟花爆竹安全管理条例》规定，从事烟花爆竹批发的企业和零售经营者的经营布点，应当经安全生产监督管理部门审批。在城市市区，禁止布设烟花爆竹批发场所；烟花爆竹零售网点应当按照严格控制的原则合理布设。

烟花爆竹批发企业应当向生产烟花爆竹的企业采购烟花爆竹，向烟花爆竹零售经营者供应烟花爆竹，但不得向从事烟花爆竹零售的经营者供应按照国家标准规定应由专业燃放人员燃放的烟花爆竹。

烟花爆竹批发企业、零售经营者不得采购和销售非法生产、经营的烟花爆竹。生产、经营黑火药、烟火药、引火线的企业，不得向未取得烟花爆竹安全生产许可的任何单位或者个人销售黑火药、烟火药和引火线。

（二）烟花爆竹批发企业应具备的条件

依照《烟花爆竹安全管理条例》的规定，烟花爆竹批发企业应当具备的条件有：

（1）具有企业法人条件。

（2）经营场所与周边建筑、设施保持必要的安全距离。

（3）有符合国家标准的经营场所和储存仓库。

（4）有保管员、仓库守护员。

（5）依法进行了安全评价。

（6）有事故应急救援预案、应急救援组织和人员，并配备必要的应急救援器材、设备。

（7）法律、法规规定的其他条件。

（三）烟花爆竹零售经营者应具备的条件

依照《烟花爆竹安全管理条例》的规定，烟花爆竹零售经营者应当具备下列条件：

（1）主要负责人经过安全知识教育。

（2）实行专店或者专柜销售，设专人负责安全管理。

（3）经营场所配备必要的消防器材，张贴明显的安全警示标志。

（4）法律、法规规定的其他条件。

（四）烟花爆竹经营安全许可证

依据《烟花爆竹安全管理条例》的规定，申请从事烟花爆竹批发的企业，应当向所在地设区的市人民政府安全生产监督管理部门提出申请，并提供能够证明符合本条例第十七条规定条件的有关材料。受理申请的安全生产监督管理部门应当自受理申请之日起30日内对提交的有关材料和经营场所进行审查，对符合条件的，核发《烟花爆竹经营（批发）许可证》；对不符合条件的，应当说明理由。

申请从事烟花爆竹零售的经营者，应当向所在地县级人民政府安全生产监督管理部门提出申请，并提供能够证明符合本条例第十八条规定条件的有关材料。受理申请的安全生产监督管理部门应当自受理申请之日起20日内对提交的有关材料和经营场所进行审查，对符合条件的，核发《烟花爆竹经营（零售）许可证》；对不符合条件的，应当说明理由。

四、烟花爆竹运输安全的规定

（一）烟花爆竹道路运输许可证

依据《烟花爆竹安全管理条例》的规定，经由道路运输烟花爆竹的，托运人应当向运达地县级人民政府公安部门提出申请，并提交以下证明材料，包括：①承运人从事危险货物运输的资质证明；②驾驶员、押运员从事危险货物运输的资格证明；③危险货物运输车辆的道路运输证明；④托运人从事烟花爆竹生产、经营的资质证明；⑤烟花爆竹的购销合同及运输烟花爆竹的种类、规格、数量；⑥烟花爆竹的产品质量和包装合格证明；⑦运输车辆牌号、运输时间、起始地点、行驶路线、经停地点。

受理道路运输烟花爆竹申请的公安部门应当自受理申请之日起3日内对托运人提交的有关材料进行审查，对符合条件的，核发《烟花爆竹道路运输许可证》；对不符合条件的，应当说明理由。《烟花爆竹道路运输许可证》应当载明托运人、承运人、一次性运输有效期限、起始地点、行驶路线、经停地点、烟花爆竹的种类、规格和数量。

（二）道路运输烟花爆竹的要求

依据《烟花爆竹安全管理条例》的规定，从事道路运输烟花爆竹的，除应当遵守《中华人民共和国道路交通安全法》外，还应当遵守以下规定：随车携带《烟花爆竹道路运输许可证》；不得违反运输许可事项；运输车辆悬挂或者安装符合国家标准的易燃易爆危险物品警示标志；烟花爆竹的装载符合国家有关标准和规范；装载烟花爆竹的车厢不得载人；运输车辆限速行驶，途中经停必须有专人看守；出现危险情况立即采取必要的措施，并报告当地公安部门。

托运人将烟花爆竹运达目的地后，收货人应当在 3 日内将《烟花爆竹道路运输许可证》交回发证机关核销。禁止邮寄烟花爆竹，禁止在托运的行李、包裹、邮件中夹带烟花爆竹。

经由铁路、水路、航空运输烟花爆竹的，应当依照铁路、水路、航空运输安全管理的有关法律、法规、规章的规定执行。

五、烟花爆竹燃放安全的规定

（一）一般要求

依据《烟花爆竹安全管理条例》的规定，燃放烟花爆竹应当遵守有关法律、法规和规章的规定。燃放烟花爆竹，应当按照燃放说明燃放，不得以危害公共安全和人身、财产安全的方式燃放烟花爆竹。禁止在法律法规明确规定禁燃的地点燃放烟花爆竹，这些地点包括：文物保护单位；车站、码头、飞机场等交通枢纽以及铁路线路安全保护区内；易燃易爆物品生产、储存单位；输变电设施安全保护区内；医疗机构、幼儿园、中小学校、敬老院；山林、草原等重点防火区；县级以上地方人民政府规定的禁止燃放烟花爆竹的其他地点。除上述地点外，县级以上地方人民政府可以根据本行政区域的实际情况，确定限制或者禁止燃放烟花爆竹的时间、地点和种类。

各级人民政府和政府有关部门应当开展社会宣传活动，教育公民遵守有关法律、法规和规章，安全燃放烟花爆竹。广播、电视、报刊等新闻媒体，应当做好安全燃放烟花爆竹的宣传、教育工作。未成年人的监护人应当对未成年人进行安全燃放烟花爆竹的教育。

（二）焰火晚会等大型焰火燃放活动的许可

依据《烟花爆竹安全管理条例》的规定，举办焰火晚会以及其他大型焰火燃放活动，应当按照举办的时间、地点、环境、活动性质、规模以及燃放烟花爆竹的种类、规格和数量，确定危险等级，实行分级管理。

申请举办焰火晚会以及其他大型焰火燃放活动，主办单位应当按照分级管理的规定，向公安部门提出申请，并提交以下有关材料：举办焰火晚会以及其他大型焰火燃放活动的时间、地点、环境、活动性质、规模；燃放烟花爆竹的种类、规格、数量；燃放作业方案；燃放作业单位、作业人员符合行业标准规定条件的证明等。

受理申请的公安部门应当自受理申请之日起 20 日内对提交的有关材料进行审查，对符合条件的，核发《焰火燃放许可证》；对不符合条件的，应当说明理由。焰火晚会以及其他大型焰火燃放活动燃放作业单位和作业人员，应当按照焰火燃放安全规程和经许可的燃放作业方案进行燃放作业。公安部门应当加强对危险等级较高的焰火晚会以及其他大型焰火燃放活动的监督检查。

六、烟花爆竹安全违法行为应负的法律责任

（一）非法从事烟花爆竹生产经营运输活动的处罚

《烟花爆竹安全管理条例》第三十六条规定，对未经许可生产、经营烟花爆竹制品，或者向未取得烟花爆竹安全生产许可的单位或者个人销售黑火药、烟火药、引火线的，由安全生产监督管理部门责令停止非法生产、经营活动，处 2 万元以上 10 万元以下的罚款，

并没收非法生产、经营的物品及违法所得。

对未经许可经由道路运输烟花爆竹的，由公安部门责令停止非法运输活动，处1万元以上5万元以下的罚款，并没收非法运输的物品及违法所得。

非法生产、经营、运输烟花爆竹，构成违反治安管理行为的，依法给予治安管理处罚；构成犯罪的，依法追究刑事责任。

（二）对不具备安全生产条件的生产企业的处罚

《烟花爆竹安全管理条例》第三十七条规定，生产烟花爆竹的企业有下列行为之一的，由安全生产监督管理部门责令限期改正，处1万元以上5万元以下的罚款；逾期不改正的，责令停产停业整顿，情节严重的，吊销安全生产许可证：

（1）未按照安全生产许可证核定的产品种类进行生产的。

（2）生产工序或者生产作业不符合有关国家标准、行业标准的。

（3）雇佣未经设区的市人民政府安全生产监督管理部门考核合格的人员从事危险工序作业的。

（4）生产烟花爆竹使用的原料不符合国家标准规定的，或者使用的原料超过国家标准规定的用量限制的。

（5）使用按照国家标准规定禁止使用或者禁忌配伍的物质生产烟花爆竹的。

（6）未按照国家标准的规定在烟花爆竹产品上标注燃放说明，或者未在烟花爆竹的包装物上印制易燃易爆危险物品警示标志的。

（三）对违反规定销售烟花爆竹活动的处罚

《烟花爆竹安全管理条例》第三十八条规定，从事烟花爆竹批发的企业向从事烟花爆竹零售的经营者供应非法生产、经营的烟花爆竹，或者供应按照国家标准规定应由专业燃放人员燃放的烟花爆竹的，由安全生产监督管理部门责令停止违法行为，处2万元以上10万元以下的罚款，并没收非法经营的物品及违法所得；情节严重的，吊销烟花爆竹经营许可证。

从事烟花爆竹零售的经营者销售非法生产、经营的烟花爆竹，或者销售按照国家标准规定应由专业燃放人员燃放的烟花爆竹的，由安全生产监督管理部门责令停止违法行为，处1000元以上5000元以下的罚款，并没收非法经营的物品及违法所得；情节严重的，吊销烟花爆竹经营许可证。

（四）对丢失主要烟花爆竹生产原料而不报告的行为的处罚

《烟花爆竹安全管理条例》第三十九条规定，生产、经营、使用黑火药、烟火药、引火线的企业，丢失黑火药、烟火药、引火线未及时向当地安全生产监督管理部门和公安部门报告的，由公安部门对企业主要负责人处5000元以上2万元以下的罚款，对丢失的物品予以追缴。

（五）对违反道路运输规定的行为的处罚

《烟花爆竹安全管理条例》第四十条规定，经由道路运输烟花爆竹，有下列行为之一的，由公安部门责令改正，处200元以上2000元以下的罚款：

（1）违反运输许可事项的。

（2）未随车携带《烟花爆竹道路运输许可证》的。

（3）运输车辆没有悬挂或者安装符合国家标准的易燃易爆危险物品警示标志的。

（4）烟花爆竹的装载不符合国家有关标准和规范的。

（5）装载烟花爆竹的车厢载人的。

（6）超过危险物品运输车辆规定时速行驶的。

（7）运输车辆途中经停没有专人看守的。

（8）运达目的地后，未按规定时间将《烟花爆竹道路运输许可证》交回发证机关核销的。

（六）对违规携带和邮寄烟花爆竹行为的处罚

《烟花爆竹安全管理条例》第四十一条规定，对携带烟花爆竹搭乘公共交通工具，或者邮寄烟花爆竹以及在托运的行李、包裹、邮件中夹带烟花爆竹的，由公安部门没收非法携带、邮寄、夹带的烟花爆竹，可以并处 200 元以上 1000 元以下的罚款。

（七）对违规举办大型焰火燃放活动的处罚

《烟花爆竹安全管理条例》第四十二条规定，对未经许可举办焰火晚会以及其他大型焰火燃放活动，或者焰火晚会以及其他大型焰火燃放活动燃放作业单位和作业人员违反焰火燃放安全规程、燃放作业方案进行燃放作业的，由公安部门责令停止燃放，对责任单位处 1 万元以上 5 万元以下的罚款。

在禁止燃放烟花爆竹的时间、地点燃放烟花爆竹，或者以危害公共安全和人身、财产安全的方式燃放烟花爆竹的，由公安部门责令停止燃放，处 100 元以上 500 元以下的罚款；构成违反治安管理行为的，依法给予治安管理处罚。

（八）对没收非法烟花爆竹产品的处置

《烟花爆竹安全管理条例》第四十三条规定，对没收的非法烟花爆竹以及生产、经营企业弃置的废旧烟花爆竹，应当就地封存，并由公安部门组织销毁、处置。

（九）对监管部门有关人员违规行为的处罚

《烟花爆竹安全管理条例》第四十四条规定，安全生产监督管理部门、公安部门、质量监督检验部门、工商行政管理部门的工作人员，在烟花爆竹安全监管工作中滥用职权、玩忽职守、徇私舞弊，构成犯罪的，依法追究刑事责任；尚不构成犯罪的，依法给予行政处分。

1.【单选题】下列烟花爆竹的燃放应符合《烟花爆竹安全管理条例》规定的是（　　）。

A. 新春期间在某文物保护单位燃放烟花爆竹

B. 在某市火车站燃放烟花爆竹

C. 某中学十周年校庆期间在学校燃放烟花爆竹

D. 在某人民政府发布烟花爆竹燃放公告的规定区域内燃放烟花爆竹

2.【单选题】依据《烟花爆竹安全管理条例》，下列不属于烟花爆竹零售经营者应当具备的条件是（　　）。

A. 具有企业法人条件

B. 主要负责人经过安全知识教育

C. 实行专店或者专柜销售，设专人负责安全管理

D. 经营场所配备必要的消防器材，张贴明显的安全警示标志

3.【单选题】根据《烟花爆竹安全管理条例》，关于烟花爆竹燃放安全的说法，正确的是（　　）。

A. 大型焰火燃放活动的燃放作业人员，应当符合行业标准规定的条件

B. 乡镇政府可以根据本区域情况，确定禁止燃放烟花爆竹的时间、地点和种类

C. 输变电设施安全保护区内燃放烟花爆竹，必须报市级公安部门批准

D. 申请举办焰火晚会应当按照分级管理的规定，向有关人民政府安全监管部门申请核发《焰火燃放许可证》

4.【多选题】依据《烟花爆竹安全管理条例》，下列关于烟花爆竹燃放活动安全管理的说法中，正确的有（　　）。

A. 禁止未成年人燃放烟花爆竹

B. 主办大型焰火燃放活动应当向当地公安部门申请批准

C. 主办大型焰火燃放活动应当向当地安全监管部门申请批准

D. 在中小学校燃放烟花爆竹必须获得教育行政部门的批准

E. 大型焰火燃放活动应当按照许可的燃放作业方案作业

📝 参考答案

1. D　2. A　3. A　4. BE

第九节　民用爆炸物品安全管理条例

为了加强对民用爆破物品的安全管理，预防爆炸事故发生，保障公民生命、财产安全和公共安全，2006 年 5 月 10 日国务院令第 466 号公布了《民用爆炸物品安全管理条例》，自 2006 年 9 月 1 日起施行，1984 年 1 月 6 日国务院发布的《中华人民共和国民用爆炸物品管理条例》同时废止。2014 年 7 月 29 日，国务院令第 653 号对其部分条款进行了修改。

一、民用爆炸物品安全管理的基本规定

（一）《民用爆炸物品安全管理条例》的适用范围

依照《民用爆炸物品安全管理条例》第二条，民用爆炸物品，是指用于非军事目的、列入民用爆炸物品品名表的各类火药、炸药及其制品和雷管、导火索等点火、起爆器材。民用爆炸物品的生产、销售、购买、进出口、运输、爆破作业和储存以及硝酸铵的销售、购买，适用本条例。《民用爆炸物品安全管理条例》不仅将工业用的民用爆炸物品的安全纳入了法律规范，还将其他民用爆炸物品的安全纳入了法律规范。这里所称的民用爆炸物品主要是指工业用的民用爆破器材。从这个意义上说，人们通常所称的民用爆破器材实际上是民用爆炸物品的同义词；从事民用爆炸物品生产的企业主要是指民用爆破器材生产企业。

（二）民用爆炸物品安全监管的政府部门及职责

依据《民用爆炸物品安全管理条例》的规定，民用爆炸物品行业主管部门负责民用爆炸物品生产、销售的安全监督管理。

公安机关负责民用爆炸物品公共安全管理和民用爆炸物品购买、运输、爆破作业的安全监督管理，监控民用爆炸物品流向。

安全生产监督、铁路、交通、民用航空主管部门依照法律、行政法规的规定，负责做好民用爆炸物品的有关安全监督管理工作。

民用爆炸物品行业主管部门、公安机关、工商行政管理部门按照职责分工，负责组织查处非法生产、销售、购买、储存、运输、邮寄、使用民用爆炸物品的行为。

（三）从业人员的资格

依据《民用爆炸物品安全管理条例》的规定，无民事行为能力人、限制民事行为能力人或者曾因犯罪受过刑事处罚的人，不得从事民用爆炸物品的生产、销售、购买、运输和爆破作业。

民用爆炸物品从业单位应当加强对本单位从业人员的安全教育、法制教育和岗位技术培训，从业人员经考核合格的，方可上岗作业；对有资格要求的岗位，应当配备具有相应资格的人员。

二、民用爆炸物品生产的安全管理规定

依据《民用爆炸物品安全管理条例》的规定，设立民用爆炸物品生产企业，应当遵循统筹规划、合理布局的原则。设立民用爆炸物品生产企业，必须具备法定的安全生产条件，按照法定程序申请取得生产许可。

（一）设立民用爆炸物品生产企业的条件

依据《民用爆炸物品安全管理条例》第十一条规定，申请从事民用爆炸物品生产的企业，应当具备下列条件：

（1）符合国家产业结构规划和产业技术标准。

（2）厂房和专用仓库的设计、结构、建筑材料、安全距离以及防火、防爆、防雷、防静电等安全设备、设施符合国家有关标准和规范。

（3）生产设备、工艺符合有关安全生产的技术标准和规程。

（4）有具备相应资格的专业技术人员、安全生产管理人员和生产岗位人员。

（5）有健全的安全管理制度、岗位安全责任制度。

（6）法律、行政法规规定的其他条件。

（二）取得生产许可、安全许可、工商登记的程序

申请从事民用爆炸物品生产的企业，应当向国务院民用爆炸物品行业主管部门提交申请书、可行性研究报告以及能够证明其符合《民用爆炸物品安全管理条例》第十一条规定条件的有关材料。

国务院民用爆炸物品行业主管部门应当自受理申请之日起45日内进行审查，对符合条件的，核发《民用爆炸物品生产许可证》；对不符合条件的，不予核发《民用爆炸物品生产许可证》，书面向申请人说明理由。民用爆炸物品生产企业为调整生产能力及品种进

行改建、扩建的，应当申请办理《民用爆炸物品生产许可证》。

民用爆炸物品生产企业持《民用爆炸物品生产许可证》到工商行政管理部门办理工商登记，并在办理工商登记后 3 日内，向所在地县级人民政府公安机关备案。

取得《民用爆炸物品生产许可证》的企业应当在基本建设完成后，向省、自治区、直辖市人民政府民用爆炸物品行业主管部门申请安全生产许可。省、自治区、直辖市人民政府民用爆炸物品行业主管部门应当依照《安全生产许可证条例》的规定对其进行查验，对符合条件的，核发《民用爆炸物品安全生产许可证》。民用爆炸物品生产企业取得《民用爆炸物品安全生产许可证》后，方可生产民用爆炸物品。

三、民用爆炸物品销售、购买的安全管理规定

民用爆炸物品销售、购买，实行安全许可制度。

（一）民用爆炸物品的销售许可

依据《民用爆炸物品安全管理条例》的规定，申请从事民用爆炸物品销售的企业，应当具备下列条件：

（1）符合对民用爆炸物品销售企业规划的要求。

（2）销售场所和专用仓库符合国家有关标准和规范。

（3）有具备相应资格的安全管理人员、仓库管理人员。

（4）有健全的安全管理制度、岗位安全责任制度。

（5）法律、行政法规规定的其他条件。

申请从事民用爆炸物品销售的企业，应当向所在地省、自治区、直辖市人民政府民用爆炸物品行业主管部门提交申请书、可行性研究报告以及能够证明其符合规定条件的有关材料。

省、自治区、直辖市人民政府民用爆炸物品行业主管部门应当自受理之日起 30 日内进行审查，并对申请单位的销售场所和专用仓库等经营设施进行查验，对符合条件的，核发《民用爆炸物品销售许可证》；对不符合条件的，不予核发《民用爆炸物品销售许可证》，书面向申请人说明理由。

民用爆炸物品销售企业持《民用爆炸物品销售许可证》到工商行政管理部门办理工商登记后，方可销售民用爆炸物品。民用爆炸物品销售企业应当在办理工商登记后 3 日内，向所在地县级人民政府公安机关备案。

（二）民用爆炸物品的购买许可

依据《民用爆炸物品安全管理条例》的规定，民用爆炸物品使用单位购买民用爆炸物品的，应当向所在地县级人民政府公安机关提出购买申请，并提交有关材料：

（1）工商营业执照或者事业单位法人证书。

（2）《爆破作业单位许可证》或者其他合法使用的证明。

（3）购买单位的名称、地址、银行账户。

（4）购买的品种、数量和用途说明。

受理申请的公安机关应当自受理申请之日起 5 日内对提交的有关材料进行审查，对符合条件的，核发《民用爆炸物品购买许可证》；对不符合条件的，不予核发《民用爆炸物

品购买许可证》，书面向申请人说明理由。《民用爆炸物品购买许可证》应当载明许可购买的品种、数量、购买单位以及许可的有效期限。

（三）民用爆炸物品销售、购买的特别规定

依据《民用爆炸物品安全管理条例》的规定，民用爆炸物品生产企业凭《民用爆炸物品生产许可证》，可以销售本企业生产的民用爆炸物品。民用爆炸物品生产企业销售本企业生产的民用爆炸物品，不得超出核定的品种、产量。

民用爆炸物品生产企业凭《民用爆炸物品生产许可证》购买属于民用爆炸物品的原料，民用爆炸物品销售企业凭《民用爆炸物品销售许可证》购买民用爆炸物品，民用爆炸物品使用单位凭《民用爆炸物品购买许可证》购买民用爆炸物品，还应当提供经办人的身份证明。销售民用爆炸物品的企业，应当查验有关许可证和经办人的身份证明；对持《民用爆炸物品购买许可证》购买的，应当按照许可的品种、数量销售。

销售、购买民用爆炸物品，应当通过银行账户进行交易，不得使用现金或者实物进行交易。销售民用爆炸物品的企业，应当将购买单位的许可证、银行账户转账凭证、经办人的身份证明复印件保存 2 年备查。

销售民用爆炸物品的企业，应当自民用爆炸物品买卖成交之日起 3 日内，将销售的品种、数量和购买单位向所在地省、自治区、直辖市人民政府民用爆炸物品行业主管部门和所在地县级人民政府公安机关备案。

购买民用爆炸物品的单位，应当自民用爆炸物品买卖成交之日起 3 日内，将购买的品种、数量向所在地县级人民政府公安机关备案。

进出口民用爆炸物品，应当经国务院民用爆炸物品行业主管部门审批。进出口民用爆炸物品审批办法，由国务院民用爆炸物品行业主管部门会同国务院公安部门、海关总署规定。进出口单位应当将进出口的民用爆炸物品的品种、数量向收货地或者出境口岸所在地县级人民政府公安机关备案。

四、民用爆炸物品运输的安全管理规定

民用爆炸物品运输实行安全许可制度。

（一）民用爆炸物品的运输许可

国家对民用爆炸物品运输实施行政许可制度。依据《民用爆炸物品安全管理条例》第二十六条的规定，运输民用爆炸物品，收货单位应向运达地县级人民政府公安机关提出申请，并提交包括下列内容的材料：

（1）民用爆炸物品生产企业、销售企业、使用单位以及进出口单位分别提供的《民用爆炸物品生产许可证》《民用爆炸物品销售许可证》《民用爆炸物品购买许可证》或者进出口批准证明。

（2）运输民用爆炸物品的品种、数量、包装材料和包装方式。

（3）运输民用爆炸物品的特性、出现险情的应急处置方法。

（4）运输时间、起始地点、运输路线、经停地点。

受理申请的公安机关应当自受理申请之日起 3 日内对提交的有关材料进行审查，对符合条件的，核发《民用爆炸物品运输许可证》；对不符合条件的，不予核发《民用爆炸物

品运输许可证》，书面向申请人说明理由。

《民用爆炸物品运输许可证》应当载明收货单位、销售企业、承运人、一次性运输有效期限、起始地点、运输路线、经停地点，民用爆炸物品的品种、数量。

运输民用爆炸物品的，应当凭《民用爆炸物品运输许可证》，按照许可的品种、数量运输。

（二）经由道路运输民用爆炸物品的特别规定

依据《民用爆炸物品安全管理条例》的规定，经由道路运输民用爆炸物品的，应当遵守下列规定：

（1）携带《民用爆炸物品运输许可证》。

（2）民用爆炸物品的装载符合国家有关标准和规范，车厢内不得载人。

（3）运输车辆安全技术状况应当符合国家有关安全技术标准的要求，并按照规定悬挂或者安装符合国家标准的易燃易爆危险物品警示标志。

（4）运输民用爆炸物品的车辆应当保持安全车速。

（5）按照规定的路线行驶，途中经停应当由专人看守，并远离建筑设施和人口稠密的地方，不得在许可以外的地点经停。

（6）按照安全操作规程装卸民用爆炸物品，并在装卸现场设置警戒，禁止无关人员进入。

（7）出现危险情况立即采取必要的应急处置措施，并报告当地公安机关。

民用爆炸物品运达目的地，收货单位应当进行验收后在《民用爆炸物品运输许可证》上签注，并在3日内将《民用爆炸物品运输许可证》交回发证机关核销。

（三）以其他方式携带和邮寄民用爆炸物品的禁止性规定

（1）禁止携带民用爆炸物品搭乘公共交通工具或者进入公共场所。

（2）禁止邮寄民用爆炸物品。

（3）禁止在托运的货物、行李、包裹、邮件中夹带民用爆炸物品。

五、爆破作业的安全管理规定

（一）爆破作业的安全许可

依据《民用爆炸物品安全管理条例》的规定，申请从事爆破作业的单位，应当具备下列条件：

（1）爆破作业属于合法的生产活动。

（2）有符合国家有关标准和规范的民用爆炸物品专用仓库。

（3）有具备相应资格的安全管理人员、仓库管理人员和具备国家规定执业资格的爆破作业人员。

（4）有健全的安全管理制度、岗位安全责任制度。

（5）有符合国家标准、行业标准的爆破作业专用设备。

（6）法律、行政法规规定的其他条件。

申请从事爆破作业的单位，应当按国务院公安部门的规定，向有关人民政府公安机关提出申请，并提供能够证明其符合《民用爆炸物品安全管理条例》第三十一条规定的有关材料。受理申请的公安机关应当自受理申请之日起 20 日内进行审查，对符合条件的，核发《爆破作业单位许可证》；对不符合条件的，不予核发《爆破作业单位许可证》，书面向申请人说明理由。

营业性爆破作业单位持《爆破作业单位许可证》到工商行政管理部门办理工商登记后，方可从事营业性爆破作业活动。

爆破作业单位应当在办理工商登记后 3 日内，向所在地县级人民政府公安机关备案。

（二）爆破作业的安全管理

依据《民用爆炸物品安全管理条例》，爆破作业应当遵守下列规定：

（1）爆破作业单位应当对本单位爆破作业人员、安全管理人员、仓库管理人员进行专业技术培训。爆破作业人员应当经设区的市级人民政府公安机关考核合格，取得《爆破作业人员许可证》后，方可从事爆破作业。

（2）爆破作业单位应当按照其资质等级承接爆破作业项目，爆破作业人员应当按照其资格等级从事爆破作业。

（3）在城市、风景名胜区和重要工程设施附近实施爆破作业的，应当向爆破作业所在地设区的市级人民政府公安机关提出申请，提交《爆破作业单位许可证》和具有相应资质的安全评估企业出具的爆破设计、施工方案评估报告。受理申请的公安机关应当自受理之日起 20 日内对提交的有关材料进行审查，对符合条件的，作出批准的决定；不符合条件的，作出不予批准的决定，并书面向申请人说明理由。实施上述爆破作业，应当由具有资质的安全监理企业进行监理，由爆破所在地县级人民政府公安机关负责组织实施安全警戒。

（4）爆破作业单位跨省、自治区、直辖市行政区域从事爆破作业的，应当事先将爆破作业项目的有关情况向爆破作业所在地县级人民政府公安机关报告。

（5）爆破作业单位应当如实记载领取、发放民用爆炸物品的品种、数量、编号以及领取、发放人员姓名。领取民用爆炸物品的数量不得超过当班用量，作业后剩余的民用爆炸物品必须当班清退回库。爆破作业单位应当将领取、发放民用爆炸物品的原始记录保存 2 年备查。

（6）实施爆破作业，应当遵守国家有关标准和规范，在安全距离以外设置警示标志并安排警戒人员，防止无关人员进入；爆破作业结束后应当及时检查、排除未引爆的民用爆炸物品。

（7）爆破作业单位不再使用民用爆炸物品时，应当将剩余的民用爆炸物品登记造册，报所在地县级人民政府公安机关监督销毁。发现、拣拾无主民用爆炸物品的，应当立即报告当地公安机关。

六、民用爆炸物品储存的安全管理规定

依据《民用爆炸物品安全管理条例》的规定，民用爆炸物品应当储存在专用仓库内，并按照国家规定设置技术防范设施。

（一）储存民用爆炸物品的规定

依据《民用爆炸物品安全管理条例》，储存民用爆炸物品应当遵守下列规定：

（1）建立出入库检查、登记制度，收存和发放民用爆炸物品必须进行登记，做到账目清楚，账物相符。

（2）储存的民用爆炸物品数量不得超过储存设计容量，对性质相抵触的民用爆炸物品必须分库储存，严禁在库房内存放其他物品。

（3）专用仓库应当指定专人管理、看护，严禁无关人员进入仓库区内，严禁在仓库区内吸烟和用火，严禁把其他容易引起燃烧、爆炸的物品带入仓库区内，严禁在库房内住宿和进行其他活动。

（4）民用爆炸物品丢失、被盗、被抢，应当立即报告当地公安机关。

（二）现场临时存放民用爆炸物品的规定

依据《民用爆炸物品安全管理条例》的规定，在爆破作业现场临时存放民用爆炸物品的，应当具备临时存放民用爆炸物品的条件，并设专人管理、看护，不得在不具备安全存放条件的场所存放民用爆炸物品。民用爆炸物品变质和过期失效的，应当及时清理出库，并予以销毁。销毁前应当登记造册，提出销毁方案，报省、自治区、直辖市人民政府民用爆炸物品行业主管部门、所在地县级人民政府公安机关组织监督销毁。

七、民用爆炸物品安全管理违法行为应负的法律责任

（1）违反《民用爆炸物品安全管理条例》的规定，非法制造、买卖、运输、储存民用爆炸物品，构成犯罪的，依法追究刑事责任；尚不构成犯罪，有违反治安管理行为的，依法给予治安管理处罚。

在生产、储存、运输、使用民用爆炸物品中发生重大事故，造成严重后果或者后果特别严重，构成犯罪的，依法追究刑事责任。

未经许可生产、销售民用爆炸物品的，由民用爆炸物品行业主管部门责令停止非法生产、销售活动，处 10 万元以上 50 万元以下的罚款，并没收非法生产、销售的民用爆炸物品及其违法所得。

未经许可购买、运输民用爆炸物品或者从事爆破作业的，由公安机关责令停止非法购买、运输、爆破作业活动，处 5 万元以上 20 万元以下的罚款，并没收非法购买、运输以及从事爆破作业使用的民用爆炸物品及其违法所得。

（2）违反《民用爆炸物品安全管理条例》的规定，生产、销售民用爆炸物品的企业有下列行为之一的，由民用爆炸物品行业主管部门责令限期改正，处 10 万元以上 50 万元以下的罚款；逾期不改正的，责令停产停业整顿；情节严重的，吊销《民用爆炸物品生产许可证》或者《民用爆炸物品销售许可证》：

① 超出生产许可的品种、产量进行生产、销售的。

② 违反安全技术规程生产作业的。

③ 民用爆炸物品的质量不符合相关标准的。

④ 民用爆炸物品的包装不符合法律、行政法规的规定以及相关标准的。

⑤ 超出购买许可的品种、数量销售民用爆炸物品的。

⑥ 向没有《民用爆炸物品生产许可证》《民用爆炸物品销售许可证》《民用爆炸物品购买许可证》的单位销售民用爆炸物品的。

⑦ 民用爆炸物品生产企业销售本企业生产的民用爆炸物品未按规定向民用爆炸物品行业主管部门备案的。

⑧ 未经审批进出口民用爆炸物品的。

（3）违反《民用爆炸物品安全管理条例》的规定，有下列情形之一的，由公安机关责令限期改正，处5万元以上20万元以下的罚款；逾期不改正的，责令停产停业整顿：

① 未按照规定对民用爆炸物品做出警示标志、登记标识或者未对雷管编码打号的。

② 超出购买许可的品种、数量购买民用爆炸物品的。

③ 使用现金或者实物进行民用爆炸物品交易的。

④ 未按照规定保存购买单位的许可证、银行账户转账凭证、经办人的身份证明复印件的。

⑤ 销售、购买、进出口民用爆炸物品，未按照规定向公安机关备案的。

⑥ 未按照规定建立民用爆炸物品登记制度，如实将本单位生产、销售、购买、运输、储存、使用民用爆炸物品的品种、数量和流向信息输入计算机系统的。

⑦ 未按照规定将《民用爆炸物品运输许可证》交回发证机关核销的。

（4）违反《民用爆炸物品安全管理条例》的规定，经由道路运输民用爆炸物品，有下列情形之一的，由公安机关责令改正，处5万元以上20万元以下的罚款：

① 违反运输许可事项的。

② 未携带《民用爆炸物品运输许可证》的。

③ 违反有关标准和规范混装民用爆炸物品的。

④ 运输车辆未按照规定悬挂或者安装符合国家标准的易燃易爆危险物品警示标志的。

⑤ 未按照规定的路线行驶，途中经停没有专人看守或者在许可以外的地点经停的。

⑥ 装载民用爆炸物品的车厢载人的。

⑦ 出现危险情况未立即采取必要的应急处置措施、报告当地公安机关的。

（5）违反《民用爆炸物品安全管理条例》的规定，从事爆破作业的单位有下列情形之一的，由公安机关责令停止违法行为或者限期改正，处10万元以上50万元以下的罚款；逾期不改正的，责令停产停业整顿；情节严重的，吊销《爆破作业单位许可证》：

① 爆破作业单位未按照其资质等级从事爆破作业的。

② 营业性爆破作业单位跨省、自治区、直辖市行政区域实施爆破作业，未按照规定事先向爆破作业所在地的县级公安机关报告的。

③ 爆破作业单位未按照规定建立民用爆炸物品领取登记制度、保存领取登记记录的。

④ 违反国家有关标准和规范实施作业的。

爆破作业人员违反国家有关标准和规范的规定实施爆破作业的，由公安机关责令限期改正；情节严重的，吊销《爆破作业人员许可证》。

（6）违反《民用爆炸物品安全管理条例》的规定，有下列情形之一的，由民用爆炸物品行业主管部门、公安机关按照职责责令限期改正，可以并处5万元以上20万元以下的罚款；逾期不改正的，责令停产停业整顿；情节严重的，吊销许可证：

① 未按照规定在专用仓库设置技术防范设施的。

② 未按照规定建立出入库检查、登记制度或者收存和发放民用爆炸物品，致使账物

不符的。

③ 超量储存、在非专用仓库储存或者违反储存标准和规范储存民用爆炸物品的。

④ 有本条例规定的其他违反民用爆炸物品储存管理规定行为的。

（7）违反《民用爆炸物品安全管理条例》的规定，民用爆炸物品从业单位有下列情形之一的，由公安机关处 2 万元以上 10 万元以下的罚款；情节严重的，吊销其许可证；有违反治安管理行为的，依法给予治安管理处罚：

① 违反安全管理制度，致使民用爆炸物品丢失、被盗、被抢的。

② 民用爆炸物品丢失、被盗、被抢，未按照规定向当地公安机关报告或者故意隐瞒不报的。

③ 转让、出借、转借、抵押、赠送民用爆炸物品的。

（8）违反《民用爆炸物品安全管理条例》的规定，携带民用爆炸物品搭乘公共交通工具或者进入公共场所，邮寄或者在托运的货物、行李、包裹、邮件中夹带民用爆炸物品，构成犯罪的，依法追究刑事责任；尚不构成犯罪的，由公安机关依法给予治安管理处罚，没收非法的民用爆炸物品，处 1000 元以上 1 万元以下的罚款。

（9）民用爆炸物品从业单位的主要负责人未履行《民用爆炸物品安全管理条例》规定的安全管理责任，导致发生重大伤亡事故或者造成其他严重后果，构成犯罪的，依法追究刑事责任；尚不构成犯罪的，对主要负责人给予撤职处分，对个人经营的投资人处 2 万元以上 20 万元以下的罚款。

（10）民用爆炸物品行业主管部门、公安机关、工商行政管理部门的工作人员，在民用爆炸物品安全监督管理工作中滥用职权、玩忽职守或者徇私舞弊，构成犯罪的，依法追究刑事责任；尚不构成犯罪的，依法给予行政处分。

1.【单选题】根据《民用爆炸物品安全管理条例》，关于民用爆炸物品销售和购买的安全管理的说法，正确的是（　　）。

A. 县级人民政府民用爆炸物品行业主管部门对申请单位的销售场所和专用仓库等经营设施进行查验，对符合条件的，核发《民用爆炸物品销售许可证》

B. 民用爆炸物品使用单位申请购买民用爆炸物品的，应当向所在地设区的市级人民政府公安机关提出申请核发《民用爆炸物品购买许可证》

C. 销售、购买民用爆炸物品，应当通过银行账户进行交易，不得使用现金或者实物进行交易

D. 销售民用爆炸物品的企业应当将购买单位的许可证、经办人的身份证明复印件保存 1 年备查

2.【单选题】根据《民用爆炸物品安全管理条例》，关于销售和购买民用爆炸物品的说法，正确的是（　　）。

A. 购买民用爆炸物品使用现金或者实物进行交易的，应当经所在地县级人民政府公安机关批准

B. 民用爆炸物品销售企业取得《民用爆炸物品销售许可证》，即可销售民用爆炸

物品

C. 购买民用爆炸物品的单位应当自买卖成交之日起 5 日内，向所在地县级人民政府公安机关备案

D. 民用爆炸物品生产企业凭《民用爆炸物品生产许可证》，可以销售本企业生产的民用爆炸物品

3.【单选题】依据《民用爆炸物品安全管理条例》，下列关于民用爆炸物品的销售和购买的说法，正确的是（　　）。

A. 民用爆炸物品生产企业销售自己生产的民用爆炸物品，应取得《民用爆炸物品销售许可证》

B. 销售民用爆炸物品的企业应自买卖成交之日起 3 日内，将销售品种、数量和购买单位向省级民用爆炸物品行业主管部门和所在地县级公安机关备案

C. 购买民用爆炸物品的单位应自买卖成交之日起 3 日内，将购买品种、数量向省级民用爆炸物品行业主管部门备案

D. 可以通过银行转账或者现金交易方式购买或销售民用爆炸物品

4.【多选题】根据《民用爆炸物品安全管理条例》，关于民用爆炸物品销售、购买安全管理的说法，正确的有（　　）。

A. 企业申请《民用爆炸物品销售许可证》的，省级人民政府行业主管部门应当受理之日起 45 日内进行审查

B. 销售、购买民用爆炸物品的，不得使用现金进行交易

C. 企业取得《民用爆炸物品销售许可证》后，应当在 3 日内向所在地县级人民政府公安机关备案

D. 使用单位凭《民用爆炸物品购买许可证》，可以购买民用爆炸物品

E. 民用爆炸物品生产企业销售本企业生产的民用爆炸物品，不得超出核定的品种、产量

参考答案

1. C 2. D 3. B 4. BE

第十节　特种设备安全监察条例

2003 年 3 月 11 日，国务院令第 373 号公布《特种设备安全监察条例》，自 2003 年 6 月 1 日起施行。2009 年 1 月 24 日，国务院令第 549 号对《特种设备安全监察条例》进行了修订，自 2009 年 5 月 1 日起施行。《特种设备安全监察条例》的立法目的是加强特种设备的安全监察，防止和减少事故，保障人民群众生命和财产安全，促进经济发展。

一、特种设备安全监察的基本规定

（一）特种设备的概念

特种设备是指对人身和财产安全有较大危险性的锅炉、压力容器（含气瓶）、压力管

道、电梯、起重机械、客运索道、大型游乐设施、场（厂）内专用机动车辆，以及法律、行政法规规定适用《特种设备安全法》的其他特种设备。

1. 锅炉

锅炉是指利用各种燃料、电或者其他能源，将所盛装的液体加热到一定的参数，并通过对外输出介质的形式提供热能的设备，其范围规定为设计正常水位容积大于或者等于30升，且额定蒸汽压力大于或者等于0.1兆帕（表压）的承压蒸汽锅炉；出口水压大于或者等于0.1兆帕（表压），且额定功率大于或者等于0.1兆瓦的承压热水锅炉；额定功率大于或者等于0.1兆瓦的有机热载体锅炉。

2. 压力容器

压力容器是指盛装气体或者液体，承载一定压力的密闭设备，其范围规定为最高工作压力大于或者等于0.1兆帕（表压）的气体、液化气体和最高工作温度高于或者等于标准沸点的液体、容积大于或者等于30升且内直径（非圆形截面指截面内边界最大几何尺寸）大于或者等于150毫米的固定式容器和移动式容器；盛装公称工作压力大于或者等于0.2兆帕（表压），且压力与容积的乘积大于或者等于1.0兆帕·升的气体、液化气体和标准沸点等于或者低于60摄氏度液体的气瓶；氧舱。

3. 压力管道

压力管道是指利用一定的压力，用于输送气体或者液体的管状设备，其范围规定为最高工作压力大于或者等于0.1兆帕（表压），介质为气体、液化气体、蒸汽或者可燃、易爆、有毒、有腐蚀性、最高工作温度高于或者等于标准沸点的液体，且公称直径大于或者等于50毫米的管道。公称直径小于150毫米，且其最高工作压力小于1.6兆帕（表压）的输送无毒、不可燃、无腐蚀性气体的管道和设备本体所属管道除外。

4. 电梯

电梯是指动力驱动，利用沿刚性导轨运行的箱体或者沿固定线路运行的梯级（踏步），进行升降或者平行运送人、货物的机电设备，包括载人（货）电梯、自动扶梯、自动人行道等。非公共场所安装且仅供单一家庭使用的电梯除外。

5. 起重机械

起重机械是指用于垂直升降或者垂直升降并水平移动重物的机电设备，其范围规定为额定起重量大于或者等于0.5吨的升降机；额定起重量大于或者等于3吨（或额定起重力矩大于或者等于40吨·米的塔式起重机，或生产率大于或者等于300吨/时的装卸桥），且提升高度大于或者等于2米的起重机；层数大于或者等于2层的机械式停车设备。

6. 客运索道

客运索道是指动力驱动，利用柔性绳索牵引箱体等运载工具运送人员的机电设备，包括客运架空索道、客运缆车、客运拖牵索道等。非公用客运索道和专用于单位内部通勤的客运索道除外。

7. 大型游乐设施

大型游乐设施是指用于经营目的，承载乘客游乐的设施，其范围规定为设计最大运行线速度大于或者等于2米/秒，或者运行高度距地面高于或者等于2米的载人大型游乐设施。用于体育运动、文艺演出和非经营活动的大型游乐设施除外。

8. 场（厂）内专用机动车辆

场（厂）内专用机动车辆是指除道路交通、农用车辆以外仅在工厂厂区、旅游景区、游乐场所等特定区域使用的专用机动车辆。

（二）《特种设备安全监察条例》的适用范围

《特种设备安全监察条例》第二条规定，本条例所称特种设备是指涉及生命安全、危险性较大的锅炉、压力容器（含气瓶，下同）、压力管道、电梯、起重机械、客运索道、大型游乐设施和场（厂）内专用机动车辆。

第三条第一款规定，特种设备的生产（含设计、制造、安装、改造、维修，下同）、使用、检验检测及其监督检查，应当遵守本条例，但本条例另有规定的除外。

鉴于目前我国特种设备种类较多，已有一些特种设备形成了固有的监督管理体制并行之有效，所以对于某些特殊的特种设备的安全监督管理不需要改变现行管理体制，不宜作出统一的规定。

《特种设备安全监察条例》第三条第二款规定，军事装备、核设施、航空航天器、铁路机车、海上设施和船舶以及矿山井下使用的特种设备、民用机场专用设备的安全监察不适用本条例。第三条第三款规定，房屋建筑工地和市政工程工地用起重机械、场（厂）内专用机动车辆的安装、使用的监督管理，由建设行政主管部门依照有关法律、法规的规定执行。

第一百条规定，压力管道设计、安装、使用的安全监督管理办法由国务院另行制定。

（三）特种设备安全监察部门

对于锅炉、压力容器、压力管道、电梯、起重机械、客运索道、大型游乐设施和场（厂）内专用机动车辆8种特种设备，《特种设备安全监察条例》第四条规定，国务院特种设备安全监督管理部门负责全国特种设备的安全监察工作，县以上地方负责特种设备安全监督管理的部门对本行政区域内特种设备实施安全监察（统称特种设备安全监督管理部门）。

（四）特种设备生产、使用单位和检验检测机构的职责

依据《特种设备安全监察条例》的规定，特种设备生产、使用单位应当建立健全特种设备安全、节能管理制度和岗位安全、节能责任制度。

特种设备生产、使用单位的主要负责人应当对本单位特种设备的安全和节能全面负责。

特种设备生产、使用单位和特种设备检验检测机构，应当接受特种设备安全监督管理部门依法进行的特种设备安全监察。

特种设备检验检测机构，应当依照本条例规定，进行检验检测工作，对其检验检测结果、鉴定结论承担法律责任。

二、特种设备生产的安全规定

（一）特种设备生产单位的规定

依据《特种设备安全监察条例》的规定，特种设备生产单位，应当依照本条例规定以及国务院特种设备安全监督管理部门制定并公布的安全技术规范（简称安全技术规范）的要求，进行生产活动。

特种设备生产单位对其生产的特种设备的安全性能和能效指标负责，不得生产不符合安全性能要求和能效指标的特种设备，不得生产国家产业政策明令淘汰的特种设备。

（二）特种设备安装、改造和维修的安全管理

1. 维修单位的要求

依据《特种设备安全监察条例》的规定，锅炉、压力容器、电梯、起重机械、客运索道、大型游乐设施、场（厂）内专用机动车辆的维修单位，应当有与特种设备维修相适应的专业技术人员和技术工人以及必要的检测手段，并经省、自治区、直辖市特种设备安全监督管理部门许可，方可从事相应的维修活动。

2. 安装、改造、维修的管理

依据《特种设备安全监察条例》的规定，锅炉、压力容器、起重机械、客运索道、大型游乐设施的安装、改造、维修以及场（厂）内专用机动车辆的改造、维修，必须由依照本条例取得许可的单位进行。

电梯的安装、改造、维修，必须由电梯制造单位或者其通过合同委托、同意的依照本条例取得许可的单位进行。电梯制造单位对电梯质量以及安全运行涉及的质量问题负责。

特种设备安装、改造、维修的施工单位应当在施工前将拟进行的特种设备安装、改造、维修情况书面告知直辖市或者设区的市的特种设备安全监督管理部门，告知后即可施工。

3. 电梯安装的管理

依据《特种设备安全监察条例》的规定，电梯井道的土建工程必须符合建筑工程质量要求。电梯安装施工过程中，电梯安装单位应当遵守施工现场的安全生产要求，落实现场安全防护措施。电梯安装施工过程中，施工现场的安全生产监督，由有关部门依照有关法律、行政法规的规定执行。

电梯安装施工过程中，电梯安装单位应当服从建筑施工总承包单位对施工现场的安全生产管理，并订立合同，明确各自的安全责任。

4. 电梯的制造、安装、改造和维修的技术要求

依据《特种设备安全监察条例》的规定，电梯的制造、安装、改造和维修活动，必须严格遵守安全技术规范的要求。电梯制造单位委托或者同意其他单位进行电梯安装、改造、维修活动的，应当对其安装、改造、维修活动进行安全指导和监控。电梯的安装、改造、维修活动结束后，电梯制造单位应当按照安全技术规范的要求对电梯进行校验和调试，并对校验和调试的结果负责。

5. 技术资料移交归档

依据《特种设备安全监察条例》的规定，锅炉、压力容器、电梯、起重机械、客运索道、大型游乐设施的安装、改造、维修以及场（厂）内专用机动车辆的改造、维修竣工后，安装、改造、维修的施工单位应当在验收后30日内将有关技术资料移交使用单位，高耗能特种设备还应当按照安全技术规范的要求提交能效测试报告。使用单位应当将其存

入该特种设备的安全技术档案。

6. 特种设备的监督检验

依据《特种设备安全监察条例》的规定，锅炉、压力容器、压力管道元件、起重机械、大型游乐设施的制造过程和锅炉、压力容器、电梯、起重机械、客运索道、大型游乐设施的安装、改造、重大维修过程，必须经国务院特种设备安全监督管理部门核准的检验检测机构按照安全技术规范的要求进行监督检验；未经监督检验合格的不得出厂或者交付使用。

（三）气瓶充装单位的安全管理

依据《特种设备安全监察条例》的规定，移动式压力容器、气瓶充装单位应当经省、自治区、直辖市的特种设备安全监督管理部门许可，方可从事充装活动。

充装单位应当具备下列条件：

（1）有与充装和管理相适应的管理人员和技术人员。

（2）有与充装和管理相适应的充装设备、检测手段、场地厂房、器具、安全设施。

（3）有健全的充装管理制度、责任制度、紧急处理措施。

气瓶充装单位应当向气体使用者提供符合安全技术规范要求的气瓶，对使用者进行气瓶安全使用指导，并按照安全技术规范的要求办理气瓶使用登记，提出气瓶的定期检验要求。

三、特种设备使用的安全规定

（一）特种设备使用单位的安全管理

1. 基本要求

依据《特种设备安全监察条例》的规定，特种设备使用单位，应当严格执行本条例和有关安全生产的法律、行政法规的规定，保证特种设备的安全使用。特种设备使用单位应当使用符合安全技术规范要求的特种设备。特种设备投入使用前，使用单位应当核对其是否附有依据本条例第十五条规定的相关文件。

2. 使用登记

依据《特种设备安全监察条例》的规定，特种设备在投入使用前或者投入使用后 30 日内，特种设备使用单位应当向直辖市或者设区的市的特种设备安全监督管理部门登记。登记标志应当置于或者附着于该特种设备的显著位置。

3. 安全技术档案

依据《特种设备安全监察条例》的规定，特种设备使用单位应当建立特种设备安全技术档案。安全技术档案应当包括以下内容：

（1）特种设备的设计文件、制造单位、产品质量合格证明、使用维护说明等文件以及安装技术文件和资料。

（2）特种设备的定期检验和定期自行检查的记录。

（3）特种设备的日常使用状况记录。

（4）特种设备及其安全附件、安全保护装置、测量调控装置及有关附属仪器仪表的日常维护保养记录。

（5）特种设备运行故障和事故记录。

（6）高耗能特种设备的能效测试报告、能耗状况记录以及节能改造技术资料。

（二）特种设备维护保养和定期检验

1. 特种设备维护保养

依据《特种设备安全监察条例》的规定，特种设备使用单位应当对在用特种设备进行经常性日常维护保养，并定期自行检查。特种设备使用单位对在用特种设备应当至少每月进行一次自行检查，并作出记录。特种设备使用单位在对在用特种设备进行自行检查和日常维护保养时发现异常情况的，应当及时处理。特种设备使用单位应当对在用特种设备的安全附件、安全保护装置、测量调控装置及有关附属仪器仪表进行定期校验、检修，并作出记录。

2. 特种设备定期检验检测

依据《特种设备安全监察条例》的规定，锅炉使用单位应当按照安全技术规范的要求进行锅炉水（介）质处理，并接受特种设备检验检测机构实施的水（介）质处理定期检验。从事锅炉清洗的单位，应当按照安全技术规范的要求进行锅炉清洗，并接受特种设备检验检测机构实施的锅炉清洗过程监督检验。特种设备使用单位应当按照安全技术规范的定期检验要求，在安全检验合格有效期届满前1个月向特种设备检验检测机构提出定期检验要求。检验检测机构接到定期检验要求后，应当按照安全技术规范的要求及时进行安全性能检验和能效测试。未经定期检验或者检验不合格的特种设备，不得继续使用。

（三）特种设备故障和事故隐患的处理

1. 事故故障消除

依据《特种设备安全监察条例》的规定，特种设备出现故障或者发生异常情况，使用单位应当对其进行全面检查，消除事故隐患后，方可重新投入使用。特种设备不符合能效指标的，特种设备使用单位应当采取相应措施进行整改。

2. 报废注销

依据《特种设备安全监察条例》的规定，特种设备存在严重事故隐患，无改造、维修价值，或者超过安全技术规范规定使用年限，特种设备使用单位应当及时予以报废，并应当向原登记的特种设备安全监督管理部门办理注销。

（四）公共服务特种设备的安全管理

1. 电梯维护保养单位资质

依据《特种设备安全监察条例》的规定，电梯的日常维护保养必须由依照本条例取得许可的安装、改造、维修单位或者电梯制造单位进行。

2. 电梯维护保养的安全要求

依据《特种设备安全监察条例》的规定，电梯应当至少每15日进行一次清洁、润滑、调整和检查。电梯的日常维护保养单位应当在维护保养中严格执行国家安全技术规范的要求，保证其维护保养的电梯的安全技术性能，并负责落实现场安全防护措施，保证施工安全。电梯的日常维护保养单位，应当对其维护保养的电梯的安全性能负责。接到故障通知后，应当立即赶赴现场，并采取必要的应急救援措施。

3. 安全管理机构和安全管理人员

依据《特种设备安全监察条例》的规定，电梯、客运索道、大型游乐设施等为公众提供服务的特种设备运营使用单位，应当设置特种设备安全管理机构或者配备专职的安全管理人员；其他特种设备使用单位，应当根据情况设置特种设备安全管理机构或者配备专职、兼职的安全管理人员。特种设备的安全管理人员应当对特种设备使用状况进行经常性检查，发现问题的应当立即处理；情况紧急时，可以决定停止使用特种设备并及时报告本单位有关负责人。

4. 使用前的试运行和例行检查

依据《特种设备安全监察条例》的规定，客运索道、大型游乐设施的运营使用单位在客运索道、大型游乐设施每日投入使用前，应当进行试运行和例行安全检查，并对安全装置进行检查确认。电梯、客运索道、大型游乐设施的运营使用单位应当将电梯、客运索道、大型游乐设施的安全注意事项和警示标志置于易为乘客注意的显著位置。

5. 客运索道、大型游乐设施的运营安全

依据《特种设备安全监察条例》的规定，客运索道、大型游乐设施的运营使用单位的主要负责人应当熟悉客运索道、大型游乐设施的相关安全知识，并全面负责客运索道、大型游乐设施的安全使用。客运索道、大型游乐设施的运营使用单位的主要负责人至少应当每月召开一次会议，督促、检查客运索道、大型游乐设施的安全使用工作。客运索道、大型游乐设施的运营使用单位，应当结合本单位的实际情况，配备相应数量的营救装备和急救物品。

6. 电梯运行安全

依据《特种设备安全监察条例》的规定，电梯投入使用后，电梯制造单位应当对其制造的电梯的安全运行情况进行跟踪调查和了解，对电梯的日常维护保养单位或者电梯的使用单位在安全运行方面存在的问题，提出改进建议，并提供必要的技术帮助。发现电梯存在严重事故隐患的，应当及时向特种设备安全监督管理部门报告。电梯制造单位对调查和了解的情况，应当作出记录。

（五）特种设备作业人员管理

1. 特种设备作业人员资格

依据《特种设备安全监察条例》的规定，锅炉、压力容器、电梯、起重机械、客运索道、大型游乐设施、场（厂）内专用机动车辆的作业人员及其相关管理人员（统称特种设备作业人员），应当按照国家有关规定经特种设备安全监督管理部门考核合格，取得国家统一格式的特种作业人员证书，方可从事相应的作业或者管理工作。

2. 使用单位特种作业人员安全教育和培训

依据《特种设备安全监察条例》的规定，特种设备使用单位应当对特种设备作业人员进行特种设备安全、节能教育和培训，保证特种设备作业人员具备必要的特种设备安全、节能知识。特种设备作业人员在作业中应当严格执行特种设备的操作规程和有关的安全规章制度。

3. 事故隐患报告

依据《特种设备安全监察条例》的规定，特种设备作业人员在作业过程中发现事故隐患或者其他不安全因素，应当立即向现场安全管理人员和单位有关负责人报告。

四、特种设备检验检测的规定

（一）特种设备检验检测机构资质认可

依据《特种设备安全监察条例》的规定，从事本条例规定的监督检验、定期检验、型式试验以及专门为特种设备生产、使用、检验检测提供无损检测服务的特种设备检验检测机构，应当经国务院特种设备安全监督管理部门核准。特种设备使用单位设立的特种设备检验检测机构，经国务院特种设备安全监督管理部门核准，负责本单位核准范围内的特种设备定期检验工作。

特种设备检验检测机构，应当具备下列条件：

（1）有与所从事的检验检测工作相适应的检验检测人员。

（2）有与所从事的检验检测工作相适应的检验检测仪器和设备。

（3）有健全的检验检测管理制度、检验检测责任制度。

（二）检验检测人员资格管理

依据《特种设备安全监察条例》的规定，从事本条例规定的监督检验、定期检验、型式试验和无损检测的特种设备检验检测人员应当经国务院特种设备安全监督管理部门组织考核合格，取得检验检测人员证书，方可从事检验检测工作。

（三）检验检测活动的规定

1. 检验检测机构和检验检测人员职业准则

依据《特种设备安全监察条例》的规定，检验检测人员从事检验检测工作，必须在特种设备检验检测机构执业，但不得同时在两个以上检验检测机构中执业。特种设备检验检测机构和检验检测人员进行特种设备检验检测，应当遵循诚信原则和方便企业的原则，为特种设备生产、使用单位提供可靠、便捷的检验检测服务。特种设备检验检测机构和检验检测人员对涉及的被检验检测单位的商业秘密，负有保密义务。

2. 特种设备检验检测的要求

依据《特种设备安全监察条例》的规定，特种设备检验检测机构和检验检测人员应当客观、公正、及时地出具检验检测结果、鉴定结论。检验检测结果、鉴定结论经检验检测人员签字后，由检验检测机构负责人签署。特种设备检验检测机构和检验检测人员对检验检测结果、鉴定结论负责。特种设备检验检测机构和检验检测人员不得从事特种设备的生产、销售，不得以其名义推荐或者监制、监销特种设备。

3. 事故隐患报告

依据《特种设备安全监察条例》的规定，特种设备检验检测机构进行特种设备检验检测，发现严重事故隐患或者能耗严重超标的，应当及时告知特种设备使用单位，并立即向特种设备安全监督管理部门报告。

4. 投诉监督

依据《特种设备安全监察条例》的规定，特种设备检验检测机构和检验检测人员利用检验检测工作故意刁难特种设备生产、使用单位，特种设备生产、使用单位有权向特种设备安全监督管理部门投诉，接到投诉的特种设备安全监督管理部门应当及时进行调查处理。

五、特种设备事故的报告和调查处理规定

（一）事故种类划分

1. 特种设备特别重大事故

依据《特种设备安全监察条例》的规定，有下列情形之一的，为特别重大事故：

（1）特种设备事故造成 30 人以上死亡，或者 100 人以上重伤（包括急性工业中毒，下同），或者 1 亿元以上直接经济损失的。

（2）600 兆瓦以上锅炉爆炸的。

（3）压力容器、压力管道有毒介质泄漏，造成 15 万人以上转移的。

（4）客运索道、大型游乐设施高空滞留 100 人以上并且时间在 48 小时以上的。

2. 特种设备重大事故

依据《特种设备安全监察条例》的规定，有下列情形之一的，为重大事故：

（1）特种设备事故造成 10 人以上 30 人以下死亡，或者 50 人以上 100 人以下重伤，或者 5000 万元以上 1 亿元以下直接经济损失的。

（2）600 兆瓦以上锅炉因安全故障中断运行 240 小时以上的。

（3）压力容器、压力管道有毒介质泄漏，造成 5 万人以上 15 万人以下转移的。

（4）客运索道、大型游乐设施高空滞留 100 人以上并且时间在 24 小时以上 48 小时以下的。

3. 特种设备较大事故

依据《特种设备安全监察条例》的规定，有下列情形之一的，为较大事故：

（1）特种设备事故造成 3 人以上 10 人以下死亡，或者 10 人以上 50 人以下重伤，或者 1000 万元以上 5000 万元以下直接经济损失的。

（2）锅炉、压力容器、压力管道爆炸的。

（3）压力容器、压力管道有毒介质泄漏，造成 1 万人以上 5 万人以下转移的。

（4）起重机械整体倾覆的。

（5）客运索道、大型游乐设施高空滞留人员 12 小时以上的。

4. 特种设备一般事故

依据《特种设备安全监察条例》的规定，有下列情形之一的，为一般事故：

（1）特种设备事故造成 3 人以下死亡，或者 10 人以下重伤，或者 1 万元以上 1000 万元以下直接经济损失的。

（2）压力容器、压力管道有毒介质泄漏，造成 500 人以上 1 万人以下转移的。

（3）电梯轿厢滞留人员 2 小时以上的。

（4）起重机械主要受力结构件折断或者起升机构坠落的。

（5）客运索道高空滞留人员 3.5 小时以上 12 小时以下的。

（6）大型游乐设施高空滞留人员 1 小时以上 12 小时以下的。

（二）应急预案及演练

依据《特种设备安全监察条例》的规定，特种设备安全监督管理部门应当制定特种设备应急预案。特种设备使用单位应当制定事故应急专项预案，并定期进行事故应急

演练。

（三）事故抢救及报告

依据《特种设备安全监察条例》的规定，特种设备事故发生后，事故发生单位应当立即启动事故应急预案，组织抢救，防止事故扩大，减少人员伤亡和财产损失，并及时向事故发生地县以上特种设备安全监督管理部门和有关部门报告。压力容器、压力管道发生爆炸或者泄漏，在抢险救援时应当区分介质特性，严格按照相关预案规定程序处理，防止二次爆炸。

（四）事故调查

依据《特种设备安全监察条例》的规定，特别重大事故由国务院或者国务院授权有关部门组织事故调查组进行调查。重大事故由国务院特种设备安全监督管理部门会同有关部门组织事故调查组进行调查。较大事故由省、自治区、直辖市特种设备安全监督管理部门会同有关部门组织事故调查组进行调查。一般事故由设区的市的特种设备安全监督管理部门会同有关部门组织事故调查组进行调查。

（五）事故批复

依据《特种设备安全监察条例》的规定，事故调查报告应当由负责组织事故调查的特种设备安全监督管理部门的所在地人民政府批复，并报上一级特种设备安全监督管理部门备案。有关机关应当按照批复，依照法律、行政法规规定的权限和程序，对事故责任单位和有关人员进行行政处罚，对负有事故责任的国家工作人员进行处分。

六、特种设备安全违法行为应负的法律责任

（一）擅自从事特种设备设计、制造活动的法律责任

（1）依据《特种设备安全监察条例》的规定，未经许可，擅自从事压力容器设计活动的，由特种设备安全监督管理部门予以取缔，处5万元以上20万元以下罚款；有违法所得的，没收违法所得；触犯刑律的，对负有责任的主管人员和其他直接责任人员依照刑法关于非法经营罪或者其他罪的规定，依法追究刑事责任。

（2）依据《特种设备安全监察条例》的规定，锅炉、气瓶、氧舱和客运索道、大型游乐设施以及高耗能特种设备的设计文件，未经国务院特种设备安全监督管理部门核准的检验检测机构鉴定，擅自用于制造的，由特种设备安全监督管理部门责令改正，没收非法制造的产品，处5万元以上20万元以下罚款；触犯刑律的，对负有责任的主管人员和其他直接责任人员依照刑法关于生产、销售伪劣产品罪、非法经营罪或者其他罪的规定，依法追究刑事责任。

（二）违反型式试验的法律责任

依据《特种设备安全监察条例》的规定，按照安全技术规范的要求应当进行型式试验的特种设备产品、部件或者试制特种设备新产品、新部件，未进行整机或者部件型式试验的，由特种设备安全监督管理部门责令限期改正；逾期未改正的，处2万元以上10万元以下罚款。

（三）擅自从事特种设备生产、安装、改造、维修保养活动的法律责任

（1）依据《特种设备安全监察条例》的规定，未经许可，擅自从事锅炉、压力容器、

电梯、起重机械、客运索道、大型游乐设施、场（厂）内专用机动车辆及其安全附件、安全保护装置的制造、安装、改造以及压力管道元件的制造活动的，由特种设备安全监督管理部门予以取缔，没收非法制造的产品，已经实施安装、改造的，责令恢复原状或者责令限期由取得许可的单位重新安装、改造，处10万元以上50万元以下罚款；触犯刑律的，对负有责任的主管人员和其他直接责任人员依照刑法关于生产、销售伪劣产品罪、非法经营罪、重大责任事故罪或者其他罪的规定，依法追究刑事责任。

（2）依据《特种设备安全监察条例》的规定，特种设备出厂时，未按照安全技术规范的要求附有设计文件、产品质量合格证明、安装及使用维修说明、监督检验证明等文件的，由特种设备安全监督管理部门责令改正；情节严重的，责令停止生产、销售，处违法生产、销售货值金额30%以下罚款；有违法所得的，没收违法所得。

（3）依据《特种设备安全监察条例》的规定，未经许可，擅自从事锅炉、压力容器、电梯、起重机械、客运索道、大型游乐设施、场（厂）内专用机动车辆的维修或者日常维护保养的，由特种设备安全监督管理部门予以取缔，处1万元以上5万元以下罚款；有违法所得的，没收违法所得；触犯刑律的，对负有责任的主管人员和其他直接责任人员依照刑法关于非法经营罪、重大责任事故罪或者其他罪的规定，依法追究刑事责任。

（4）依据《特种设备安全监察条例》的规定，锅炉、压力容器、电梯、起重机械、客运索道、大型游乐设施的安装、改造、维修的施工单位以及场（厂）内专用机动车辆的改造、维修单位，在施工前未将拟进行的特种设备安装、改造、维修情况书面告知直辖市或者设区的市的特种设备安全监督管理部门即行施工的，或者在验收后30日内未将有关技术资料移交锅炉、压力容器、电梯、起重机械、客运索道、大型游乐设施的使用单位的，由特种设备安全监督管理部门责令限期改正；逾期未改正的，处2000元以上1万元以下罚款。

（5）依据《特种设备安全监察条例》的规定，锅炉、压力容器、压力管道元件、起重机械、大型游乐设施的制造过程和锅炉、压力容器、电梯、起重机械、客运索道、大型游乐设施的安装、改造、重大维修过程，以及锅炉清洗过程，未经国务院特种设备安全监督管理部门核准的检验检测机构按照安全技术规范的要求进行监督检验的，由特种设备安全监督管理部门责令改正，已经出厂的，没收违法生产、销售的产品，已经实施安装、改造、重大维修或者清洗的，责令限期进行监督检验，处5万元以上20万元以下罚款；有违法所得的，没收违法所得；情节严重的，撤销制造、安装、改造或者维修单位已经取得的许可，并由工商行政管理部门吊销其营业执照；触犯刑律的，对负有责任的主管人员和其他直接责任人员依照刑法关于生产、销售伪劣产品罪或者其他罪的规定，依法追究刑事责任。

（6）依据《特种设备安全监察条例》的规定，未经许可，擅自从事移动式压力容器或者气瓶充装活动的，由特种设备安全监督管理部门予以取缔，没收违法充装的气瓶，处10万元以上50万元以下罚款；有违法所得的，没收违法所得；触犯刑律的，对负有责任的主管人员和其他直接责任人员依照刑法关于非法经营罪或者其他罪的规定，依法追究刑事责任。

移动式压力容器、气瓶充装单位未按照安全技术规范的要求进行充装活动的，由特种设备安全监督管理部门责令改正，处 2 万元以上 10 万元以下罚款；情节严重的，撤销其充装资格。

（四）电梯制造单位违反有关规定的处理

依据《特种设备安全监察条例》的规定，电梯制造单位有下列情形之一的，由特种设备安全监督管理部门责令限期改正；逾期未改正的，予以通报批评：

（1）未依照本条例第十九条的规定对电梯进行校验、调试的。

（2）对电梯的安全运行情况进行跟踪调查和了解时，发现存在严重事故隐患，未及时向特种设备安全监督管理部门报告的。

（五）特种设备生产单位、检验检测机构的法律责任

依据《特种设备安全监察条例》的规定，已经取得许可、核准的特种设备生产单位、检验检测机构有下列行为之一的，由特种设备安全监督管理部门责令改正，处 2 万元以上 10 万元以下罚款；情节严重的，撤销其相应资格：

（1）未按照安全技术规范的要求办理许可证变更手续的。

（2）不再符合本条例规定或者安全技术规范要求的条件，继续从事特种设备生产、检验检测的。

（3）未依照本条例规定或者安全技术规范要求进行特种设备生产、检验检测的。

（4）伪造、变造、出租、出借、转让许可证书或者监督检验报告的。

（六）特种设备使用单位的法律责任

依据《特种设备安全监察条例》的规定，特种设备使用单位有下列情形之一的，由特种设备安全监督管理部门责令限期改正；逾期未改正的，处 2000 元以上 2 万元以下罚款；情节严重的，责令停止使用或者停产停业整顿：

（1）特种设备投入使用前或者投入使用后 30 日内，未向特种设备安全监督管理部门登记，擅自将其投入使用的。

（2）未依照本条例第二十六条的规定，建立特种设备安全技术档案的。

（3）未依照本条例第二十七条的规定，对在用特种设备进行经常性日常维护保养和定期自行检查的，或者对在用特种设备的安全附件、安全保护装置、测量调控装置及有关附属仪器仪表进行定期校验、检修，并作出记录的。

（4）未按照安全技术规范的定期检验要求，在安全检验合格有效期届满前 1 个月向特种设备检验检测机构提出定期检验要求的。

（5）使用未经定期检验或者检验不合格的特种设备的。

（6）特种设备出现故障或者发生异常情况，未对其进行全面检查、消除事故隐患，继续投入使用的。

（7）未制定特种设备事故应急专项预案的。

（8）未依照本条例第三十一条第二款的规定，对电梯进行清洁、润滑、调整和检查的。

（9）未按照安全技术规范要求进行锅炉水（介）质处理的。

（10）特种设备不符合能效指标，未及时采取相应措施进行整改的。

特种设备使用单位使用未取得生产许可的单位生产的特种设备或者将非承压锅炉、非压力容器作为承压锅炉、压力容器使用的，由特种设备安全监督管理部门责令停止使用，予以没收，处 2 万元以上 10 万元以下罚款。

（七） 特种设备未按规定注销的法律责任

依据《特种设备安全监察条例》的规定，特种设备存在严重事故隐患，无改造、维修价值，或者超过安全技术规范规定的使用年限，特种设备使用单位未予以报废，并向原登记的特种设备安全监督管理部门办理注销的，由特种设备安全监督管理部门责令限期改正；逾期未改正的，处 5 万元以上 20 万元以下罚款。

（八） 电梯、客运索道、大型游乐设施的运营使用单位的法律责任

依据《特种设备安全监察条例》的规定，电梯、客运索道、大型游乐设施的运营使用单位有下列情形之一的，由特种设备安全监督管理部门责令限期改正；逾期未改正的，责令停止使用或者停产停业整顿，处 1 万元以上 5 万元以下罚款：

（1） 客运索道、大型游乐设施每日投入使用前，未进行试运行和例行安全检查，并对安全装置进行检查确认的。

（2） 未将电梯、客运索道、大型游乐设施的安全注意事项和警示标志置于易于为乘客注意的显著位置的。

（九） 特种设备使用单位有关安全管理机构和从业人员的法律责任

依据《特种设备安全监察条例》的规定，特种设备使用单位有下列情形之一的，由特种设备安全监督管理部门责令限期改正；逾期未改正的，责令停止使用或者停产停业整顿，处 2000 元以上 2 万元以下罚款：

（1） 未依照本条例规定设置特种设备安全管理机构或者配备专职、兼职的安全管理人员的。

（2） 从事特种设备作业的人员，未取得相应特种作业人员证书，上岗作业的。

（3） 未对特种设备作业人员进行特种设备安全教育和培训的。

（十） 发生特种设备事故不及时抢救及隐瞒不报、谎报或者拖延不报的法律责任

依据《特种设备安全监察条例》的规定，发生特种设备事故，有下列情形之一的，对单位，由特种设备安全监督管理部门处 5 万元以上 20 万元以下罚款；对主要负责人，由特种设备安全监督管理部门处 4000 元以上 2 万元以下罚款；属于国家工作人员的，依法给予处分；触犯刑律的，依照刑法关于重大责任事故罪或者其他罪的规定，依法追究刑事责任：

（1） 特种设备使用单位的主要负责人在本单位发生特种设备事故时，不立即组织抢救或者在事故调查处理期间擅离职守或者逃匿的。

（2） 特种设备使用单位的主要负责人对特种设备事故隐瞒不报、谎报或者拖延不报的。

（十一） 事故发生单位的法律责任

依据《特种设备安全监察条例》的规定，对事故发生负有责任的单位，由特种设备安全监督管理部门依照下列规定处以罚款：

（1） 发生一般事故的，处 10 万元以上 20 万元以下罚款。

（2） 发生较大事故的，处 20 万元以上 50 万元以下罚款。

（3）发生重大事故的，处 50 万元以上 200 万元以下罚款。

（十二）事故发生单位主要负责人的法律责任

依据《特种设备安全监察条例》的规定，对事故发生负有责任的单位的主要负责人未依法履行职责，导致事故发生的，由特种设备安全监督管理部门依照下列规定处以罚款；属于国家工作人员的，并依法给予处分；触犯刑律的，依照刑法关于重大责任事故罪或者其他罪的规定，依法追究刑事责任：

（1）发生一般事故的，处上一年年收入 30% 的罚款。

（2）发生较大事故的，处上一年年收入 40% 的罚款。

（3）发生重大事故的，处上一年年收入 60% 的罚款。

（十三）特种设备作业人员的法律责任

依据《特种设备安全监察条例》的规定，特种设备作业人员违反特种设备的操作规程和有关的安全规章制度操作，或者在作业过程中发现事故隐患或者其他不安全因素，未立即向现场安全管理人员和单位有关负责人报告的，由特种设备使用单位给予批评教育、处分；情节严重的，撤销特种设备作业人员资格；触犯刑律的，依照刑法关于重大责任事故罪或者其他罪的规定，依法追究刑事责任。

（十四）特种设备检验检测机构和检验检测人员的法律责任

依据《特种设备安全监察条例》的规定，特种设备检验检测机构和检验检测人员违反本条例的有关规定，依照本条例第九十一条、第九十二条、第九十三条、第九十四条、第九十五条、第九十六条的规定追究法律责任。

（十五）特种设备安全监察人员的法律责任

依据《特种设备安全监察条例》的规定，特种设备安全监督管理部门及其特种设备安全监察人员，有下列违法行为之一的，对直接负责的主管人员和其他直接责任人员，依法给予降级或者撤职的处分；触犯刑律的，依照刑法关于受贿罪、滥用职权罪、玩忽职守罪或者其他罪的规定，依法追究刑事责任：

（1）不按照本条例规定的条件和安全技术规范要求，实施许可、核准、登记的。

（2）发现未经许可、核准、登记擅自从事特种设备的生产、使用或者检验检测活动不予取缔或者不依法予以处理的。

（3）发现特种设备生产、使用单位不再具备本条例规定的条件而不撤销其原许可，或者发现特种设备生产、使用违法行为不予查处的。

（4）发现特种设备检验检测机构不再具备本条例规定的条件而不撤销其原核准，或者对其出具虚假的检验检测结果、鉴定结论或者检验检测结果、鉴定结论严重失实的行为不予查处的。

（5）对依照本条例规定在其他地方取得许可的特种设备生产单位重复进行许可，或者对依照本条例规定在其他地方检验检测合格的特种设备，重复进行检验检测的。

（6）发现有违反本条例和安全技术规范的行为或者在用的特种设备存在严重事故隐患，不立即处理的。

（7）发现重大的违法行为或者严重事故隐患，未及时向上级特种设备安全监督管理部门报告，或者接到报告的特种设备安全监督管理部门不立即处理的。

（8）迟报、漏报、瞒报或者谎报事故的。

（9）妨碍事故救援或者事故调查处理的。

（十六）生产、使用单位或者检验检测机构拒不接受安全监察的法律责任

依据《特种设备安全监察条例》的规定，特种设备的生产、使用单位或者检验检测机构，拒不接受特种设备安全监督管理部门依法实施的安全监察的，由特种设备安全监督管理部门责令限期改正；逾期未改正的，责令停产停业整顿，处 2 万元以上 10 万元以下罚款；触犯刑律的，依照刑法关于妨害公务罪或者其他罪的规定，依法追究刑事责任。

特种设备生产、使用单位擅自动用、调换、转移、损毁被查封、扣押的特种设备或者其主要部件的，由特种设备安全监督管理部门责令改正，处 5 万元以上 20 万元以下罚款；情节严重的，撤销其相应资格。

1.【单选题】电梯的日常维护保养必须由依照《特种设备安全监察条例》取得许可的安装、改造、维修单位或者电梯制造单位进行。电梯应当至少每（   ）进行一次清洁、润滑、调整和检查。

A. 15 日   B. 30 日   C. 60 日   D. 90 日

2.【单选题】依据《特种设备安全监察条例》，客运索道、大型游乐设施高空滞留 100 人以上并且时间在 24 小时以上 48 小时以下情形的属于（   ）事故。

A. 一般   B. 较大   C. 重大   D. 特别重大

3.【单选题】依据《特种设备安全监察条例》，（   ）对电梯质量以及安全运行涉及的质量问题负责。

A. 电梯制造单位   B. 电梯安装单位

C. 电梯使用单位   D. 电梯所在地特种设备安全监督管理部门

4.【多选题】根据《特种设备安全监察条例》，关于特种设备使用安全的说法，正确的有（   ）。

A. 特种设备使用单位对在用特种设备应当至少每周进行一次自行检查，并作出记录

B. 特种设备使用单位应当按照安全技术规范的定期检验要求，在安全检验合格有效期届满前 1 个月向特种设备检验检测机构提出定期检验要求

C. 电梯应当至少每月进行一次清洁、润滑、调整和检查

D. 大型游乐设施的运营使用单位的主要负责人至少应当每季度召开一次会议，督促、检查大型游乐设施的安全使用工作

E. 特种设备出现故障或者发生异常情况，使用单位应当对其进行全面检查，消除事故隐患后，方可重新投入使用

参考答案

1. A   2. C   3. A   4. BE

第十一节　大型群众性活动安全管理条例

2007年9月14日，国务院第505号令公布了《大型群众性活动安全管理条例》，自2007年10月1日起施行。这是我国第一部规范和加强大型群众性活动安全管理工作的行政法规。该条例对大型群众性活动的范围、承办者、程序、时限、安全管理措施以及法律责任等作了明确的规定，对于保护公民人身和财产安全，维护社会治安秩序和公共安全具有十分重要的意义。

一、大型群众性活动的范围

《大型群众性活动安全管理条例》所称的大型群众性活动是指法人或者其他组织面向社会公众举办的每场次预计参加人数达到1000人以上的下列活动：体育比赛活动；演唱会、音乐会等文艺演出活动；展览、展销等活动；游园、灯会、庙会、花会、焰火晚会等活动；人才招聘会、现场开奖的彩票销售等活动。但是影剧院、音乐厅、公园、娱乐场所等在其日常业务范围内举办的活动，不适用《大型群众性活动安全管理条例》的规定。所谓"日常业务范围"，主要以工商执照核定的范围和项目为准。

条例所称的"大型群众性活动"有5个特征：一是有承办者，即依照法定程序成立的法人或者其他组织。有些活动虽然具有大型群众性活动的某些特征，如农村地区群众赶庙会、群众自发聚集在一起的歌会，由于没有承办者来牵头组织，因此不是条例所指的大型群众性活动，不需要安全许可，纳入日常公共安全管理即可。另外，条例排除了个人举办大型群众性活动的情形，因为个人承担法律责任的能力有限，如需要举办大型群众性活动，可先行注册一个公司，取得相应的证照和许可后，再以其名义开展活动。二是参与人数众多，预计参加人数在1000人以上，包括活动组织、协调、保障、直接参与活动的相关人员数量与预计发售门票或组织观众数量之和。对于一些展览和展销等活动，主要指单位时间内动态的最高流量，是每场次、每天的容量，而不是指活动期间人数之总和。如果无法确定参与人数，有固定座席的，按固定座席数量计算，无固定座席的，可以按照人均面积1平方米计算。1000人以下的活动也是纳入日常公共安全管理。三是参与人群为不特定人员，活动是面向公众，人员是不特定人群，单位内部举办的联欢会、运动会等活动不适用《大型群众性活动安全管理条例》。四是活动地点为公共场所，一般是临时租用、借用的。五是该条款是等内条款，没有列举的活动不在条例管辖范围内，如促销活动没有被列举，不属于大型群众性活动，而是适用于《企业事业单位内部治安保卫条例》，但是如果促销活动涉及文艺演出，则符合大型群众性活动的特征，因而承办者应当申报安全许可。

二、安全责任

（一）承办者安全责任

大型群众性活动承办者对其承办活动的安全负责，承办者的主要负责人为大型群众性活动的安全责任人。举办大型群众性活动，承办者应当制定大型群众性活动安全工作方案。大型群众性活动安全工作方案内容包括：①活动的时间、地点、内容及组织方式；②安全工作人员的数量、任务分配和识别标志；③活动场所消防安全措施；④活动场所可容纳的人员数量以及活动预计参加人数；⑤治安缓冲区域的设定及其标识；⑥入场人员的票证查验和安全检查措施；⑦车辆停放、疏导措施；⑧现场秩序维护、人员疏导措施；⑨应急救援预案。大型群众性活动的承办者在举办大型群众性活动时，不但要对活动的内容负责，更重要的是要保证活动的安全顺利进行，安全工作方案是承办者履行大型群众活动安全责任的重要保障措施，好的工作方案是安全工作的基础。大型群众性活动要遵守"安全第一"的方针，凡与安全有冲突的事项，必须实施安全工作的"一票否决"。活动之前要进行风险因素评估，根据风险评估的结果分等级管理。工作方案要有针对性和可操作性，真正起到保证大型群众性活动安全的作用。法规所列的九项内容是最基本的，是所有大型群众性活动都必须具备的内容。大型群众性活动的安全工作与活动时间、地点、内容及组织方式密切相关，在不同的时空条件下，安全工作重点也是不同的，因此要考虑具体的时间段、举办场所所在位置、活动内容和方式等内容。安全工作方案应对安全工作人员的基本情况作出简要说明，便于公安机关审查。一般大型群众性活动的安全工作人员主要包括举办单位的安全工作人员以及专门从事大型群众性活动安保工作的保安队伍。活动场所也要严格执行《消防法》的要求，构建筑物、室内装修装饰材料、消防设施器材、疏散通道和安全出口等要符合法律法规的要求。大型群众性活动场所管理者向承办者提供的人员核定容量，应当依据建筑场所设定的标准核定，并充分考虑活动本身需要的空间，进行细致的安全风险评估，预留缓冲区域，并提供翔实的资料证明。设置治安缓冲区是在发生突发事件时保障人群紧急疏散的重要措施，缓冲区应当有明显标识。人员入场票证查验和安全检查措施可以防止不法分子携带危险爆炸物品、管制刀具等混入大型群众性活动现场。

为确保大型群众性活动安全有序地进行，承办者必须全面履行安全工作职责并进行细分，确保活动各方面、各环节都能在安全的前提下有序进行。大型群众性活动承办者具体负责的安全事项包括：①落实大型群众性活动安全工作方案和安全责任制度，明确安全措施、安全工作人员岗位职责，开展大型群众性活动安全宣传教育；②保障临时搭建的设施、建筑物的安全，消除安全隐患；③按照负责许可的公安机关的要求，配备必要的安全检查设备，对参加大型群众性活动的人员进行安全检查，对拒不接受安全检查的，承办者有权拒绝其进入；④按照核准的活动场所容纳人员数量、划定的区域发放或者出售门票；⑤落实医疗救护、灭火、应急疏散等应急救援措施并组织演练；⑥对妨碍大型群众性活动安全的行为及时予以制止，发现违法犯罪行为及时向公安机关报告；⑦配备与大型群众性活动安全工作需要相适应的专业保安人员以及其他安全工作人员；⑧为大型群众性活动的安全工作提供必要的保障。承办者要落实大型群众性活动的安全工作方案，主要负责人应当担负起大型群众性活动的安全责任，建立并落实安全责任制度，明确安全措施、岗位职责，加强人员责任心，对参加活动工作人员进行排班，确定岗位，做到职责明确、措施得力、责任到人，并且设立专人检查各项要求的落实情况，还要积极开展安全宣传教育工作。对活动场所、临时搭建的建筑、设施开展安全检查，发现安全隐患及时消除，检查的重点包括：场内临时设施、悬挂物、舞台、展台、展架等；水、电、通信、广播等设施；

售票处、通道、安全出口、疏散通道、现场桥梁、涵洞、陡坡、窄路、转弯等地段。对参加活动的人员进行安全检查，对拒不接受安全检查的，承办者有权拒绝其进入，及时发现和处置出入人员所携带的违禁品与危险品。检查不能仅仅依靠电子仪器进行人身检查，还应该与感官检查有机结合起来。要按照预定方案发放或者出售门票，严格实施安检措施，防止无票人员入场，把好"入口关"。承办者发现盗窃、抢夺、打架斗殴等案件时，要及时予以制止并向公安机关报告。

（二）场所管理者安全责任

大型群众性活动的活动场所是大型群众性活动的中心区和人员聚集地，是安全保卫工作的核心。大型群众性活动场所管理者具体负责的安全事项包括：①保障活动场所、设施符合国家安全标准和安全规定；②保障疏散通道、安全出口、消防车通道、应急广播、应急照明、疏散指示标志符合法律、法规、技术标准的规定；③保障监控设备和消防设施、器材配置齐全、完好有效；④提供必要的停车场地，并维护安全秩序。大型群众性活动场所构筑物的构件和建筑材料的防火性能要符合国家标准或行业标准，内装修装饰依据国家工程建筑消防技术标准的规定，应当使用不燃、难燃材料的，必须选用经检验机构检验合格的材料；公众聚集场所在使用或者开业前，应当向当地安全消防机构申报，经消防检查合格并取得《消防安全检查意见书》后，方可使用或开业。大型群众性活动场所管理者还应向承办者提供场所人员核定容量、供电系统等涉及场所使用的安全资料、证明，包括场所电路图、用电设施、设备等相关使用说明书，以及电力部门安全检查报告等。恶性火灾事故的主要原因之一就是火灾初期人员疏散不畅。《建筑设计防火规范》（GB 50016）、《建筑内部装修设计防火规范》（GB 50222）等标准对安全疏散出口的数量、规格，疏散走道的宽度及疏散走道的最大疏散距离，疏散通道的安全指标标志，火灾事故照明设置都作了明确、具体的规定。例如安全疏散门必须向外开启，不得采用卷帘门、旋转门、吊门和侧拉门；室外疏散通道宽度不少于 3 米；安全疏散门都要设置安全疏散出口标志，走道疏散标志灯间距不应大于 20 米等。重要建筑物周围应设环形消防车通道，设环形车道有困难时，可沿建筑物的两个边设置消防车通道，当建筑物的沿街长度超过 150 米或总长度超过 220 米时，应在适中位置设置穿过建筑的消防车通道。

（三）参加活动人员的安全义务

大型群众性活动能否安全有序举办，参加活动人员在其中扮演了十分重要的角色，确保活动安全举办，不仅仅是政府的职责，也是每一位参与活动的公民应当承担的责任。参加大型群众性活动的人员应当遵守下列规定：①遵守法律、法规和社会公德，不得妨碍社会治安、影响社会秩序；②遵守大型群众性活动场所治安、消防等管理制度，接受安全检查，不得携带爆炸性、易燃性、放射性、毒害性、腐蚀性等危险物质或者非法携带枪支、弹药、管制器具；③服从安全管理，不得展示侮辱性标语、条幅等物品，不得围攻裁判员、运动员或者其他工作人员，不得投掷杂物。

三、安全管理

（一）大型群众性活动的安全许可

大型群众性活动安全是系统性问题，事故之后补救难以消除影响或者要付出更大的代价，往往采用事前监督管理更加合适，公安机关对大型群众性活动实行安全许可制度。《营业性演出管理条例》对演出活动的安全管理另有规定的，从其规定。举办大型群众性活动应当符合的条件包括：①承办者是依照法定程序成立的法人或者其他组织；②大型群众性活动的内容不得违反宪法、法律、法规的规定，不得违反社会公德；③具有符合《大型群众性活动安全管理条例》规定的安全工作方案，安全责任明确、措施有效；④活动场所、设施符合安全要求。大型群众性活动的承办者要具有合法身份，要依法登记成立，包括企业法人和社会组织两类，法定代表人应具有完全责任能力，无违法犯罪记录。大型群众性活动内容合法主要是指不得反对宪法确定的基本原则，不得危害国家统一、主权和领土完整，危害国家安全，或损害国家荣誉和利益，不得煽动民族仇恨、民族分裂，违反宗教政策，干扰社会秩序，破坏社会稳定，危害社会公德或者民族优秀文化传统，不得宣传淫秽、色情、邪教、迷信或者渲染暴力以及法律法规规定的其他情形。申请安全许可时必须向公安机关提供活动场所管理者出具同意使用场所的证明和有关部门对场所建设、设施的安全鉴定文件。大型群众性活动的预计参加人数在1000人以上5000人以下的，由活动所在地县级人民政府公安机关实施安全许可；预计参加人数在5000人以上的，由活动所在地设区的市级人民政府公安机关或者直辖市人民政府公安机关实施安全许可；跨省、自治区、直辖市举办大型群众性活动的，由国务院公安部门实施安全许可。

（二）大型群众性活动许可后的变更

经安全许可的大型群众性活动，承办者不得擅自变更活动的时间、地点、内容或者扩大大型群众性活动的举办规模。承办者变更大型群众性活动时间的，应当在原定举办活动时间之前向作出许可决定的公安机关申请变更，经公安机关同意方可变更。承办者变更大型群众性活动地点、内容以及扩大大型群众性活动举办规模的，应当依照《大型群众性活动安全管理条例》的规定重新申请安全许可。承办者取消举办大型群众性活动的，应当在原定举办活动时间之前书面告知作出安全许可决定的公安机关，并交回公安机关颁发的准予举办大型群众性活动的安全许可证件。举办大型群众性活动，时间因素是一个重要审批方面，举办时间、地点和国事、外交、军事或者其他重大活动相冲突的，不予许可。大型群众性活动举办地点不能擅自改变，只有达到国家规定的安全标准，才能在公安机关的安全许可下举办大型群众性活动。

（三）大型群众性活动事故应急

在大型群众性活动举办过程中发生公共安全事故、治安案件的，安全责任人应当立即启动应急救援预案，并立即报告公安机关。应急救援预案是大型群众性活动安全工作方案的重要内容之一，当大型群众性活动举办过程中发生公共安全事故时，大型群众性活动的安全责任人应当立即启动应急预案，积极组织抢救，防止事态扩大，减少人员伤亡和财产损失，同时安全责任人要及时、准确地将现场情况报告给公安机关，不能瞒报、谎报。

1.【单选题】依据《大型群众性活动安全管理条例》，大型群众性活动的（　　）对其承办活动的安全负责。

A. 承办者　　　　　　　　　　　　B. 承办所在地应急管理部门

C. 承办所在地人民政府 　　　　　　D. 承办所在地公安机关

2.【单选题】《大型群众性活动安全管理条例》所称大型群众性活动，是指法人或者其他组织面向社会公众举办的每场次预计参加人数达到（　　）以上的活动。

A. 1000 人 　　　　B. 2000 人 　　　　C. 5000 人 　　　　D. 10000 人

3.【单选题】依据《大型群众性活动安全管理条例》，（　　）对大型群众性活动实行安全许可制度。

A. 工商行政部门 　　　　　　　　　B. 应急管理部门

C. 安全生产监督管理部门 　　　　　D. 公安机关

4.【多选题】依据《大型群众性活动安全管理条例》，以下属于大型群众性活动的是（　　）。

A. 参加人数达到 500 人以上大型相亲活动

B. 某国企内部举办的 2000 人以上的联欢晚会

C. 影剧院、音乐厅等在其日常业务范围内举办的 1000 人以上的活动

D. 参赛人数达 30000 人的国际马拉松体育比赛

E. 预计 1500 人参加的庙会

参考答案

1. A　2. A　3. D　4. DE

第十二节　女职工劳动保护特别规定

为了减少和解决女职工在劳动中因生理特点造成的特殊困难，保护女职工健康，1988 年 7 月 21 日国务院发布了《女职工劳动保护规定》。2012 年 4 月 28 日，国务院令第 619 号公布《女职工劳动保护特别规定》，自公布之日起施行，原《女职工劳动保护规定》同时废止。《女职工劳动保护特别规定》对女职工劳动保护作出了新规定，如明确用人单位不得因女职工怀孕、生育、哺乳降低其工资、予以辞退、与其解除劳动或者聘用合同。

一、适用范围

《女职工劳动保护特别规定》第二条明确，中华人民共和国境内的国家机关、企业、事业单位、社会团体、个体经济组织以及其他社会组织等用人单位及其女职工，适用本规定。

二、女职工禁忌从事的劳动范围

《女职工劳动保护特别规定》对女职工禁忌从事的劳动范围作出了明确规定，同时明确女职工禁忌从事的劳动范围由国务院安全生产监督管理部门会同国务院人力资源社会保障行政部门、国务院卫生行政部门根据经济社会发展情况，对女职工禁忌从事的劳动范围进行调整。

（一）女职工禁忌从事的劳动范围

依据《女职工劳动保护特别规定》，女职工禁忌从事的劳动范围包括：

（1）矿山井下作业。

（2）体力劳动强度分级标准中规定的第四级体力劳动强度的作业。

（3）每小时负重6次以上、每次负重超过20千克的作业，或者间断负重、每次负重超过25千克的作业。

（二）女职工在经期禁忌从事的劳动范围

依据《女职工劳动保护特别规定》，女职工在经期禁忌从事的劳动范围包括：

（1）冷水作业分级标准中规定的第二级、第三级、第四级冷水作业。

（2）低温作业分级标准中规定的第二级、第三级、第四级低温作业。

（3）体力劳动强度分级标准中规定的第三级、第四级体力劳动强度的作业。

（4）高处作业分级标准中规定的第三级、第四级高处作业。

（三）女职工在孕期禁忌从事的劳动范围

依据《女职工劳动保护特别规定》，女职工在孕期禁忌从事的劳动范围包括：

（1）作业场所空气中铅及其化合物、汞及其化合物、苯、镉、铍、砷、氰化物、氮氧化物、一氧化碳、二硫化碳、氯、己内酰胺、氯丁二烯、氯乙烯、环氧乙烷、苯胺、甲醛等有毒物质浓度超过国家职业卫生标准的作业。

（2）从事抗癌药物、己烯雌酚生产，接触麻醉剂气体等的作业。

（3）非密封源放射性物质的操作，核事故与放射事故的应急处置。

（4）高处作业分级标准中规定的高处作业。

（5）冷水作业分级标准中规定的冷水作业。

（6）低温作业分级标准中规定的低温作业。

（7）高温作业分级标准中规定的第三级、第四级的作业。

（8）噪声作业分级标准中规定的第三级、第四级的作业。

（9）体力劳动强度分级标准中规定的第三级、第四级体力劳动强度的作业。

（10）在密闭空间、高压室作业或者潜水作业，伴有强烈振动的作业，或者需要频繁弯腰、攀高、下蹲的作业。

（四）女职工在哺乳期禁忌从事的劳动范围

依据《女职工劳动保护特别规定》，女职工在哺乳期禁忌从事的劳动范围包括：

（1）孕期禁忌从事的劳动范围的第一项、第三项、第九项。

（2）作业场所空气中锰、氟、溴、甲醇、有机磷化合物、有机氯化合物等有毒物质浓度超过国家职业卫生标准的作业。

三、用人单位的职责

依据《女职工劳动保护特别规定》，用人单位应当履行下列职责：

（1）用人单位应当加强女职工劳动保护，采取措施改善女职工劳动安全卫生条件，对女职工进行劳动安全卫生知识培训。

（2）用人单位应当遵守女职工禁忌从事的劳动范围的规定。用人单位应当将本单位属于女职工禁忌从事的劳动范围的岗位书面告知女职工。

（3）用人单位不得因女职工怀孕、生育、哺乳降低其工资、予以辞退、与其解除劳动或者聘用合同。

四、女职工孕期的保护

依据《女职工劳动保护特别规定》，女职工在孕期不能适应原劳动的，用人单位应当根据医疗机构的证明，予以减轻劳动量或者安排其他能够适应的劳动。

对怀孕 7 个月以上的女职工，用人单位不得延长劳动时间或者安排夜班劳动，并应当在劳动时间内安排一定的休息时间。

怀孕女职工在劳动时间内进行产前检查，所需时间计入劳动时间。

五、产假规定

依据《女职工劳动保护特别规定》，女职工生育享受 98 天产假，其中产前可以休假 15 天；难产的，增加产假 15 天；生育多胞胎的，每多生育 1 个婴儿，增加产假 15 天。

女职工怀孕未满 4 个月流产的，享受 15 天产假；怀孕满 4 个月流产的，享受 42 天产假。

六、生育津贴规定

依据《女职工劳动保护特别规定》，女职工产假期间的生育津贴，对已经参加生育保险的，按照用人单位上年度职工月平均工资的标准由生育保险基金支付；对未参加生育保险的，按照女职工产假前工资的标准由用人单位支付。

女职工生育或者流产的医疗费用，按照生育保险规定的项目和标准，对已经参加生育保险的，由生育保险基金支付；对未参加生育保险的，由用人单位支付。

七、哺乳规定

依据《女职工劳动保护特别规定》，对哺乳未满 1 周岁婴儿的女职工，用人单位不得延长劳动时间或者安排夜班劳动。

用人单位应当在每天的劳动时间内为哺乳期女职工安排 1 小时哺乳时间；女职工生育多胞胎的，每多哺乳 1 个婴儿每天增加 1 小时哺乳时间。

女职工比较多的用人单位应当根据女职工的需要，建立女职工卫生室、孕妇休息室、哺乳室等设施，妥善解决女职工在生理卫生、哺乳方面的困难。

八、性骚扰的保护

为了保护女职工免受性骚扰，《女职工劳动保护特别规定》明确，在劳动场所，用人单位应当预防和制止对女职工的性骚扰。

九、仲裁和诉讼

《女职工劳动保护特别规定》明确，用人单位违反本规定，侵害女职工合法权益的，女职工可以依法投诉、举报、申诉，依法向劳动人事争议调解仲裁机构申请调解仲裁，对仲裁裁决不服的，依法向人民法院提起诉讼。

十、法律责任

依据《女职工劳动保护特别规定》，用人单位违反本规定的，由人力资源社会保障行政部门、安全生产监督管理部门依法实施处罚；用人单位违反本规定，侵害女职工合法权益，造成女职工损害的，依法给予赔偿；用人单位及其直接负责的主管人员和其他直接责任人员构成犯罪的，依法追究刑事责任。

1.【单选题】以下（　　）做法符合《女职工劳动保护特别规定》要求。

A. 张某在某钢铁公司工作，怀孕8个月，公司依旧安排她从事夜班作业

B. 李某需要产检，公司按照事假扣除其工资

C. 王某产后5个月，公司因业务发展，要求王某延迟工作时间，每天加班2小时

D. 公司在每天的劳动时间内为哺乳期女职工孙某安排1小时哺乳时间

2.【单选题】依据《女职工劳动保护特别规定》，下列说法中，错误的是（　　）。

A. 用人单位不得因女职工怀孕、生育、哺乳而降低其工资、予以辞退、与其解除劳动或者聘用合同

B. 对怀孕6个月以上的女职工，用人单位不得延长劳动时间或者安排夜班劳动，并应当在其劳动时间内安排一定的休息时间

C. 怀孕女职工在劳动时间内进行产前检查，所需时间计入劳动时间

D. 对哺乳未满1周岁婴儿的女职工，用人单位不得延长其劳动时间或者安排夜班劳动

3.【单选题】依据《女职工劳动保护特别规定》，下列说法错误的是（　　）。

A. 用人单位应当将本单位属于女职工禁忌从事的劳动范围的岗位通过口头或者书面形式告知女职工

B. 对哺乳未满1周岁婴儿的女职工，用人单位不得安排夜班劳动

C. 对怀孕7个月以上的女职工，用人单位不得安排夜班劳动

D. 怀孕女职工在劳动时间内进行产前检查，所需时间计入劳动时间

4.【多选题】根据《女职工劳动保护特别规定》，下列劳动作业中，属于女职工禁忌从事劳动作业的有（　　）。

A. 体力劳动强度分级标准中规定的第三级体力劳动强度的作业

B. 体力劳动强度分级标准中规定的第四级体力劳动强度的作业

C. 每次负重超过25千克的作业

D. 高处作业分级标准中规定的第三级高处作业

E. 高处作业分级标准中规定的第四级高处作业

参考答案

1. D　2. B　3. A　4. BC

第五章 安全生产部门规章

第一节 注册安全工程师分类管理办法

2002年人事部和国家安全生产监督管理局联合制定并实施《注册安全工程师执业资格制度暂行规定》，为安全生产形势的好转发挥了重要作用。但是，注册安全工程师人数尚不能满足当前企业安全管理的人才需求。同时，不同行业企业对安全生产管理人员能力要求也不相同，高危行业不同领域对安全生产专业知识要求差异较大，以前制度的注册安全工程师不分专业、级别，导致了注册安全工程师专业化水平不高、发挥作用不明显、企业使用率不高、发展通道不畅通等问题，注册安全工程师得不到企业和社会的普遍认同，影响了安全生产工作，制约了注册安全工程师队伍发展。

《中共中央 国务院关于推进安全生产领域改革发展的意见》和《安全生产法》对加强安全生产监督管理，完善注册安全工程师职业资格制度作出了明确要求。同时，随着安全生产形势的深刻变化，对生产经营单位安全管理水平提出了更高要求，迫切需要一大批职业化、专业化的安全管理人才。2017年9月人力资源社会保障部发布的《国家职业资格目录》将注册安全工程师列入准入类专业技术人员职业资格。2017年11月2日，国家安全生产监督管理总局、人力资源和社会保障部联合制定了《注册安全工程师分类管理办法》（安监总人事〔2017〕118号），自2018年1月1日起施行。以往规定与本办法不一致的，按照本办法规定执行。

一、注册安全工程师类别和级别

以往注册安全工程师考试不分专业、学习范围广、通用内容较多，一定程度上导致部分注册安全工程师学得不深、不精、专业化水平不高。为此，《注册安全工程师分类管理办法》对注册安全工程师从专业类别上划分7种，同时从级别上划分3个等级，《注册安全工程师分类管理办法》规定：注册安全工程师专业类别划分为煤矿安全、金属非金属矿山安全、化工安全、金属冶炼安全、建筑施工安全、道路运输安全、其他安全（不包括消防安全）。注册安全工程师级别设置为高级、中级、初级（助理）。同时，还规定：人力资源社会保障部、国家安全监管总局负责注册安全工程师职业资格制度的制定、指导、监督和检查实施，统筹规划注册安全工程师专业分类。如需另行增设专业类别，由国务院有关行业主管部门提出意见，人力资源社会保障部、国家安全监管总局（应急管理部）共同确定。划分专业类别后，注册安全工程师按照专业类别进行考试、注册、参加继续教育、配备使用等，注册安全工程师的专业化水平会更高，对推动安全生产工作的专业化水平更有帮助。划分等级后，一方面，有利于满足不同企业对不同级别注册安全工程师的要求，提高企业安全生产管理水平，防范和遏制事故的发生。另一方面，有利于注册安全工程师人尽其才、才尽其用，激励注册安全工程师不断提高专业能力素质。

二、注册安全工程师执业范围

关于注册安全工程师可在哪些单位或机构中执业，《注册安全工程师分类管理办法》明确规定：注册安全工程师可在相应行业领域生产经营单位和安全评价检测等安全生产专业服务机构中执业。关于不同专业类别注册安全工程师具体执业行业和执业范围在发布的《注册安全工程师职业资格制度规定》中作出明确规定。

关于上述提到的注册安全工程师可在相应行业领域生产经营单位执业，2021年新修订的《安全生产法》第二十七条明确规定：危险物品的生产、储存、装卸单位以及矿山、金属冶炼单位应当有注册安全工程师从事安全生产管理工作。为了贯彻落实《安全生产法》和国家职业资格制度有关规定，《注册安全工程师分类管理办法》规定：危险物品的生产、储存单位以及矿山、金属冶炼单位应当有相应专业类别的中级及以上注册安全工程师从事安全生产管理工作，并要求危险物品的生产、储存单位以及矿山单位安全生产管理人员中的中级及以上注册安全工程师比例应自本办法施行之日起2年内，金属冶炼单位安全生产管理人员中的中级及以上注册安全工程师比例应自本办法施行之日起5年内达到15%左右并逐步提高。这样规定有利于注册安全工程师发挥更大作用，有利于企业提升安全生产管理水平。

三、初级（助理）注册安全工程师取得

初级（助理）注册安全工程师采取考试方式取得。《注册安全工程师分类管理办法》规定：助理注册安全工程师职业资格考试使用全国统一考试大纲，考试和注册管理由各省、自治区、直辖市人力资源社会保障部门和安全监管部门会同有关行业主管部门组织实施。

四、注册安全工程师继续教育

为了提高注册安全工程师的技术和素质，《注册安全工程师管理规定》明确规定：继续教育按照注册类别分类进行。注册安全工程师在每个注册周期内应当参加继续教育，时间累计不得少于48学时。继续教育由部门、省级注册机构按照统一制定的大纲组织实施。中央企业注册安全工程师的继续教育可以由中央企业总公司（总厂、集团公司）组织实施。继续教育应当由具备安全培训条件的机构承担。煤矿安全、非煤矿矿山安全、危险物品安全（民用爆破器材安全除外）和其他安全类注册安全工程师继续教育大纲，由国家安全监管总局组织制定；建筑施工安全、民用爆破器材安全注册安全工程师继续教育大纲，由国家安全监管总局会同国务院有关主管部门组织制定。

根据目前注册安全工程师的现状，《注册安全工程师分类管理办法》仅对中级注册安全工程师的继续教育作出规定，对高级和助理注册安全工程师的继续教育未作出规定。《注册安全工程师分类管理办法》规定：中级注册安全工程师按照专业类别进行继续教育，其中专业课程学时应不少于继续教育总学时的一半。

五、注册安全工程师注册

《注册安全工程师分类管理办法》规定：注册安全工程师按照专业类别进行注册，国家安全监管总局或其授权的机构为注册安全工程师职业资格的注册管理机构。同时规定：住房城乡建设部、交通运输部或其授权的机构分别负责其职责范围内建筑施工安全、道路运输安全类别中级注册安全工程师的注册初审工作。各省、自治区、直辖市安全监管部门和经国家安全监管总局授权的机构负责其他中级注册安全工程师的注册初审工作。国家安全监管总局或其授权的机构负责中级注册安全工程师的注册终审工作。终审通过的建筑施工安全、道路运输安全类别中级注册安全工程师名单分别抄送住房城乡建设部、交通运输部。《注册安全工程师职业资格制度规定》明确规定：中级注册安全工程师注册有效期为5年。有效期满前3个月，需要延续注册的，应向注册初审机构提出延续注册申请。有效期满未延续注册的，可根据需要申请重新注册。

此外，《注册安全工程师分类管理办法》规定：助理注册安全工程师职业资格考试使用全国统一考试大纲，考试和注册管理由各省、自治区、直辖市人力资源社会保障部门和安全监管部门会同有关行业主管部门组织实施。

六、注册安全工程师与政府主管部门安全能力合格证明的关系

注册安全工程师是我国安全生产领域内具有较高专业技术知识和实际经验能力的专业人才，对其专业知识和能力的考核要求已基本涵盖对安全生产管理人员的考核要求。因此，《注册安全工程师分类管理办法》规定：取得注册安全工程师职业资格证书并经注册的人员，表明其具备与所从事的生产经营活动相应的安全生产知识和管理能力，可视为其安全生产知识和管理能力考核合格。

七、注册安全工程师与工程系列安全工程专业职称之间的关系

为贯彻落实中央有关职称制度改革要求，促进职称制度和职业资格制度有效衔接，打通注册安全工程师的职业发展通道，《注册安全工程师分类管理办法》规定：注册安全工程师各级别与工程系列安全工程专业职称相对应，不再组织工程系列安全工程专业职称评审。高级注册安全工程师考评办法出台前，工程系列安全工程专业高级职称评审仍然按现行制度执行。也就是说，安全工程专业技术人员职称采取以考代评的方式，依法取得注册安全工程师职业资格证书即取得相应级别职称资格。高级注册安全工程师考评办法出台前，工程系列安全工程专业高级职称评审仍然按现行制度执行。

八、已取得注册安全工程师的认可

为了做好现行注册安全工程师与《注册安全工程师分类管理办法》实施后取得的注册安全工程师的衔接，《注册安全工程师分类管理办法》规定：本办法施行之前已取得的注册安全工程师执业资格证书、注册助理安全工程师资格证书，分别视同为中级注册安全工程师职业资格证书、助理注册安全工程师职业资格证书。

1.【单选题】依据《注册安全工程师分类管理办法》规定，下列不属于注册安全工程师专业类别的是（　　）。

A. 金属非金属矿山安全　　　　　B. 化工安全

C. 消防安全　　　　　　　　　　D. 金属冶炼安全

2.【单选题】依据《注册安全工程师分类管理办法》，某危险物品储存单位应当有化工安全类别的（　　）从事安全生产管理工作。

A. 注册安全工程师　　　　　　　B. 初级及以上注册安全工程师

C. 中级及以上注册安全工程师　　D. 大专及以上学历安全生产管理人员

3.【单选题】依据《注册安全工程师分类管理办法》，以下说法正确的是（　　）。

A. 危险物品的生产单位安全生产管理人员中注册安全工程师比例应自本办法施行之日起 5 年内达到 15% 左右并逐步提高

B. 取得注册安全工程师职业资格证书并经注册的人员，表明其具备与所从事的生产经营活动相应的安全生产知识和管理能力，可视为其安全生产知识和管理能力考核合格

C. 注册安全工程师按照专业类别可分为六类

D. 注册安全工程师级别设置为初级和中级

4.【多选题】根据《注册安全工程师分类管理办法》，下列单位中关于注册安全工程师的配备，符合要求的有（　　）。

A. 某危险物品生产单位从业人员 2000 人，安全管理人员 90 人，注册安全工程师 15 人

B. 某煤矿企业从业人员 500 人，安全生产管理人员 30 人，金属非金属矿山安全注册安全工程师 5 人

C. 某炼钢厂从业人员 5000 人，安全生产管理人员 200 人，化工安全专业注册安全工程师 30 人

D. 某道路运输企业从业人员 300 人，安全管理人员 7 人，道路运输专业注册安全工程师 1 人，其他安全专业注册安全工程师 1 人

E. 某建筑施工有从业人员 800 人，安全管理人员 70 人，建筑施工安全专业注册安全工程师 10 人，其他安全专业注册安全工程师 5 人

📖 参考答案

1. C　2. C　3. B　4. ADE

第二节　注册安全工程师管理规定

《注册安全工程师管理规定》是国家安全生产监督管理总局为了加强注册安全工程师的管理，保障其依法执业而制定的法规。该规定自 2007 年 3 月 1 日起施行，取代了 2004年公布的《注册安全工程师注册管理办法》。

一、适用范围

适用对象：取得中华人民共和国注册安全工程师执业资格证书的人员，注册后从事安全生产管理、安全技术工作或在安全生产中介机构提供专业服务的人员。

执业范围：包括安全生产管理、安全检查、安全评价、安全检测检验、安全生产技术咨询与服务、安全生产教育和培训等。

二、配备要求

从业人员 300 人以上的煤矿、非煤矿矿山、建筑施工单位和危险物品生产、经营单位，应当按照不少于安全生产管理人员 15% 的比例配备注册安全工程师；安全生产管理人员在 7 人以下的，至少配备 1 名。

前款规定以外的其他生产经营单位，应当配备注册安全工程师或者委托安全生产中介机构选派注册安全工程师提供安全生产服务。

安全生产中介机构应当按照不少于安全生产专业服务人员 30% 的比例配备注册安全工程师。

三、注册管理

注册条件：申请人必须取得资格证书，并在生产经营单位或安全生产中介机构从事相关工作。

注册类别：注册安全工程师分为煤矿安全、非煤矿矿山安全、建筑施工安全、危险物品安全和其他安全五类。

注册程序：申请人需通过聘用单位向部门或省级注册机构提交申请材料，经过初审和复审后，由国家安全生产监督管理总局决定是否准予注册。

四、执业要求

执业范围：注册安全工程师应在规定的执业范围内执业，并在相关文件、报告上签字和加盖执业印章。

参与工作：注册安全工程师应参与生产经营单位的安全生产规章制度制定、事故隐患排查、安全培训计划制定、劳动防护用品选用、事故调查、重大危险源监控等工作，并签署意见。

五、继续教育

继续教育要求：注册安全工程师在每个注册周期内需参加不少于 48 学时的继续教育，

继续教育由具备资质的安全生产培训机构承担。

分类实施：继续教育按注册类别分类进行，不同类别的注册安全工程师有不同的继续教育大纲。

六、监督管理

监督管理机构：国家安全生产监督管理总局、省级安全生产监督管理部门、煤矿安全监察机构等负责对注册安全工程师的注册、执业活动进行监督管理。

社会监督：准予注册、注销注册、撤销注册、吊销执业证的人员名单将向社会公告，接受社会监督。

七、罚则

违规处罚：未经注册擅自执业、以不正当手段取得执业证、出租出借执业证、泄露执业秘密、提供虚假执业成果等行为将受到罚款、吊销执业证等处罚，构成犯罪的将追究刑事责任。

工作人员违规：在注册工作中，工作人员如有索贿、违规注册等行为，将受到行政处分。

八、附则

外籍及港澳台人员：符合条件的外籍人员及港澳台地区的专业人员也可按照本规定申请注册。

施行日期：本规定自 2007 年 3 月 1 日起施行，原《注册安全工程师注册管理办法》同时废止。

1.【单选题】某危险化学品生产企业有从业人员 400 人，安全生产管理人员 20 人，依据《注册安全工程师管理规定》，该企业至少配备（　　）名注册安全工程师。

A. 1　　　　　　　　B. 2　　　　　　　　C. 3　　　　　　　　D. 4

2.【单选题】依据《注册安全工程师管理规定》规定，注册安全工程师在（　　）应当参加继续教育，时间累计不得少于48学时。

A. 每个注册周期内　B. 注册前　　　　C. 每年　　　　　　D. 注册首年

3.【单选题】依据《注册安全工程师管理规定》，注册安全工程师的执业范围不包括（　　）。

A. 安全生产管理　　　　　　　　B. 安全生产执法检查

C. 安全生产检查　　　　　　　　D. 安全生产教育和培训

4.【多选题】依据《注册安全工程师管理规定》，下列属于注册安全工程师享有的权利有（　　）。

A. 使用注册安全工程师称谓　　　B. 同时在两个或者两个以上单位受聘执业

C. 参加继续教育　　　　　　　　D. 出租、出借执业证

E. 对执业中发现的不符合安全生产要求的事项提出意见和建议

参考答案

1. C　2. A　3. B　4. ACE

第三节　生产经营单位安全培训规定

2006 年 1 月 17 日，国家安全生产监督管理总局公布《生产经营单位安全培训规定》（总局令第 3 号），自 2006 年 3 月 1 日起施行。《生产经营单位安全培训规定》的制定目的是为了加强和规范生产经营单位安全培训工作，提高从业人员安全素质，防范伤亡事故，减轻职业危害。2013 年 8 月 29 日、2015 年 5 月 29 日，国家安全生产监督管理总局两次进行了修改。

一、《生产经营单位安全培训规定》的基本要求

（一）《生产经营单位安全培训规定》的适用范围

《生产经营单位安全培训规定》规定：工矿商贸生产经营单位（以下简称生产经营单位）从业人员的安全培训，适用本规定。工矿商贸生产经营单位通常指工业、矿业、商业和贸易领域从事生产、经营活动的单位，这些单位从业人员应当按照《生产经营单位安全培训规定》的要求进行安全培训。除此以外，其他生产经营单位从业人员的安全培训不适用。这里需要明确的是，单位是个中性词，不同于企业，即各种所有制的企业或者其经济组织都可以称作单位。

（二）生产经营单位的职责

从业人员的安全培训是生产经营单位自身的职责。生产经营单位应当建立健全安全培训制度，加强对从业人员的安全培训，提高从业人员安全素质和技能，从而促进安全生产。为此，《生产经营单位安全培训规定》规定：生产经营单位负责本单位从业人员安全培训工作。生产经营单位应当按照安全生产法和有关法律、行政法规和本规定，建立健全安全培训工作制度。

（三）安全培训的范围及要求

（1）基本要求。《生产经营单位安全培训规定》规定：生产经营单位应当进行安全培训的从业人员包括主要负责人、安全生产管理人员、特种作业人员和其他从业人员。生产经营单位从业人员应当接受安全培训，熟悉有关安全生产规章制度和安全操作规程，具备必要的安全生产知识，掌握本岗位的安全操作技能，了解事故应急处理措施，知悉自身在安全生产方面的权利和义务。未经安全培训合格的从业人员，不得上岗作业。依据规定，从业人员是指生产经营单位的全体人员，包括主要负责人、安全生产管理人员、特种作业人员和其他从业人员。法律对不同从业人员的安全培训要求是不一样的，对从业人员的基本要求：熟悉有关安全生产规章制度和安全操作规程，具备必要的安全生产知识，掌握本岗位的安全操作技能，增强预防事故、控制职业危害和应急处理的能力。对主要负责人、安全生产管理人员、高危行业与其他行业的安全培训有不同的要求，煤矿等高危行业的主

要负责人、安全生产管理人员必须取得相应的安全合格证,方可任职上岗;其他行业的主要负责人、安全生产管理人员也要经过相应的安全培训;特种作业人员必须接受专门的安全培训,经考核合格,取得特种作业操作资格证书后,方可上岗作业。

(2)被派遣劳动者的要求。《生产经营单位安全培训规定》规定:生产经营单位使用被派遣劳动者的,应当将被派遣劳动者纳入本单位从业人员统一管理,对被派遣劳动者进行岗位安全操作规程和安全操作技能的教育和培训。劳务派遣单位应当对被派遣劳动者进行必要的安全生产教育和培训。

(3)实习生的要求。《生产经营单位安全培训规定》规定:生产经营单位接收中等职业学校、高等学校学生实习的,应当对实习学生进行相应的安全生产教育和培训,提供必要的劳动防护用品。学校应当协助生产经营单位对实习学生进行安全生产教育和培训。

依据《生产经营单位安全培训规定》,生产经营单位主要负责人是指有限责任公司或者股份有限公司的董事长、总经理,其他生产经营单位的厂长、经理、(矿务局)局长、矿长(含实际控制人)等。生产经营单位安全生产管理人员是指生产经营单位分管安全生产的负责人,安全生产管理机构负责人及其管理人员,未设安全生产管理机构的生产经营单位专、兼职安全生产管理人员等。生产经营单位其他从业人员是指除主要负责人、安全生产管理人员和特种作业人员以外,该单位从事生产经营活动的所有人员,包括其他负责人、其他管理人员、技术人员和各岗位的工人以及临时聘用的人员等。

(四)安全培训的监督管理部门及职责

国家对安全培训实行的是"综合监管、专项监管""分级负责、属地监管"相结合的监督管理体制。《生产经营单位安全培训规定》规定:国家安全生产监督管理总局指导全国安全培训工作,依法对全国的安全培训工作实施监督管理。国务院有关主管部门按照各自职责指导监督本行业安全培训工作,并按照本规定制定实施办法。国家煤矿安全监察局指导监督检查全国煤矿安全培训工作。各级安全生产监督管理部门和煤矿安全监察机构(以下简称安全生产监管监察部门)按照各自的职责,依法对生产经营单位的安全培训工作实施监督管理。

二、主要负责人、安全生产管理人员的安全培训

(一)安全培训要求及标准

国家对生产经营单位主要负责人、安全生产管理人员安全培训的要求分两类,一类是达到基本的安全培训要求;另一类是实行考核。《生产经营单位安全培训规定》规定:生产经营单位主要负责人和安全生产管理人员应当接受安全培训,具备与所从事的生产经营活动相适应的安全生产知识和管理能力。煤矿、非煤矿山、危险化学品、烟花爆竹、金属冶炼等生产经营单位主要负责人和安全生产管理人员,自任职之日起6个月内,必须经安全生产监管监察部门对其安全生产知识和管理能力考核合格。生产经营单位主要负责人、安全生产管理人员安全培训的基本要求是:通过安全培训,使其具备与所从事的生产经营活动相适应的安全生产知识和管理能力。如何衡量,没有统一的标准,根据各行业企业的实际情况确定。对于煤矿、非煤矿山、危险化学品、烟花爆竹等高危行业,根据法律法规

的规定，除达到基本要求外，还必须经政府主管部门考核合格。根据现有规定，煤矿的主要负责人、安全生产管理人员由煤矿安全监察机构负责考核；非煤矿山、危险化学品、烟花爆竹、金属冶炼等的主要负责人、安全生产管理人员由安全生产监督管理部门负责考核，取得安全合格证书。建筑等行业的主要负责人、安全生产管理人员由建设行政主管部门负责考核。

（二）主要负责人安全培训内容

依据《生产经营单位安全培训规定》，生产经营单位主要负责人的安全培训包括下列内容：

（1）国家安全生产方针、政策和有关安全生产的法律、法规、规章及标准。

（2）安全生产管理基本知识、安全生产技术、安全生产专业知识。

（3）重大危险源管理、重大事故防范、应急管理和救援组织以及事故调查处理的有关规定。

（4）职业危害及其预防措施。

（5）国内外先进的安全生产管理经验。

（6）典型事故和应急救援案例分析。

（7）其他需要培训的内容。

（三）安全生产管理人员安全培训内容

依据《生产经营单位安全培训规定》，生产经营单位安全生产管理人员的安全培训包括下列内容：

（1）国家安全生产方针、政策和有关安全生产的法律、法规、规章及标准。

（2）安全生产管理、安全生产技术、职业卫生等知识。

（3）伤亡事故统计、报告及职业危害的调查处理方法。

（4）应急管理、应急预案编制以及应急处置的内容和要求。

（5）国内外先进的安全生产管理经验。

（6）典型事故和应急救援案例分析。

（7）其他需要培训的内容。

（四）安全培训时间

安全培训时间分 2 类，一类是初次安全培训时间，另一类是每年再培训时间。《生产经营单位安全培训规定》规定："生产经营单位主要负责人和安全生产管理人员初次安全培训时间不得少于 32 学时。每年再培训时间不得少于 12 学时。煤矿、非煤矿山、危险化学品、烟花爆竹、金属冶炼等生产经营单位主要负责人和安全生产管理人员初次安全培训时间不得少于 48 学时，每年再培训时间不得少于 16 学时。"

（五）安全培训大纲及考核标准

《生产经营单位安全培训规定》从以下 3 个方面对生产经营单位主要负责人、安全生产管理人员的培训大纲及考核标准作出规定：

（1）非煤矿山、危险化学品、烟花爆竹、金属冶炼等生产经营单位主要负责人和安全生产管理人员的安全培训大纲及考核标准由国家安全生产监督管理总局统一制定。

（2）煤矿主要负责人和安全生产管理人员的安全培训大纲及考核标准由国家煤矿安

全监察局制定。

（3）煤矿、非煤矿山、危险化学品、烟花爆竹、金属冶炼以外的其他生产经营单位主要负责人和安全管理人员的安全培训大纲及考核标准，由省、自治区、直辖市安全生产监督管理部门制定。

（六）安全培训的实施

依据《生产经营单位安全培训规定》，生产经营单位主要负责人和安全生产管理人员的安全培训必须依照安全生产监管监察部门制定的安全培训大纲实施。

三、其他从业人员的安全培训

（一）新工人上岗培训要求

（1）高危行业新工人上岗。《生产经营单位安全培训规定》规定：煤矿、非煤矿山、危险化学品、烟花爆竹、金属冶炼等生产经营单位必须对新上岗的临时工、合同工、劳务工、轮换工、协议工等进行强制性安全培训，保证其具备本岗位安全操作、自救互救以及应急处置所需的知识和技能后，方能安排上岗作业。

（2）其他行业新工人上岗。《生产经营单位安全培训规定》规定：加工、制造业等生产单位的其他从业人员，在上岗前必须经过厂（矿）、车间（工段、区、队）、班组三级安全培训教育。生产经营单位应当根据工作性质对其他从业人员进行安全培训，保证其具备本岗位安全操作、应急处置等知识和技能。

（二）安全培训时间

《生产经营单位安全培训规定》规定：生产经营单位新上岗的从业人员，岗前安全培训时间不得少于24学时。煤矿、非煤矿山、危险化学品、烟花爆竹、金属冶炼等生产经营单位新上岗的从业人员安全培训时间不得少于72学时，每年再培训的时间不得少于20学时。

（三）厂（矿）级岗前安全培训内容

依据《生产经营单位安全培训规定》规定，厂（矿）级岗前安全培训内容包括：

（1）本单位安全生产情况及安全生产基本知识。

（2）本单位安全生产规章制度和劳动纪律。

（3）从业人员安全生产权利和义务。

（4）有关事故案例等。

煤矿、非煤矿山、危险化学品、烟花爆竹、金属冶炼等生产经营单位厂（矿）级安全培训除包括上述内容外，应当增加事故应急救援、事故应急预案演练及防范措施等内容。

（四）车间（工段、区、队）级岗前安全培训内容

依据《生产经营单位安全培训规定》规定，车间（工段、区、队）级岗前安全培训内容包括：

（1）工作环境及危险因素。

（2）所从事工种可能遭受的职业伤害和伤亡事故。

（3）所从事工种的安全职责、操作技能及强制性标准。

（4）自救互救、急救方法、疏散和现场紧急情况的处理。

（5）安全设备设施、个人防护用品的使用和维护。

（6）本车间（工段、区、队）安全生产状况及规章制度。

（7）预防事故和职业危害的措施及应注意的安全事项。

（8）有关事故案例。

（9）其他需要培训的内容。

（五）班组级岗前安全培训内容

依据《生产经营单位安全培训规定》规定，班组级岗前安全培训内容包括：

（1）岗位安全操作规程。

（2）岗位之间工作衔接配合的安全与职业卫生事项。

（3）有关事故案例。

（4）其他需要培训的内容。

（六）重新上岗培训要求

从业人员调整工作岗位，或者离岗一年以上重新上岗，必须进行相应的安全培训。生产经营单位采用新工艺、新技术、新材料，也必须对相应的从业人员进行专门安全培训。为此，《生产经营单位安全培训规定》第十七条规定：从业人员在本生产经营单位内调整工作岗位或离岗一年以上重新上岗时，应当重新接受车间（工段、区、队）和班组级的安全培训。生产经营单位采用新工艺、新技术、新材料或者使用新设备时，应当对有关从业人员重新进行有针对性的安全培训。

（七）特种作业人员培训

特种作业人员的培训和考核管理，国家制定了《特种作业人员安全技术培训考核管理规定》。因此，《生产经营单位安全培训规定》第十八条规定：生产经营单位的特种作业人员，必须按照国家有关法律、法规的规定接受专门的安全培训，经考核合格，取得特种作业操作资格证书后，方可上岗作业。特种作业人员的范围和培训考核管理办法，另行规定。这是一条衔接性规定。

四、安全培训的组织

依据《生产经营单位安全培训规定》第十九条规定：生产经营单位从业人员的安全培训工作，由生产经营单位组织实施。生产经营单位应当坚持以考促学、以讲促学，确保全体从业人员熟练掌握岗位安全生产知识和技能；煤矿、非煤矿山、危险化学品、烟花爆竹、金属冶炼等生产经营单位还应当完善和落实师傅带徒弟制度。

五、生产经营单位安全培训的职责

《生产经营单位安全培训规定》从4个方面对生产经营单位安全培训的职责进行了规定：

（1）具备安全培训条件的生产经营单位，应当以自主培训为主；可以委托具备安全培训条件的机构，对从业人员进行安全培训。不具备安全培训条件的生产经营单位，应当委托具备安全培训条件的机构，对从业人员进行安全培训。生产经营单位委托其他机构进行安全培训的，保证安全培训的责任仍由本单位负责。

（2）生产经营单位应当将安全培训工作纳入本单位年度工作计划。保证本单位安全培训工作所需资金。生产经营单位的主要负责人负责组织制定并实施本单位安全培训计划。

（3）生产经营单位应当建立健全从业人员安全生产教育和培训档案，由生产经营单位的安全生产管理机构以及安全生产管理人员详细、准确记录培训的时间、内容、参加人员以及考核结果等情况。

（4）生产经营单位安排从业人员进行安全培训期间，应当支付工资和必要的费用。

六、安全培训的监督管理

（一）监管监察部门的监督检查

依据《生产经营单位安全培训规定》规定，安全生产监管监察部门要依法对生产经营单位安全培训情况进行监督检查，督促生产经营单位按照国家有关法律法规和《生产经营单位安全培训规定》的要求开展安全培训工作。县级以上地方人民政府负责煤矿安全生产监督管理的部门要对煤矿井下作业人员的安全培训情况进行监督检查。煤矿安全监察机构要对煤矿特种作业人员安全培训及其持证上岗的情况进行监督检查。

依据《生产经营单位安全培训规定》规定，安全生产监管监察部门检查中发现安全生产教育和培训责任落实不到位、有关从业人员未经培训合格的，应当视为生产安全事故隐患，责令生产经营单位立即停止违法行为，限期整改，并依法予以处罚。

（二）监督检查的内容

依据《生产经营单位安全培训规定》规定，各级安全生产监管监察部门对生产经营单位安全培训及其持证上岗的情况进行监督检查，主要包括以下内容：

（1）安全培训制度、计划的制定及其实施的情况。

（2）煤矿、非煤矿山、危险化学品、烟花爆竹、金属冶炼等生产经营单位主要负责人和安全生产管理人员安全培训以及安全生产知识和管理能力考核的情况；其他生产经营单位主要负责人和安全生产管理人员培训的情况。

（3）特种作业人员操作资格证持证上岗的情况。

（4）建立安全生产教育和培训档案，并如实记录的情况。

（5）对从业人员现场抽考本职工作的安全生产知识。

（6）其他需要检查的内容。

（三）考核

《生产经营单位安全培训规定》规定：安全生产监管监察部门对煤矿、非煤矿山、危险化学品、烟花爆竹、金属冶炼等生产经营单位的主要负责人、安全管理人员应当按照本规定严格考核。考核不得收费。安全生产监管监察部门负责考核的有关人员不得玩忽职守和滥用职权。

七、法律责任

（一）生产经营单位未履行安全培训职责的处罚

依据《生产经营单位安全培训规定》规定，生产经营单位有下列行为之一的，由安全生产监管监察部门责令其限期改正，可以处1万元以上3万元以下的罚款：

（1）未将安全培训工作纳入本单位工作计划并保证安全培训工作所需资金的。

（2）从业人员进行安全培训期间未支付工资并承担安全培训费用的。

（二）生产经营单位从业人员未按规定进行安全培训的处罚

依据《生产经营单位安全培训规定》规定，生产经营单位有下列行为之一的，由安全生产监管监察部门责令其限期改正，可以处5万元以下的罚款；逾期未改正的，责令停产停业整顿，并处5万元以上10万元以下的罚款，对其直接负责的主管人员和其他直接责任人员处1万元以上2万元以下的罚款：

（1）煤矿、非煤矿山、危险化学品、烟花爆竹、金属冶炼等生产经营单位主要负责人和安全管理人员未按照规定经考核合格的。

（2）未按照规定对从业人员、被派遣劳动者、实习学生进行安全生产教育和培训或者未如实告知其有关安全生产事项的。

（3）未如实记录安全生产教育和培训情况的。

（4）特种作业人员未按照规定经专门的安全技术培训并取得特种作业人员操作资格证书，上岗作业的。

县级以上地方人民政府负责煤矿安全生产监督管理的部门发现煤矿未按照本规定对井下作业人员进行安全培训的，责令限期改正，处10万元以上50万元以下的罚款；逾期未改正的，责令停产停业整顿。

煤矿安全监察机构发现煤矿特种作业人员无证上岗作业的，责令限期改正，处10万元以上50万元以下的罚款；逾期未改正的，责令停产停业整顿。

（三）工作人员失职渎职的处理

依据《生产经营单位安全培训规定》规定：安全生产监管监察部门有关人员在考核、发证工作中玩忽职守、滥用职权的，由上级安全生产监管监察部门或者行政监察部门给予记过、记大过的行政处分。

1.【单选题】某矿山企业开展相关人员的安全生产教育培训，依据《生产经营单位安全培训规定》，以下说法错误的是（　　　）。

A. 该企业的主要负责人张某，自任职之日起6个月内必须由主管的负有安全生产监督管理职责的部门对其安全生产知识和管理能力考核合格

B. 该企业的安全生产管理人员王某初次安全培训时间不得少于32学时

C. 该企业新上岗的从业人员李某每年再培训时间不得少于20学时

D. 该企业应当完善和落实师傅带徒弟制度

2.【单选题】依据《生产经营单位安全培训规定》，具备安全培训条件的生产经营单位，应当以自主培训为主；可以委托具备安全培训条件的机构，对从业人员进行安全培训。不具备安全培训条件的生产经营单位，应当委托具备安全培训条件的机构，对从业人员进行安全培训。生产经营单位委托其他机构进行安全培训的，保证安全培训的责任仍由（　　）负责。

A. 安全培训机构　　　　　　　　　　B. 本单位

C. 安全培训机构或本单位　　　　　　D. 安全培训机构和本单位共同

3.【单选题】依据《生产经营单位安全培训规定》，某炼钢厂为企业从业人员组织了各类安全生产培训，下列做法中错误的是（　　　　）。

A. 该企业主要负责人李某任职前参加了 48 学时的培训，并取得由负有安全生产监督管理职责的部门核发的《安全生产知识和管理能力考核合格证》

B. 该企业炼钢车间维修电工王某经培训合格，取得《中华人民共和国特种作业操作证》

C. 该企业对新上岗员工孙某安排了 24 学时的岗前安全培训

D. 该企业对新上岗的临时工张某进行了强制性安全培训

4.【多选题】依据《生产经营单位安全培训规定》，下列关于安全培训的组织实施中说法正确的是（　　　　）。

A. 生产经营单位应当将安全培训工作纳入本单位年度工作计划

B. 生产经营单位应当保证本单位安全培训工作所需资金

C. 生产经营单位的安全生产管理人员负责组织制定并实施本单位安全培训计划

D. 生产经营单位应当建立健全从业人员安全生产教育和培训档案，由生产经营单位的主要负责人详细、准确记录培训的时间、内容、参加人员以及考核结果等情况

E. 生产经营单位安排从业人员进行安全培训期间，应当支付工资和必要的费用

参考答案

1. B　　2. B　　3. C　　4. ABE

第四节　安全生产事故隐患排查治理暂行规定

2007 年 12 月 28 日，国家安全生产监督管理总局制定公布《安全生产事故隐患排查治理暂行规定》（总局令第 16 号），自 2008 年 2 月 1 日起施行。制定《安全生产事故隐患排查治理暂行规定》的目的是为了建立安全生产事故隐患排查治理长效机制，强化安全生产主体责任，加强事故隐患监督管理，防止和减少事故。

一、事故隐患

（一）事故隐患的定义和范围

根据《职业安全卫生术语》（GB/T 15236），所谓事故隐患是指可导致事故发生的物的危险状态、人的不安全行为及管理上的缺陷。但在实际执行过程中，人的不安全行为及管理上的缺陷比较难以界定，而且极易发生变化，较多存在的是违反安全生产法律、法规、规章和有关标准、规程要求的物的危险状态。兼顾两方面的因素，《安全生产事故隐患排查治理暂行规定》第三条规定：本规定所称安全生产事故隐患（以下简称事故隐患），是指生产经营单位违反安全生产法律、法规、规章、标准、规程和安全生产管理制度的规定，或者因其他因素在生产经营活动中存在可能导致事故发生的物的危险状态、人

的不安全行为和管理上的缺陷。

（二）事故隐患的分级

原劳动部 1995 年颁布的《重大事故隐患管理规定》（废止）中按照事故可能造成的后果将事故隐患分为三级，然而实际操作过程中小隐患也可能引发大事故。为了方便操作，结合多年的实际情况，根据隐患整改的难易程度将事故隐患分为两级。《安全生产事故隐患排查治理暂行规定》第三条规定：事故隐患分为一般事故隐患和重大事故隐患。一般事故隐患，是指危害和整改难度较小，发现后能够立即整改排除的隐患。重大事故隐患，是指危害和整改难度较大，应当全部或者局部停产停业，并经过一定时间整改治理方能排除的隐患，或者因外部因素影响致使生产经营单位自身难以排除的隐患。

二、事故隐患排查治理

（一）生产经营单位事故隐患排查治理职责

依据《安全生产事故隐患排查治理暂行规定》的规定，生产经营单位应当履行以下事故隐患排查治理职责：

（1）生产经营单位应当依照法律、法规、规章、标准和规程的要求从事生产经营活动。严禁非法从事生产经营活动。

（2）生产经营单位是事故隐患排查、治理和防控的责任主体。生产经营单位应当建立健全事故隐患排查治理和建档监控等制度，逐级建立并落实从主要负责人到每个从业人员的隐患排查治理和监控责任制。生产经营单位主要负责人对本单位事故隐患排查治理工作全面负责。

（3）生产经营单位应当保证事故隐患排查治理所需的资金，建立资金使用专项制度。

（4）生产经营单位应当定期组织安全生产管理人员、工程技术人员和其他相关人员排查本单位的事故隐患。对排查出的事故隐患，应当按照事故隐患的等级进行登记，建立事故隐患信息档案，并按照职责分工实施监控治理。

（5）生产经营单位应当建立事故隐患报告和举报奖励制度，鼓励、发动职工发现和排除事故隐患，鼓励社会公众举报。对发现、排除和举报事故隐患的有功人员，应当给予物质奖励和表彰。

（6）生产经营单位将生产经营项目、场所、设备发包、出租的，应当与承包、承租单位签订安全生产管理协议，并在协议中明确各方对事故隐患排查、治理和防控的管理职责。生产经营单位对承包、承租单位的事故隐患排查治理负有统一协调和监督管理的职责。

（7）生产经营单位应当每季、每年对本单位事故隐患排查治理情况进行统计分析，并分别于下一季度 15 日前和下一年 1 月 31 日前向安全监管监察部门和有关部门报送书面统计分析表。统计分析表应当由生产经营单位主要负责人签字。

（二）重大事故隐患报告

依据《安全生产事故隐患排查治理暂行规定》的规定，对于重大事故隐患，生产经营单位除依照前款规定报送外，应当及时向安全监管监察部门和有关部门报告。重大事故隐患报告内容应当包括：

（1）隐患的现状及其产生原因。

（2）隐患的危害程度和整改难易程度分析。

（3）隐患的治理方案。

（三）事故隐患治理

依据《安全生产事故隐患排查治理暂行规定》的规定，对于一般事故隐患，由生产经营单位（车间、分厂、区队等）负责人或者有关人员立即组织整改。

对于重大事故隐患，由生产经营单位主要负责人组织制定并实施事故隐患治理方案。重大事故隐患治理方案应当包括以下内容：

（1）治理的目标和任务。

（2）采取的方法和措施。

（3）经费和物资的落实。

（4）负责治理的机构和人员。

（5）治理的时限和要求。

（6）安全措施和应急预案。

（四）事故隐患排查治理中的紧急处置

事故隐患排查治理过程中，可能面临不安全的因素，保障隐患排查治理中人员的安全至关重要。《安全生产事故隐患排查治理暂行规定》第十六条规定：生产经营单位在事故隐患治理过程中，应当采取相应的安全防范措施，防止事故发生。事故隐患排除前或者排除过程中无法保证安全的，应当从危险区域内撤出作业人员，并疏散可能危及的其他人员，设置警戒标志，暂时停产停业或者停止使用；对暂时难以停产或者停止使用的相关生产储存装置、设施、设备，应当加强维护和保养，防止事故发生。

（五）自然灾害的预警

自然灾害极易引发各种事故隐患，给本单位及邻近生产经营单位带来极大危害，加强这类事故隐患的防范和预警，对防止重大事故的发生十分重要。《安全生产事故隐患排查治理暂行规定》第十七条规定：生产经营单位应当加强对自然灾害的预防。对于因自然灾害可能导致事故灾难的隐患，应当按照有关法律、法规、标准和本规定的要求排查治理，采取可靠的预防措施，制定应急预案。在接到有关自然灾害预报时，应当及时向下属单位发出预警通知；发生自然灾害可能危及生产经营单位和人员安全的情况时，应当采取撤离人员、停止作业、加强监测等安全措施，并及时向当地人民政府及其有关部门报告。

（六）重大事故隐患治理后的安全评估

生产经营单位存在属于政府部门监督检查中发现、实行挂牌督办并采取局部停产整顿的重大事故隐患，可以判定该生产经营单位局部已不具备安全生产条件。此类事故隐患整改完成后，需要专业技术人员才能较好地判断该生产经营单位是否达到了安全生产条件，最好聘请具备相应资质的安全评价机构对重大事故隐患的整改现状进行评价，这是保证重大隐患治理效果的有效手段。《安全生产事故隐患排查治理暂行规定》第十八条规定：地方人民政府或者安全监管监察部门及有关部门挂牌督办并责令全部或者局部停产停业治理的重大事故隐患，治理工作结束后，有条件的生产经营单位应当组织本单位的技术人员和专家对重大事故隐患的治理情况进行评估；其他生产经营单位应当委托具备相应资质的安全评价机构对重大事故隐患的治理情况进行评估。

（七）重大事故隐患治理的监督检查

为了加强对重大事故隐患的治理，依据《安全生产事故隐患排查治理暂行规定》的规定，应当进行以下监督检查：

（1）地方人民政府或者安全监管监察部门及有关部门挂牌督办并责令全部或者局部停产停业治理的重大事故隐患，经治理后符合安全生产条件的，生产经营单位应当向安全监管监察部门和有关部门提出恢复生产的书面申请。申请报告应当包括治理方案的内容、项目和安全评价机构出具的评价报告等。

（2）安全监管监察部门收到生产经营单位恢复生产的申请报告后，应当在 10 日内进行现场审查。审查合格的，对事故隐患进行核销，同意恢复生产经营；审查不合格的，依法责令改正或者下达停产整改指令。对整改无望或者生产经营单位拒不执行整改指令的，依法实施行政处罚；不具备安全生产条件的，依法提请县级以上人民政府按照国务院规定的权限予以关闭。

三、生产经营单位违反本规定的处罚

《安全生产事故隐患排查治理暂行规定》第二十五条规定：生产经营单位及其主要负责人未履行事故隐患排查治理职责，导致发生生产安全事故的，依法给予行政处罚。

《安全生产事故隐患排查治理暂行规定》第二十六条规定：生产经营单位违反本规定，有下列行为之一的，由安全监管监察部门给予警告，并处三万元以下的罚款：

（1）未建立安全生产事故隐患排查治理等各项制度的。

（2）未按规定上报事故隐患排查治理统计分析表的。

（3）未制定事故隐患治理方案的。

（4）重大事故隐患不报或者未及时报告的。

（5）未对事故隐患进行排查治理擅自生产经营的。

（6）整改不合格或者未经安全监管监察部门审查同意擅自恢复生产经营的。

1.【单选题】依据《安全生产事故隐患排查治理暂行规定》，隐患可以分为（　　）。

A. 一般事故隐患和重大事故隐患

B. 一般事故隐患、较大事故隐患和重大事故隐患

C. 较大事故隐患、重大事故隐患和特别重大事故隐患

D. 一般事故隐患、较大事故隐患、重大事故隐患和特别重大事故隐患

2.【单选题】依据《安全生产事故隐患排查治理暂行规定》，（　　）是事故隐患排查、治理和防控的责任主体。

A. 县级负有安全生产监督管理职责的部门

B. 设区的市级负有安全生产监督管理职责的部门

C. 省、自治区、直辖市负有安全生产监督管理职责的部门

D. 生产经营单位

3.【单选题】生产经营单位将生产经营项目、场所、设备发包、出租，与承包、承租单位签订安全生产管理协议，下列哪项协议内容不符合《安全生产事故隐患排查治理暂行规定》的要求。（　　）

A. 明确各方对事故隐患排查、治理和防控的管理职责

B. 明确生产经营单位对承包、承租单位的隐患排查、治理和防控免责

C. 生产经营单位对承包、承租单位的事故隐患排查治理负有统一协调的职责

D. 生产经营单位对承包、承租单位的事故隐患排查治理负有监督管理的职责

4.【多选题】依据《安全生产事故隐患排查治理暂行规定》，重大事故隐患治理方案应当包括下列（　　）等内容。

A. 治理的目标和任务　　　　　　B. 采取的方法和措施

C. 经费和物资的落实　　　　　　D. 治理的时限和要求

E. 隐患整改的难易程度分析报告

参考答案

1. A　2. D　3. B　4. ABCD

第五节　生产安全事故应急预案管理办法

2019 年 7 月 1 日，应急管理部公布《应急管理部关于修改〈生产安全事故应急预案管理办法〉的决定》（部令第 2 号），自 2019 年 9 月 1 日起施行。2016 年 6 月 3 日，国家安全生产监督管理总局公布了修订后的《生产安全事故应急预案管理办法》（总局令第 88 号），自 2016 年 7 月 1 日起施行。制定《生产安全事故应急预案管理办法》的目的是规范生产安全事故应急预案管理工作，迅速有效处置生产安全事故。

规范生产安全事故应急预案管理工作，是及时开展事故应急救援工作，减少人员伤害和事故损失的重要举措。2007 年颁布的《突发事件应对法》对建立应急预案体系作出了明确规定，2019 年颁布的《生产安全事故应急条例》对生产安全事故应急预案作出了详细要求，国务院、国务院办公厅相继印发了《国务院关于全面加强应急管理工作的意见》《国务院办公厅关于全面加强基层应急管理工作的意见》等文件，原国家安全监督管理总局（应急管理部）多年来一直致力于以多种形式推进应急预案体系的建设，目前全国生产安全事故应急预案体系基本形成。

一、应急预案管理的原则和政府部门职责

目前，应急预案的种类十分繁杂。根据现行法律法规和国家有关规定，各级政府制定政府应急预案、各个部门制定部门应急预案、生产经营单位制定各自的应急预案，此外，还有综合应急预案，如生产安全事故应急预案；专项应急预案，如危险化学品事故应急预案等。针对这种情况，《生产安全事故应急预案管理办法》第三条规定：应急预案的管理实行属地为主、分级负责、分类指导、综合协调、动态管理的原则。第四条规定：应急管理部负责全国应急预案的综合协调管理工作。国务院其他负有安全生产监督管理职责的部

门在各自职责范围内，负责相关行业、领域应急预案的管理工作。县级以上地方各级人民政府应急管理部门负责本行政区域内应急预案的综合协调管理工作。县级以上地方各级人民政府其他负有安全生产监督管理职责的部门按照各自的职责负责有关行业、领域应急预案的管理工作。第五条规定：生产经营单位主要负责人负责组织编制和实施本单位的应急预案，并对应急预案的真实性和实用性负责；各分管负责人应当按照职责分工落实应急预案规定的职责。

二、应急预案的编制

（一）编制的基本要求

规范、合理的编制应急预案是保证应急预案质量的基础。依据《生产安全事故应急预案管理办法》，应急预案的编制应当符合下列基本要求：

（1）有关法律、法规、规章和标准的规定。

（2）本地区、本部门、本单位的安全生产实际情况。

（3）本地区、本部门、本单位的危险性分析情况。

（4）应急组织和人员的职责分工明确，并有具体的落实措施。

（5）有明确、具体的应急程序和处置措施，并与其应急能力相适应。

（6）有明确的应急保障措施，满足本地区、本部门、本单位的应急工作需要。

（7）应急预案基本要素齐全、完整，应急预案附件提供的信息准确。

（8）应急预案内容与相关应急预案相互衔接。

（二）生产经营单位应急预案的种类

依据《生产安全事故应急预案管理办法》，生产经营单位应当根据有关法律、法规、规章和相关标准，结合本单位组织管理体系、生产规模和可能发生的事故特点，与相关预案保持衔接，确立本单位的应急预案体系，编制相应的应急预案，并体现自救互救和先期处置等特点。生产经营单位的应急预案分为综合应急预案、专项应急预案和现场处置方案。

（1）生产经营单位风险种类多、可能发生多种类型事故的，应当组织编制综合应急预案。综合应急预案应能从总体上阐述事故的应急方针、政策、应急组织结构及相关应急职责、应急行动、措施和保障等基本要求和程序，是应对各类事故的综合性文件。综合应急预案应当规定应急组织机构及其职责、应急预案体系、事故风险描述、预警及信息报告、应急响应、保障措施、应急预案管理等内容。

（2）对于某一种或多种类型的事故风险，生产经营单位可以编制相应的专项应急预案，或将专项应急预案并入综合应急预案。专项应急预案是针对具体的事故类别（如煤矿瓦斯爆炸、危险化学品泄漏等事故）、危险源和应急保障而制定的计划或方案，是综合应急预案的组成部分，应按照综合应急预案的程序和要求组织制定，并作为综合应急预案的附件。专项应急预案应当规定应急指挥机构与职责、处置程序和措施等内容。

（3）对于危险性较大的场所、装置或者设施，生产经营单位应当编制现场处置方案。现场处置方案应根据风险评估及危险性控制措施逐一编制，具体、简单、针对性强。做到事故相关人员应知应会，熟练掌握，并通过应急演练，做到迅速反应、正确处置。现场处置方案应当规定应急工作职责、应急处置措施和注意事项等内容。事故风险单一，危险性小的生产经营单位，可以只编制现场处置方案。

（三）预案的衔接及附件

依据《生产安全事故应急预案管理办法》规定，生产经营单位编制的各类应急预案之间应当相互衔接，并与相关人民政府及其部门、应急救援队伍和涉及的其他单位的应急预案相衔接。生产经营单位应当在编制应急预案的基础上，针对工作场所、岗位的特点，编制简明、实用、有效的应急处置卡。应急处置卡应当规定重点岗位、人员的应急处置程序和措施，以及相关联络人员和联系方式，便于从业人员携带。

三、应急预案的评审

（一）应急管理部门预案的评审

为保证应急管理部门预案的质量，《生产安全事故应急预案管理办法》规定：地方各级应急管理部门应当组织有关专家对本部门编制的部门应急预案进行审定；必要时，可以召开听证会，听取社会有关方面的意见。

（二）生产经营单位预案的评审

预案的评审是保证预案质量的关键，但又要避免对所有生产经营单位的预案进行评审，给生产经营单位带来负担。《生产安全事故应急预案管理办法》从以下两个方面对生产经营单位的预案评审作出规定：

（1）矿山、金属冶炼企业和易燃易爆物品、危险化学品的生产、经营（带储存设施的）、储存企业，以及使用危险化学品达到国家规定数量的化工企业、烟花爆竹生产、批发经营企业和中型规模以上的其他生产经营单位，应当对本单位编制的应急预案进行评审，并形成书面评审纪要。

（2）上述规定以外的其他生产经营单位可以根据自身需要对本单位编制的应急预案进行论证。

（三）评审的要求

依据《生产安全事故应急预案管理办法》，应急预案评审或者论证应当符合以下3个方面要求：

（1）参加应急预案评审的人员应当包括有关安全生产及应急管理方面的专家。

（2）评审人员与所评审预案的生产经营单位有利害关系的，应当回避。

（3）应急预案的评审或者论证应当注重基本要素的完整性、组织体系的合理性、应急处置程序和措施的针对性、应急保障措施的可行性、应急预案的衔接性等内容。

四、应急预案的备案

应急预案备案工作是指导企业开展应急预案编制，提高应急预案质量的重要措施。《国务院办公厅关于加强基层应急管理工作的意见》明确规定有关部门要加强基层应急预案备案和修订管理工作。《国务院办公厅转发安全监管总局等部门关于加强企业应急管理工作意见的通知》中明确要求，企业应急预案按照"分类管理、分级负责"的原则报当地政府主管部门和上级单位备案，并告知相关单位。备案管理单位要加强对预案内容的审查，实现预案之间的有机衔接。

（一）政府部门预案的备案

《生产安全事故应急预案管理办法》第二十五条规定：地方各级应急管理部门的应急预案，应当报同级人民政府备案，并抄送上一级应急管理部门，并依法向社会公布。其他负有安全生产监督管理职责的部门的应急预案，应当抄送同级应急管理部门。

（二）生产经营单位预案的备案

应急预案的管理遵循"属地为主、分级负责、分类指导、综合协调、动态管理"的原则。《生产安全事故应急预案管理办法》从以下 8 个方面对生产经营单位预案的备案作出规定：

（1）易燃易爆物品、危险化学品等危险物品的生产、经营、储存、运输单位，矿山、金属冶炼、城市轨道交通运营、建筑施工单位，以及宾馆、商场、娱乐场所、旅游景区等人员密集场所经营单位，应当在应急预案公布之日起 20 个工作日内，按照分级属地原则向县级以上人民政府应急管理部门和其他负有安全生产监督管理职责的部门进行备案并依法向社会公布。

（2）中央企业总部（上市公司）的应急预案，报国务院主管的负有安全生产监督管理职责的部门备案，并抄送应急管理部。

（3）中央企业总部（上市公司）所属单位的应急预案报所在地的省、自治区、直辖市或者设区的市人民政府主管的负有安全生产监督管理职责的部门备案，并抄送同级应急管理部门。

（4）中央企业总部（上市公司）以外的非煤矿山、金属冶炼和危险化学品、生产、经营、储存企业，以及使用危险化学品达到国家规定数量的化工企业、烟花爆竹生产、批发经营企业的应急预案，按照隶属关系报所在地县级以上地方人民政府应急管理部门备案。

（5）其他生产经营单位应急预案的备案，由省、自治区、直辖市人民政府负有安全生产监督管理职责的部门确定。

（6）油气输送管道运营单位的应急预案，除按照上述规定的备案外，还应当抄送所跨行政区域的县级应急管理部门。

（7）海洋石油开采企业的应急预案，除按照上述规定备案外，还应当抄送所经行政区域的县级人民政府应急管理部门和海洋石油安全监管机构。

（8）煤矿企业的应急预案除按照上述规定备案外，还应当抄送所在地的煤矿安全监察机构。

（三）生产经营单位申请备案的材料

依据《生产安全事故应急预案管理办法》，生产经营单位申报应急预案备案，应当提交以下材料：应急预案备案申请表；应急预案评审或者论证意见；应急预案电子文档；风险评估结果和应急资源调查清单。

（四）安全生产监督管理部门的备案审查

依据《生产安全事故应急预案管理办法》，受理备案登记的负有安全生产监督管理职责的部门应当在 5 个工作日内对应急预案材料进行核对，材料齐全的，应当予以备案并出具应急预案备案登记表；材料不齐全的，不予备案并一次性告知需要补齐的材料。逾期不予备案又不说明理由的，视为已经备案。对于实行安全生产许可的生产经营单位，已经进行应急预案备案登记的，在申请安全生产许可证时，可以不提供相应的应急预案，仅提供应急预案备案登记表。

五、应急预案的实施

（一）应急预案的宣传教育培训

应急预案需要通过广泛的宣传教育培训，让广大人民群众了解、熟悉，才能提高生产经营单位及从业人员、政府部门工作人员应急处置能力。《生产安全事故应急预案管理办法》第三十条规定：各级应急管理部门、各类生产经营单位应当采取多种形式开展应急预案的宣传教育，普及生产安全事故避险、自救和互救知识，提高从业人员和社会公众的安全意识与应急处置技能。第三十一条规定：各级应急管理部门应当将本部门应急预案的培训纳入安全生产培训工作计划，并组织实施本行政区域内重点生产经营单位的应急预案培训工作。生产经营单位应当组织开展本单位的应急预案、应急知识、自救互救和避险逃生技能的培训活动，使有关人员了解应急预案内容，熟悉应急职责、应急处置程序和措施。应急培训的时间、地点、内容、师资、参加人员和考核结果等情况应当如实记入本单位的安全生产教育和培训档案。

（二）应急预案的演练

加强应急预案演练，是保证应急预案实效的重要措施，为此，《生产安全事故应急预案管理办法》对有关应急预案的演练作出了明确要求。第三十二条规定：各级应急管理部门应当至少每两年组织一次应急预案演练，提高本部门、本地区生产安全事故应急处置能力。第三十三条规定：生产经营单位应当制定本单位的应急预案演练计划，根据本单位的事故风险特点，每年至少组织一次综合应急预案演练或者专项应急预案演练，每半年至少组织一次现场处置方案演练。易燃易爆物品、危险化学品等危险物品的生产、经营、储存、运输单位，矿山、金属冶炼、城市轨道交通运营、建筑施工单位，以及宾馆、商场、娱乐场所、旅游景区等人员密集场所经营单位，应当至少每半年组织一次生产安全事故应急预案演练，并将演练情况报送所在地县级以上地方人民政府负有安全生产监督管理职责的部门。第三十四条规定：应急预案演练结束后，应急预案演练组织单位应当对应急预案演练效果进行评估，撰写应急预案演练评估报告，分析存在的问题，并对应急预案提出修订意见。

（三）应急预案的修订

应急预案的及时修订是保证应急预案针对性、实用性的重要措施。《生产安全事故应急预案管理办法》第三十四条规定：应急预案演练结束后，应急预案演练组织单位应当对应急预案演练效果进行评估，撰写应急预案演练评估报告，分析存在的问题，并对应急预案提出修订意见。第三十五条规定：应急预案编制单位应当建立应急预案定期评估制度，对预案内容的针对性和实用性进行分析，并对应急预案是否需要修订作出结论。第三十六条规定，有下列情形之一的，应急预案应当及时修订并归档：

（1）依据法律、法规、规章、标准及上位预案中的有关规定发生重大变化的。

（2）应急指挥机构及其职责发生调整的。

（3）安全生产面临的风险发生重大变化的。

（4）重要应急资源发生重大变化的。

（5）在应急演练和事故应急救援中发现需要修订预案的重大问题的。

（6）编制单位认为应当修订的其他情况。

六、奖励与处罚

（一）奖励

《生产安全事故应急预案管理办法》第四十三条规定：对于在应急预案管理工作中做出显著成绩的单位和人员，安全生产监督管理部门、生产经营单位可以给予表彰和奖励。

（二）处罚

《生产安全事故应急预案管理办法》第四十四条规定，生产经营单位未按照规定编制应急预案的、未按照规定定期组织应急预案演练的，由县级以上应急管理部门依照《中华人民共和国安全生产法》第九十四条规定，责令限期改正，可以处 5 万元以下罚款；逾期未改正的，责令停产停业整顿，并处 5 万元以上 10 万元以下罚款，对直接负责的主管人员和其他直接责任人员处 1 万元以上 2 万元以下的罚款。

《生产安全事故应急预案管理办法》第四十五条规定，生产经营单位在应急预案编制前未按照规定开展风险辨识评估和应急资源调查的；未按照规定开展应急预案评审的；事故风险可能影响周边单位、人员的，未将事故风险的性质、影响范围和应急防范措施告知周边单位和人员的；未按照规定开展应急预案评估的；未按照规定进行应急预案修订的；未落实应急预案规定的应急物资及装备的，由县级以上人民政府应急管理部门责令限期改正，可以处 1 万元以上 3 万元以下罚款。生产经营单位未按照规定进行应急预案备案的，由县级以上人民政府应急管理等部门依照职责责令限期改正；逾期未改正的，处 3 万元以上 5 万元以下的罚款，对直接负责的主管人员和其他直接责任人员处 1 万元以上 2 万元以下的罚款。

1.【单选题】依据《生产安全事故应急预案管理办法》规定，生产经营单位应当制定本单位的应急预案演练计划，根据本单位的事故风险特点，每半年至少组织一次（　　）。

A. 综合应急预案演练

B. 专项应急预案演练

C. 综合应急预案演练和专项应急预案演练

D. 现场处置方案演练

2.【单选题】依据《生产安全事故应急预案管理办法》规定，易燃易爆物品、危险化学品等危险物品的生产、经营、储存、运输单位，矿山、金属冶炼、城市轨道交通运营、建筑施工单位，以及宾馆、商场、娱乐场所、旅游景区等人员密集场所经营单位，应当在应急预案公布之日起（　　）个工作日内，按照分级属地原则，向县级以上人民政府应急管理部门和其他负有安全生产监督管理职责的部门进行备案，并依法向社会公布。

    A. 10   B. 15   C. 20   D. 30

3.【单选题】依据《生产安全事故应急预案管理办法》，编制应急预案前，编制单位应当（   ）。

    A. 熟悉应急职责，应急处置程序

    B. 进行事故风险辨识、评估和应急资源调查

    C. 收集相应法律法规

    D. 进行应急预案的论证

4.【多选题】依据《生产安全事故应急预案管理办法》规定，矿山、金属冶炼、建筑施工企业和易燃易爆物品、危险化学品等危险物品的生产、经营、储存、运输企业、使用危险化学品达到国家规定数量的化工企业、（   ）和中型规模以上的其他生产经营单位应当每三年进行一次应急预案评估。

    A. 烟花爆竹生产企业   B. 烟花爆竹批发经营企业

    C. 烟花爆竹零售经营企业   D. 船舶修造（拆解）企业

    E. 机械制造企业

参考答案

1. D 2. C 3. B 4. AB

第六节　生产安全事故信息报告和处置办法

2009 年 6 月 16 日，国家安全生产监督管理总局制定公布《生产安全事故信息报告和处置办法》（总局令第 21 号），自 2009 年 7 月 1 日起施行。

一、《生产安全事故信息报告和处置办法》的适用范围

制定《生产安全事故信息报告和处置办法》的主要目的是规范安全生产监督管理部门和安全监察机构对生产安全事故信息的报告和处置工作，不涉及对事故的应急救援和调查处理等方面的实质性工作。因此，《生产安全事故信息报告和处置办法》第二条规定：生产经营单位报告生产安全事故信息和安全生产监督管理部门、煤矿安全监察机构对有关生产安全事故信息的报告和处置工作，适用本办法。第三条规定：本办法规定的应当报告和处置的生产安全事故信息（以下简称事故信息），是指已经发生的生产安全事故和较大涉险事故的信息。

二、较大涉险事故的范围

从近些年的生产安全事故发生情况来看，较大涉险事故时有发生，不仅造成一定的物质损失，也暴露出存在的安全隐患，对这类事故处置不当，则有可能导致发生生产安全事故，造成人员伤亡。依据《生产安全事故信息报告和处置办法》第二十六条规定，较大涉险事故是指：

（1）涉险 10 人以上的事故。

（2）造成 3 人以上被困或者下落不明的事故。

（3）紧急疏散人员 500 人以上的事故。

（4）因生产安全事故对环境造成严重污染（人员密集场所、生活水源、农田、河流、水库、湖泊等）的事故。

（5）危及重要场所和设施安全（电站、重要水利设施、危化品库、油气站和车站、码头、港口、机场及其他人员密集场所等）的事故。

（6）其他较大涉险事故。

三、事故信息的报告

（一）生产经营单位的报告

发生生产安全事故或者较大涉险事故后，依据《生产安全事故信息报告和处置办法》的规定，生产经营单位根据事故的大小可以分 3 个层次报告：

（1）生产经营单位发生生产安全事故或者较大涉险事故，其单位负责人接到事故信息报告后应当于 1 小时内报告事故发生地县级安全生产监督管理部门、煤矿安全监察分局。这是事故报告的基本规定，生产经营单位发生生产安全事故或者较大涉险事故，必须按照规定时限报告事故发生地的县级安全生产监督管理部门；涉及煤矿的事故，同时报告煤矿安全监察分局；涉及其他事故的，同时报告其他有关主管部门。

（2）发生较大以上生产安全事故的，事故发生单位在依照第一条规定报告的同时，应当在 1 小时内报告省级安全生产监督管理部门、省级煤矿安全监察机构。即生产经营单位发生死亡 3 人以上，或者重伤 10 人以上（包括急性工业中毒），或者经济损失 1000 万元以上的生产安全事故，除正常向县级安全生产监督管理部门报告事故外，还应当在 1 小时内直接报告省级安全生产监督管理部门；涉及煤矿的事故，同时报告给省级煤矿安全监察机构。

（3）发生重大、特别重大生产安全事故的，事故发生单位在依照第 1 项、第 2 项规定报告的同时，可以立即报告国家安全生产监督管理总局、国家煤矿安全监察局。即生产经营单位发生死亡 10 人以上，或者重伤 50 人以上（包括急性工业中毒），或者经济损失 5000 万元以上的生产安全事故，除正常向县级安全生产监督管理部门报告事故外，还应当在 1 小时内直接报告省级安全生产监督管理部门；涉及煤矿的事故，同时报告给省级煤矿安全监察机构。事故发生单位还可以直接向国家安全生产监督管理总局、国家煤矿安全监察局报告。

（二）较大以上生产安全事故或者社会影响重大的事故的快报

为了加快较大生产安全事故或者社会影响重大事故的报告，要求安全生产监督管理部门、煤矿安全监察机构按照《生产安全事故报告和调查处理条例》的规定逐级报告外，增加了电话快报。同时，增加了乡镇安监站（办）可以越级上报的规定。《生产安全事故信息报告和处置办法》规定：发生较大生产安全事故或者社会影响重大的事故的，县级、市级安全生产监督管理部门或者煤矿安全监察分局接到事故报告后，在依照《生产安全事故报告和调查处理条例》规定逐级上报的同时，应当在 1 小时内先用电话快报省级安全生产监督管理部门、省级煤矿安全监察机构，随后补报文字报告；乡镇安监站（办）可以根据事故情况越级直接报告省级安全生产监督管理部门、省级煤矿安全监察机构。

（三）重大、特别重大生产安全事故或者社会影响恶劣的事故的快报

为了加快重大、特别重大生产安全事故或者社会影响恶劣事故的报告，要求安全生产监督管理部门、煤矿安全监察机构按照《生产安全事故报告和调查处理条例》的规定逐级报告外，增加了电话快报。同时，增加了县、市安全生产监督管理部门或者煤矿安全监察分局可以越级上报国家安全生产监督管理总局、国家煤矿安全监察局的规定。《生产安全事故信息报告和处置办法》规定：发生重大、特别重大生产安全事故或者社会影响恶劣的事故的，县级、市级安全生产监督管理部门或者煤矿安全监察分局接到事故报告后，在依照《生产安全事故报告和调查处理条例》规定逐级上报的同时，应当在 1 小时内先用电话快报省级安全生产监督管理部门、省级煤矿安全监察机构，随后补报文字报告；必要时，可以直接用电话报告国家安全生产监督管理总局、国家煤矿安全监察局。省级安全生产监督管理部门、省级煤矿安全监察机构接到事故报告后，应当在 1 小时内先用电话快报国家安全生产监督管理总局、国家煤矿安全监察局，随后补报文字报告。国家安全生产监督管理总局、国家煤矿安全监察局接到事故报告后，应当在 1 小时内先用电话快报国务院总值班室，随后补报文字报告。

（四）事故信息报告的内容

依据《生产安全事故信息报告和处置办法》，生产经营单位、安全生产监督管理部门或者煤矿安全监察报告事故信息，应当包括下列内容：

（1）事故发生单位的名称、地址、性质、产能等基本情况。

（2）事故发生的时间、地点以及事故现场情况。

（3）事故的简要经过（包括应急救援情况）。

（4）事故已经造成或者可能造成的伤亡人数（包括下落不明、涉险的人数）和初步估计的直接经济损失。

（5）已经采取的措施。

（6）其他应当报告的情况。

（五）事故信息电话快报的内容

使用电话快报，应当包括下列内容：

（1）事故发生单位的名称、地址、性质。

（2）事故发生的时间、地点。

（3）事故已经造成或者可能造成的伤亡人数（包括下落不明、涉险的人数）。

（六）事故信息的续报

为保证事故信息的及时续报，《生产安全事故信息报告和处置办法》规定：事故具体情况暂时不清楚的，负责事故报告的单位可以先报事故概况，随即补报事故全面情况。事故信息报告后出现新情况的，负责事故报告的单位应当及时续报。较大涉险事故、一般事故、较大事故每日至少续报 1 次；重大事故、特别重大事故每日至少续报 2 次。自事故发生之日起 30 日内（道路交通、火灾事故自发生之日起 7 日内），事故造成的伤亡人数发生变化的，应当当日补报。

四、举报事故信息的处置

受理单位和个人对事故的举报，是安全生产监督管理部门和煤矿安全监察机构的法定义务。《生产安全事故信息报告和处置办法》从以下4个方面对举报事故信息的处置作出了规定：

（1）安全生产监督管理部门、煤矿安全监察机构接到任何单位或者个人的事故信息举报后，应当立即与事故单位或者下一级安全生产监督管理部门、煤矿安全监察机构联系，并进行调查核实。

（2）下一级安全生产监督管理部门、煤矿安全监察机构接到上级安全生产监督管理部门、煤矿安全监察机构的事故信息举报核查通知后，应当立即组织查证核实，并在2个月内向上一级安全生产监督管理部门、煤矿安全监察机构报告核实结果。

（3）对发生较大涉险事故的，下一级安全生产监督管理部门、煤矿安全监察机构依照规定对事故信息查证实后，按照规定在2个月内向上一级安全生产监督管理部门、煤矿安全监察机构报告核实结果；对发生生产安全事故的，安全生产监督管理部门、煤矿安全监察机构应当在5日内对事故情况进行初步查证，并将事故初步查证的简要情况报告上一级安全生产监督管理部门、煤矿安全监察机构，详细核实结果在2个月内报告。

（4）事故信息经初步查证后，负责查证的安全生产监督管理部门、煤矿安全监察机构应当立即报告本级人民政府和上一级安全生产监督管理部门、煤矿安全监察机构，并书面通知公安机关、劳动保障部门、工会、人民检察院和有关部门。

五、现场调查

根据《安全生产法》《生产安全事故报告和调查处理条例》的有关规定，《生产安全事故信息报告和处置办法》按照事故等级大小，对安全生产监督管理部门、煤矿安全监察机构负责人或者有关人员赶赴事故现场作出了明确具体规定。

依据《生产安全事故信息报告和处置办法》规定，安全生产监督管理部门、煤矿安全监察机构接到生产安全事故报告后，应当按照下列规定派员立即赶赴事故现场：

（1）发生一般事故的，县级安全生产监督管理部门、煤矿安全监察分局负责人立即赶赴事故现场。

（2）发生较大事故的，设区的市级安全生产监督管理部门、省级煤矿安全监察局负责人应当立即赶赴事故现场。

（3）发生重大事故的，省级安全生产监督管理部门、省级煤矿安全监察局负责人立即赶赴事故现场。

（4）发生特别重大事故的，国家安全生产监督管理总局、国家煤矿安全监察局负责人立即赶赴事故现场。

上级安全生产监督管理部门、煤矿安全监察机构认为必要的，可以派员赶赴事故现场。

六、生产经营单位违反事故信息报告的处罚

（一）迟报、漏报、谎报或者瞒报生产安全事故的处罚

《生产安全事故信息报告和处置办法》第二十四条规定：生产经营单位及其有关人员对生产安全事故迟报、漏报、谎报或者瞒报的，依照有关规定予以处罚。生产经营单位迟报、漏报、谎报或者瞒报生产安全事故，依据《生产安全事故报告和调查处理条例》的规定实施行政处罚。

（二）迟报、漏报、谎报或者瞒报较大涉险事故的处罚

《生产安全事故信息报告和处置办法》第二十五条规定：生产经营单位对较大涉险事故迟报、漏报、谎报或者瞒报的，给予警告，并处 3 万元以下的罚款。

1.【单选题】依据《生产安全事故信息报告和处置办法》规定，关于事故信息报告后出现新情况的，下列哪种做法符合续报要求（　　）。

A. 较大涉险事故、一般事故、较大事故每日至少续报 2 次

B. 重大事故、特别重大事故每日至少续报 2 次

C. 道路交通、火灾事故自发生之日起 30 日内伤亡人数发生变化的，应于当日续报

D. 事故发生之日起 7 日内伤亡人数发生变化的，应于当日续报

2.【单选题】《生产安全事故信息报告和处置办法》规定的应当报告和处置的生产安全事故信息，是指（　　）的信息。

A. 已经发生的生产安全事故

B. 较大涉险事故

C. 已经发生的生产安全事故和较大涉险事故

D. 已经发生的生产安全事故和公共卫生事件

3.【单选题】依据《生产安全事故信息报告和处置办法》规定，紧急疏散人员（　　）人以上的事故，属于较大涉险事故。

A. 200　　　　　　　B. 300　　　　　　　C. 400　　　　　　　D. 500

4.【多选题】甲市乙县某焦化企业发生一起有毒气体泄漏事故，当场造成 3 人死亡、2 人重伤。根据《生产安全事故信息报告和处置办法》，关于该事故信息报告与处置的做法，正确的有（　　）。

A. 甲市安全监管部门负责人接到报告后，立即安排乙县安全监管部门负责人代其赶赴事故现场组织抢险救援

B. 乙县安监部门从县医院接到又有 1 人因伤势过重死亡的报告后，因听说甲市安全监管部门已知该消息，故未向甲市安全监管部门补报

C. 乙县安全监管部门按照有关规定，在县政府的统一安排下，组织开展事故调查处理工作

D. 乙县安全监管部门在接到报告后 2 小时内上报甲市安全监管部门，并在 1 小时内

电话快报省安全监管部门

E. 报告事故信息，应当包括应急救援情况

参考答案

1. B　2. C　3. D　4. DE

第七节　特种作业人员安全技术培训考核管理规定

2010 年 5 月 24 日，国家安全生产监督管理总局公布《特种作业人员安全技术培训考核管理规定》（总局令第 30 号），自 2010 年 7 月 1 日起施行。1999 年 7 月 12 日原国家经济贸易委员会发布的《特种作业人员安全技术培训考核管理办法》同时废止。2013 年 8 月 29 日、2015 年 5 月 29 日国家安全生产监督管理总局两次对《特种作业人员安全技术培训考核管理规定》进行了修改。制定《特种作业人员安全技术培训考核管理规定》的目的是为了规范特种作业人员的安全技术培训考核工作，提高特种作业人员的安全技术水平，防止和减少伤亡事故，促进安全生产。

加强特种作业人员的安全技术培训考核，对保障安全生产十分重要。国家安全生产监督管理总局在《特种作业人员安全技术培训考核管理办法》（国家经贸委令第 13 号）的基础上，相继制定了《关于特种作业人员安全技术培训考核的意见》（安监管人字〔2002〕124 号）等一系列规范性文件，对规范特种作业人员的安全技术培训考核起到了重要作用。2009 年全国特种作业人员持证人数已超过 1200 万人，其中煤矿持证人数约 260 万人。但是，随着我国安全生产监管监察体制机制的不断完善，特种作业人员的安全培训考核工作出现了新情况、新问题。一是《特种作业人员安全技术培训考核管理办法》（国家经贸委令第 13 号）是 1999 年制定的，不符合《行政许可法》的规定。二是矿山企业的特种作业人员种类、数量偏多，危险化学品生产、经营等企业的特种作业人员种类又不明确，导致部分地方自行设置相应工种，特种作业人员管理混乱。因此，国家重新修订了《特种作业人员安全技术培训考核管理规定》，以规范特种作业人员的安全技术培训考核工作。

一、特种作业人员的范围

《特种作业人员安全技术培训考核管理规定》在原国家经贸委令第 13 号的基础上，根据安全生产工作的需要，对有关作业类别、工种进行了重大补充和调整，调整后的特种作业范围共 10 个作业类别。这些特种作业具备以下特点：一是独立性。必须是独立的岗位，由专人操作的作业，操作人员必须具备一定的安全生产知识和技能。二是危险性。必须是危险性较大的作业，如果操作不当，容易对不特定的多数人或物造成伤害，甚至发生重特大伤亡事故。三是特殊性。从事特种作业的人员不能很多，不然难以管理，也体现不出特殊性。总体上讲，每个类别的特种作业人员一般不超过该行业或领域全部从业人员的 30%。

《特种作业人员安全技术培训考核管理规定》规定：本规定所称特种作业，是指容易发生事故，对操作者本人、他人的安全健康及设备、设施的安全可能造成重大危害的作

业。特种作业的范围由特种作业目录规定。本规定所称特种作业人员，是指直接从事特种作业的从业人员。特种作业人员的范围实行目录管理，根据安全生产工作的需要适时调整。依据《特种作业人员安全技术培训考核管理规定》的目录规定，目前特种作业人员共有十大类。

（一）电工作业

电工作业是指对电气设备进行运行、维护、安装、检修、改造、施工、调试等作业（不含电力系统进网作业），具体包括高压电工作业、低压电工作业和防爆电气作业3个小类。2018年，国家安全监管总局下发《关于做好特种作业（电工）整合工作有关事项的通知》。将特种作业电工作业目录调整为6个操作项目：低压电工作业、高压电工作业、电力电缆作业、继电保护作业、电气试验作业和防爆电气作业。

（二）焊接与热切割作业

焊接与热切割作业是指运用焊接或者热切割方法对材料进行加工的作业（不含《特种设备安全监察条例》规定的有关作业），具体包括熔化焊接与热切割作业、压力焊作业、钎焊作业等3个小类。

（三）高处作业

高处作业是指专门或经常在坠落高度基准面2米及以上有可能坠落的高处进行的作业，具体包括登高架设作业和高处安装、维护、拆除作业等2个小类。

（四）制冷与空调作业

制冷与空调作业是指对大中型制冷与空调设备运行操作、安装与修理的作业，具体包括制冷与空调设备运行操作作业、制冷与空调设备安装修理作业等2个小类。

（五）煤矿安全作业

煤矿安全作业具体包括煤矿井下电气作业、煤矿井下爆破作业、煤矿安全监测监控作业、煤矿瓦斯检查作业、煤矿安全检查作业、煤矿提升机操作作业、煤矿采煤机（掘进机）操作作业、煤矿瓦斯抽采作业、煤矿防突作业、煤矿探放水作业等10个小类。

（六）金属非金属矿山安全作业

金属非金属矿山安全作业具体包括金属非金属矿井通风作业、尾矿作业、金属非金属矿山安全检查作业、金属非金属矿山提升机操作作业、金属非金属矿山支柱作业、金属非金属矿山井下电气作业、金属非金属矿山排水作业、金属非金属矿山爆破作业等8个小类。

（七）石油天然气安全作业

目前，石油天然气安全作业具体指司钻作业。司钻作业是指石油、天然气开采过程中操作钻机起升钻具的作业，适用于陆上石油、天然气司钻（含钻井司钻、作业司钻及勘探司钻）作业。

（八）冶金（有色）生产安全作业

目前，冶金（有色）生产安全作业具体指煤气作业。煤气作业是指冶金、有色企业内从事煤气生产、储存、输送、使用、维护检修的作业。

（九）危险化学品安全作业

危险化学品安全作业是指从事危险化工工艺过程操作及化工自动化控制仪表安装、维修、维护的作业，具体包括光气及光气化工艺作业、氯碱电解工艺作业、氯化工艺作业、硝化工艺作业、合成氨工艺作业、裂解（裂化）工艺作业、氟化工艺作业、加氢工艺作业、重氮化工艺作业、氧化工艺作业、过氧化工艺作业、胺基化工艺作业、磺化工艺作业、聚合工艺作业、烷基化工艺作业、化工自动化控制仪表作业等16个小类。

（十）烟花爆竹安全作业

烟花爆竹安全作业是指从事烟花爆竹生产、储存中的药物混合、造粒、筛选、装药、筑药、压药、搬运等危险工序的作业，具体包括烟火药制造作业、黑火药制造作业、引火线制造作业、烟花爆竹产品涉药作业、烟花爆竹储存作业等5个小类。

二、特种作业人员的条件

依据《特种作业人员安全技术培训考核管理规定》规定，特种作业人员应当符合下列条件：

（1）年满18周岁，且不超过国家法定退休年龄。

（2）经社区或者县级以上医疗机构体检健康合格，并无妨碍从事相应特种作业的器质性心脏病、癫痫病、美尼尔氏症、眩晕症、癔病、震颤麻痹症、精神病、痴呆症以及其他疾病和生理缺陷。

（3）具有初中及以上文化程度。

（4）具备必要的安全技术知识与技能。

（5）相应特种作业规定的其他条件。

危险化学品特种作业人员除符合上述第（1）项、第（2）项、第（4）项和第（5）项规定的条件外，还应当具备高中或者相当于高中及以上文化程度。

这里需要说明的是第5项条件，这是针对不同岗位特种作业人员而设立的要求，如有的岗位特种作业人员需对视力有要求。

三、特种作业人员的资格许可及监督管理

（一）特种作业人员的资格许可

根据《行政许可法》规定，国家对特种作业人员实施资格许可。《特种作业人员安全技术培训考核管理规定》第五条规定：特种作业人员必须经专门的安全技术培训并考核合格，取得《中华人民共和国特种作业操作证》（以下简称特种作业操作证）后，方可上岗作业。这是强制性规定，也是行政许可，特种作业人员未取得特种作业操作证，不得上岗作业。

（二）特种作业人员监督管理部门及职责

《特种作业人员安全技术培训考核管理规定》规定，特种作业人员的安全技术培训、考核、发证、复审工作实行统一监管、分级实施、教考分离的原则。

国家安全生产监督管理总局指导、监督全国特种作业人员的安全技术培训、考核、发证、复审工作；省、自治区、直辖市人民政府安全生产监督管理部门指导、监督本行政区域特种作业人员的安全技术培训工作，负责本行政区域特种作业人员的考核、发证、复审工作；县级以上地方人民政府安全生产监督管理部门负责监督检查本行政区域特种作业人

员的安全技术培训和持证上岗工作。

国家煤矿安全监察局（以下简称煤矿安监局）指导、监督全国煤矿特种作业人员（含煤矿矿井使用的特种设备作业人员）的安全技术培训、考核、发证、复审工作；省、自治区、直辖市人民政府负责煤矿特种作业人员考核发证工作的部门或者指定的机构指导、监督本行政区域煤矿特种作业人员的安全技术培训工作，负责本行政区域煤矿特种作业人员的考核、发证、复审工作。

省、自治区、直辖市人民政府安全生产监督管理部门和负责煤矿特种作业人员考核发证工作的部门或者指定的机构（以下统称考核发证机关）可以委托设区的市人民政府安全生产监督管理部门和负责煤矿特种作业人员考核发证工作的部门或者指定的机构实施特种作业人员的考核、发证、复审工作。

四、特种作业人员的安全培训

（一）培训方式及地点

依据国家有关法律法规的规定，对特种作业人员实行专门培训规定。《特种作业人员安全技术培训考核管理规定》第九条规定：特种作业人员应当接受与其所从事的特种作业相应的安全技术理论培训和实际操作培训。跨省、自治区、直辖市从业的特种作业人员，可以在户籍所在地或者从业所在地参加培训。特种作业人员的培训由安全技术理论培训和实际操作培训组成。对于跨省、自治区、直辖市从业的特种作业人员，可以在户籍所在地参加培训，也可以在从业所在地参加培训，由自己选择。

（二）免予培训

考虑到现有职业学校也开展相应的特种作业方面的教育，为使职业教育与特种作业人员培训有效衔接，避免重复培训，根据目前各地的实际情况，对取得职业高中、技工学校及中专以上学历的毕业生从事特种作业的，免予相关专业培训。为此，《特种作业人员安全技术培训考核管理规定》第九条规定：已经取得职业高中、技工学校及中专以上学历的毕业生从事与其所学专业相应的特种作业，持学历证明经考核发证机关同意，可以免予相关专业的培训。

这里需注意以下3点：

（1）仅对已经取得职业高中、技工学校及中专以上学历的毕业生，这是学历上的要求。

（2）毕业后从事与其所学专业相应的特种作业。尽管是取得上述学历的人员，但不从事其所学专业相应的特种作业，也不能免予培训。

（3）经考核发证机关同意可以免予相关专业的培训。原则上主要是免除相关专业的安全技术理论培训。

（三）培训的要求

对特种作业人员的安全技术培训，具备安全培训条件的生产经营单位应当以自主培训为主，也可以委托具备安全培训条件的机构进行培训。不具备安全培训条件的生产经营单位，应当委托具备安全培训条件的机构进行培训。生产经营单位委托其他机构进行特种作业人员安全技术培训的，保证安全技术培训的责任仍由本单位负责。

依据《特种作业人员安全技术培训考核管理规定》规定，从事特种作业人员安全培训的机构要符合以下要求：从事特种作业人员安全技术培训的机构应当制定相应的培训计划、教学安排，按照国家安全生产监督管理总局、煤矿安监局制定的特种作业人员培训大纲和煤矿特种作业人员培训大纲进行特种作业人员的安全技术培训。

五、特种作业人员的考核发证

（一）考核方式

《特种作业人员安全技术培训考核管理规定》规定，对特种作业人员的考核从以下几方面作出了规定：

（1）特种作业人员的考核包括考试和审核两部分。考试由考核发证机关或其委托的单位负责。审核由考核发证机关负责。考核发证机关是指省、自治区、直辖市人民政府安全生产监督管理部门和负责煤矿特种作业人员考核发证工作的部门或者指定的机构，考核发证机关也可以委托设区的市人民政府安全生产监督管理部门和负责煤矿特种作业人员考核发证工作的部门或者指定的机构负责。目前，除煤矿以外的特种作业人员由省级或者委托市级安全生产监督管理部门负责。煤矿特种作业人员比较复杂，每个省的情况也不相同，有的由安全生产监督管理部门负责，有的由煤炭管理部门负责，有的由煤矿安全监察机构负责。

（2）建立统一考核标准和考试题库。国家安全生产监督管理总局、煤矿安监局分别制定特种作业人员、煤矿特种作业人员的考核标准，并建立相应的考试题库。

（3）必须依照考核标准进行考核。考核发证机关或其委托的单位应当按照国家安全生产监督管理总局、煤矿安监局统一制定的考核标准进行考核。

（二）考试程序

《特种作业人员安全技术培训考核管理规定》规定，特种作业人员的考试遵循以下程序：

（1）参加特种作业操作资格考试的人员，应当填写考试申请表，由申请人或者申请人的用人单位持学历证明或者培训机构出具的培训证明向申请人户籍所在地或者从业所在地的考核发证机关或其委托的单位提出申请。

（2）考核发证机关或其委托的单位收到申请后，应当在60日内组织考试。

（3）特种作业操作资格考试包括安全技术理论考试和实际操作考试两部分。考试不及格的，允许补考1次。经补考仍不及格的，重新参加相应的安全技术培训。

（4）考核发证机关或其委托承担特种作业操作资格考试的单位，应当在考试结束后10个工作日内公布考试成绩。

（三）发证程序

《特种作业人员安全技术培训考核管理规定》规定，特种作业人员的发证遵循以下程序：

（1）符合特种作业人员条件并经考试合格的特种作业人员，应当向其户籍所在地或者从业所在地的考核发证机关申请办理特种作业操作证，并提交身份证复印件、学历证书复印件、体检证明、考试合格证明等材料。

（2）收到申请的考核发证机关应当在5个工作日内完成对特种作业人员所提交申请材料的审查，作出受理或者不予受理的决定。能够当场作出受理决定的，应当当场作出受理决定；申请材料不齐或者不符合要求的，应当当场或者在5个工作日内一次告知申请人需要补正的全部内容，逾期不告知的，自收到申请材料之日起即为受理。

（3）对已经受理的申请，考核发证机关应当在20个工作日内完成审核工作。符合条件的，颁发特种作业操作证；不符合条件的，应当说明理由。

（四）特种作业操作证的有效期

《特种作业人员安全技术培训考核管理规定》第十九规定：特种作业操作证有效期为6年，在全国范围内有效。特种作业操作证由安全监管总局统一式样、标准及编号。特种作业操作证是特种作业人员从事特种作业的资格许可凭证。为了防止弄虚作假、伪造、冒用、转让等行为，国家对特种作业操作证进行统一式样、标准及编号。用人单位雇用特种作业人员，可以通过考核发证机关查阅其特种作业操作证编号，以防假冒。

（五）特种作业操作证的补发更换及更新

特种作业操作证是IC卡，里面记载特种作业人员有关本人的信息，包括安全培训的信息等。特种作业人员发现特种作业操作证遗失的，必须及时补发；发现有关信息变化或者损毁的，必须及时更换IC卡或者更新有关信息。为此，《特种作业人员安全技术培训考核管理规定》第二十条规定：特种作业操作证遗失的，应当向原考核发证机关提出书面申请，经原考核发证机关审查同意后，予以补发。特种作业操作证所记载的信息发生变化或者损毁的，应当向原考核发证机关提出书面申请，经原考核发证机关审查确认后，予以更换或者更新。

六、特种作业操作证的复审

（一）复审期限

《特种作业人员安全技术培训考核管理规定》第二十一条规定：特种作业操作证每3年复审1次。特种作业人员在特种作业操作证有效期内，连续从事本工种10年以上，严格遵守有关安全生产法律法规的，经原考核发证机关或者从业所在地考核发证机关同意，特种作业操作证的复审时间可以延长至每6年1次。

（二）复审程序

《特种作业人员安全技术培训考核管理规定》规定：特种作业操作证复审遵循下列程序：

（1）特种作业操作证需要复审的，应当在期满前60日内，由申请人或者申请人的用人单位向原考核发证机关或者从业所在地考核发证机关提出申请，并提交社区或者县级以上医疗机构出具的健康证明、从事特种作业的情况、安全培训考试合格记录。

特种作业操作证有效期届满需要延期换证的，应当按照上述规定申请延期复审。

（2）申请复审的，考核发证机关应当在收到申请之日起20个工作日内完成复审工作。复审合格的，由考核发证机关签章、登记，予以确认；不合格的，说明理由。

申请延期复审的，经复审合格后，由考核发证机关重新颁发特种作业操作证。

（三）复审培训

为了保证特种作业人员及时掌握有关法律、法规、标准及新工艺、新技术、新装备的知识，规定特种作业人员复审或者延期复审前必须进行必要的培训。《特种作业人员安全技术培训考核管理规定》第二十三条规定：特种作业操作证申请复审或者延期复审前，特种作业人员应当参加必要的安全培训并考试合格。安全培训时间不少于8个学时，主要培训法律、法规、标准、事故案例和有关新工艺、新技术、新装备等知识。

（四）复审或延期复审不予通过

为了保证复审的效果，依据《特种作业人员安全技术培训考核管理规定》第二十五条规定，特种作业人员有下列情形之一的，复审或者延期复审不予通过：

（1）健康体检不合格的。

（2）违章操作造成严重后果或者有2次以上违章行为，并经查证确实的。

（3）有安全生产违法行为，并给予行政处罚的。

（4）拒绝、阻碍安全生产监管监察部门监督检查的。

（5）未按规定参加安全培训，或者考试不合格的。

（6）所持特种作业操作证存在被撤销或者注销情形的。

（五）重新培训

《特种作业人员安全技术培训考核管理规定》第二十六条规定：特种作业操作证复审或者延期复审符合不予通过规定条件的第（二）项、第（三）项、第（四）项、第（五）项情形的，按照本规定经重新安全培训考试合格后，再办理复审或者延期复审手续。

（六）特种作业操作证失效

为了加强特种作业操作证的复审工作，《特种作业人员安全技术培训考核管理规定》第二十六条规定：再复审、延期复审仍不合格，或者未按期复审的，特种作业操作证失效。特种作业操作证失效后，特种作业人员必须按照初次申请特种作业操作证的程序，经安全培训合格后重新申请办理。

七、特种作业操作证的监督管理

（一）撤销特种作业操作证

《特种作业人员安全技术培训考核管理规定》第三十条规定：有下列情形之一的，考核发证机关应当撤销特种作业操作证：

（1）超过特种作业操作证有效期未延期复审的。

（2）特种作业人员的身体条件已不适合继续从事特种作业的。

（3）对发生生产安全事故负有责任的。

（4）特种作业操作证记载虚假信息的。

（5）以欺骗、贿赂等不正当手段取得特种作业操作证的。

特种作业人员违反上述第（4）项、第（5）项规定的，3年内不得再次申请特种作业操作证。

（二）注销特种作业操作证

《特种作业人员安全技术培训考核管理规定》第三十一条规定：有下列情形之一的，

考核发证机关应当注销特种作业操作证：

（1）特种作业人员死亡的。

（2）特种作业人员提出注销申请的。

（3）特种作业操作证被依法撤销的。

（三）离岗 6 个月应当重新实际操作考试

《特种作业人员安全技术培训考核管理规定》第三十二条规定：离开特种作业岗位 6 个月以上的特种作业人员，应当重新进行实际操作考试，经确认合格后方可上岗作业。根据此规定，持有特种作业操作证书，离开特种作业岗位 6 个月以上的特种作业人员，重新回到原工作过的岗位上岗前，必须到考核发证机关或者委托的单位进行实际操作考试，经确认合格后方可上岗作业。

（四）考核发证机关的监督检查

《特种作业人员安全技术培训考核管理规定》规定：从 4 个方面对考核发证机关的监督检查作出规定：

（1）考核发证机关或其委托的单位及其工作人员应当忠于职守、坚持原则、廉洁自律，按照法律、法规、规章的规定进行特种作业人员的考核、发证、复审工作，接受社会的监督。

（2）考核发证机关应当加强对特种作业人员的监督检查，发现其具有撤销特种作业操作证情形的，及时撤销特种作业操作证；对依法应当给予行政处罚的安全生产违法行为，按照有关规定依法对生产经营单位及其特种作业人员实施行政处罚。

（3）考核发证机关应当建立特种作业人员管理信息系统，方便用人单位和社会公众查询；对于注销特种作业操作证的特种作业人员，应当及时向社会公告。

（4）省、自治区、直辖市人民政府安全生产监督管理部门和负责煤矿特种作业人员考核发证工作的部门或者指定的机构应当每年分别向国家安全生产监督管理总局、煤矿安监局报告特种作业人员的考核发证情况。

（五）生产经营单位的责任

《特种作业人员安全技术培训考核管理规定》第三十四条规定：生产经营单位应当加强对本单位特种作业人员的管理，建立健全特种作业人员培训、复审档案，做好申报、培训、考核、复审的组织工作和日常的检查工作。特种作业人员在劳动合同期满后变动工作单位的，原工作单位不得以任何理由扣押其特种作业操作证。生产经营单位不得印制、伪造、倒卖特种作业操作证，或者使用非法印制、伪造、倒卖的特种作业操作证。

（六）特种作业人员的责任

《特种作业人员安全技术培训考核管理规定》第三十五条规定：跨省、自治区、直辖市从业的特种作业人员应当接受从业所在地考核发证机关的监督管理。特种作业人员不得伪造、涂改、转借、转让、冒用特种作业操作证或者使用伪造的特种作业操作证。

八、生产经营单位、特种作业人员违反规定的处罚

（一）生产经营单位未建立档案的处罚

《特种作业人员安全技术培训考核管理规定》第三十八条规定：生产经营单位未建立

健全特种作业人员档案的，给予警告，并处 1 万元以下的罚款。

（二）生产经营单位违反规定使用特种作业人员的处罚

《特种作业人员安全技术培训考核管理规定》第三十九条规定：生产经营单位使用未取得特种作业操作证的特种作业人员上岗作业的，责令限期改正；可以处 5 万元以下的罚款；逾期未改正的，责令停产停业整顿，并处 5 万元以上 10 万元以下的罚款，对直接负责的主管人员和其他直接责任人员处 1 万元以上 2 万元以下的罚款。

煤矿企业使用未取得特种作业操作证的特种作业人员上岗作业的，依照《国务院关于预防煤矿生产安全事故的特别规定》的规定处罚。

（三）生产经营单位非法印制特种作业操作证等行为的处罚

《特种作业人员安全技术培训考核管理规定》规定：生产经营单位非法印制、伪造、倒卖特种作业操作证，或者使用非法印制、伪造、倒卖的特种作业操作证的，给予警告，并处 1 万元以上 3 万元以下的罚款；构成犯罪的，依法追究刑事责任。

（四）特种作业人员违反规定的处罚

《特种作业人员安全技术培训考核管理规定》规定：特种作业人员伪造、涂改特种作业操作证或者使用伪造的特种作业操作证的，给予警告，并处 1000 元以上 5000 元以下的罚款。特种作业人员转借、转让、冒用特种作业操作证的，给予警告，并处 2000 元以上 1 万元以下的罚款。

1.【单选题】依据《特种作业人员安全技术培训考核管理规定》，特种作业操作证有效期为 6 年，在（　　）范围内有效。

A. 全县　　　　　　　B. 全市　　　　　　　C. 全省　　　　　　　D. 全国

2.【单选题】依据《特种作业人员安全技术培训考核管理规定》，有关特种作业人员学历条件，错误的是（　　）。

A. 电工特种作业人员应当具备初中及以上文化程度

B. 焊接与热切割特种作业人员应当具备初中及以上文化程度

C. 危险化学品特种作业人员应当具备初中及以上文化程度

D. 高处作业人员应当具备初中及以上文化程度

3.【单选题】依据《特种作业人员安全技术培训考核管理规定》，特种作业人员复审或延期复审不予通过的情况是（　　）。

A. 有 2 次违章行为　　　　　　　　　B. 有安全生产违法行为

C. 本人未亲自提交复审材料　　　　　D. 违章操作造成严重后果，并经查证确实

4.【多选题】王某毕业于户籍所在地甲省一所职业技术学院焊接技术专业，毕业后应聘到乙省某公司电工岗位，公司与王某签订合同后要求王某到相关培训机构参加特种作业人员安全技术培训，取得电工特种作业人员操作证后上岗，根据《特种作业人员安全技术培训考核管理规定》，关于王某参加特种作业人员安全技术培训考核的说法，正确的有（　　）。

A. 经考核发证机关同意可以免除王某的安全技术理论培训

B. 经考核发证机关同意可以免除王某的实际操作培训

C. 王某可以在甲省参加特种作业安全技术培训

D. 保证王某特种作业安全技术培训的责任由培训机构负责

E. 王某可以在乙省参加特种作业安全技术培训

参考答案

1. D　2. C　3. D　4. CE

第八节　重大生产安全事故隐患判定标准

一、《煤矿重大生产安全事故隐患判定标准》

《煤矿重大事故隐患判定标准》是由应急管理部于 2020 年 11 月 2 日公布，自 2021 年 1 月 1 日起施行的行政法规。该标准的制定依据是《中华人民共和国安全生产法》和《国务院关于预防煤矿生产安全事故的特别规定》（国务院令第 446 号），旨在准确认定和及时消除煤矿重大事故隐患，保障煤矿安全生产。

（一）背景与目的

煤矿行业是高危行业，事故频发且后果严重。为了减少煤矿事故，特别是重大事故的发生，国家制定了该标准，明确了煤矿重大事故隐患的判定标准，确保煤矿企业在生产过程中能够及时发现并消除隐患，保障矿工的生命安全和企业的正常运营。

（二）适用范围

该标准适用于所有类型的煤矿，无论是国有煤矿还是私营煤矿，都必须遵守该标准的规定。

（三）重大事故隐患的 15 个方面

该标准列出了 15 个方面的重大事故隐患，涵盖了煤矿生产的各个环节，具体包括：

（1）超能力、超强度或超定员组织生产：煤矿不得超出核定生产能力进行生产，否则将被认定为重大隐患。

（2）瓦斯超限作业：瓦斯是煤矿中最常见的安全隐患之一，瓦斯超限作业极易引发爆炸事故。

（3）煤与瓦斯突出矿井未实施防突出措施：煤与瓦斯突出是煤矿中的重大灾害，必须采取有效的防突措施。

（4）高瓦斯矿井未建立瓦斯抽采和监控系统：高瓦斯矿井必须建立完善的瓦斯抽采和监控系统，确保瓦斯浓度在安全范围内。

（5）通风系统不完善、不可靠：通风系统是煤矿安全生产的基础，必须保证通风系统的完善和可靠。

（6）有严重水患，未采取有效措施：水患是煤矿中的另一大隐患，必须采取有效的防治措施。

（7）超层越界开采：煤矿不得超出采矿许可证规定的范围进行开采。

（8）有冲击地压危险，未采取有效措施：冲击地压是煤矿中的重大安全隐患，必须进行危险性评价并采取防冲措施。

（9）自然发火严重，未采取有效措施：自然发火是煤矿中的常见问题，必须采取综合防灭火措施。

（10）使用明令禁止使用或淘汰的设备、工艺：煤矿不得使用国家禁止或淘汰的设备、工艺，否则将被认定为重大隐患。

（11）煤矿没有双回路供电系统：双回路供电系统是煤矿安全生产的重要保障，必须确保供电系统的可靠性。

（12）新建煤矿边建设边生产：新建煤矿在建设期间不得进行生产，除非经过批准的联合试运转。

（13）煤矿实行整体承包后未重新取得或变更安全生产许可证：煤矿在整体承包后，必须重新取得或变更安全生产许可证。

（14）煤矿改制期间未明确安全生产责任人和安全管理机构：煤矿在改制期间必须明确安全生产责任人和安全管理机构。

（15）其他重大事故隐患：包括未配备专职矿长、总工程师等技术人员，未足额提取安全生产费用等。

（四）具体判定标准

该标准对每类重大事故隐患都列出了具体的判定情形。例如：

（1）超能力、超强度或超定员组织生产：煤矿全年原煤产量超过核定生产能力的10%，或者月产量超过核定生产能力的10%，即被认定为重大隐患。

（2）瓦斯超限作业：如果瓦斯检查存在漏检、假检情况且进行作业，或者瓦斯超限后继续作业，即被认定为重大隐患。

（3）通风系统不完善、不可靠：如果矿井总风量不足，或者没有备用主要通风机，即被认定为重大隐患。

（五）法律责任与执行

该标准是煤矿安全生产的重要依据，煤矿企业必须严格遵守。如果煤矿存在重大事故隐患而未及时消除，将面临行政处罚，甚至可能被责令停产整顿。情节严重的，相关责任人还可能被追究刑事责任。

《煤矿重大事故隐患判定标准》的出台，进一步完善了煤矿安全生产的法律法规体系，明确了煤矿重大事故隐患的判定标准，有助于煤矿企业及时发现和消除隐患，减少事故发生，保障矿工的生命安全和企业的正常运营。煤矿企业应当严格按照该标准进行自查自纠，确保安全生产。

二、《金属非金属矿山重大生产安全事故隐患判定标准（试行）》

《金属非金属矿山重大生产安全事故隐患判定标准（试行）》是为了加强金属非金属矿山安全生产管理，预防和减少重大生产安全事故而制定的法规。该法规明确了金属非金属矿山在生产过程中可能存在的重大安全隐患，并提供了判定标准，以便及时发现和消除这些隐患，确保矿山安全生产。

（一）适用范围

该标准适用于金属非金属矿山，包括地下矿山、露天矿山和尾矿库。标准针对不同类型的矿山，分别列出了可能存在的重大安全隐患，并提供了具体的判定标准。

（二）金属非金属地下矿山重大生产安全事故隐患

（1）安全出口不符合标准：矿山的安全出口必须符合国家标准、行业标准或设计要求，确保在紧急情况下人员能够安全撤离。

（2）禁止使用的设备、材料和工艺：矿山不得使用国家明令禁止的设备、材料和工艺，以防止因设备或工艺问题引发事故。

（3）相邻矿山井巷贯通：相邻矿山的井巷不得相互贯通，避免因相互影响导致安全事故。

（4）图纸与实际不符：矿山必须及时填绘图，确保现状图与实际相符，避免因图纸错误导致误操作。

（5）露天转地下开采的安全措施：露天转地下开采时，必须按照设计要求采取相应措施，防止地表与井下贯通引发事故。

（6）防治水措施：矿区内的地表水系必须按照设计要求采取防治水措施，防止水灾事故。

（7）排水系统不符合设计要求：排水系统必须符合设计要求，确保排水能力，防止因排水不畅引发事故。

（8）井口标高低于洪水位：井口标高必须高于当地历史最高洪水位1米以上，否则需采取防护措施。

（9）防治水机构和设备：水文地质类型为中等及复杂的矿井必须设立专门防治水机构，并配备探放水作业队伍和设备。

（10）防水门设置：水文地质类型复杂的矿山必须按照设计要求设置关键巷道的防水门。

（11）防火措施：有自燃发火危险的矿山必须按照国家标准、行业标准或设计采取防火措施。

（12）探放水作业：在突水威胁区域或可疑区域进行采掘作业时，必须进行探放水。

（13）强降雨天气停产撤人：受地表水倒灌威胁的矿井在强降雨天气或其来水上游发生洪水期间，必须实施停产撤人。

（14）相邻矿山开采错动线重叠：相邻矿山开采错动线重叠时，必须按照设计要求采取相应措施。

（15）居民村庄和重要设备设施的保护：开采错动线以内存在居民村庄或重要设备设施时，必须按照设计要求采取相应措施。

（16）保安矿柱的开采：不得擅自开采各种保安矿柱，或其形式及参数不得劣于设计值。

（17）采空区处理：必须按照设计要求对生产形成的采空区进行处理。

（18）地压灾害预防：具有严重地压条件的矿山必须采取预防地压灾害措施。

（19）巷道或采场顶板支护：巷道或采场顶板必须按照设计要求采取支护措施。

（20）机械通风系统：矿井必须按照设计要求建立机械通风系统，且风速、风量、风质必须符合国家标准或行业标准。

（21）便携式气体检测报警仪和自救器：必须配齐具有矿用产品安全标志的便携式气体检测报警仪和自救器。

（22）提升系统的安全保护装置：提升系统的防坠器、阻车器等安全保护装置或信号闭锁措施必须有效，并定期试验或检测检验。

（23）双回路或双电源供电：一级负荷必须采用双回路或双电源供电，或单一电源必须满足全部一级负荷需要。

（24）变压器接地：地面向井下供电的变压器或井下使用的普通变压器不得采用中性接地。

（三）金属非金属露天矿山重大生产安全事故隐患

（1）地下转露天开采的安全措施：地下转露天开采时，必须探明采空区并实施专项安全技术措施。

（2）禁止使用的设备、材料和工艺：露天矿山不得使用国家明令禁止的设备、材料和工艺。

（3）开采方式：露天矿山必须采用自上而下、分台阶或分层的方式进行开采。

（4）工作帮坡角和台阶高度：工作帮坡角不得大于设计工作帮坡角，台阶（分层）高度不得超过设计高度。

（5）矿柱、岩柱和挂帮矿体的保护：不得擅自开采或破坏设计规定保留的矿柱、岩柱和挂帮矿体。

（6）边坡和排土场稳定性评估：必须按国家标准或行业标准对采场边坡、排土场稳定性进行评估。

（7）边坡和排土场在线监测：高度200米及以上的边坡或排土场必须进行在线监测。

（8）边坡滑移：边坡存在滑移现象时，必须及时采取措施。

（9）上山道路坡度：上山道路坡度不得大于设计坡度10%以上。

（10）防洪、排洪设施：封闭圈深度30米及以上的凹陷露天矿山必须按照设计要求建设防洪、排洪设施。

（11）雷雨天气爆破作业：雷雨天气不得实施爆破作业。

（12）危险级排土场：危险级排土场必须采取相应的安全措施。

（四）尾矿库重大生产安全事故隐患

（1）未经批准的开采、挖掘、爆破活动：库区和尾矿坝上不得进行未经批准的开采、挖掘、爆破等活动。

（2）坝体裂缝和滑动迹象：坝体出现贯穿性横向裂缝、管涌、流土变形或深层滑动迹象时，必须及时处理。

（3）坝外坡坡比：坝外坡坡比不得陡于设计坡比。

（4）坝高和库容：坝体不得超过设计坝高，或超设计库容储存尾矿。

（5）尾矿堆积坝上升速率：尾矿堆积坝上升速率不得大于设计堆积上升速率。

（6）坝体稳定性评估：必须按法规、国家标准或行业标准对坝体稳定性进行评估。

（7）浸润线埋深：浸润线埋深不得小于控制浸润线埋深。

（8）安全超高和干滩长度：安全超高和干滩长度不得小于设计规定。

（9）排洪系统堵塞或坍塌：排洪系统构筑物严重堵塞或坍塌时，必须及时修复，确保排水能力。

（10）未经设计的尾矿、废料或废水进库：不得将设计以外的尾矿、废料或废水排入库区。

（11）不同尾砂混合排放：多种矿石性质不同的尾砂混合排放时，必须按设计要求进行排放。

（12）冬季冰下放矿作业：冬季必须按照设计要求采用冰下放矿作业。

三、《化工和危险化学品生产经营单位重大生产安全事故隐患判定标准（试行）》

《化工和危险化学品生产经营单位重大生产安全事故隐患判定标准（试行）》是为了加强化工和危险化学品生产经营单位的安全生产管理，预防和减少重大生产安全事故的发生而制定的。该标准依据相关法律法规，明确了20种应当判定为重大事故隐患的情形。

（1）危险化学品生产、经营单位主要负责人和安全生产管理人员未依法经考核合格。

（2）特种作业人员未持证上岗。

（3）涉及"两重点一重大"的生产装置、储存设施外部安全防护距离不符合国家标准要求。

（4）涉及重点监管危险化工工艺的装置未实现自动化控制，系统未实现紧急停车功能，装备的自动化控制系统、紧急停车系统未投入使用。

（5）构成一级、二级重大危险源的危险化学品罐区未实现紧急切断功能；涉及毒性气体、液化气体、剧毒液体的一级、二级重大危险源的危险化学品罐区未配备独立的安全仪表系统。

（6）全压力式液化烃储罐未按国家标准设置注水措施。

（7）液化烃、液氨、液氯等易燃易爆、有毒有害液化气体的充装未使用万向管道充装系统。

（8）光气、氯气等剧毒气体及硫化氢气体管道穿越除厂区（包括化工园区、工业园区）外的公共区域。

（9）地区架空电力线路穿越生产区且不符合国家标准要求。

（10）在役化工装置未经正规设计且未进行安全设计诊断。

（11）使用淘汰落后安全技术工艺、设备目录列出的工艺、设备。

（12）涉及可燃和有毒有害气体泄漏的场所未按国家标准设置检测报警装置，爆炸危险场所未按国家标准安装使用防爆电气设备。

（13）控制室或机柜间面向具有火灾、爆炸危险性装置一侧不满足国家标准关于防火防爆的要求。

（14）化工生产装置未按国家标准要求设置双重电源供电，自动化控制系统未设置不间断电源。

（15）安全阀、爆破片等安全附件未正常投用。

（16）未建立与岗位相匹配的全员安全生产责任制或者未制定实施生产安全事故隐患排查治理制度。

（17）未制定操作规程和工艺控制指标。

（18）未按照国家标准制定动火、进入受限空间等特殊作业管理制度，或者制度未有效执行。

（19）新开发的危险化学品生产工艺未经小试、中试、工业化试验直接进行工业化生产；国内首次使用的化工工艺未经过省级人民政府有关部门组织的安全可靠性论证；新建装置未制定试生产方案投料开车；精细化工企业未按规范性文件要求开展反应安全风险评估。

（20）未按国家标准分区分类储存危险化学品，超量、超品种储存危险化学品，相互禁配物质混放混存。

四、《烟花爆竹生产经营单位重大生产安全事故隐患判定标准（试行）》

《烟花爆竹生产经营单位重大生产安全事故隐患判定标准（试行）》旨在规范烟花爆竹生产经营单位行业的生产经营行为，预防和减少重大安全事故的发生，该标准依据相关法律法规明确了 20 种应当判定为重大事故隐患的情形。

（1）主要负责人、安全生产管理人员未依法经考核合格。

（2）特种作业人员未持证上岗，作业人员带药检维修设备设施。

（3）职工自行携带工器具、机器设备进厂进行涉药作业。

（4）工（库）房实际作业人员数量超过核定人数。

（5）工（库）房实际滞留、存储药量超过核定药量。

（6）工（库）房内、外部安全距离不足，防护屏障缺失或者不符合要求。

（7）防静电、防火、防雷设备设施缺失或者失效。

（8）擅自改变工（库）房用途或者违规私搭乱建。

（9）工厂围墙缺失或者分区设置不符合国家标准。

（10）将氧化剂、还原剂同库储存、违规预混或者在同一工房内粉碎、称量。

（11）在用涉药机械设备未经安全性论证或者擅自更改、改变用途。

（12）中转库、药物总库和成品总库的存储能力与设计产能不匹配。

（13）未建立与岗位相匹配的全员安全生产责任制或者未制定实施生产安全事故隐患排查治理制度。

（14）出租、出借、转让、买卖、冒用或者伪造许可证。

（15）生产经营的产品种类、危险等级超许可范围或者生产使用违禁药物。

（16）分包转包生产线、工房、库房组织生产经营。

（17）一证多厂或者多股东各自独立组织生产经营。

（18）许可证过期、整顿改造、恶劣天气等停产停业期间组织生产经营。

（19）烟花爆竹仓库存放其他爆炸物等危险物品或者生产经营违禁超标产品。

（20）零售点与居民居住场所设置在同一建筑物内或者在零售场所使用明火。

五、《工贸行业重大生产安全事故隐患判定标准》

为准确判定、及时消除工贸企业重大事故隐患，根据《安全生产法》等法律、行政法规，结合近年来工贸企业典型事故教训，应急管理部于 2023 年 4 月 14 日制定印发了《工贸企业重大事故隐患判定标准》（应急管理部令第 10 号，简称《判定标准》），自 2023 年 5 月 15 日起施行，列举了 64 项应当判定为重大事故隐患的情形。

（一）《判定标准》适用范围

标准适用于判定冶金、有色、建材、机械、轻工、纺织、烟草、商贸等工贸企业重大事故隐患。本《判定标准》中第三条"管理类"重大事故隐患判定标准适用于所有相关工贸企业；第四条至第十条"行业类"重大事故隐患判定标准分别适用于冶金、有色、建材、机械、轻工、纺织、烟草 7 个行业的工贸企业；第十一条至第十三条"专项类"重大事故隐患判定标准分别适用于存在粉尘爆炸危险、使用液氨制冷和存在硫化氢、一氧化碳等中毒风险有限空间作业 3 个领域的相关工贸企业。

工贸企业内涉及危险化学品、消防（火灾）、燃气、特种设备等方面的重大事故隐患判定另有规定的，适用其规定。

（二）工贸企业应当判定为重大事故隐患

（1）未对承包单位、承租单位的安全生产工作统一协调、管理，或者未定期进行安全检查的。

（2）特种作业人员未按照规定经专门的安全作业培训并取得相应资格，上岗作业的。

（3）金属冶炼企业主要负责人、安全生产管理人员未按照规定经考核合格的。

（4）直接关系生产安全的监控、报警、防护等设施、设备、装置，应当保证正常运行、使用，失效或者无效。

（三）冶金企业有下列情形之一的，应当判定为重大事故隐患

（1）会议室、活动室、休息室、操作室、交接班室、更衣室（含澡堂）等 6 类人员聚集场所，以及钢铁水罐冷（热）修工位设置在铁水、钢水、液渣吊运跨的地坪区域内的。

（2）生产期间冶炼、精炼和铸造生产区域的事故坑、炉下渣坑，以及熔融金属泄漏和喷溅影响范围内的炉前平台、炉基区域、厂房内吊运和地面运输通道等 6 类区域存在积水的。

（3）炼钢连铸流程未设置事故钢水罐、中间罐漏钢坑（槽）、中间罐溢流坑（槽）、漏钢回转溜槽，或者模铸流程未设置事故钢水罐（坑、槽）的。

（4）转炉、电弧炉、AOD 炉、LF 炉、RH 炉、VOD 炉等炼钢炉的水冷元件未设置出水温度、进出水流量差等监测报警装置，或者监测报警装置未与炉体倾动、氧（副）枪自动提升、电极自动断电和升起装置联锁的。

（5）高炉生产期间炉顶工作压力设定值超过设计文件规定的最高工作压力，或者炉顶工作压力监测装置未与炉顶放散阀联锁，或者炉顶放散阀的联锁放散压力设定值超过设备设计压力值的。

（6）煤气生产、回收净化、加压混合、储存、使用设施附近的会议室、活动室、休息室、操作室、交接班室、更衣室等6类人员聚集场所，以及可能发生煤气泄漏、积聚的场所和部位未设置固定式一氧化碳浓度监测报警装置，或者监测数据未接入24小时有人值守场所的。

（7）加热炉、煤气柜、除尘器、加压机、烘烤器等设施，以及进入车间前的煤气管道未安装隔断装置的。

（8）正压煤气输配管线水封式排水器的最高封堵煤气压力小于30kPa，或者同一煤气管道隔断装置的两侧共用一个排水器，或者不同煤气管道排水器上部的排水管连通，或者不同介质的煤气管道共用一个排水器的。

（四）有色企业应当判定为重大事故隐患

（1）会议室、活动室、休息室、操作室、交接班室、更衣室（含澡堂）等6类人员聚集场所设置在熔融金属吊运跨的地坪区域内的。

（2）生产期间冶炼、精炼、铸造生产区域的事故坑、炉下渣坑，以及熔融金属泄漏、喷溅影响范围内的炉前平台、炉基区域、厂房内吊运和地面运输通道等6类区域存在非生产性积水的。

（3）熔融金属铸造环节未设置紧急排放和应急储存设施的（倾动式熔炼炉、倾动式保温炉、倾动式熔保一体炉、带保温炉的固定式熔炼炉除外）。

（4）采用水冷冷却的冶炼炉窑、铸造机（铝加工深井铸造工艺的结晶器除外）、加热炉未设置应急水源的。

（5）熔融金属冶炼炉窑的闭路循环水冷元件未设置出水温度、进出水流量差监测报警装置，或者开路水冷元件未设置进水流量、压力监测报警装置，或者未监测开路水冷元件出水温度的。

（6）铝加工深井铸造工艺的结晶器冷却水系统未设置进水压力、进水流量监测报警装置，或者监测报警装置未与快速切断阀、紧急排放阀、流槽断开装置联锁，或者监测报警装置未与倾动式浇铸炉控制系统联锁的。

（7）铝加工深井铸造工艺的浇铸炉铝液出口流槽、流槽与模盘（分配流槽）入口连接处未设置液位监测报警装置，或者固定式浇铸炉的铝液出口未设置机械锁紧装置的。

（8）铝加工深井铸造工艺的固定式浇铸炉的铝液流槽未设置紧急排放阀，或者流槽与模盘（分配流槽）入口连接处未设置快速切断阀（断开装置），或者流槽与模盘（分配流槽）入口连接处的液位监测报警装置未与快速切断阀（断开装置）、紧急排放阀联锁的。

（9）铝加工深井铸造工艺的倾动式浇铸炉流槽与模盘（分配流槽）入口连接处未设置快速切断阀（断开装置），或者流槽与模盘（分配流槽）入口连接处的液位监测报警装置未与浇铸炉倾动控制系统、快速切断阀（断开装置）联锁的。

（10）铝加工深井铸造机钢丝卷扬系统选用非钢芯钢丝绳，或者未落实钢丝绳定期检查、更换制度的。

（11）可能发生一氧化碳、砷化氢、氯气、硫化氢等4种有毒气体泄漏、积聚的场所和部位未设置固定式气体浓度监测报警装置，或者监测数据未接入24小时有人值守场所，或者未对可能有砷化氢气体的场所和部位采取同等效果的检测措施的。

（12）使用煤气（天然气）并强制送风的燃烧装置的燃气总管未设置压力监测报警装置，或者监测报警装置未与紧急自动切断装置联锁的。

（13）正压煤气输配管线水封式排水器的最高封堵煤气压力小于 30 kPa，或者同一煤气管道隔断装置的两侧共用一个排水器，或者不同煤气管道排水器上部的排水管连通，或者不同介质的煤气管道共用一个排水器的。

（五）建材企业应当判定为重大事故隐患

（1）煤磨袋式收尘器、煤粉仓未设置温度和固定式一氧化碳浓度监测报警装置，或者未设置气体灭火装置的。

（2）筒型储库人工清库作业未落实清库方案中防止高处坠落、坍塌等安全措施的。

（3）水泥企业电石渣原料筒型储库未设置固定式可燃气体浓度监测报警装置，或者监测报警装置未与事故通风装置联锁的。

（4）进入筒型储库、焙烧窑、预热器旋风筒、分解炉、竖炉、箅冷机、磨机、破碎机前，未对可能意外启动的设备和涌入的物料、高温气体、有毒有害气体等采取隔离措施，或者未落实防止高处坠落、坍塌等安全措施的。

（5）采用预混燃烧方式的燃气窑炉（热发生炉煤气窑炉除外）的燃气总管未设置管道压力监测报警装置，或者监测报警装置未与紧急自动切断装置联锁的。

（6）制氢站、氮氢保护气体配气间、燃气配气间等3类场所未设置固定式可燃气体浓度监测报警装置的。

（7）电熔制品电炉的水冷设备失效的。

（8）玻璃窑炉、玻璃锡槽等设备未设置水冷和风冷保护系统的监测报警装置的。

（六）机械企业应当判定为重大事故隐患

（1）会议室、活动室、休息室、更衣室、交接班室等5类人员聚集场所设置在熔融金属吊运跨或者浇注跨的地坪区域内的。

（2）铸造用熔炼炉、精炼炉、保温炉未设置紧急排放和应急储存设施的。

（3）生产期间铸造用熔炼炉、精炼炉、保温炉的炉底、炉坑和事故坑，以及熔融金属泄漏、喷溅影响范围内的炉前平台、炉基区域、造型地坑、浇注作业坑和熔融金属转运通道等8类区域存在积水的。

（4）铸造用熔炼炉、精炼炉、压铸机、氧枪的冷却水系统未设置出水温度、进出水流量差监测报警装置，或者监测报警装置未与熔融金属加热、输送控制系统联锁的。

（5）使用煤气（天然气）的燃烧装置的燃气总管未设置管道压力监测报警装置，或者监测报警装置未与紧急自动切断装置联锁，或者燃烧装置未设置火焰监测和熄火保护系统的。

（6）使用可燃性有机溶剂清洗设备设施、工装器具、地面时，未采取防止可燃气体在周边密闭或者半密闭空间内积聚措施的。

（7）使用非水性漆的调漆间、喷漆室未设置固定式可燃气体浓度监测报警装置或者通风设施的。

（七）轻工企业应当判定为重大事故隐患

（1）食品制造企业烘制、油炸设备未设置防过热自动切断装置的。

（2）白酒勾兑、灌装场所和酒库未设置固定式乙醇蒸气浓度监测报警装置，或者监测报警装置未与通风设施联锁的。

（3）纸浆制造、造纸企业使用蒸气、明火直接加热钢瓶汽化液氯的。

（4）日用玻璃、陶瓷制造企业采用预混燃烧方式的燃气窑炉（热发生炉煤气窑炉除外）的燃气总管未设置管道压力监测报警装置，或者监测报警装置未与紧急自动切断装置联锁的。

（5）日用玻璃制造企业玻璃窑炉的冷却保护系统未设置监测报警装置的。

（6）使用非水性漆的调漆间、喷漆室未设置固定式可燃气体浓度监测报警装置或者通风设施的。

（7）锂离子电池储存仓库未对故障电池采取有效物理隔离措施的。

（八）纺织企业应当判定为重大事故隐患

（1）纱、线、织物加工的烧毛、开幅、烘干等热定型工艺的汽化室、燃气贮罐、储油罐、热媒炉，未与生产加工等人员聚集场所隔开或者单独设置的。

（2）保险粉、双氧水、次氯酸钠、亚氯酸钠、雕白粉（吊白块）与禁忌物料混合储存，或者保险粉储存场所未采取防水防潮措施的。

（九）烟草企业应当判定为重大事故隐患

（1）熏蒸作业场所未配备磷化氢气体浓度监测报警仪器，或者未配备防毒面具，或者熏蒸杀虫作业前未确认无关人员全部撤离熏蒸作业场所的；

（2）使用液态二氧化碳制造膨胀烟丝的生产线和场所未设置固定式二氧化碳浓度监测报警装置，或者监测报警装置未与事故通风设施联锁的。

（十）存在粉尘爆炸危险的工贸企业应当判定为重大事故隐患

（1）粉尘爆炸危险场所设置在非框架结构的多层建（构）筑物内，或者粉尘爆炸危险场所内设有员工宿舍、会议室、办公室、休息室等人员聚集场所的。

（2）不同类别的可燃性粉尘、可燃性粉尘与可燃气体等易加剧爆炸危险的介质共用一套除尘系统，或者不同建（构）筑物、不同防火分区共用一套除尘系统、除尘系统互联互通的。

（3）干式除尘系统未采取泄爆、惰化、抑爆等任一种爆炸防控措施的。

（4）铝镁等金属粉尘除尘系统采用正压除尘方式，或者其他可燃性粉尘除尘系统采用正压吹送粉尘时，未采取火花探测消除等防范点燃源措施的。

（5）除尘系统采用重力沉降室除尘，或者采用干式巷道式构筑物作为除尘风道的。

（6）铝镁等金属粉尘、木质粉尘的干式除尘系统未设置锁气卸灰装置的。

（7）除尘器、收尘仓等划分为 20 区的粉尘爆炸危险场所电气设备不符合防爆要求的。

（8）粉碎、研磨、造粒等易产生机械点燃源的工艺设备前，未设置铁、石等杂物去除装置，或者木制品加工企业与砂光机连接的风管未设置火花探测消除装置的。

（9）遇湿自燃金属粉尘收集、堆放、储存场所未采取通风等防止氢气积聚措施，或者干式收集、堆放、储存场所未采取防水、防潮措施的。

（10）未落实粉尘清理制度，造成作业现场积尘严重的。

（十一）使用液氨制冷的工贸企业应当判定为重大事故隐患

（1）包装、分割、产品整理场所的空调系统采用氨直接蒸发制冷的。

（2）快速冻结装置未设置在单独的作业间内，或者快速冻结装置作业间内作业人员数量超过9人的。

（十二）存在硫化氢、一氧化碳等中毒风险的有限空间作业的工贸企业应当判定为重大事故隐患

（1）未对有限空间进行辨识、建立安全管理台账，并且未设置明显的安全警示标志的。

（2）未落实有限空间作业审批，或者未执行"先通风、再检测、后作业"要求，或者作业现场未设置监护人员的。

1.【单选题】某萤石地下矿委托第三方中介服务机构在现场检查时发现该矿存在以下问题。依据《金属非金属矿山重大生产安全事故隐患判定标准》，应当判断为重大事故隐患的情况是（　　）。

A. 该矿斜井提升绞车钢丝绳未采用取得矿用产品安全标志

B. 2022年仅开展一次应急演练

C. 未对下井作业人员进行定期职业健康体检

D. 电器设备维护人员仅持高压电工作业证

2.【单选题】某油库经现场检查，发现存在以下问题。依据《化工和危险化学品生产经营单位重大生产安全事故隐患判定标准》，应当判定为重大事故隐患的情况是（　　）。

A. 成品油罐区的可燃气体报警器探头接线不符合防爆要求

B. 操作人员不能熟练佩戴空气呼吸器

C. 企业相关制度中汽油遇火爆炸浓度和柴油爆炸极限范围两处明显存在基础数据错误

D. 灭火器配备不足

3.【单选题】执法人员对某铸钢企业进行执法检查时，发现该公司在生产经营活动中存在以下问题。依据《工贸行业重大生产安全事故隐患判定标准》，应当判定为重大事故隐患的情况是（　　）。

A. 高温熔炉作业人员未按规定佩戴个体防护用品

B. 安全管理人员不熟悉生产工艺及设备设施

C. 企业主要负责人未依法经考核合格

D. 未如实记录员工"三级"安全生产教育培训情况

4.【多选题】依据《工贸行业重大生产安全事故隐患判定标准》，下列情况应判定为重大事故隐患的是（　　）。

A. 某机械企业休息室、更衣室等场所设置在熔炼炉影响范围内

B. 某机械企业天然气加热炉燃烧器操作部位未设置可燃气体泄漏报警装置

C. 某机械企业涂装调漆间未规范设置可燃气体报警装置

D. 某机械企业喷漆室未采用防爆电气设备设施

E. 某机械企业安全管理人员不熟悉生产工艺及设备设施

参考答案

1. A　2. A　3. C　4. ABCD

第九节　建设工程消防设计审查验收管理暂行规定

2020年4月1日住房和城乡建设部令第51号公布《建设工程消防设计审查验收管理暂行规定》，2023年8月21日住房和城乡建设部令第58号修正，共6章46条。

一、适用范围

特殊建设工程的消防设计审查、消防验收，以及其他建设工程的消防验收备案、抽查，适用本规定。

特殊建设工程是指：

（1）总建筑面积大于2万平方米的体育场馆、会堂，公共展览馆、博物馆的展示厅；

（2）总建筑面积大于15000平方米的民用机场航站楼、客运车站候车室、客运码头候船厅；

（3）总建筑面积大于1万平方米的宾馆、饭店、商场、市场；

（4）总建筑面积大于2500平方米的影剧院，公共图书馆的阅览室，营业性室内健身、休闲场馆，医院的门诊楼，大学的教学楼、图书馆、食堂，劳动密集型企业的生产加工车间，寺庙、教堂；

（5）总建筑面积大于1000平方米的托儿所、幼儿园的儿童用房，儿童游乐厅等室内儿童活动场所，养老院、福利院，医院、疗养院的病房楼，中小学校的教学楼、图书馆、食堂，学校的集体宿舍，劳动密集型企业的员工集体宿舍；

（6）总建筑面积大于500平方米的歌舞厅、录像厅、放映厅、卡拉OK厅、夜总会、游艺厅、桑拿浴室、网吧、酒吧，具有娱乐功能的餐馆、茶馆、咖啡厅；

（7）国家工程建设消防技术标准规定的一类高层住宅建筑；

（8）城市轨道交通、隧道工程，大型发电、变配电工程；

（9）生产、储存、装卸易燃易爆危险物品的工厂、仓库和专用车站、码头，易燃易爆气体和液体的充装站、供应站、调压站；

（10）国家机关办公楼、电力调度楼、电信楼、邮政楼、防灾指挥调度楼、广播电视楼、档案楼；

（11）设有本条第一项至第六项所列情形的建设工程；

（12）本条第十项、第十一项规定以外的单体建筑面积大于4万平方米或者建筑高度

超过 50 米的公共建筑。

其他建设工程，是指特殊建设工程以外的其他按照国家工程建设消防技术标准需要进行消防设计的建设工程。

二、相关单位的消防设计、施工质量责任与义务

建设单位依法对建设工程消防设计、施工质量负首要责任。设计、施工、工程监理、技术服务等单位依法对建设工程消防设计、施工质量负主体责任。建设、设计、施工、工程监理、技术服务等单位的从业人员依法对建设工程消防设计、施工质量承担相应的个人责任。

（一）建设单位应当履行的消防设计、施工质量责任和义务

（1）不得明示或者暗示设计、施工、工程监理、技术服务等单位及其从业人员违反建设工程法律法规和国家工程建设消防技术标准，降低建设工程消防设计、施工质量。

（2）依法申请建设工程消防设计审查、消防验收，办理备案并接受抽查。

（3）实行工程监理的建设工程，依法将消防施工质量委托监理。

（4）委托具有相应资质的设计、施工、工程监理单位。

（5）按照工程消防设计要求和合同约定，选用合格的消防产品和满足防火性能要求的建筑材料、建筑构配件和设备。

（6）组织有关单位进行建设工程竣工验收时，对建设工程是否符合消防要求进行查验。

（7）依法及时向档案管理机构移交建设工程消防有关档案。

（二）设计单位应当履行的消防设计、施工质量责任和义务

（1）按照建设工程法律法规和国家工程建设消防技术标准进行设计，编制符合要求的消防设计文件，不得违反国家工程建设消防技术标准强制性条文。

（2）在设计文件中选用的消防产品和具有防火性能要求的建筑材料、建筑构配件和设备，应当注明规格、性能等技术指标，符合国家规定的标准。

（3）参加建设单位组织的建设工程竣工验收，对建设工程消防设计实施情况签章确认，并对建设工程消防设计质量负责。

（三）施工单位应当履行下列消防设计、施工质量责任和义务

（1）按照建设工程法律法规、国家工程建设消防技术标准，以及经消防设计审查合格或者满足工程需要的消防设计文件组织施工，不得擅自改变消防设计进行施工，降低消防施工质量。

（2）按照消防设计要求、施工技术标准和合同约定检验消防产品和具有防火性能要求的建筑材料、建筑构配件和设备的质量，使用合格产品，保证消防施工质量。

（3）参加建设单位组织的建设工程竣工验收，对建设工程消防施工质量签章确认，并对建设工程消防施工质量负责。

（四）工程监理单位应当履行的消防设计、施工质量责任和义务

（1）按照建设工程法律法规、国家工程建设消防技术标准，以及经消防设计审查合格或者满足工程需要的消防设计文件实施工程监理。

（2）在消防产品和具有防火性能要求的建筑材料、建筑构配件和设备使用、安装前，核查产品质量证明文件，不得同意使用或者安装不合格的消防产品和防火性能不符合要求的建筑材料、建筑构配件和设备。

（3）参加建设单位组织的建设工程竣工验收，对建设工程消防施工质量签章确认，并对建设工程消防施工质量承担监理责任。

（五）其他技术服务机构

提供建设工程消防设计图纸技术审查、消防设施检测或者建设工程消防验收现场评定等服务的技术服务机构，应当按照建设工程法律法规、国家工程建设消防技术标准和国家有关规定提供服务，并对出具的意见或者报告负责。

三、特殊建设工程的消防设计审查

对特殊建设工程实行消防设计审查制度。特殊建设工程的建设单位应当向消防设计审查验收主管部门申请消防设计审查，消防设计审查验收主管部门依法对审查的结果负责。特殊建设工程未经消防设计审查或者审查不合格的，建设单位、施工单位不得施工。

建设单位申请消防设计审查应当提交的材料：①消防设计审查申请表；②消防设计文件；③依法需要办理建设工程规划许可的，应当提交建设工程规划许可文件；④依法需要批准的临时性建筑，应当提交批准文件；⑤特殊建设工程具有下列情形之一的，建设单位除提交上述所列材料外，还应当同时提交特殊消防设计技术资料：国家工程建设消防技术标准没有规定的；消防设计文件拟采用的新技术、新工艺、新材料不符合国家工程建设消防技术标准规定的；因保护利用历史建筑、历史文化街区需要，确实无法满足国家工程建设消防技术标准要求的。特殊消防设计技术资料，应当包括特殊消防设计文件，以及两个以上有关的应用实例、产品说明等资料。特殊消防设计涉及采用国际标准或者境外工程建设消防技术标准的，还应当提供相应的中文文本。

特殊消防设计文件应当包括特殊消防设计必要性论证、特殊消防设计方案、火灾数值模拟分析等内容，重大工程、火灾危险等级高的应当包括实体试验验证内容。特殊消防设计方案应当对两种以上方案进行比选，从安全性、经济性、可实施性等方面进行综合分析后形成。火灾数值模拟分析应当科学设定火灾场景和模拟参数，实体试验应当与实际场景相符。火灾数值模拟分析结论和实体试验结论应当一致。

四、特殊建设工程的消防验收

对特殊建设工程实行消防验收制度。特殊建设工程竣工验收后，建设单位应当向消防设计审查验收主管部门申请消防验收；未经消防验收或者消防验收不合格的，禁止投入使用。

（一）建设单位组织竣工验收时，应当对建设工程是否符合要求进行查验

（1）完成工程消防设计和合同约定的消防各项内容。

（2）有完整的工程消防技术档案和施工管理资料（含涉及消防的建筑材料、建筑构配件和设备的进场试验报告）。

（3）建设单位对工程涉及消防的各分部分项工程验收合格；施工、设计、工程监理、技术服务等单位确认工程消防质量符合有关标准。

（4）消防设施性能、系统功能联调联试等内容检测合格。

经查验不符合规定的建设工程，建设单位不得编制工程竣工验收报告。

（二）建设单位申请消防验收，应当提交的材料

（1）消防验收申请表。

（2）工程竣工验收报告。

（3）涉及消防的建设工程竣工图纸。

五、其他建设工程的消防设计、备案与抽查

其他建设工程，建设单位申请施工许可或者申请批准开工报告时，应当提供满足施工需要的消防设计图纸及技术资料。未提供满足施工需要的消防设计图纸及技术资料的，有关部门不得发放施工许可证或者批准开工报告。

对其他建设工程实行备案抽查制度，分类管理。其他建设工程经依法抽查不合格的，应当停止使用。

建设单位办理备案，应当提交消防验收备案表、工程竣工验收报告、涉及消防的建设工程竣工图纸。

1.【单选题】根据《建设工程消防设计审查验收管理暂行规定》，下列人员密集场所建设项目中，建设单位应当向消防机构申请消防设计审核和竣工验收的是（　　）。

A. 建筑总面积大于1000平方米的托儿所、幼儿园的儿童用房，养老院、福利院医院、疗养院的病房楼，学校的集体宿舍建设项目

B. 建筑总面积大于5000平方米的宾馆、饭店、商场建设项目

C. 建筑总面积大于2000平方米的影剧院、医院的门诊楼、劳动密集型企业的生产加工车间建设项目

D. 建筑总面积大于200平方米的歌舞厅、卡拉OK厅，网吧、咖啡厅建设项目

2.【单选题】依据《建设工程消防设计审查验收管理暂行规定》，下列人员密集场所建设工程中，应当向住房和城乡建设主管部门申请消防设计审核和消防验收的是（　　）。

A. 建设总面积1万平方米的体育场馆、会堂、公共展览馆

B. 建筑总面积8000平方米的宾馆、饭店、商场、市场

C. 建筑总面积1000平方米的托儿所、幼儿园的儿童用房

D. 建设面积300平方米的歌舞厅、录像厅、放映厅

3.【单选题】某地规划新建氢气加气站项目，甲为建设单位，乙为设计单位，丙为施工单位，丁为工程监理单位，现甲委托丙购进一批灭火器，根据《建设工程消防设计审查验收管理暂行规定》，灭火器投入使用的，负责核查灭火器质量证明文件的单位是（　　）。

A. 甲　　　　　　　B. 乙　　　　　　　C. 丙　　　　　　　D. 丁

4.【多选题】依据《建设工程消防设计审查验收管理暂行规定》，下列建设工程应当向住房和城乡建设主管部门申请消防审核的有（　　　）。

A. 建筑总面积为 1500 平方米的公共图书馆的阅览室

B. 国家标准规定的二类高层住宅建筑

C. 城市轨道交通、隧道工程

D. 建筑总面积为 1 万平方米的体育场馆

E. 城市轨道交通工程

参考答案

1. A　2. C　3. D　4. CE

第十节　安全生产严重失信主体名单管理办法

2023 年 8 月 8 日，应急管理部公布《安全生产严重失信主体名单管理办法》（应急管理部令第 11 号），自 2023 年 10 月 1 日起施行。《安全生产严重失信主体名单管理办法》的立法目的是为了加强安全生产领域信用体系建设，规范安全生产严重失信主体名单管理。建立健全安全生产严重失信主体名单作为一项重要的信用监管机制，是安全生产领域信用体系建设的重要方面，有助于健全完善相关工作机制，实现"利剑高悬"，促使生产经营单位知敬畏、存戒惧、守规矩，进一步压实生产经营单位主体责任，通过监管机制创新助力安全生产监管能力提升。

一、基本规定

（一）适用范围

按照《国务院办公厅关于进一步完善失信约束制度构建诚信建设长效机制的指导意见》（国办发〔2020〕49 号）要求，将设立严重失信主体名单的领域范围限定在严重危害人民群众身体健康和生命安全，严重破坏市场公平竞争秩序和社会正常秩序，拒不履行法定义务严重影响行政机关公信力等严重失信行为。《安全生产严重失信主体名单管理办法》规定：矿山（含尾矿库）、化工（含石油化工）、医药、危险化学品、烟花爆竹、石油开采、冶金、有色、建材、机械、轻工、纺织、烟草、商贸等行业领域生产经营单位和承担安全评价、认证、检测、检验职责的机构及其人员的安全生产严重失信名单管理适用本办法。

（二）基本概念

根据《安全生产严重失信主体名单管理办法》，安全生产严重失信是指有关生产经营单位和承担安全评价、认证、检测、检验职责的机构及其人员因生产安全事故或者违反安全生产法律法规，受到行政处罚，并且性质恶劣、情节严重的行为。

根据《安全生产严重失信主体名单管理办法》，严重失信主体名单管理是指应急管理部门依法将严重失信的生产经营单位或者机构及其有关人员列入、移出严重失信主体名单，实施惩戒或者信用修复，并记录、共享、公示相关信息等管理活动。

（三）管理部门及职责

《安全生产严重失信主体名单管理办法》第四条规定，国务院应急管理部门负责组织、指导全国严重失信主体名单管理工作；省级、设区的市级应急管理部门负责组织、实施并指导下一级应急管理部门严重失信主体名单管理工作。县级以上地方应急管理部门负责本行政区域内严重失信主体名单管理工作。按照"谁处罚、谁决定、谁负责"的原则，由作出行政处罚决定的应急管理部门负责严重失信主体名单管理工作。

《安全生产严重失信主体名单管理办法》第五条规定，各级应急管理部门应当建立健全严重失信主体名单信息管理制度，加大信息保护力度。推进与其他部门间的信息共享共用，健全严重失信主体名单信息查询、应用和反馈机制，依法依规实施联合惩戒。

二、列入条件和管理措施

（一）列入条件

（1）《安全生产严重失信主体名单管理办法》第六条规定，下列发生生产安全事故的生产经营单位及其有关人员应当列入严重失信主体名单：①发生特别重大、重大生产安全事故的生产经营单位及其主要负责人，以及经调查认定对该事故发生负有责任，应当列入名单的其他单位和人员；②12个月内累计发生2起以上较大生产安全事故的生产经营单位及其主要负责人；③发生生产安全事故，情节特别严重、影响特别恶劣，依照《中华人民共和国安全生产法》第一百一十四条的规定，被处以罚款数额2倍以上5倍以下罚款的生产经营单位及其主要负责人；④瞒报、谎报生产安全事故的生产经营单位及其有关责任人员；⑤发生生产安全事故后，不立即组织抢救或者在事故调查处理期间擅离职守或者逃匿的生产经营单位主要负责人。

（2）《安全生产严重失信主体名单管理办法》第七条规定，下列未发生生产安全事故，但因安全生产违法行为，受到行政处罚的生产经营单位或者机构及其有关人员，应当列入严重失信主体名单：①未依法取得安全生产相关许可或者许可被暂扣、吊销期间从事相关生产经营活动的生产经营单位及其主要负责人；②承担安全评价、认证、检测、检验职责的机构及其直接责任人员租借资质、挂靠、出具虚假报告或者证书的；③在应急管理部门作出行政处罚后，有执行能力拒不执行或者逃避执行的生产经营单位及其主要负责人；④其他违反安全生产法律法规受到行政处罚，且性质恶劣、情节严重的。

（二）管理措施

应急管理部门对被列入严重失信主体名单的对象（以下简称被列入对象）可以采取下列管理措施：①在国家有关信用信息共享平台、国家企业信用信息公示系统和部门政府网站等公示相关信息；②加大执法检查频次、暂停项目审批、实施行业或者职业禁入；③不适用告知承诺制等基于诚信的管理措施；④取消参加应急管理部门组织的评先评优资格；⑤在政府资金项目申请、财政支持等方面予以限制；⑥法律、行政法规和党中央、国务院政策文件规定的其他管理措施。

三、列入和移出程序

（一）告知

为保护市场主体和有关人员合法权益，严格规范严重失信主体名单认定程序，《安全生产严重失信主体名单管理办法》第九条规定：应急管理部门作出列入严重失信主体名单书面决定前，应当告知当事人。告知内容应当包括列入时间、事由、依据、管理措施提示以及依法享有的权利等事项。

（二）书面决定

《安全生产严重失信主体名单管理办法》第十条规定：应急管理部门作出列入严重失信主体名单决定的，应当出具书面决定。书面决定内容应当包括市场主体名称、统一社会信用代码、有关人员姓名和有效身份证件号码、列入时间、事由、依据、管理措施提示、信用修复条件和程序、救济途径等事项。告知、送达、异议处理等程序参照《中华人民共和国行政处罚法》有关规定执行。

（三）录入及公示

《安全生产严重失信主体名单管理办法》第十一条规定，应急管理部门应当自作出列入严重失信主体名单决定后3个工作日内将相关信息录入安全生产信用信息管理系统；自作出列入严重失信主体名单决定后20个工作日内，通过国家有关信用信息共享平台、国家企业信用信息公示系统和部门政府网站等公示严重失信主体信息。

此外，依据《安全生产严重失信主体名单管理办法》，被列入对象公示信息包括市场主体名称、登记注册地址、统一社会信用代码、有关人员姓名和有效身份证件号码、管理期限、作出决定的部门等事项。用于对社会公示的信息，应当加强对信息安全、个人隐私和商业秘密的保护。

（四）管理期限

《安全生产严重失信主体名单管理办法》第十三条规定，严重失信主体名单管理期限为3年。管理期满后由作出列入严重失信主体名单决定的应急管理部门负责移出，并停止公示和解除管理措施。被列入对象自列入严重失信主体名单之日起满12个月，可以申请提前移出。依照法律、行政法规或者国务院规定实施职业或者行业禁入期限尚未届满的不予提前移出。

此外，《安全生产严重失信主体名单管理办法》第十四条规定，在作出移出严重失信主体名单决定后3个工作日内，负责移出的应急管理部门应当在安全生产信用信息管理系统修改有关信息，并在10个工作日内停止公示和解除管理措施。

（五）重新审核及移出

《安全生产严重失信主体名单管理办法》第十五条规定：列入严重失信主体名单的依据发生变化的，应急管理部门应当重新进行审核认定。不符合列入严重失信主体名单情形的，作出列入决定的应急管理部门应当撤销列入决定，立即将当事人移出严重失信主体名单并停止公示和解除管理措施。

四、信用修复

（一）鼓励信用修复

为鼓励被列入对象主动纠错、重塑信用，激发市场主体活力，《安全生产严重失信主体名单管理办法》第十七条规定：鼓励被列入对象进行信用修复，纠正失信行为、消除不良影响。符合信用修复条件的，应急管理部门应当按照有关规定将其移出严重失信主体名单并解除管理措施。

（二）提前移出的条件

《安全生产严重失信主体名单管理办法》第十八条规定，被列入对象列入严重失信主体名单满 12 个月并符合下列条件的，可以向作出列入决定的应急管理部门提出提前移出申请：①已经履行行政处罚决定中规定的义务；②已经主动消除危害后果或者不良影响；③未再发生本办法第六条、第七条规定的严重失信行为。

（三）申请与受理

《安全生产严重失信主体名单管理办法》第十九条规定：被列入对象申请提前移出严重失信主体名单的，应当向作出列入决定的应急管理部门提出申请。申请材料包括申请书和本办法第十八条规定的相关证明材料。应急管理部门应当在收到提前移出严重失信主体名单申请后 5 个工作日内作出是否受理的决定。申请材料齐全、符合条件的，应当予以受理。

（四）信用修复程序

《安全生产严重失信主体名单管理办法》第二十条规定：应急管理部门自受理提前移出严重失信主体名单申请之日起 20 个工作日内进行核实，决定是否准予提前移出。制作决定书并按照有关规定送达被列入对象；不予提前移出的，应当说明理由。设区的市级、县级应急管理部门作出准予提前移出严重失信主体名单决定的，应当通过安全生产信用信息管理系统报告上一级应急管理部门。

（五）隐瞒等违法行为的处理

《安全生产严重失信主体名单管理办法》第二十一规定：应急管理部门发现被列入对象申请提前移出严重失信主体名单存在隐瞒真实情况、弄虚作假情形的，应当撤销提前移出决定，恢复列入状态。名单管理期自恢复列入状态之日起重新计算。

（六）复议及诉讼

严重失信主体名单作为管理强度较高的信用监管工具，对被列入对象权利影响较大。《安全生产严重失信主体名单管理办法》第二十二规定，被列入对象对列入决定不服、不予提前移出决定不服的，可以依法申请行政复议或者提起行政诉讼。

1.【单选题】依据《安全生产严重失信主体名单管理办法》规定，严重失信主体名单管理期限为（　　）年。管理期满后由作出列入严重失信主体名单决定的应急管理部门负责移出，并停止公示和解除管理措施。

A. 1　　　　　　　B. 2　　　　　　　C. 3　　　　　　　D. 4

2.【单选题】根据《安全生产严重失信主体名单管理办法》，下列单位及人员中，应当列入严重失信主体名单的是（　　）。

A. 12 个月内累计发生 2 起以上一般生产安全事故的生产经营单位及其主要负责人

B. 未依法取得安全生产相关许可从事相关生产经营活动的生产经营单位及其主要负责人

C. 迟报生产安全事故的生产经营单位及其有关责任人员

D. 出具虚假报告的安全评价机构及其主要负责人

3.【单选题】根据《安全生产严重失信主体名单管理办法》，应急管理部门应当自作出列入严重失信主体名单决定后（　　）个工作日内将相关信息录入安全生产信用信息管理系统。

A. 1　　　　　　　B. 2　　　　　　　C. 3　　　　　　　D. 4

4.【多选题】根据《安全生产严重失信主体名单管理办法》，下列关于信用修复的说法，正确的有（　　）。

A. 被列入对象列入严重失信主体名单满 12 个月并符合本办法相应条件的，可以向作出列入决定的应急管理部门提出提前移出申请

B. 应急管理部门应当在收到提前移出严重失信主体名单申请后 5 个工作日内作出是否受理的决定

C. 应急管理部门自受理提前移出严重失信主体名单申请之日起 30 个工作日内进行核实，决定是否准予提前移出

D. 设区的市级、县级应急管理部门作出准予提前移出严重失信主体名单决定的，应当通过安全生产信用信息管理系统报告上一级应急管理部门

E. 被列入对象对不予提前移出决定不服的，可以依法申请行政复议或者提起行政诉讼

参考答案

1. C　2. B　3. C　4. ABCD

第十一节　工贸企业有限空间作业安全规定

2023 年 11 月 29 日，应急管理部公布《工贸企业有限空间作业安全规定》（应急管理部令第 13 号），自 2024 年 1 月 1 日起施行。《工贸企业有限空间作业安全规定》目的是为了进一步加强和规范工贸企业有限空间作业安全工作，有效遏制有限空间作业事故发生。《工贸企业有限空间作业安全规定》是对 2013 年实施的原《工贸企业有限空间作业安全管理与监督暂行规定》进行的修订，《工贸企业有限空间作业安全规定》进一步加强依法治理，在责任落实上更加明确，关键环节管理上更加清晰，监督检查重点上更加突出，是企业加强有限空间作业安全管理和部门开展监督检查的主要依据。

一、适用范围

工贸企业量大面广，多数都涉及有限空间作业，包括地下有限空间、地上有限空间和密闭设备，涉及急性中毒、缺氧窒息等多种安全风险，危险有害因素非常复杂。《工贸企业有限空间作业安全规定》第二条规定：冶金、有色、建材、机械、轻工、纺织、烟草、商贸等行业的生产经营单位（以下统称工贸企业）有限空间作业的安全管理与监督，适用本规定。

《工贸企业有限空间作业安全规定》所称有限空间，是指封闭或者部分封闭，未被设

计为固定工作场所，人员可以进入作业，易造成有毒有害、易燃易爆物质积聚或者氧含量不足的空间。本规定所称有限空间作业，是指人员进入有限空间实施的作业。

二、有限空间作业的安全保障

（一）主要负责人的安全责任

《安全生产法》明确生产经营单位主要负责人是安全生产第一责任人，《工贸企业有限空间作业安全规定》在《安全生产法》规定的基础上，进一步明确工贸企业主要负责人在有限空间作业中的职责和要求，规定："工贸企业主要负责人是有限空间作业安全第一责任人，应当组织制定有限空间作业安全管理制度，明确有限空间作业审批人、监护人员、作业人员的职责，以及安全培训、作业审批、防护用品、应急救援装备、操作规程和应急处置等方面的要求。"《工贸企业有限空间作业安全规定》对主要负责人的规定，对企业实际制定有限空间作业安全管理制度，确保作业审批人、监护人员、作业人员能够各负其责，落实安全责任具有积极作用。

（二）有限空间作业监护制

监护人员是工贸企业有限空间作业的"关键人"和"明白人"，通过发挥监护人员的专业作用，能够在规范作业程序、有效预防事故，特别是防止伤亡扩大方面起到关键的作用。《工贸企业有限空间作业安全规定》修订的主要内容之一就是明确有限空间作业监护制度，要求企业必须配备有限空间作业监护人。《工贸企业有限空间作业安全规定》第五条规定：工贸企业应当实行有限空间作业监护制，明确专职或者兼职的监护人员，负责监督有限空间作业安全措施的落实。监护人员应当具备与监督有限空间作业相适应的安全知识和应急处置能力，能够正确使用气体检测、机械通风、呼吸防护、应急救援等用品、装备。

另外，《工贸企业有限空间作业安全规定》对监护人员有限空间的监护职责进行规定。《工贸企业有限空间作业安全规定》第十五条规定：监护人员应当全程进行监护，与作业人员保持实时联络，不得离开作业现场或者进入有限空间参与作业。发现异常情况时，监护人员应当立即组织作业人员撤离现场。发生有限空间作业事故后，应当立即按照现场处置方案进行应急处置，组织科学施救。未做好安全措施盲目施救的，监护人员应当予以制止。作业过程中，工贸企业应当安排专人对作业区域持续进行通风和气体浓度检测。作业中断的，作业人员再次进入有限空间作业前，应当重新通风、气体检测合格后方可进入。

（三）安全风险管控

加强有限空间辨识和管理是保障企业安全生产的重要措施。《工贸企业有限空间作业安全规定》第六条规定：工贸企业应当对有限空间进行辨识，建立有限空间管理台账，明确有限空间数量、位置以及危险因素等信息，并及时更新。鼓励工贸企业采用信息化、数字化和智能化技术，提升有限空间作业安全风险管控水平。

（四）有限空间作业审批

有限空间作业的审批对于保护作业人员安全，减少生产安全事故具有重要作用。《工贸企业有限空间作业安全规定》第七条规定：工贸企业应当根据有限空间作业安全风险大小，明确审批要求。对于存在硫化氢、一氧化碳、二氧化碳等中毒和窒息等风险的有限空间作业，应当由工贸企业主要负责人或者其书面委托的人员进行审批，委托进行审批的，相关责任仍由工贸企业主要负责人承担。未经工贸企业确定的作业审批人批准，不得实施有限空间作业。

（五）发包安全管理

为进一步压实企业主体责任，《工贸企业有限空间作业安全规定》对于发包作业的安全管理进行明确规定，防止"一包了之"。第八条规定：工贸企业将有限空间作业依法发包给其他单位实施的，应当与承包单位在合同或者协议中约定各自的安全生产管理职责。工贸企业对其发包的有限空间作业统一协调、管理，并对现场作业进行安全检查，督促承包单位有效落实各项安全措施。

（六）安全培训

人是安全生产的保护对象，也是安全生产的承担者。从业人员的安全素质和操作技能对安全生产至关重要。有限空间作业的风险很多，必须进行专门的培训。为此，《工贸企业有限空间作业安全规定》第九条规定：工贸企业应当每年至少组织一次有限空间作业专题安全培训，对作业审批人、监护人员、作业人员和应急救援人员培训有限空间作业安全知识和技能，并如实记录。未经培训合格不得参与有限空间作业。

（七）应急演练

在应急演练方面，《工贸企业有限空间作业安全规定》突出现场处置的重要性，第十条规定：工贸企业应当制定有限空间作业现场处置方案，按规定组织演练，并进行演练效果评估。

（八）劳动防护

为了加强从业人员的个体防护，筑牢保障人身安全健康的最后防线，《工贸企业有限空间作业安全规定》第十三条规定：工贸企业应当根据有限空间危险因素的特点，配备符合国家标准或者行业标准的气体检测报警仪器、机械通风设备、呼吸防护用品、全身式安全带等防护用品和应急救援装备，并对相关用品、装备进行经常性维护、保养和定期检测，确保能够正常使用。

（九）作业程序

进入有限空间作业，必须遵循先通风、再检测、后作业的工作程序，在做好通风的基础上，加强有害气体检测，在有害气体浓度低于规定、保证安全的前提下，方可进入有限空间作业。《工贸企业有限空间作业安全规定》第十四条规定：有限空间作业应当严格遵守'先通风、再检测、后作业'要求。存在爆炸风险的，应当采取消除或者控制措施，相关电气设施设备、照明灯具、应急救援装备等应当符合防爆安全要求。作业前，应当组织对作业人员进行安全交底，监护人员应当对通风、检测和必要的隔断、清除、置换等风险管控措施逐项进行检查，确认防护用品能够正常使用且作业现场配备必要的应急救援装备，确保各项作业条件符合安全要求。有专业救援队伍的工贸企业，应急救援人员应当做好应急救援准备，确保及时有效处置突发情况。

（十）其他安全要求

（1）安全警示标志。《工贸企业有限空间作业安全规定》第十一条规定：工贸企业应当在有限空间出入口等醒目位置设置明显的安全警示标志，并在具备条件的场所设置安全风险告知牌。

（2）隔离措施。《工贸企业有限空间作业安全规定》第十二条规定：工贸企业应当对可能产生有毒物质的有限空间采取上锁、隔离栏、防护网或者其他物理隔离措施，防止人员未经审批进入。监护人员负责在作业前解除物理隔离措施。

（3）目录管理。《工贸企业有限空间作业安全规定》第十六条规定：存在硫化氢、一氧化碳、二氧化碳等中毒和窒息风险、需要重点监督管理的有限空间，实行目录管理。监管目录由应急管理部确定、调整并公布。

三、有限空间作业的安全监督管理

（一）安全检查

《工贸企业有限空间作业安全规定》第十七条规定：负责工贸企业安全生产监督管理的部门应当加强对工贸企业有限空间作业的监督检查，将检查纳入年度监督检查计划。对发现的事故隐患和违法行为，依法作出处理。负责工贸企业安全生产监督管理的部门应当将存在硫化氢、一氧化碳、二氧化碳等中毒和窒息风险的有限空间作业工贸企业纳入重点检查范围，突出对监护人员配备和履职情况、作业审批、防护用品和应急救援装备配备等事项的检查。

（二）重大事故隐患的监督管理

《工贸企业有限空间作业安全规定》第十八条规定：负责工贸企业安全生产监督管理的部门及其行政执法人员发现有限空间作业存在重大事故隐患的，应当责令立即或者限期整改；重大事故隐患排除前或者排除过程中无法保证安全的，应当责令暂时停止作业，撤出作业人员；重大事故隐患排除后，经审查同意，方可恢复作业。

四、法律责任

（1）工贸企业有下列行为之一的，责令限期改正，处5万元以下的罚款；逾期未改正的，处5万元以上20万元以下的罚款，对其直接负责的主管人员和其他直接责任人员处1万元以上2万元以下的罚款；情节严重的，责令停产停业整顿；构成犯罪的，依照刑法有关规定追究刑事责任：①未按照规定设置明显的有限空间安全警示标志的；②未按照规定配备、使用符合国家标准或者行业标准的有限空间作业安全仪器、设备、装备和器材的，或者未对其进行经常性维护、保养和定期检测的。

（2）工贸企业有下列行为之一的，责令限期改正，处10万元以下的罚款；逾期未改正的，责令停产停业整顿，并处10万元以上20万元以下的罚款，对其直接负责的主管人员和其他直接责任人员处2万元以上5万元以下的罚款：①未按照规定开展有限空间作业专题安全培训或者未如实记录安全培训情况的；②未按照规定制定有限空间作业现场处置方案或者未按照规定组织演练的。

（3）工贸企业有下列情形之一的，责令限期改正，对工贸企业处5万元以下的罚款，对其直接负责的主管人员和其他直接责任人员处1万元以下的罚款：①未配备监护人员，或者监护人员未按规定履行岗位职责的；②未对有限空间进行辨识，或者未建立有限空间管理台账的；③未落实有限空间作业审批，或者作业未执行"先通风、再检测、后作业"要求的；④未按要求进行通风和气体检测的。

1.【单选题】依据《工贸企业有限空间作业安全规定》，工贸企业应当根据有限空间作业安全风险大小，明确审批要求。对于存在硫化氢、一氧化碳、二氧化碳等中毒和窒息等风险的有限空间作业，应当由（　　）进行审批，委托进行审批的，相关责任仍由工贸企业主要负责人承担。

A. 工贸企业主要负责人

B. 工贸企业安全负责人

C. 工贸企业主要负责人或者其书面委托的人员

D. 工贸企业主要负责人委托的人员

2.【单选题】有限空间是指封闭或者部分封闭，与外界相对隔离，出入口较为狭窄，作业人员不能长时间在内工作，自然通风不良，易造成有毒有害、易燃易爆物质积聚或者氧含量不足的空间，根据《工贸企业有限空间作业安全规定》，关于有限空间作业安全保障的说法，正确的是（　　）。

A. 发现有限空间内氧含量浓度低于国家标准规定的限值时，工贸企业必须立即停止有限空间作业，撤出作业人员

B. 工贸企业实施有限空间作业前，应当制定有限空间作业方案，并报当地应急管理部门

C. 在有限空间作业过程中，工贸企业应当采取通风措施，保持空气流通，必要时应采用纯氧通风换气

D. 有限空间作业中断超过15分钟，作业人员再次进入有限空间作业前，应当重新通风，检测合格后方可进入

3.【单选题】某工贸企业的有限空间作业方案经安全生产分管负责人审核、主要负责人批准后，由安全生产管理机构负责人组织实施，作业前，该企业安全生产分管负责人召集安全生产管理机构负责人、作业现场负责人、作业现场监护人员和作业人员召开安全生产动员会，要求有关人负按照作业方案抓紧做好相关准备工作。根据《工贸企业有限空间作业安全规定》，下列人员中，应当监督作业人员进行作业准备的（　　）。

A. 分管安全生产负责人　　　　　　　B. 作业现场负责人

C. 安全生产管理机构负责人　　　　　D. 作业现场监护人员

4.【多选题】根据《工贸企业有限空间作业安全规定》，关于有限空间作业安全保障的说法，正确的有（　　）。

A. 存在有限空间作业的工贸企业必须建立有限空间作业审批制度

B. 有限空间作业必须遵循"先检测、再通风、后作业"的程序

C. 存在有限空间作业的工贸企业应当对本企业有限空间进行辨识，建立管理台账并及时更新

D. 有限空间作业应当采用纯氧通风换气，保持空气流通

E. 有限空间作业中断超过30分钟的，应当重新通风、检测合格后方可进入

📝 **参考答案**

1. C 2. A 3. B 4. ACE

第十二节 生产安全事故罚款处罚规定

《生产安全事故罚款处罚规定》（应急管理部令第14号）是为了防止和减少生产安全事故，严格追究生产安全事故发生单位及其责任人员的法律责任，正确适用事故罚款的行政处罚而制定的。该规定自2024年3月1日起施行，取代了2007年发布的《生产安全事故罚款处罚规定（试行）》。以下是对该法规文件的详细解读：

一、适用范围

适用对象：该规定适用于应急管理部门和矿山安全监察机构对生产安全事故发生单位及其主要负责人、其他负责人、安全生产管理人员、直接负责的主管人员和其他直接责任人员实施罚款的行政处罚。

事故发生单位：指对事故发生负有责任的生产经营单位，包括有限责任公司、股份有限公司、个人经营的投资人、厂长、经理、矿长等。

二、罚款依据

罚款的行政处罚依据《中华人民共和国行政处罚法》《中华人民共和国安全生产法》《生产安全事故报告和调查处理条例》等法律法规。

年收入计算：对于国有生产经营单位，年收入由上级主管部门确定；对于非国有生产经营单位，年收入由财务、税务部门核定。若无法核定，则按本省、自治区、直辖市上一年度城镇单位就业人员平均工资的倍数计算。

三、事故报告的分类与认定

迟报：报告事故的时间超过规定时限。

漏报：因过失遗漏未报事故或事故的相关内容。

谎报：故意不如实报告事故的相关内容。

瞒报：隐瞒已发生的事故，超过规定时限未报。

四、罚款的行政处罚决定

特别重大事故：由应急管理部决定罚款。

重大事故：由省级人民政府应急管理部门决定罚款。

较大事故：由设区的市级人民政府应急管理部门决定罚款。

一般事故：由县级人民政府应急管理部门决定罚款。

煤矿事故：特别重大事故由国家矿山安全监察局决定罚款，重大、较大和一般事故由

国家矿山安全监察局省级局决定罚款。

五、罚款的具体标准

事故发生单位主要负责人的罚款：

（1）不立即组织事故抢救、擅离职守、瞒报、谎报、迟报事故或逃匿的，处上一年年收入 60% 至 80% 的罚款；若贻误事故抢救或造成事故扩大，处 80% 至 100% 的罚款。

（2）漏报事故的，处 40% 至 60% 的罚款；若贻误事故抢救或造成事故扩大，处 60% 至 80% 的罚款。

（3）伪造、破坏事故现场、转移隐匿资金、销毁证据、拒绝调查等行为的，处 60% 至 80% 的罚款；若贻误事故抢救或造成事故扩大，处 80% 至 100% 的罚款。

（4）直接负责的主管人员和其他直接责任人员的罚款：处上一年年收入 60% 至 80% 的罚款；若贻误事故抢救或造成事故扩大，处 80% 至 100% 的罚款。

事故发生单位的罚款：

（1）一般事故：100 万元至 150 万元；若贻误事故抢救或造成事故扩大，300 万至 350 万元。

（2）较大事故：150 万元至 200 万元；若贻误事故抢救或造成事故扩大，350 万至 400 万元。

（3）重大事故：200 万元至 250 万元；若贻误事故抢救或造成事故扩大，400 万至 450 万元。

（4）特别重大事故：250 万元至 300 万元；若贻误事故抢救或造成事故扩大，450 万至 500 万元。

六、事故责任的罚款标准

（一）一般事故

（1）造成 3 人以下重伤或 300 万元以下直接经济损失的，处 30 万至 50 万元罚款。

（2）造成 1 人死亡或 3 人以上 6 人以下重伤或 300 万至 500 万元直接经济损失的，处 50 万至 70 万元罚款。

（3）造成 2 人死亡或 6 人以上 10 人以下重伤或 500 万至 1000 万元直接经济损失的，处 70 万至 100 万元罚款。

（二）较大事故

（1）造成 3 人以上 5 人以下死亡或 10 人以上 20 人以下重伤或 1000 万至 2000 万元直接经济损失的，处 100 万至 120 万元罚款。

（2）造成 5 人以上 7 人以下死亡或 20 人以上 30 人以下重伤或 2000 万至 3000 万元直接经济损失的，处 120 万至 150 万元罚款。

（3）造成 7 人以上 10 人以下死亡或 30 人以上 50 人以下重伤或 3000 万至 5000 万元直接经济损失的，处 150 万至 200 万元罚款。

（三）重大事故

（1）造成 10 人以上 13 人以下死亡或 50 人以上 60 人以下重伤或 5000 万至 6000 万元

直接经济损失的，处 200 万至 400 万元罚款。

（2）造成 13 人以上 15 人以下死亡或 60 人以上 70 人以下重伤或 6000 万至 7000 万元直接经济损失的，处 400 万至 600 万元罚款。

（3）造成 15 人以上 30 人以下死亡或 70 人以上 100 人以下重伤或 7000 万至 1 亿元直接经济损失的，处 600 万至 1000 万元罚款。

（四）特别重大事故

（1）造成 30 人以上 40 人以下死亡或 100 人以上 120 人以下重伤或 1 亿至 1.5 亿元直接经济损失的，处 1000 万至 1200 万元罚款。

（2）造成 40 人以上 50 人以下死亡或 120 人以上 150 人以下重伤或 1.5 亿至 2 亿元直接经济损失的，处 1200 万至 1500 万元罚款。

（3）造成 50 人以上死亡或 150 人以上重伤或 2 亿元以上直接经济损失的，处 1500 万至 2000 万元罚款。

七、情节特别严重的罚款

若存在关闭、破坏安全设备、篡改数据、拒不执行整改措施、擅自从事高危作业、拒绝执法、强令违章作业等情节特别严重、影响特别恶劣的情形，可以按照法律规定罚款数额的 2 倍以上 5 倍以下对事故发生单位处以罚款。

八、其他责任人员的罚款

（1）主要负责人未履行安全生产职责：
一般事故：处上一年年收入 40% 的罚款。
较大事故：处上一年年收入 60% 的罚款。
重大事故：处上一年年收入 80% 的罚款。
特别重大事故：处上一年年收入 100% 的罚款。
（2）其他负责人和安全生产管理人员未履行安全生产职责：
一般事故：处上一年年收入 20% 至 30% 的罚款。
较大事故：处上一年年收入 30% 至 40% 的罚款。
重大事故：处上一年年收入 40% 至 50% 的罚款。
特别重大事故：处上一年年收入 50% 的罚款。
（3）个人经营的投资人未保证安全生产资金投入：
一般事故：处 2 万至 5 万元罚款。
较大事故：处 5 万至 10 万元罚款。
重大事故：处 10 万至 15 万元罚款。
特别重大事故：处 15 万至 20 万元罚款。

九、合并处罚

若存在对事故发生负有责任以及谎报、瞒报事故等两种以上应当处以罚款的行为，应急管理部门或矿山安全监察机构应当分别裁量，合并作出处罚决定。

十、施行日期

该规定自 2024 年 3 月 1 日起施行，原《生产安全事故罚款处罚规定（试行)》同时废止。

1.【单选题】依据《生产安全事故罚款处罚规定》，对发生重大生产安全事故的企业主要负责人，罚款金额为其上一年年收入的（　　）。

A. 30% ~ 50%　　　　B. 40% ~ 80%　　　　C. 60% ~ 100%　　　　D. 80% ~ 100%

2.【单选题】依据《生产安全事故罚款处罚规定》，生产安全事故发生后，企业未在规定时限内补报伤亡人数变化的，罚款金额可（　　）调整。

A. 按原罚款金额执行　　　　　　　　B. 在原罚款基础上加处 50%

C. 直接按最高限额处罚　　　　　　　D. 不再追加处罚

3.【单选题】依据《生产安全事故罚款处罚规定》，生产安全事故罚款的缴纳期限一般为行政处罚决定书送达之日起（　　）内。

A. 7 日　　　　　　B. 15 日　　　　　　C. 30 日　　　　　　D. 60 日

4.【多选题】依据《生产安全事故罚款处罚规定》，下列（　　）情形可能导致生产安全事故罚款金额加倍。

A. 事故发生后故意破坏事故现场　　　B. 主要负责人未履行安全生产职责

C. 事故调查期间转移、隐匿资产　　　D. 一年内发生两次同类事故

E. 未按规定开展安全教育培训

参考答案

1. C　　2. B　　3. B　　4. ACD

参 考 文 献

[1] 中国安全生产科学研究院. 安全生产法律法规：2024 版 [M]. 北京：应急管理出版社，2024.

[2] 阚珂，杨元元. 中华人民共和国安全生产法释义 [M]. 北京：中国民主法制出版社，2014.

[3] 国务院法制办公室公交商事法制司，国家安全生产监督管理局政策法规司. 中华人民共和国安全生产法读本 [M]. 北京：中国市场出版社，2014.

[4] 赵铁锤. 中国煤矿安全监察实务 [M]. 北京：中国劳动社会保障出版社，2003.

[5] 沈宗灵. 法学基础理论 [M]. 北京：北京大学出版社，1995.

[6] 卢云. 法学基础理论 [M]. 北京：中国政法大学出版社，1999.

[7] 石茂生. 法理学基本问题 [M]. 北京：当代世界出版社，2002.

[8] 张廉，杨卫东，刘丹. 政府依法行政教程 [M]. 北京：国家行政学院出版社，2013.

[9] 高铭暄，马克昌. 刑法学（第二版）[M]. 北京：北京大学出版社，2005.

[10] 杨春洗，杨敦先，郭自力. 中国刑法论（第三版）[M]. 北京：北京大学出版社，2005.

[11] 周道鸾，张军. 刑法罪名精释（第三版）[M]. 北京：人民法院出版社，2007.

[12] 应松年，刘莘. 行政处罚理论与实务 [M]. 北京：中国社会出版社，1996.

[13] 马怀德. 行政法与行政诉讼法 [M]. 北京：中国法制出版社，2005.

[14] 姜明安. 行政法与行政诉讼法学 [M]. 北京：北京大学出版社，高等教育出版社，2005.

[15] 张树义. 行政法与行政诉讼法学 [M]. 北京：高等教育出版社，2007.

[16] 杨海坤，章志远. 行政法学基本论 [M]. 北京：中国政法大学出版社，2004.

[17] 王连昌. 行政法学 [M]. 北京：中国政法大学出版社，1999.

[18] 何永坚. 中华人民共和国职业病防治法解读 [M]. 北京：中国法制出版社，2012.

[19] 信春鹰. 中华人民共和国劳动合同法释义 [M]. 北京：法律出版社，2007.

[20] 孟燕华. 职业安全卫生法律基础与实践 [M]. 北京：中国劳动社会保障出版社，2007.

[21] 全国人大常委会法制工作委员会行政法室. 中华人民共和国社会保险法解读 [M]. 北京：中国法制出版社，2010.

[22] 全国人大常委会法制工作委员会. 突发事件应对法释义 [M]. 北京：法律出版社，2007.

[23] 阚珂，蒲长城，刘平均. 中华人民共和国特种设备安全法释义 [M]. 北京：中国法制出版社，2013.